코치를 위한 변화와 성장 가이드

코칭 기술 원서 4판

Jenny Rogers 저 | 최혜란 · 이형주 · 염희영 공역

COACHING SKILLS

THE DEFINITIVE GUIDE TO BEING A COACH

4TH ED.

학지사

역자 서문

우리 모두 각자의 삶의 이야기가 있듯, 코칭과 인연을 맺게 된 계기는 각기 다르다. 누군가는 새로운 가능성을 찾기 위해, 또 다른 이는 삶의 문제를 해결하기 위해 코칭을 만난다. 그러나 어떤 이유로 시작되었든 코칭과의 인연이 깊어지면 삶을 바라보는 관점이 변화하게 되고 이는 소통 방식, 대인관계, 업무 처리 방식 등 우리의 삶 전반에 긍정적인 변화를 이끌어 내는 결과를 낳게 된다. 코칭을 접한 각자의 출발점은 다를지라도 코칭이 우리 모두에게 긍정적인 변화를 가져다준다는 점은 동일하다. 그러한 변화는 코치로서의 길을 걷고자 하는 모든 이에게 더 많은 의미 있는 성취와 치유를 이룰 수 있는 기반이 될 뿐 아니라, 삶을 더욱 풍요롭고 행복하게 느끼게 한다. 더 나아가 이전에 시도하지 않았던 도전적인 선택을 할 수 있는 용기와 힘을 일깨워 준다. 코치의 길을 걷다 보면 단순히 이론적 지식을 쌓는 것에 그치지 않고 진정한 코치다움과 코칭다움을 추구하며, 나를 넘어 고객의 행복과 성장을 위해 끊임없이 전문성을 향상시키기 위해 노력하게 된다.

최혜란 교수는 우리나라 대학원에 코칭심리 석사 과정이 전무하던 시기에 백석대학교 교육대학원에 코칭심리 전공을 처음으로 도입하여 코칭심리 분야 전문가 양성의 초석을 다졌다. 시대의 흐름에 따라 한국심리학회 산하 한국코칭심리학회의 설립이 있었고, 백석대학교에서 '코칭심리학회 백석대분회'를 시작하여 코칭심리 슈퍼바이저로서 매월 코칭사례 슈퍼비전을 실시해 오고 있다. 이곳에서 논의되고 있는 코칭은 오늘날 급격한 변화의 흐름 속에서 인간의 부적응이나 치유뿐만이 아니라 그것을 극복하고 해결하는 것, 즉 성장과 발달의 과제 앞에 분명한 성과를 드러내고자 노력하는 것으로 자리매김하고 있다. 최혜란 교수는 상담과 심리치료를 기반으로 한 상담심리 전문가이자 공인된 융학파 분석가이다. 또한 국제공인 NLP Trainer로서 코칭 기술을 위한 NLP 이론과 실제, NLP 현장실습 및 사례 연구 등을 교육하며 코칭심리 전공자들에게 NLP Practitioner 자격을 부여하고 있다.

이형주 코치는 뛰어난 직관력을 바탕으로 고객의 핵심 신념과 강점을 발견하여 그들의 삶에 스스로 성장할 수 있도록 촉진하는 코칭을 이어 가고 있다. 특히 코치라는 정체성으로 제2의 삶을 살아가고자 도전하는 사람들에게 체계적이면서도 개개인의 역량에 맞는 최적화된 슈퍼비전으로 전문 코치를 양성하고 있다. 또한 기업 내에서 팀장 코치와 파트너 코치로 활동하며 코칭 리더십을 실현하고 조직 내 수평적이고 자발적인 문화를 조성하는 데 힘쓰고 있다. 이를 통해 기업 구성원들이 함께 성장할 수 있도록 돕고 있다.

그뿐만 아니라 코치 자격증 인증위원회 위원으로서 철저한 자료 조사와 데이터 기반 평가를 통해 자격 심사의 객관성을 확보하는 데 기여하였으며, 자신의 역량과 전문성을 더욱 발전시키기 위해 지속적으로 코칭 강의와 학습을 이어 가고 있다.

이형주 코치는 코칭을 통해 타인의 성장을 도우며 그 바탕에는 삶에 긍정적인 '변화를 이끌어 내는 힘'을 찾는 것을 소중한 목표로 여기고 있다.

염희영 코치는 2012년부터 코칭 분야에 입문한 이후, 지속적인 전문성 향상을 통해 코치로서의 역량을 쌓아 왔다. ㈔한국코치협회 슈퍼바이저 코치이자 슈퍼바이저 심사위원으로서 역량 있는 코치들을 양성하는 데 힘쓰고 있으며, 특히 암환우들을 대상으로 한 개인 코칭뿐만 아니라 코칭심리 프로그램과 코칭 교육을 통해 제2의 삶을 준비하는 암환우들이 '나다움'을 회복하고 새로운 삶을 찾을 수 있도록 체계적인 지원을 제공하고 있다. 염희영 코치는 고객과의 관계에서 진정성과 투명한 언어를 통해 깊은 신뢰를 구축하며, 고객이 자신의 내면을 진지하게 탐색하고 통찰을 얻을 수 있도록 돕고 있다. 이를 위해 자기 개발과 학문적 연구에 끊임없이 힘쓰고 있으며, 고객이 자신의 감정을 깊이 이해하고 직면할 수 있도록 공감 기반의 코칭을 지향하고 있다. 이에 코칭의 본질이 '기술'이 아닌 '사랑'이라고 믿으며, 고객이 진정으로 변화할 수 있도록 돕는 헌신적인 동반자로서의 역할을 다하기 위해 노력하고 있다.

역자들은 그간 코칭과 관련된 다양한 학문적 탐구와 경험을 통해 코칭의 이론과 실제를 체계적으로 정리해 왔다. 그러나 다양한 현장에서 마주하는 심리적 원인들, 코치로서의 자기 인식과 자세, 그리고 고객 개개인의 삶을 깊이 있게 이해하고 만나는 코칭 방법에 대한 추가적인 연구의 필요성을 느꼈다. 이에 역자들은 코칭 현장에서 보다 더 실제적으로 활용할 수 있는 도구를 개발하였다. 이를 위한 이론적 기반을 마련하기 위해 여러 논문과 근거 자료를 조사하던 중 좋은 코칭 도서들을 더 많이 알게 되었고, 한국 정서에 부합하면서도 역자들의 고민에 실질적인 해답을 제공하고 코칭에 바로 적용 가능한 도서로 이 책 『코칭 기술: 코치를 위한 변화와 성장 가이드[Coaching Skills: The Definitive Guide to Being a Coach (4th ed.)]』를 선택하게 되었다.

특히 Jenny Rogers의 심리학적 접근법, 개개인의 삶에 대한 존중, 그리고 문제 해결이나 성과 중심이 아닌 성장을 지향하는 철학은 역자 세 사람의 코칭 신념과 깊이 맞닿아 있었다. 이는 단순한 도구 개발을 넘어, 코칭의 본질을 새롭게 이해하는 계기가 되었다. 일반적인 번역 작업은 장별로 나누어 진행되는 경우가 많지만, 이 책은 세 명의 역자가 전체 내용을 함께 번갈아 가며 작업하였다. 특히 코치들에게 진정성과 전문성을 정확히 전달하기 위해 각자 8~9차례 이상의 철저한 검토를 거쳤고, 이러한 노력을 통해 저자의 의도를 온전히 반영함과 동시에 우리나라 상황에 맞춘 번역으로 이 책의 완성도와 깊이를 고스란히 담아낼 수 있었다.

14개 장으로 나뉜 이 책 『코칭 기술』은 각 장이 독립적이면서도 유기적으로 연결되어 있어 학습 효과를 극대화하도록 구성되었고, 이러한 구성은 코칭 기술을 전문적으로 교육하고 훈련하는 대학원 및 전문기관의 교재로 활용하기에 적합하다. 물론 코치 개인의 자율 학습서로도 충분한 가치를 제공한다.

제1장은 코칭의 정의와 이론의 뿌리를 찾아 다른 분야와의 차이점을 설명하고 있으며, 제2장은 신뢰를 쌓기 위한 코치로서의 자세와 역할에 대해 기술하고 있다. 제3장은 코치와 고객의 관계의 주요한 핵심을 다루고 있는데, 특히 무의식적

인 측면이 코칭에서 왜 반드시 고려되어야 하는지 사례를 통해 이해를 돕고 있다. 제4장에서는 뇌의 기능과 신경심리학의 과학적인 근거를 바탕으로 감정을 다루는 방법, 트라우마가 현재에 미치는 영향, 오래된 습관을 극복하는 방법 등 실제적인 접근 방법을 제시하고 있으며, 제5장에서는 코치가 쉽게 인식하지 못할 수도 있는 질문패턴 및 숙련된 질문 방식의 실제적인 예시를 보여 주고 있다. 제6장에서는 고객의 자기 인식 촉진을 위해 고객의 생애사를 파악하고, 360도 피드백을 어떻게 활용하면 좋을지, 심리검사는 어떤 경우에 어떻게 사용해야 하는지에 대해 구체적으로 설명하고 있다. 제7장에서는 목표설정에 어려움을 겪는 코치들에게 목표의 중요성과 구체적인 해결책을 제시하면서도 기업 코칭의 경우 의뢰자와 고객의 목표 차이에 대해 현실적인 조언을 제안한다. 제8장에서는 변화를 하고 싶다고 말하지만 고객이 변화할 수 없는 이유와 변화 촉진에 관해 여러 가지 프레임을 활용한 사례를 보여 주고 있으며, 제9장에서는 코치로서 깊은 라포를 유지하면서도 고객이 어떻게 직면하게 할 수 있는지에 대한 도전을 촉진한다. 제10장은 코칭에서 정보 및 조언이 꼭 필요한 상황을, 제11장에서는 코칭에서 다룰 수 있는 트라우마와 심리적 치료가 필요한 경우에 대해 구분하고 있다. 제12장에서는 코칭에 활력을 더하기 위한 주요 기법을 전문적으로 사용할 수 있는 방법을, 제13장은 전문성을 더하기 위한 윤리 문제 등 코치들이 현실적 어려움의 해결책을 제시한다. 제14장에서는 코칭은 그 어떠한 기술이 아닌 코치 자신 스스로가 최고의 도구이며, 코치다움을 위한 코치 자신의 자기 인식과 존재에 대해 이야기한다. 마지막으로 부록에서는 실제적으로 코칭에서 활용할 수 있는 코칭 시작부터 종결까지의 준비 사항과 기록 방법, 진행 방식에 대한 팁과 전화 코칭의 방법에 대해 명료하게 정리가 되어 있다.

우리는 모두 더 나은 삶과 더 깊이 있는 관계, 더 큰 목표를 꿈꾼다. 코칭은 이러한 꿈을 현실로 만드는 강력한 도구이자 여정이다. 이 책을 통해 코칭이 어떻게 실제 삶에서 변화를 이끌어 내는지, 그리고 코치로서의 코치다움과 코칭다움의 역량을 확장시키는 방법을 배우게 될 것이다. 또한 이 책은 초보 코치에게는 전문성을 갖출 수 있는 견고한 틀을 제공하며, 숙련된 전문 코치에게는 코칭의 깊이와 넓은 관점을 더하게 될 것이다. 더불어 '좋은 코치'가 되고자 늘 고민하고 노력하는 코치들에게 새로운 가능성의 문을 여는 시작점이자, 끝없이 이어지는 영감을 주는 가장 친한 친구가 되어 줄 것이라 확신한다.

끝으로 한결같은 신뢰와 함께 이 책의 출판을 기꺼이 허락해 주신 학지사 김진환 사장님과 편집을 위해 애써 주신 정은혜 차장님에게 감사한 마음을 전하고 싶다.

무엇보다도 개혁주의 생명신학으로 소속감을 갖게 하고 진리로 인한 자유의 삶에 본이 되어 주시는 백석대학교 장종현 총장님께 항상 진심으로 깊은 감사와 존경을 드리는 마음이다.

2025년 4월

방배동 백석대학교에서

역자 최혜란, 이형주, 염희영

추천사

코칭에 관한 책을 단 한 권만 봐야 한다면, 이 책을 보아야 합니다. 만약 수천 권의 책을 볼 수 있다면 이 책부터 보는 것을 권합니다. 이 책이 가장 훌륭합니다. Jenny Rogers는 최신 연구를 바탕으로 풍부한 정보를 제공함과 동시에 실용적이고 현실적인 내용으로 구성하였습니다. 따뜻한 연민과 철저함, 그리고 재미까지 갖춘 이 작품을 추천합니다.

-Anne Scoular, Meyler Campbell 상무이사-

이 책은 '코치를 위한 변화와 성장 가이드'를 제공하는 가장 확실한 책입니다. 제가 읽었던 코칭 책 중에서 포스트잇이 빼곡히 붙어 있는 유일한 책입니다. 코칭의 전문성을 구축하는 데 필요한 원칙과 가치, 관련 사례 연구를 통한 다양한 아이디어, 그리고 기초부터 가장 현대적인 사고에 이르기까지 방대하고 실용적인 조언과 코칭 이론을 제공하는 '바이블'이라 할 수 있습니다. Jenny Rogers의 재치 있는 입담과 함께, 이 책은 코칭을 처음 시작하거나 실력을 키우기 위한 모든 코치에게 필수적인 핸드북입니다.

-Jacqui Fairbrass, Trafalgar Pesonal Development Ltd. 총괄 코치-

Jenny Rogers의 핸드북은 코칭 기술에 관해 여러 세대의 코치들이 소장하고 즐겨 읽는 고전입니다. 저자의 경험, 연민, 지혜가 모든 글귀에서 빛을 발합니다. 저자는 수십 년의 경험에서 얻은 지혜와 현장 실무를 함께 포괄하고 있습니다. 그 결과, 명확하고 읽기 쉬울 뿐 아니라 관련 사례로 가득 차 있습니다. 이번 네 번째 개정판인『코칭 기술: 코치를 위한 변화와 성장 가이드』는 코칭 실무와 어떤 관련이 있는지 보여 줍니다. 책의 전반에 걸쳐 새로운 이야기와 통찰력을 제공해 줄 것입니다. 코치가 되기 위한 사람이라면 반드시 구매해야 하는 책입니다. 이전 버전의 책을 가지고 있더라도 이번 버전을 구입해 꼭 업데이트하시기 바랍니다. 이번 버전이 역대 최고입니다.

-Lis Paice 교수, Imperial College London 객원교수-

코칭 입문서의 이 네 번째 버전은 그 어느 책보다도 실용적이고 접근하기 쉽습니다. 또한 이미 숙련된 코치라 하더라도 충분히 가치 있는 책입니다.

-David Clutterbuck, EMCC 특별 홍보대사-

코칭에 대한 평생의 경험, 그리고 열정적인 성찰이 정교하면서 읽기 쉬운 글로 잘 정리되어 있습니다. 이 책은 독자에게 코치가 된다는 것이 무엇을 의미하는지에 대해 중요한 모든 것을 말하고 있습니다. 이 책은 코칭의 실무적인 내용뿐만 아니라 기본 원칙의 핵심을 전달하고 있습니다. Jenny Rogers는 최고의 코칭은 끝없이 매력적이고 도전적이며 즐거워야 한다고 말합니다. 이 책을 읽는 독자들이 갖게 될 경험은 모든 것이 상상 이상입니다. 초보자부터 전문가까지 모든 코치는 이 책을 반드시 읽어야 합니다.

-Kim Morgan, 영국 Barefoot 코칭 대표-

『코칭 기술』은 초보 코치를 위한 주옥같은 책이라 할 수 있습니다. 코치로서 다년간의 실제 경험을 바탕으로 저술한 Jenny Rogers의 전문성은 타의 추종을 불허할 만큼 설득력 있고 신뢰할 수 있는 내용으로 구성되어 있습니다. 저의 모든 학생에게 이 책을 추천하며, 이번 개정판을 환영합니다.

-Elaine Cox 박사, Oxford Brookes 대학교 대학원 코칭 및 멘토링 프로그램 디렉터-

코칭 기술을 배우거나 향상시키고자 하는 모든 사람에게 꼭 필요한 이 책은 실용적이면서도 풍부한 지식과 경험을 바탕으로 글을 담고 있습니다. Jenny Rogers는 코칭을 혁신적으로 만들면서 고객과 코치 모두에게 힘을 실어 주며 핵심을 짚고 있습니다. 예를 들어, 다양한 종류의 질문과 그 영향에 세심한 주의를 기울여 기술을 설명하고 있습니다. 신뢰와 코칭 관계에서의 도전에 관한 그녀의 접근 방식은 코칭에 최고의 뒷받침이 되는 문을 열어 준 것이나 다름없습니다.

-Helena Gaunt 교수, 길드홀 음악 및 드라마 학교 교감 겸 학사 담당 이사-

이번 버전의 『코칭 기술』은 코치로서 커리어를 시작하고 자신감과 기술을 쌓을 수 있는 방법을 찾는 코치에게 꼭 필요한 책입니다. 이번 개정판은 신경심리학에 관한 새로운 자료, 고객의 삶, 트라우마를 다루는 방법, 예외적으로 조언이 필요한 경우와 전문성과의 경계를 확장하고자 하는 코치에게 많은 것을 제공하고 있습니다. 『코칭 기술』에 대해 Jenny

Rogers만큼 전문성 있고 실용적이며 읽기 쉬운 글을 제공하는 작가는 없습니다.

-Carole Pemberton, 『커리어 코치 및 회복탄력성』(Open University Press, 2015) 저자-

Jenny Rogers는 상당한 실무 경험을 바탕으로 광범위한 코칭 기술과 기법에 대해 명확하고 이해하기 쉽게 설명합니다. 이해하기 쉽게 쓰인 이 책은 몇 가지 흥미로운 글을 추가로 읽을 수 있도록 독자를 위해 유용한 정보를 제공할 뿐만 아니라, 실무 코치에게도 실질적인 가이드를 제공하고 있습니다.

-Bob Garvey 교수, York St John 대학교 경영대학원-

이번 저서는 Jenny Rogers의 이전 코칭 기술을 설득력 있고 매력적으로 발전시킨 책입니다. 핸드북은 2010년부터 엘리트 스포츠 환경에서 코칭 실무의 근간을 이루는 주요 내용들로 이루어졌습니다. 4판에서는 연습의 어려운 측면을 살펴보고 효과적이며 진정한 코칭에 필요한 섬세한 기술을 발전시키도록 독려하는 새로운 챕터가 추가되었습니다. 여느 때와 마찬가지로 Jenny Rogers의 폭넓은 경험을 바탕으로 놀라운 유머와 겸손, 지혜를 독자에게 전달합니다. 초보 코치, 개발 중인 코치, 전문 코치 모두에게 절대적으로 필요한 책인『코치를 위한 변화와 성장 가이드』는 이 주제에 대한 Jenny Rogers의 지속적인 헌신을 보여 주며 매우 즐겁고 영감을 주는 책으로, EIS의 코칭 교육 및 개발에 계속해서 큰 영향을 미칠 것입니다.

-Joanna Harrison, 영국 스포츠 협회 퍼포먼스 라이프스타일 책임자-

Jenny Rogers의『코칭 기술』은 제가 처음 구입한 코칭 관련 책이었습니다. 책을 너무 자주 읽고, 참고하여서 조각이 날 지경입니다. 이번 4판을 빨리 읽고 싶었는데, 새로이 추가된 코칭 주제(예: 정보 코칭 스타일 제공)와 사례 연구 등 수려하면서도 매우 유쾌한 글쓰기 스타일은 역시 저를 실망시키지 않았습니다. 일과 삶에서 코칭 접근법을 사용하는 데 관심이 있는 모든 사람에게 이 책을 추천합니다. 이 책은 전문적이면서도 매력적입니다. 첫 장부터 이 저자가 코칭 이론에 대해서만 알고 있는 것이 아니라는 것을 알 수 있습니다. 그녀는 코칭을 실제적으로 실천하고 있으며 고객과 함께할 때의 기쁨과 어려움을 모두 잘 이해하고 있습니다. 코칭에 관한 책을 단 한 권만 구입해야 한다면 이 책을 추천합니다.

-Jane Cook, 영국 린든 러닝 코칭 책임자-

『코칭 기술』은 코칭 분야에 대해 종합적이면서도 간결한 개요로 작성되었습니다. 이 책은 코칭 실무에서 얻은 지혜와 다양한 최신 문헌을 바탕으로 통찰력을 이끌어 냅니다. 신경과학에 관한 부분은 코치들이 이 주제를 진지하게 다루어야 하는 이유를 설득력 있게 제시하면서도, 신경과학적 지식이 아직 확립되지 않았다는 점에 대해 주의 깊게 경고합니다. 이 책 전체를 특징짓는 신중한 접근 방식입니다.

-보겔 웨이크필드의 설립자 Martin Vogel, 카운터 컨설팅 회사 설립자-

이 책은 기업의 경영진 코칭에 관심이 있는 사람이라면 누구나 읽어야 할 걸작이자 기쁨입니다. Jenny Rogers는 비즈니스 코칭의 선구자 중 한 명이며, 『코칭 기술』에서 자신의 광범위한 실무 경험을 결합하여 접근하기 쉽게 풍부한 이론과 함께 설명합니다. Jenny Rogers는 코치라는 직업의 현실에 대해 품격 있으면서도 인간적이고, 상쾌한 솔직함으로 표현합니다. 『코칭 기술』은 많은 코칭 인증 프로그램의 필수 필독서 목록에 포함되어야 마땅하며, 실무 코치들이 생각을 새롭게 하고 학습을 한층 더 발전시킬 수 있는 좋은 도서입니다.

-Betsy Kendall, OPP Ltd의 AFBP, COO 겸 전문 서비스 책임자-

Jenny Rogers의 책은 수년간 저희 인증 프로그램의 필독서 목록에 올랐으며, 최신판은 코칭 분야의 고도화에 발맞춰 계속 발전하고 있습니다. 새롭고 미묘한 사례 연구부터 코칭 스타일로 정보와 조언을 언제, 어떻게 제공해야 하는지에 대한 실용적인 새 챕터까지, 초보 코치부터 전문 코치까지 모든 코치에게 도움이 되는 새로운 영역을 명쾌하게 다루고 있습니다.

-Pam McLean, Ph.D., 미국 허드슨 코칭 연구소 CEO-

『코칭 기술』의 새로운 4판은 초보 코치와 전문 코치 모두의 책꽂이에 환영받을 만한 책입니다. Jenny Rogers는 수십 년 동안 쌓아 온 풍부한 지식과 경험을 명확하고 매력적으로 전달합니다. 초보 코치에게는 코칭과 현재 코칭을 형성하고 있는 사고방식에 대한 도움이 되는 입문서입니다. 기존 코치에게는 지혜와 경험의 훌륭한 저장소이자 의심과 불확실성에 도움이 되는 책입니다. 강력히 추천합니다.

-Mark Wakefield, 보겔 웨이크필드, 카운터 카운슬러-

『코칭 기술』은 효과적인 코칭의 성공을 뒷받침하는 관행, 예술, 새롭게 떠오르는 과학적 근거에 대한 포괄적이면서도 아름답게 쓰인 탐구서입니다. 코칭을 처음 접하는 사람과 숙련된 코치 모두에게 동등한 가치를 지닌 이 훌륭한 책은 저자의 폭넓은 경험에서 비롯된 수많은 삽화를 통해 코칭에 대한 상세하고 실용적인 프레임워크를 제공합니다. 가독성이 뛰어나고 실용적이며 유익한『코칭 기술』은 모든 실무자가 참고할 만한 책입니다.

-Gregory Ward 박사, 의료 종사자, 대학원 부학장 겸 코치-

Jenny Rogers의『코칭 기술』4판을 모두 읽어 보았습니다. 변함없는 호기심과 즐거움을 불러일으키는 코치가 되기 위한 결정적인 가이드입니다. Jenny Rogers는 빠르게 변화하는 세상에서 코치들이 직면하는 가장 중요한 문제를 파악하고 적절하게 설명합니다. 이번 개정판에서는 새로운 모델(예: OSCAR 또는 *Prochaska*와 *DiClemente*의 변화 모델)과 챕터(예: 코칭 시 정보와 조언 제공 또는 눈물과 트라우마 다루기)를 추가하고, 여러 문화권에서 코칭해야 하거나 전화로 코칭하는 등 우리 모두가 직면하는 필수적인 현대 문제에 대해 언급하고 있습니다. 이 모든 것이 4판을 최신의 포괄적인 코칭 매뉴얼로 만드는 한편, 수많은 사례 연구와 저자의 성찰, 유머 감각과 독자와의 적절한 거리두기는 손에서 내려놓을 수 없는 매혹적인 책으로 만들어 줍니다. 저는 이 책에서 명확하고 설득력 있는 방식으로 제시된 핵심 개념을 발견할 수 있는 초보 코치뿐만 아니라 코칭이 얼마나 복잡한지, 따라서 계속 배우고 성찰하는 것이 얼마나 중요한지 상기시킬 수 있는 숙련된 코치들에게도 추천합니다.

-Dorota Porażka, 이사회 부사장, DORADCA 컨설턴트, 폴란드-

정말 멋진 자료입니다. 초보 코치와 전문 코치를 위한 팁, 아이디어, 도구, 기법이 가득합니다. Jenny Rogers는 '딱딱한 지침이 아닌 유용한 가이드라인'을 제공하는 코치로서의 즐거움과 어려움에 대해 매우 명확하고 적절하면서도 상세히 설명합니다. 이론적 요점을 설명하고 함정을 피하면서 코칭 관계를 생산적으로 관리하는 데 필요한 기술을 보여주는 많은 사례 예시가 있습니다. 신경과학, 깨끗한 언어, 변화에 대한 내성과 같은 다른 모델과 방법론에 대한 간결한 소개도 있어 코칭 방식을 새롭게 바꾸고자 하는 코치들에게 흥미를 불러일으킬 것입니다. 특히 윤리, 경계, 심리적 관점에 대한 부분은 모든 코치가 반드시 숙지해야 할 내용입니다.

-John Leary-Joyce-AoEC 회장, 저자 Fertile Void, Work의 Gestalt 코칭-

신경과학이 우리의 업무 방식에 미치는 영향에 대한 유용한 요약을 포함하여 오늘날의 임원 코치들의 길을 가로지르는 모든 것을 최신의 시각으로 살펴봅니다. 수많은 '코칭 방법' 책 중에서 이 책은 코칭이 간단하지만 쉽지 않은 이유를 보여 주는 책으로 돋보입니다. Jenny Rogers는 전문성과 자신감을 담아 코칭에 대한 몇 가지 잘못된 통념을 깨고 영국 최고의 임원 코치로서 자신의 경험에서 얻은 지식, 상식, 지혜를 공유하며 타협할 수 없는 부분을 강조합니다.

-Liz Macann, Macann 코칭 컨설팅 디렉터, 이사-

Jenny Rogers의 장점은 주제에 대한 방대한 지식과 수년간의 실습을 결합하여 독자에게 풍부한 참고 자료, 이론 및 기법을 실제 사례를 통해 우아하게 전달한다는 것입니다. 이번 4판에서는 목적과 기술을 가지고 도전하는 방법, 코칭에서의 트라우마 등 코칭의 좀 더 예리한 측면에 대해 솔직하게 이야기합니다. 이 책에서 Jenny Rogers는 코치로서 인성, 용기, 판단력을 키우는 것의 중요성을 강조하며, 이 최종 가이드에서 진정으로 뛰어난 코칭이 어떤 것인지 알게 될 것입니다.

-Maria Fay, 수석 코치-

저자 서문

코칭 초기의 전문가들과 마찬가지로 코칭은 자연스럽게 저를 찾아왔습니다. 몇 십 년 전, 저는 BBC에서 경영 개발 프로그램을 운영하던 중이었습니다. 얼마 지나지 않아 "새 직장에 들어와서 이런 문제 저런 문제를 해결해야 하는데 도와줄 수 있겠습니까?" 또는 "우리 팀은 편집자의 강의를 듣기에는 너무 고위직이라 리더십 스타일에 관한 도움이 필요합니다."와 같은 문의 전화를 받게 되었습니다. 이러한 문의 중 일부는 '전 도움이 필요해요, 하지만 그 누구에게도 알려져서는 안 됩니다!'와 같은 분위기를 풍겼습니다. 사람들은 조직 내 고위직을 위한 맞춤형의 도움을 효율적으로 제공하는 것이 필요하다고 생각했습니다. 중요한 것은 당시 사람들이 요청하는 프로세스에 대해 통용되는 단어가 없었다는 것입니다. 그래서 우리는 이를 '일대일 회기(one-to-one sessions)'라 불렀고, 어떤 일을 하는 것인지 정확하게 설명할 수 있는 문구를 찾기 위해 애를 썼습니다.

이 책은 그 당시에 저에게 있었더라면 좋았을 자료를 담고 있습니다. 그 당시에는 코치를 위한 특별한 교육이 없었음에도 불구하고 많은 선구자와 초기 참여자는 이미 코칭 기술을 배우고 있었습니다. 만약 지금 알고 있는 것들을 그때 알았더라면, 미숙하지만 진심이었던 초기 코칭에서도 많은 고객에게 적용하며 상당한 시간을 절약할 수 있었을 것입니다.

저는 다양한 독자층을 염두에 두고 이 책을 썼습니다만, 모든 독자는 코칭의 원리와 코칭을 잘하는 방법을 이해하고 싶다는 공통된 하나의 주제로 연결되어 있습니다. 경험이 많은 코치이지만, 코칭이 왜 어려운지 다시 한 번 상기하고 싶은 긍정적 벤치마킹이 필요한 독자일 수도 있습니다. 또는 다른 직업이나 역할에 종사하고 있지만 코칭이 무엇인지, 코칭으로 생계를 유지할 수 있는지 궁금한 분일 수도 있습니다. 코치로서 자신의 실무를 개선하겠다는 의지가 확고한 분일 수도 있습니다. 상담자로서 기존의 기술을 다른 종류의 고객에게 적용하며 자신에게 어떤 의미가 있을지 고민하고 있을 수도 있습니다.

여러 경험적 요소가 복합적으로 결합되면서 이 책을 완성할 수 있었습니다. 첫째, 저는 다양한 분야의 수백 명의 고객과 수천 시간의 코칭 경험을 쌓았습니다. 주로 경영진 코치로서의 경험을 쌓으면서 조직의 고위직 인사들과 코칭을 해 왔지만 코칭의 기본 원칙은 코칭 대상에 관계없이 적용될 것입니다.

이 모든 것은 지난 20년 동안 다른 코치들의 교육자이면서 슈퍼바이저/멘토코치로서의 경험을 통해 크게 풍부해질 수 있었습니다. 자리에 앉아 다른 코치의 강의를 듣는 것은 정말 쉬운 일입니다. 편안히 앉아서, 코치가 내려야 할 즉각적인 결정은 필요하지 않으니까요. 잘못된 선택은 직접 그 상황에 처해 보지 않으면 쉽게 알 수 없습니다. 또한 타고난 능력으로 방향성이 거의 필요 없이 자연스럽게 코칭을 잘하는 코치들과 함께 일하는 것은 겸손을 느끼게 합니다. 그러나 대부분 이러한 어려움의 경험은 코칭의 효과적인 접근법에 대한 통찰력을 제공해 줍니다. 그리고 수년간 많은 코칭을 하면서도 코치가 되는 것은 겉으로 보이는 것만큼 쉽지 않다는 것을 항상 인식하고 있기 때문에, 가장 먼저 혜택을 받을 수 있는 사람은 나 자신이라고 생각합니다.

좋은 코치, 나아가 훌륭한 코치가 되기 위해서는 무엇이 필요한지 자주 질문을 받곤 합니다. 빠른 대답과 느리지만 사려 깊은 두 가지 대답이 있습니다. 빠른 대답은 좋은 코치는 사람들이 어떻게 그들의 잠재력을 이루는지에 대한 자신감 있는 매력과 그 여정을 함께하고자 하는 마음, 사람들에 대한 무한한 호기심, 그들을 움직이게 하는 직관, 높은 수준의 자각, 스스로를 통제하는 자기 통제력, 그리고 조언을 하거나 코치 자신이 올바르다고 생각되는 것이어야 한다는 욕구에 저항할 수 있는 능력이 있어야 합니다.

느린 대답은 당신이 훌륭한 코치가 되고 싶다고 바라더라도 될 수 있는 건 아닙니다. 훌륭한 코치가 되기 위해 열심히 노력하는데 이는 주로 초보 코치들이 흔히 빠지는 함정입니다. 코칭을 잘한다는 것은 끊임없이 모호한 상태를 관리하는 것을 의미합니다. 사람들에 대해 호기심을 가져야 하지만, 그 호기심이 고객의 필요가 아닌 자신의 의도에서 비롯된 것인지 구분할 줄 알아야 합니다. 직관을 가지고 있어야 하지만, 그것을 자제해야 할 때를 알아야 합니다. 조언을 주고 싶은 마음을 억제할 수 있어야 하지만, 그것이 적절하고 꼭 필요할 때는 조언해야 합니다. 자신을 드러내지 않도록 노력해야 하지만, 동시에 고객을 위한 진정한 존재가 되어 완전히 그 자리에 존재해야 합니다. 당신은 코칭을 하는 수행하기만 하는 존재가 아니라, 고객을 위한 진실된 존재여야 합니다. 사람들을 좋아해야 하지만, 그들이 자신을 좋아하게 만들고 싶은 욕구를 조절할 수 있어야 합니다. 왜냐하면 종종 그들에게 도전하고 강하게 대해야 할 때가 있기 때문입니다. 코칭은 진지한 일이지만, 한 동료가 예전에 말했듯이 코칭룸에서는 항상 웃음소리가 떠나지 않을 것입니다.

이것이 제가 이 책에서 다룬 영역입니다. 여러분 자신의 호기심과 노력을 전제로 합니다. 저는 코칭 기술에 대해 논의하고 설명하지만, 최고의 코칭은 기술을 초월하여 자연스러운 흐름을 가지고 있습니다. 뛰어난 코칭을 관찰해 보면 그 주제에 대해 일어날 수 있는 유일한 코칭 방식으로 느껴지지만, 다른 코치라면 완전히 다른 방식으로 똑같은 효과를 낼 수도 있습니다.

이러한 종류의 책을 쓰는 사람이라면 누구나 고객의 사례를 어떻게 표현할 것인가 하는 윤리적인 문제에 부딪히게 됩니다. 저는 코칭의 경험을 생생하게 전달하고 싶고, 이를 위한 가장 좋은 방법은 실제 사례를 이용하는 것입니다. 하지만 코치로서 저는 고객에게 기밀 유지를 약속합니다. 저는 엄격하고 성실한 과정을 통해 이 문제를 해결해 왔으며, 실제 주제에 충실하면서 종종 두 명 이상의 고객의 이야기를 혼합해 사용하기도 합니다. 확실치 않은 경우 고객에게 확인을 받았습니다.

이 책을 쓰는 데 영향을 미친 많은 요소는 아마도 인간 행동에 대한 내면화된 가정들로 흡수되었을 것입니다. 그 시초는 제가 대학원생 시절인 1960년대의 사회심리학자들, 예를 들어 Henri Tajfel, Michael Argyle과 같은 사상가들을 만난 행운에서 비롯되었습니다. 이론을 행동 중심 연구로 전환해야 한다고 주장한 Kurt Lewin은 저에게 끊임없이 생각을 자극하는 아이디어의 원천이 되어 주었습니다. 또한 Sigmund Freud와 Carl Jung과 같은 초기 정신분석학자들의 연구, Viktor Frankl과 Irvin Yalom과 같은 인본주의-실존주의 작가와 실천가, Gestalt 학파, Albert Ellis, Carl Rogers와 인간 중심 치료, 교류분석, Gerard Egan의 숙련된 Helper Model도 저의 사고에 깊은 영향을 미쳤습니다. 신경심리학의 발견은 매혹적이고 새로운 깨달음의 원천입니다. 코칭 분야에 몸담고 있는 우리 모두는 코칭 실무를 실행 가능하면서도 매력적인 모델로 통합하는 과정을 시작한 캘리포니아의 코치훈련 연구소에 빚을 지고 있습니다. 저는 이 책 전반에 걸쳐 제가 인식하고 있는 한 많은 출처를 언급해 왔으나, 모든 경우에 언급된 것은 아닙니다. 저 자신만의 이론과 다른 아이디어들의 조합은 다양하고, 개인적인 의견이 담긴 것이며, 이 책은 교과서가 아닙니다.

처음 세 편에서와 마찬가지로 저는 전형적인 기복이 있는 코칭의 실제 모습을 전달하려고 노력했습니다. 코칭에 관한 많은 책은 무의식적으로 코칭이 일종의 동화라는 인상을 주기도 합니다. 늘 난처하고 가여운 고객에게 코치가 마술 지팡이를 흔들면 고객은 그 후에 행복하게 살아갑니다. 이 책을 읽는 초보 코치들은 동화 속 주인공처럼 행동하지 않는 실제 고객의 완강한 거부에 실망할 수도 있습니다. 실제 현실은 코치가 아무리 경험이 많다 하더라도 고객이 아무리 의지가 강하다 하더라도 때로는 승리를 거둘 때도 있고, 때로는 실수할 때도 있습니다. 반쯤 성공했지만 뚜렷한 해피엔딩이 없는 경우가 있고, 명확하게 실패로 느껴지거나 어떤 면에서 제대로 된 결말이 전혀 없는 경우가 있을 수 있습니다. 다른 모든 직업도 마찬가지죠. 코칭이라고 다를 이유가 있을까요? 실패가 왜 일어났는지 알면 실패에서 많은 것을 배울 수 있다는 것도 사실입니다. 이 책이 성공뿐만 아니라 실패의 원인을 파악하는 데에도 도움이 되기 바랍니다.

이 책의 초판을 집필한 후 몇 년 동안 코칭은 극적으로 변화했습니다. 소수 중 일부에만 존재했던 코칭이 이제는 수만 명의 코치가 활동할 만큼 확장되었습니다. 코칭은 기존의 경력에서 벗어나고자 하는 사람들에게는 두 번째, 세 번째, 네 번째 같은 직업이 되었고, 코칭을 받고자 하는 고객에게는 효과적인 코치와 비효율적인 코치를 구별하는 게 훨씬 더 어려워졌습니다. 예전에는 코칭에 관한 교육 과정이나 자격증이 없던 때가 있었지만, 요즘은 상당히 많은 코칭 제공업체가 생겨났습니다. 코칭은 한때 소수의 사람들에게만 제공되는 특별하고 비밀스러운 과정이었지만 이제는 더 이상 그렇지 않습니다. 경영 개발 프로그램의 후속 조치로 많은 사람에게 공개되고 일상적으로 제공되기도 합니다.

하지만 코치라는 직업은 정말 대단한 특권을 누릴 수 있는 직업입니다. 저는 이 직업이 힘들기도 하지만 흥미롭다는 것을 잘 알고 있습니다. 고객은 자신의 삶, 그리고 커리어의 중요한 순간에 함께 걸으며 승리와 실망, 취약점, 희망, 꿈을 공유합니다. 이러한 대화는 다른 대화에서 찾아보기 힘든 개방성, 진실성, 직관성의 특성을 띄고 있습니다. 현자가 말하길 '우리가 가르치는 것은 우리가 가장 배우고 싶은 것'이라는 말에 상당히 동의하는 바입니다. 자기 개발의 과정으로 코칭만큼 좋은 것은 없지만 결코 끝은 없을 것입니다. 『글쓰기 잘하는 법(On Writing Well)』의 저자인 William Zinsser가 자신의 책 30주년 기념판(2006)에서 "작가는 글을 쓰는 주제가 아니라 작가 자신이 누구인지를 판매하여야 한다."라고 말했듯이, 이 책의 여러 판을 집필하는 것은 저 자신의 배움의 여정이었습니다. 이 책은 이전의 버전과 마찬가지로 고객과 함께 일할 때 항상 기억해야 할 사항에 대한 저의 현재에 대한 이해를 담고 있습니다. 지금도 저는 초보자라면 바로 알아차릴 수 있는 실수를 할 수 있습니다. 제게도, 여러분에게도 "내가 해냈어, 이제 완전하고 완벽한 코치야."라고 말할 수 있는 시점은 절대 오지 않을 것입니다. 이게 바로 제가 그랬던 것처럼 여러분의 평생학습을 가능하게 하는 많은 요소 중 하나일 것입니다.

이 책을 통해 이 과정이 얼마나 놀랍고 매력적일 뿐 아니라 즐거운지 여러분을 초대하겠습니다.

차례

제3장 코칭의 핵심: 코치와 고객의 관계 ◦ 85

제4장 두뇌 활용 ◦ 115

제7장 미래 선택: 코칭을 위한 목표 세우기 ◦ 203

제8장 변화를 겪는 고객 코칭하기 ◦ 237

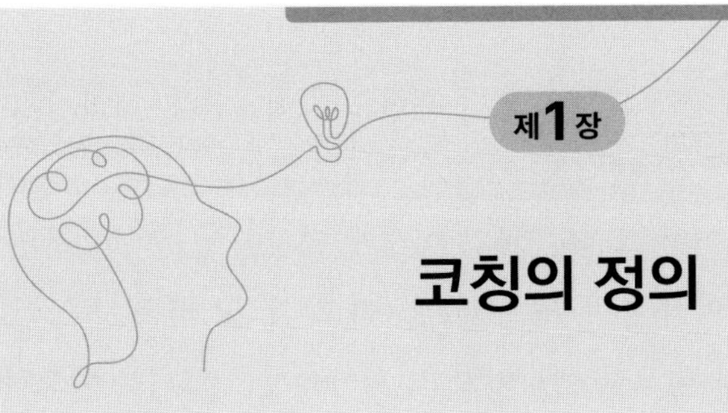

제1장

코칭의 정의

몇 년 전 코칭 분야의 대가들이 모인 권위 있는 국제회의가 있었다. 그들의 임무 중 하나는 **'코칭이란 무엇인가?'**라는 질문에 대한 최종적이고 확실한 답을 찾는 것이었다. 회의장에 모인 대가들은 저마다 많은 정의를 내렸지만 결국 답을 찾는 데 실패하였다. 코칭의 대가들도 답을 내기 어려웠다면 우리는 어떻게 정의할 수 있을까? 이 장에서는 코칭이 무엇인지, 그리고 치료, 컨설팅 또는 동기강화상담과 같은 관련된 분야들과 어떻게 같고 다른지를 살펴보겠다.

'코치'라는 말은 다양한 분야에서 다양한 의미로 사용되고 있다. '코치'라고 하면 아이들이 싫어하는 물리학이나 영어 시험을 통과시켜 주기 위해 일하는 선생님을 떠올릴 수도 있다. 또는 부모가 코치와 매니저로서 축구에 재능 있는 자녀를 가르치는 그런 이미지를 떠올릴 수도 있다. 코치에 대해 그보다 더 매력적인 이미지로는 스포츠 코칭에서 나온다. 여기에서 '코치'는 똑똑하고 세련되었으며 높은 연봉을 받고, 그 탁월함으로 이미 책과 신문 기사를 통해 알려진 '구루'[1]이다.

내가 한 고객의 사무실에 전화했을 때 그의 동료가 "존! 너의 구루가 전화하셨어!"라고 크게 외치는 것을 듣고 아직도 코치를 이렇게 여기기도 한다는 것을 깨달았다.

아직 어떤 조직에서는 코칭을 받는다는 것이 드문 일이고, 주로 성과에 문제가 있는 고위직급에게 코칭 프로그램이 제공되기 때문에 개선이 필요한 사람이 받

1) 역자주: 구루(guru)는 탁월한 지식을 갖춘 리더, 그 분야의 최고의 전문가나 권위자를 뜻한다.

는 것으로, 마치 공개적으로 받게 되는 교정적 훈련으로 여겨진다. 따라서 코칭을 받는 경우 부끄러운 일이며 실패한 것으로 간주되기도 한다.

내가 코칭을 시작할 무렵 어떤 고객은 "제가 이렇게 코칭을 받는다는 것은 회사에서 저를 해고하기 위해 미리 준비하는 건가요?"라고 의심스러운 듯 물었다. 안타깝게도 그녀는 직장에서 해고될 예정이었고, 회사에서는 그녀를 해고하기 전에 합리적으로 할 수 있는 모든 것을 했다는 것을 보여 주기 위함이었다. 나의 코칭도 회사가 그녀를 해고하기 위한 준비 과정 중의 하나였다.

어떤 조직에서는 코칭이 신비주의처럼 여겨지고 있다. 내가 수년 동안 임원 코치로 일했던 한 조직에서는 코칭이 비밀리에 선발된 고위직에게만 주어지는 특권이며, 선택된 자들만 코칭을 받을 수 있다는 속설이 널리 퍼져 있었지만 그것은 잘못된 믿음이었다. 이러한 코칭에 대한 오해는 코칭과 심리치료, 코칭과 상담의 구분이 모호하게 여겨지는 데서 기인한다. 많은 고객이 이런 모호함에 대해 걱정한다.

불과 몇 주 전에 한 고객은 코칭이 '단순히 큰 문제없는 사람들을 위한 치료'인지 물었다. 이 '단순히'라는 단어로 알 수 있듯이 다수의 고객은 코칭과 상담이 똑같은 것이라는 생각을 하고 있다.

실제로 우리가 코칭을 통해 정신적인 깨달음으로 건강에 많은 도움을 받았음에도 불구하고, 아직도 정신건강에 대한 도움을 받는 것을 부정적으로 바라보는 경향이 있다. 하지만 신뢰할 수 있는 가장 근본적인 핵심은 우리가 어려운 문제를 '스스로 해결해야 한다'는 것이다. 그것은 우리가 자신의 감정을 드러냈을 때 스스로 통제할 수 있을지, 그동안 지켜 왔던 나의 '어른스러움'의 껍질이 벗겨져서 내가 알 수 없는 어떤 나의 모습이 나타날지에 대한 두려움이기도 하다.

이러한 모든 우려에 대한 답을 찾아가다 보면 코칭이 무엇인지 이해하는 데 도움이 된다. 모든 고객은 그 사람이 누구인지, 성공했는지, 어떤 지위에 있는지 상관없이 자신의 약점을 드러내게 되고 나 스스로를 통제할 수 없는 상황에 놓일 수 있다는 두 가지의 두려움을 인정해야 한다. 코칭은 변화를 위한 것이기 때문에 취약성과 통제력 상실에 대한 두려움은 너무나도 당연한 것이고, 변화를 위해서는 스스로가 취약해질 수밖에 없으며, 변화가 일어나는 동안에는 삶에 대한 통제력을 잃은 것처럼 보일 수도 있다.

이론의 역할

심리학은 철학의 한 분야로 시작했고, 정신과 의사들은 과학에 기반하여 정신의학을 시작하였다. 이러한 이론들의 시작점의 차이는 그 방향을 정해 준다. 기본적으로 심리치료와 상담은 건강 분야이고, 비즈니스 코칭은 경영 개발의 한 분야이며, 라이프 코칭은 수천 권의 자기 계발 서적의 인기와 밀접한 관련이 있는 개인 계발에 대한 접근 방식이다.

코칭은 다른 학문의 이론을 접목한 실용적이고 효과적인 기술이다. 현재 가장 잘 요약된 책은 Leni Wildflower와 Diane Brennan이 편집한 『지식 기반 코칭 핸드북(The Handbook of Knowledge: Based Coaching)』(2011)으로, 코칭이 매우 다양한 이론을 기반으로 하고 있음을 알 수 있다. 현재 코칭은 실습을 통한 기술 습득이 이론적인 것보다 훨씬 앞서고 있으며, 이러한 이유로 코칭 이론이 상대적으로 빈약하다는 말을 들을 수도 있다. 관점에 따라 이를 강점으로 볼 수도 있고 해결해야 할 약점으로 볼 수도 있다. 어쩌면 둘 다일 수도 있을 것이다.

1980년대부터 20여 년간 코칭이 독립적으로 활발하게 발전한 것은 1970년대 초의 **인간 잠재력 운동**[2] 또는 **뉴에이지 운동**[3]과 관련이 있다. 그 당시 Werner Erhard가 설립한 Erhard Seminars Training(EST)에서 많은 코칭의 선구자를 발굴하고 양성하였다. 그 이후 EST는 1991년 역사적인 교육이 되었으며, 지금도 매년

---

2) 역자주: 인간 잠재력 운동은 인간의 잠재력을 극대화하는 데 초점을 두고 1960년대에 시작된 특별한 반문화 운동이다. Abraham Maslow와 같은 사람들의 작업에 영향을 받았고, 일종의 심리철학의 형태를 취한다.

3) 역자주: 기존의 사회 · 문화 · 종교에서 더 이상 가치를 발견하지 못하여 영적 공허를 느낀 사람들이 이를 탈피하려는 움직임으로 전개된 운동이다.

수천 명의 사람을 교육하고 있다. 그러나 코칭의 실제 기원은 심리학, 정신의학, 의학, 물리학, 시스템 이론, 언어학, 치료, 최면, 경영 개발, 인류학, 리더십 이론, 조직 개발, 교육, 판매, 종교, 철학 등 다양한 분야에 얽힌 뿌리를 가지고 있다. 코칭이라는 화려한 수식어로 불리든 불리지 않든, 코칭은 인류 사회만큼이나 오래 존재해 왔다. Platon에 따르면, 기원전 400년경 그리스에서 Socrates는 “나는 진리에 대해 아무것도 모른다는 사실을 깨달았을 뿐이다.”라고 함으로써, 자신의 유일한 지식은 무지라는 것을 아는 것일 뿐 철학자로서의 역할은 산파의 역할과 유사하다[4]고 하였다. 이것은 코칭과 유사한 접근 방식이다. Socrates 방식은 질문을 통해 문제를 해결하는 것이다. 이러한 접근 방식은 오늘날 코치들이 하는 것처럼 자신의 신념을 들여다보고 그 타당성에 의문을 제기하는 것이다.

코칭을 실천하는 많은 사람 중에는 코칭의 역사를 제대로 이해하지 못하는 경우가 많다. 코칭의 역사가 생소하다면 Leni Wildflower의 재미있는 책인 『코칭의 숨겨진 역사(The Hidden History of Coaching)』(2013)는 한 번 읽어 볼 만한 가치가 있다.

코칭의 정의: 행동의 선택

나는 코칭에 대해 다음과 같이 간단히 정의한다.

> 코칭은 다른 사람의 학습, 계발, 웰빙 및 성과를 촉진하는 기술이다. 코칭은 자기 인식을 높이고 선택지를 확인한다. 코칭을 통해 사람들은 스스로 해결책을 찾고, 자신만의 기술을 계발하며 자신의 태도와 행동을 바꿀 수 있다. 코칭의 궁극적인 목표는 사람들의 잠재력과 현재 상태 사이의 격차를 줄이는 것이다.

4) 역자주: 자신이 직접 아이를 낳는 것이 아닌, 산모가 아이를 낳을 수 있도록 돕는 중요한 역할일 뿐이라는 뜻의 말이다.

앞으로 다룰 코칭의 정의에 대한 여섯 가지 기본 원칙은 코칭과 다른 학문을 구별하는 데 도움을 줄 것이다.

원칙 1: 고객은 자원이 풍부하다

고객은 자신의 문제를 해결할 수 있는 자원을 가지고 있다. 고객은 자신을 변화시키기 위해서 찾아오는 것이 아닐 수 있지만, 비용을 지불하는 관리자의 입장에서는 변화를 목적으로 코칭을 받아야 한다고 생각하기도 한다. 어떤 고객들은 코치가 답을 줄 수 있을 거라고 믿으며 질문한다. "당신이 나라면 어떻게 할 건가요?" 하지만 고객 자신만이 정말로 무엇을 해야 할지 답을 알고 있고, 자신의 삶에 대한 전체 이야기를 알고 있다. 또 결국 실제로 행동하고 그 결과를 살아갈 수 있는 사람도 자신뿐이다.

원칙 2: 코치의 역할은 숙련된 질문, 문제 제기 및 지원을 통해 고객의 자원을 발견하는 것이다

우리는 첫 번째 원칙으로부터 코치의 역할은 '조언을 하지 않는 것'이라는 것을 알 수 있다. 코치가 조언을 한다는 것은, 코치는 이미 답을 알고 있으며 고객은 코치보다 못하다는 것을 내포한다. 이런 조언은 코치의 "왜 그렇게 하지 않죠?", 고객의 "맞아요. 그렇지만……."이라는 반복적인 게임[5]에 빠지게 된다.

코치: 왜 살을 빼지 않죠?

고객: 맞아요, 그렇지만 아직은 할 수가 없어요.

5) 역자주: 수긍(맞아요, 네 등)하는 것처럼 대답하지만, 뒤에 이어지는 접속어가 '그렇지만, 그런데, 하지만' 등으로 이어지는 것은 부정 또는 저항을 의미한다.

또한 조언은 코칭의 근본적인 철학과 목표와는 정반대로 의존성을 유발한다. 이에 대한 자세한 내용은 제2장에서 확인할 수 있다. 코치의 역할은 핵심 질문을 통해 고객이 이전에는 전혀 고려하지 않았던 영역으로 고객을 안내하는 것이다. 이를 통해 고객은 스스로의 자원을 키울 수 있다. 그렇다고 해서 코치가 고객에게 정보를 제공하는 것을 배제하는 것은 아니지만, 이를 코칭 스타일로 효과적으로 전달하는 기술은 필요하다(제10장 참조).

원칙 3: 코칭은 과거, 현재, 미래 등 사람 전체를 다룬다

기업 분야에서 코칭하는 코치들은 때때로 자신의 코칭 범위를 기업 내의 업무에만 국한된 것으로 생각하지만 난 그렇지 않다고 생각한다. 그동안의 경험에 따르면 고객의 직업적인 어려움은 대개 개인적인 어려움과 긴밀하게 연결되어 있었다. 또한 어린 시절에 형성된 관계 패턴은 어른이 된 지금까지도 영향을 미치기도 한다. 코칭이 정신분석은 아니지만, 고객의 어린 시절의 삶과 현재 삶의 문제에 대한 파악 없이 오로지 고객의 업무적 고충에만 집중한다면 폭넓은 관점으로 코칭이 이루어지기는 어려울 것이다.

원칙 4: 고객이 주제를 정한다

코칭에는 정해진 주제가 없다. 예를 들어, 효과적인 리더십 코칭에 확실한 이론과 관점이 있는 코치라 할지라도 고객이 리더십이라는 주제에 관심이 없다면 코칭 회기 내에서 주제에 포함되지 않아야 한다. 주제는 고객이 설정한다. 고객의 주제가 더 이상 없다면 일시적으로라도 코칭을 중단해야 한다. '코칭이 재미있다'는 소문을 듣고 코칭에 관심을 보이는 고객들의 전화를 가끔 받는데, 고객 스스로 주제를 제공해야 한다는 말을 듣게 되면 전화를 끊어 버리는 경우도 있다.

원칙 5: 코치와 고객은 수평적 관계이다

코치와 고객은 수평적인 관계이다. 동료와 동료, 성인과 성인의 존중을 기반으로 하기 때문이다. 고객과 코치와의 관계가 수평적이지 않고 한쪽으로 치우친다면 코칭의 목표를 함께 이루기 어려울 것이다. 따라서 코치는 고객에 대해서 판단하지 말아야 한다. 어떤 이유로든 코치가 고객을 존중하지 않거나, 고객이 코치를 존중하지 않는다면 코칭이 효과적이지 않을 가능성이 높으므로 코칭을 종결하거나 아예 시작하지 않는 것이 좋다.

원칙 6: 코칭은 변화와 행동에 관한 것이다

고객은 변화하기 위해 코칭을 받으러 온다. 코칭의 핵심 목적은 자기 인식을 높이고 선택을 명확하게 하며, 나에게 있는 잠재력과 현재 상황 사이의 격차를 줄이는 것이다. 이것을 달성하도록 돕는 것이 코치의 역할이다. 따라서 변화를 원하지 않는 고객에게는 코칭을 제공할 수 없기 때문에 누군가의 추천으로 코칭을 시작할 때는 항상 신중하게 고려해야 한다. 또한 고객이 말로는 변화를 원한다고 이야기하지만 실제로는 변화할 능력이 없거나 의지가 없는 것이 느껴진다면 코칭을 중단하거나, 고객에게 다른 코치를 안내할 수도 있다.

우리는 코치로서 [그림 1-1]에서 볼 수 있듯이 '존재하는 자아'와 '행동하는 자아'를 모두 다루고 있다.

'존재하는 자아(Being self)'는 우리 삶의 경험, 삶의 태도, 우리가 처했던 각 역할들에 의해서 만들어진 나만의 개성이다. 이는 우리가 무엇을 하는지(Doing)가 아니라 우리가 누구인지(Being), 즉 핵심 가치와 신념에 관한 것이다.

'행동하는 자아(Doing self)'는 성취하고 싶은 모습이나 그런 기술을 가진 외부에 집중하는 자아이다. 일반적으로 코칭을 위해 처음에 고객이 말하는 코칭 주제는 '행동하는 자아'이다. 예를 들어, '업무 효율을 높일 수 있도록 도와주세요.' '회의를 더 잘 진행하는 방법을 알려 주세요.' '이력서를 제대로 작성할 수 있도록 도

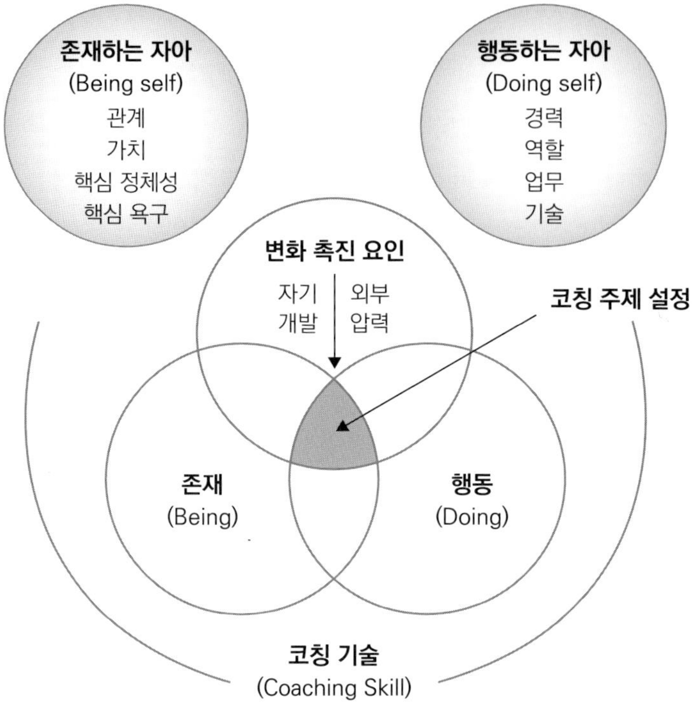

[그림 1-1] 코칭 모델

와주세요.' 등이 있다.

고객들은 변화하기 위해 코치를 찾는다. 변화가 필요하지 않다면 진정한 고객이 아닐 가능성이 높다. 변화는 크게 두 가지로 나뉘는데, 첫 번째로는 내부적으로 자신의 삶의 영역에서 촉발될 수 있다. 예를 들어, 나이대의 앞자리가 변하게 되는 생일, 심각한 질병이나 결혼, 자녀 출산, 부모의 사망, 이혼과 같은 일들을 통해 삶의 방향을 재평가할 필요를 느끼게 된다. 또한 두 번째로는 외부에서 강요되는 변화이다. 조직에서 직원을 해고 또는 증원하거나, 승진 또는 구조조정으로 고객의 역할이 바뀌는 등 외부에서 촉발된 변화이다. 이전에는 완벽하고 적합했던 자신의 재능이 지금은 그다지 효과가 없을 수도 있다. 다른 종류의 성과를 요구하는 상사가 새로 부임하여 개인에게 변화에 대한 압력을 가할 수도 있다. 고객이 실제로 직장을 잃었거나 직장을 잃을 위협을 받고 있을 수도 있다. 이런 내부적/외부적 변화들이 중복되는 지점에서 주제가 정해진다.

그렇기 때문에 고객이 코칭에서 처음 꺼내는 주제를 코칭의 시작점으로 받아들이되, 코치는 고객의 인생 전체를 바라보는 관점을 가질 수 있어야 한다. 경험이 부족한 코치는 직관에만 의존하여 실수하는 경우가 종종 있다. 나도 초보 코치일 때 고객의 연륜에 너무 압도되어 고객의 배경과 어린 시절에 대해 질문하는 데 주저하곤 했었다. 나는 곧 이것이 얼마나 큰 실수였는지 깨달았고, 지금은 고객의 배경과 어린 시절 경험에 대해서도 일상적으로 질문한다.

코칭 회기에서 일어나는 상황: 개요

일반적으로 코치와 고객은 60분~2시간 동안 코칭을 하게 된다. 코칭 기간은 다양하다. 고객의 상황에 따라 1회기로 진행하는 경우도 있고, 몇 년 동안 매주 만나는 고객도 있다. 코칭 목표에는 두 가지 형태가 있다.

1. 선택: 어떤 것을 선택해야 할까?
2. 발전: 어떻게 하면 지금 이 상황이나 사람을 더 편안하게 만들 수 있을까?
어떻게 하면 더 잘 일할 수 있을까?
어떻게 하면 집중력을 높일 수 있을까?
어떻게 하면 지금 이 문제를 잘 해결할 수 있을까?

예를 들면 다음과 같은 주제들이 있다.

- 중요한 관계 개선
- 시간 관리 개선
- 더 많은 돈을 벌기
- 내 직업적 경력을 발전시키기 위해 무엇을 하고 싶은지 결정하기

- 팀의 성과 문제 해결
- 새로운 직장으로의 이직 계획 세우기
- 조직 재구성하기
- 더 설득력 있는 프레젠테이션 방법 배우기
- 새로운 역할에 필요한 기술 습득
- 프리랜서 경력을 시작하기
- 내 삶의 스트레스 해결
- 일과 가정 사이의 더 나은 균형 세우기
- 정년퇴직을 하고, 일터를 떠날지 일을 지속할지 결정하기

각 회기에는 두세 가지 주제가 있을 수 있다. 고객은 각 목표에 대해 행동 계획을 세우고 코칭을 마무리하게 된다. 다음 회기에 만났을 때, 코치는 지난 행동 계획에 대해 어떻게 진행되었는지 질문한다. 따라서 일반적인 코칭의 과정은 다음과 같을 수 있다.

5분	지난 코칭 이후 어떤 변화가 있었나요?
10~15분	지난 회기에서 하기로 했던 행동 계획은 어떻게 진행되었나요? 어떤 것을 시도해 보았나요? 그것을 통해 무엇을 배우게 되었나요?
5분	오늘은 어떤 주제로 이야기를 나누고 싶은가요? • 지금 말한 주제들을 내 삶에 영향력을 미치는 순서대로 정리한다면 어떻게 되나요? • 그 주제들에 대해 각각 얼마나 많은 시간을 할애하고 싶은가요? • 그 주제들이 고객님이 이야기했던 코칭 목표와는 어떻게 연결되나요?
40~60분	안건 항목에 대한 코칭
5분	지금까지 나눈 대화를 바탕으로 다음 회기까지 어떤 것을 시도해 볼 것인가요?

코칭이 점점 유명해지고 대중들에게 친숙해짐에 따라 코칭은 몇 가지로 특성화되며 발전하고 있다.

그중 **라이프 코치**는 개인적인 관계, 일과 삶의 균형, 미래 계획 등 인생의 전반적인 문제를 다룬다.

또한 우리가 흔히 아는 **자문을 제공**하는 것도 코칭이라고 표현하기도 한다. 학습 지도사는 **학습 코치**, 진로 상담가는 **커리어 코치** 등으로 표현하기도 한다.

최근 들어 **스포츠 코치**들은 과거와 같은 전문가적 관점보다는 코칭에서 설명하는 핵심 코칭 원칙에 따라 일하는 경우가 점점 더 많아지고 있다.

기업 내 **임원 코치**는 대체적으로 대기업 또는 중간 규모의 조직에서 고위급 경영진들을 코칭한다. 코칭을 받는 경영진들은 기업 내 코치에게 임원들에 대한 높은 이해와 관리 경험, 그리고 조직의 의사결정에 대한 이해를 기대한다. 코칭 주제로는 라이프 코칭과 조직 운영의 측면까지 모두 포함된다. 이러한 비즈니스 코칭도 라이프 코칭과 마찬가지로 새로운 리더, 새 직장에서 적응하는 법, 은퇴 후 계획, 스트레스와 과로, 재정 문제, 경력관리, 정리해고 후 새 직장 찾기, 면접 준비, 프레젠테이션 기술, 목소리, 이미지 전략 등 그 주제는 다양하다. 기업 내 임원은 **팀 내 코치**로 근무할 수 있으며, 회사의 업무를 병행하기도 한다. 비즈니스 코칭의 비용은 일반적으로 라이프 코칭의 비용보다 몇 배 더 높게 책정된다.

코칭은 고객의 필요에 따라 발전하였고, 이 발전은 경쟁적인 학문이나 철학에도 영향을 미쳤다. **비지시적 코칭**, **성과 중심 코칭**, **실존론적 코칭**, **게슈탈트 코칭**, **체계이론 코칭**, **NLP(신경언어 프로그래밍)**, **정신역동 코칭**, **사이코드라마 코칭**, **해결 중심 코칭**, **내러티브 코칭** 등 다양한 분야에 걸쳐 응용되고 변화하고 있다. 이러한 코칭 분야들 중 대부분은 각 학문 분야에서 코칭에 대한 고객의 수요를 파악하고 자신들의 치료 방법에 코칭을 적용하여 코칭 분야와 자기 학문의 다양성과 발전에 서로 기여하고 있다.

코칭 콘퍼런스는 일반적으로 이러한 다양한 접근 방식을 체험할 수 있는 기회를 제공하며, 이러한 기회를 통해 자신만의 코칭을 개발할 수 있는 기회도 생긴다. 그러나 신중히 알아보고 선택해야 한다. 합리성과 현실성을 고려해야 하며,

여러 접근 방식 중 일부는 특정한 방식만을 고집하여 다소 경직된 관념을 포함할 수 있다. 이러한 경우 창시자 특유의 카리스마와 개성을 지니고 있으면(예: 종교적인 접근) 효과적일 수 있지만 다른 사람들이 적용하기에는 그 효과가 미미할 수 있다. 한 동료는 저명한 코치의 워크숍에 참석한 후 "나는 왜 그 사람처럼 성공할 수 없는지 의문이 들면서 매우 낙담한 채로 집으로 돌아왔다."고 말하였다. 어떤 이론이나 어느 기법도 절대적인 답을 줄 수 없으며, 치료 효과에 대한 모든 연구를 살펴보면, 치료자의 이론적인 접근보다는 따뜻함과 친밀감을 통한 라포 형성이 절대적으로 중요하다는 것을 시사한다. 이는 코칭에서도 마찬가지이다.

코칭과 기타 다른 분야의 차이점

코칭과 유사한 학문과 분야가 많이 존재하지만, 그 유사함 속에 중요한 차이도 존재한다. 상황에 따라서 코치는 코칭과 다른 학문과 분야의 역할도 동시에 수행해야 하는 경우가 있다.

코칭과 정신의학

정신의학자는 중증의 정신질환을 치료하는 의사이다. 이 전문 영역을 위해서는 오랜 훈련과 임상실습을 거쳐야 하며 모니터링과 감독을 통해 엄격하게 통제된다. 자격증이 없으면 진료할 수 없기 때문에 지속적으로 관리해야 한다.

정신과 전문의가 처방한 안정제를 복용하면 도움이 될 수 있다고 판단되거나, 어떤 이유로든 일시적으로 심각한 증상을 보인다면 정신과 전문의의 진료를 받아야 한다. 정신과 전문의는 정신분열증, 심한 산후 우울증, 약물 및 알코올 의존증, 만성 우울증과 같이 장애가 있는 형태의 정신질환도 다룬다.

성공적인 치료를 위해서는 약물치료뿐만 아니라 심리치료사를 통한 '심리상담'이 병행되기도 한다. 정신의학은 코칭에 큰 영향을 받고 있고 환자가 치료에 '완전한 참여자'가 되어야 한다는 인식이 자리 잡혀 '회복 접근법'이 점점 더 보편화되고 있다. 이는 환자가 자신의 삶을 통제할 수 있다고 가정하고, **회복**은 외부에서 행해지는 것이 아니라 환자 스스로 자신의 상태, 자신의 삶, 자신이 진정으로 원하는 것이 무엇인지 임상의보다 더 잘 알기 때문에 환자 스스로 관리할 수 있다고 가정한다. 즉, 목표를 정의하는 것은 의사가 아니라 환자이다. 의사의 역할은 강압이나 통제가 아닌 회복을 촉진하는 것이며 이상적으로는 코칭과 마찬가지로 수평적인 파트너십 관계가 되어야 한다.

코칭과 심리치료

심리치료와의 구분과 그 경계에 대해서는 코치들이 가장 고민하는 부분일 것이다.

Colin Feltham과 Ian Horton의 『탁월한 상담 및 심리치료 핸드북(Handbook of Counselling and Psychotherapy)』(2000: 2)에서는 다음과 같이 코칭 활동을 정의하였다.

> 심리적이거나 정신적인 문제, 깊고 오래 지속된 인간의 고통, 상황적 딜레마 및 위기, 발달심리학적 욕구 및 인간의 잠재력을 실현하기 위한 욕망 등을 다루는 것

심리치료에 대한 접근 방식은 매우 광범위하며, 다양한 모델을 사용하는 수많은 학파가 있다. 400여 개의 서로 다른 치료 학파가 있다고 주장하기도 하는데, 이러한 수많은 학파에서 심리치료 효과에 대한 다양한 연구를 발표하고 있다.

나에게도 이런 경험이 있다. 몇 년 전 개인적인 문제로 몇 달 동안 나를 괴롭혔던 극도로 불안한 감정을 떨쳐 버릴 수 없었다. 나의 세상이 무너져 내리는 것 같았다. 처음에는 심리치료의 도움을 구하면서 매우 실망스러웠지만, 코칭을 경험한 이후로는 치료에 깊이 도움이 되기도 하는구나를 느끼게 되었다.

주치의는 나를 고급스러운 개인 센터를 운영하는 닥터 X에게 소개해 주었다.

센터에 도착해서는 기다림이 지속되었고, 나를 마치 법원에 탄원서를 제출하는 사람으로 대하는 듯한 방식의 거만함에 짜증이 났다. 그래서 그를 만나자마자 그의 박사 학위가 의학박사 학위인지 물어보면서 처음부터 그가 못마땅하다는 것을 내색하였다. 그는 위엄 있게 생긴 커다란 책상에 옆으로 기댄 채 앉았고, 나는 큰 방의 가장 구석에 있는 아주 낮은 소파에 앉았다. 세련된 검은색 가죽 소파였지만, 너무 낮게 세팅되어 있어서 말 그대로 그의 발밑에 앉아 있는 것 같은 느낌을 지울 수 없었다. 그는 나의 '증상'에 대해 묻고 상투적인 조언을 쏟아 낸 후 20분 일찍 회기를 끝냈다. 1시간 비용을 지불했지만 40분밖에 받지 못하였다. 그 이후 두 번 다시 그 센터를 방문하지 않았다.

대신 나는 치료자로도 활동하고 있는 동료 코치에게 도움을 요청하였다. 그녀의 꾸준하고 차분한 감정 탐색과 감정에 대처하는 전략적인 탐색은 나에게 꼭 필요한 것이었다. 게다가 비용적인 부분에서도 그녀의 비용은 닥터 X가 요구한 비용의 1/4에 불과하였고 치료에 커다란 도움이 되었다.

코칭으로 가능한 심리치료의 경계

나는 다양한 고객을 만났다. 심각한 조울증을 회복한 후 다시 직장에 복귀하고자 하는 재무이사, 결혼 문제가 가장 시급한 문제인 CEO, 직장에서의 불행으로 회기 내내 화가 나 있는 은행원, 급격한 경쟁 환경에서 스트레스가 심한 마케팅 경영진까지 다양한 상황을 다루었다. 이런 고객들의 이야기를 들으면 피하고 싶은 마음이 들 수도 있다. 이런 경우에는 코칭이 아니라 심리치료에 의뢰해야 하는 상황일까? 나는 이에 동의하지 않는다. 이러한 상황에서 코치들이 느낄 걱정이나 두려움은 타당하지 않으며 불필요한 것이다.

이러한 두려움은 코칭에 관한 많은 문헌에서 드러나는데, 감정에 대한 깊은 탐구는 부적절하다거나, 비즈니스 코칭에서 사생활과 관련된 주제는 피해야 한다거나, 코칭보다는 치료가 필요한 고객에게는 치료를 제안하라고 하기도 한다.

2003년에 쓰인 이 책의 초판에서도 나는 이 말이 사실인지 의문이 들면서도 그 문헌들의 주장을 인정하고 그대로 코칭에 적용했었다. 그러나 지금은 치료의 경계가 거의 없어졌다고 생각한다.

일부 코치들은 이러한 경계에 대해 많은 걱정을 한다. 그들은 '심리적으로 너무 깊이 들어가는 것' 또는 '고객에게 피해를 주는 것'에 대한 두려움을 가지고 있다. 이러한 생각에 대해 논의하다 보면 치료에 대한 일반적인 잘못된 생각들이 드러난다. 예를 들어, 치료는 항상 과거에 초점을 맞추고 있으며, 치료자가 해석자로서 개입하고 오랜 시간 동안 진행되며, 왠지 신비스럽고 이해할 수 없으므로 '위험하다'는 생각이다.

이런 고정관념은 코칭과 심리치료의 다양한 현실을 반영하지 못한다. 이것은 다양한 유형의 치료가 코칭과 경계가 모호하다는 현실, 그리고 치료에 대한 비용 문제로 10회기 이내의 단기치료로 진행되고 있는 현실 등을 반영하지 못하는 것이다.

치료에 대한 이런 고정된 시각은 영화와 TV의 영향을 많이 받았는데, 여기서 보여 주는 치료 모델은 초기 치료 모델인 정신분석적 치료이며, 정신분석적 치료의 경우에는 치료자와 내담자가 자주, 그리고 오랜 기간 만나는 것이 일반적이다.

어떤 사람들은 코칭이 간소화된 치료의 가벼운 형태라고 생각하지만, 나는 개인적으로 코칭이 치료보다 더 많은 가치를 지니고 있다고 생각한다. 그러나 일부 고객들 사이에서 코칭은 속기 쉬운 순진한 사람들이나 받는 것이라고 생각하는 경향이 있기 때문에, 우리는 코치로서 이러한 문제에 대해 고객을 안심시키기 위해 정직한 답변이 필요하다. 또한 코칭은 피상적이고, 단기적이며, 터무니없이 비싸고, 사기꾼이나 다른 분야에서 실패한 사람들이 하는 것이라고 주장하는 사람들이 있다. 이러한 견해에 대한 자세한 내용은 『Harvard Business Review』의 Steven Berglas의 기사(2002)를 참고하기 바란다.

심리치료가 없는 코칭은 존재할 수 없지만, 많은 코치가 이러한 치료 분야에서 도움을 받았다는 사실을 인식하지 못하는 것 같다. 코칭의 많은 이론과 기술은 치료에서 비롯되었다. 나는 인본주의, 정신분석학, 게슈탈트, 대화 분석 및 기타 여러 전통적인 심리이론과 접근 방식을 사용하고 있다.

치료와 코칭에 대한 많은 혼란은 인간이 이성적이라는 잘못된 가정에서 시작된다. 따라서 코칭은 이성을 다루고, 치료는 감정을 다룬다고 주장한다. 실제로 신경심리학의 많은 최근 연구(제4장 참조)에서도 알 수 있듯이 인간 뇌의 변연계, 즉 감정 중추는 사고와 이성을 담당하는 전두엽 피질보다 훨씬 더 강력하다. 의사결정은 이성적으로 이루어지는 것이 아니라 감정을 기반으로 이루어지는 것이 대부분이다. 그렇다면 고객과의 코칭에서 나온 업무에 대한 주제에서 감정을 배제하는 것이 타당할까?

대부분의 기업 코칭은 조직에서 비용을 지불하기 때문에 업무 문제로 시작하는 경우가 많다. 그리고 업무 문제와 개인적인 문제는 서로 영향을 준다. 직장생활의 문제는 개인의 사생활에서 일어나는 일의 영향을 받으며, 그 반대의 경우도 마찬가지이다. 코칭에서는 개인적인 문제와 업무에 대한 문제를 함께 고민해야 하며, 코칭에서 거론되는 어떠한 주제라도 감정적 측면이 없는 것은 없다. 단순히 업무 문제만 보거나 '성과 코칭'에만 집중한다면 지난 40년간 코칭을 지배해 온 행동적 접근 방식만이 지나치게 강조되는 결과를 초래한다. 이러한 접근법은 어느 정도는 유용할 수 있지만, 그 효과는 제한적이고 피상적인 경우가 많다.

심리치료와 코칭의 주요 차이점

일반적으로 심리치료 및 상담을 코칭과 비교하면 여러 가지 차이점을 발견할 수 있다. 가장 중요한 차이는 고객의 심리 상태이다. 심리치료나 상담을 받는 고객은 코칭을 받는 고객보다 지속적으로 괴롭고 무력한 상태에 있을 가능성이 훨씬 더 높다. 이는 Feltham과 Horton이 이야기한 '깊고 지속적인 인간의 고통'을 의미한다. 많은 심리치료사가 여전히 고객을 환자로 지칭한다. 이 경우, 기본 모델은 앞(원칙 5)에서 설명한 동등한 파트너십이 아니라 의사-환자라는 의학적 모델이다.

반면, 대부분의 경험이 풍부한 코치는 기본적으로 고객이 튼튼한 정신건강을 가지고 있다고 전제하고, 심각한 심리적 문제보다는 기능적 문제에 대해 고객과 함께 해결책을 찾으려고 한다. 모든 심리치료 학파는 치료를 동등한 협력 관계라고 강조한다.

앞에서 설명한 코칭과 심리치료에서 내담자의 정신 상태에 대한 가정의 중대한 차이는 필연적으로 권력의 심각한 불균형으로 이어진다. 코치-고객의 관계가 치료자-내담자의 관계보다 진정한 동등한 관계가 형성될 가능성이 훨씬 높다는 것이다.

심리치료사는 내담자의 고통에 대한 동정심과 진심으로 돕고 싶다는 마음에서 동기가 부여될 수 있다. 이런 경우 심리치료사는 자신이 하는 일을 내담자를 **돕는** 학문이라고 설명할 것이다. 도움을 주는 사람과 도움을 받는 사람은 동등한 위치에 있기 어렵다. 도움을 주는 사람이 더 권력이 있고 높은 위치에 있다고 느낀다. 반면, 코치는 자신이 하는 일을 고객과 동등한 위치에서 **함께 일하는** 것으로 설명할 가능성이 더 높다.

기업 코칭에서는 일반 치료와는 크게 다른 권력 관계가 존재한다. 기업 코칭에서 코칭을 받는 임원들은 일반적으로 보수가 높고 영향력이 있는 사람들이며, 그들 또는 그들의 고용주가 일반 코칭보다 고가의 비용을 지불한다. 반면, 치료와 상담은 때때로 사용자에게 무료로 또는 매우 저렴하게 제공될 수 있으며(예: 보험제도, 국민건강보험, 자원봉사기관 또는 직원 지원 제도를 통해), 따라서 이렇게 무료 또는 저렴한 가격에 치료를 받는 내담자들을 운이 좋아서 치료를 받는 것으로 보는 편견이 존재한다.

대부분의 심리치료는 현재를 설명하기 위해 과거에서 온 문제를 찾고, 치료자는 '왜'라는 질문에 관심이 있다. 원인과 결과 및 감정의 기원에 대한 통찰은 치료학파의 뚜렷한 특징이기도 하다. 코치는 과거를 잠시 살펴볼 수는 있지만 내담자의 현재와 미래에 더 관심이 있으며, '왜?'라는 질문보다는 '어떻게 해야 할까?' 혹은 '무엇을 해야 할까?'라는 질문에 더 관심을 두고 있다.

실용적인 측면과 구조적인 측면에서도 차이가 있다. 코치는 평균 60분~2시간 동안 5~10회기를 진행하며, 보통 몇 달에 걸쳐 고객을 만나게 된다. 치료자는 보통 고객에게 매주 60분의 회기를 제안하며 몇 년간 진행하기도 한다. 이는 양쪽 모두에게 다른 분위기의 경험을 제공한다.

나와 동료들은 많은 치료자에게 코치가 되는 방법을 교육해 왔다. 그 결과 상당수의 기술이 겹치는 것을 발견하였다. 또한 코치가 치료자에 대해 가지고 있는 편견만큼이나 치료자도 코칭에 대해 많은 편견을 가지고 있다는 것도 알게 되었다. 치료자는 코칭이 치료에 비해 피상적인 것에만 관심이 있다고 생각할 수 있고(실제로는 그렇지 않음에도), 코치는 치료자가 내담자의 고통과 과거를 탐색하는 것만을 탐색한다고 주장할 수도 있다. 이러한 서로의 편견은 모두 사실이 아니다. 치료자 훈련생들은 코칭이 심리치료보다 훨씬 더 명백하게 목표에 초점을 맞추고 있으며, 미래에 더 집중하면서 더 빠른 속도로 진행된다고 종종 말한다. 하지만 목표에 집중하지 않는다고 해서 치료가 열등한 것도 아니고 속도가 빠르다고 해서 반드시 '더 좋다'고 일반화할 수는 없다.

코칭과 상담

상담은 심리치료의 얕은 단계로 묘사되기도 하지만, 심리치료의 동의어로 사용되기도 한다. 상담은 심리치료와 마찬가지로 1960년대 중반부터 꾸준하게 교육과 평가를 통해 상담의 질을 관리하고 있다.

최근에 상담이라는 단어는 특정 위기에 대한 단기적인 개입을 의미하는 경우가 더 많다. 고객은 이러한 위기에 처하기 전까지는 스스로를 잘 관리해 왔을 것이다. 대표적인 예로는 외상사고로 인한 트라우마 상담자, 예비부부 상담자, 종교 단체에서 제공하는 영적 상담, 강간 피해자나 실종 아동의 가족을 상담하는 경찰관, 생명을 위협하는 질병으로 진단 받은 사람들을 상담하는 전문간호사, 유족을 상담하는 성직자가 있을 수 있다.

상담은 이 장에서 설명한 다른 어떤 접근법보다도 비판적이지 않고, 수용하고 경청하는 것이 가장 강력한 위로가 된다는 것을 강조하고 있다. 즉, 상담자나 내담자 모두가 코칭과 심리치료에서 말하고 있는 절차, **행동**, 질문 등에 대해 얽매이지 않고 충분히 대화를 나누어야 한다는 것을 의미한다.

참고: 제11장에서는 코칭에서 일어나는 강한 감정을 다루는 방법과 고객을 치

료나 상담에 의뢰하는 시기와 방법에 대한 설명이 자세히 나와 있다.

코칭과 멘토링

멘토(mentor)라는 단어는 그리스 신화에서 왕이 자신이 자리를 비울 때 나이 많고 현명한 남자(Mentor)에게 아들을 돌봐 달라고 부탁한 이야기에서 유래한다. 순수한 멘토링은 여전히 이러한 함축적 의미로 자주 사용된다.

실제로 멘토링은 뚜렷하게 다른 두 가지 의미로 사용된다. 첫 번째는 '**후원 멘토링**(sponsorship mentoring)'으로 멘토가 멘티를 같은 직장에서 후원하는 형태이다. 이 멘토링에서 멘토는 조직에 대해 잘 알고 있고, 선임 선배이며 영향력이 있고, 후원자 역할을 할 수 있는 직장 동료가 멘토가 되는 것을 의미한다. 멘토는 멘티의 커리어에 깊은 관심을 갖고 유용한 조언과 정보를 전달하며, 적절한 시기가 되면 멘티를 위해 인사 결정에 영향을 미칠 수 있다. 또 다른 형태의 멘토링은 '**개발 멘토링**(development mentoring)'이다. 여기서 멘토는 같은 조직이나 업계에 속해 있을 수도 있고 그렇지 않을 수도 있으며, 대체적으로 멘티에 비해 연장자이다. 이 멘토링의 목표는 멘티의 자신감과 기술을 개발하는 것이다. 조직에서 공식적인 멘토링 제도는 차세대 리더를 양성하는 강력한 방법이 될 수 있다. 조직에서 멘토링 제도를 성공적으로 운영하기 위해서는 상당한 시간과 노력, 그리고 비용을 투자해야 하는데 안타깝게도 많은 조직에서 멘토링의 성공에 필요한 기술과 노력을 과소평가하고 있다.

실제로 멘토링에는 나이가 많고 현명한 사람이 상대적으로 어리고 미숙한 사람에게 조언을 전수한다는 의미가 내포되어 있다. 이런 점에서 멘토링은 코칭과는 다른 활동이다. 코칭의 원칙이 적용되는 경우 **코칭**과 **멘토링**은 동일한 프로세스의 동의어이다. 하지만 앞에서 설명했듯이 멘토와 멘티의 관계 형성은 코치와 고객 간의 관계 형성과는 차이가 있다.

코칭과 컨설팅

코치처럼 행동하는 컨설턴트와 컨설턴트처럼 행동하는 코치가 있다. **컨설턴트**라는 단어 자체는 **코칭**과 마찬가지로 다양한 분야의 사람들이 사용하고 있지만, 대부분 컨설턴트라고 하면 경영 컨설팅을 주로 떠올리게 된다. 코칭과 컨설팅의 중요한 차이는 다음과 같다.

일반적으로 경영 컨설턴트는 시스템 및 프로세스, 변화, 조직 문화, 세무 및 감사, 리더십 등 여러 분야에 대한 전문지식을 갖추고 있으면서 객관성, 문제 해결, 데이터 수집, 데이터 분석 및 권고 사항을 제시하는 것에 집중한다. 컨설턴트는 일반적으로 자신의 권고를 실행까지 함께하지는 않는다. 실행까지 하게 되면 실무에 영향을 끼치게 되고 사실상 현재의 관리자를 대신하게 되어 공정성을 잃게 되고, 유용성이 떨어지기 때문이다. 컨설팅은 일반적으로 조직 문제에 중점을 두며, 변경된 시스템, 계층 구조 및 인력 수준 변경과 같이 외부적으로 드러나는 문제에서 결과물을 제안한다. 일반적으로 컨설팅을 의뢰하는 고객은 생산량 증가 및 비용 절감과 같은 측정 가능한 비즈니스 결과를 기대하게 된다.

반면, 코치는 인간관계에 대한 전문성을 갖추고 있으며, 개인적이며 내적으로 발생하는 문제에 중점을 두고, 고객의 강점뿐만 아니라 약점에도 집중할 가능성이 높다. 문제 분석은 코치와 고객 공동의 노력으로 이루어지며 코치는 일반적으로 형식적인 권고를 하지 않는다. 코치는 고객의 가장 깊은 곳에 있는 동기에 초점을 맞추고, 고객이 스스로 선택하고 행동할 수 있는 자원을 가지고 있다고 가정하기 때문에 더 개인적이고 더 집중적이다. 특히 코치는 컨설턴트보다 고객이 원하는 변화를 방해하는 것이 무엇인지, 고객이 변화를 망설이는 이유가 무엇인지에 대해 집중한다. 코칭은 개인적이고 내적인 문제에 집중하기 때문에 어떠한 결과가 나타날지 예측하기 어렵다.

현재 많은 컨설턴트가 자신의 업무에 코칭 접근 방식을 적용하고 있다. 예를 들어, 컨설턴트의 기술을 전수하기 위해 코칭적으로 고객과 라포 관계를 형성하기도 하고, 고객의 심리적인 장애물 때문에 코치를 고용하는 경우도 생기고 있다.

코칭과 교육

코칭이 학습에 관한 것이라면, 교육과 어떻게 다른지 그 차이점은 다음과 같다.

교육 담당자는 정해진 커리큘럼으로 강의하는 해당 분야의 전문가이다. 코칭보다는 교육 담당자의 대화 비율이 훨씬 높다. 교육생이 도달해야 하는 인증 또는 평가와 관련하여 공신력 있는 기준이 있고, 이를 통해 교육 담당자가 평가를 받게 된다. 예를 들어, 학교에서는 시험으로 학생의 **성적**을 평가하지만, 학교와 교사는 시험이 아닌 또 다른 기준에 따라 **평가**를 받는다. 많은 교육 과정에서 학생은 의무적으로 교육에 참여하지만 코칭은 고객이 자발적으로 참여한다.

코치는 정해진 커리큘럼이 없으며 코치 혼자 대화를 이끌어 나가지 않는다. 코치는 협상, 리더십, 인생 설계 또는 인간관계 전반 등 해당 주제에 대한 전문가일 수 있으며, 코칭에는 고객을 평가하는 시험이 존재하지 않는다.

멘토링과 마찬가지로 교육이나 학습도 코칭의 원칙에 따라 진행될 때 훨씬 더 효과적이다.

회사 내 관리자 코치

명령과 통제의 대안으로 코칭에 대한 관심이 높아지고 있다. 비권위주의 사회에서 사람들은 명령과 통제를 거부하기 때문이다. 그래서 많은 조직에서는 '코칭 문화'를 확산시키기 위해 노력하고 있다.

여기서 코칭은 관리자가 **통제하는 것**(controller)이 아닌 타인의 발전을 위해 노력하는 역할을 강조하는 **성과 관리 접근 방식**(developer)이다. 관리자 코치는 **코칭 접근 방식**(coaching approach)을 사용하여 팀원들이 자신감, 창의력, 기술, 의사결정의 가치에 대한 신념 등을 빠르게 학습할 수 있도록 돕는다. 그러나 관리 책임에 따라 관리자 코치의 업무 방식은 크게 달라질 수 있다. 코치이기도 하지만, 관리자로서 팀원이 겪고 있는 그 문제의 일부일 가능성이 높으며, 이러한 상황을 인정하기는 커녕 지켜보기도 어려울 수 있다. 또한 비밀을 유지하거나, 상황에 대한 공개를 장려하거나, 관리자로서의 의견을 배제하거나, 가능한 한 결과에 대해 무관심한 태도를 유지하는 것은 항상 어렵다. 상사로서는 결과에 대한 이해관계가 있는 반면, 순전히 코치로서는 그렇지 않기 때문이다. 또 다른 나의 저서 『코치로서의 관리자(Manager as Coach)』(2012)에서는 이러한 차이를 관리의 관점에서 살펴보고, 직원 참여를 높이고 비즈니스 성과를 개선하는 강력한 방법으로서의 코칭 사례를 제시한다.

MI(동기강화상담)

동기강화상담(Motivational Interviewing: MI)은 의료 분야에서 발전했으며, 비즈니스 코칭과 비슷한 시기에 발전하였다. 둘 다 인간 잠재력 운동에 강력한 영향을 받았다. 최초에 MI는 의료진이 환자의 금연과 같은 주제에 대해 함께 협력하여 해결해 나가는 방법으로 시작되었지만, 근본 바탕에 인간의 변화에 대한 확신은 없었다. 사람들은 자신에게 문제가 되는 특정 행동을 바꿔야 한다는 것을 알면서도 이를 실행하는 데 주저하기도 하는 양가감정이 있다는 인식이 있기 때문이다. MI는 초기부터 넓게 확장되어 왔다. 동일한 가치, 원칙, 방법론 등에 있어 코칭과 매우 밀접한 관련이 있으나, 중요한 차이점은 동기강화상담자는 '환자가 담배를 끊어야 한다, 술을 적게 마셔야 한다, 운동을 더 많이 해야 한다'는 등의 상담자가 정한 계획과 상담 목표를 가지고 있다는 것이다. 이것은 코칭에서 볼 수 없는 권력의 차이가 있는 관계를 의미한다.

'상황' 코칭

Anne Brockbank와 Ian McGill의 저서 『공감을 통한 코칭(Coaching With Empathy)』(2013)에서는 코칭의 미묘한 의미를 이해하는 데 유용한 방법을 제시하고 있다. 이 책은 사회학적 관점에서 심리치료, 사회학, 행동학습에 대해 전문지식이 있는 부부가 쓴 책이다.

이 책은 다음과 같은 질문을 던진다.

1. **'현실'에 대한 시각:** 여기서 '현실'의 시각은 누구의 것인가에 대한 질문이다. 즉, 어떤 관점을 주로 받아들이고 있는지를 의미한다. 이 질문은 각 활동이나 상황에서 다양한 사람의 시각과 목적이 어떻게 충돌하거나 조화를 이루는지를 이해하는 데 도움이 된다.
2. **'목적'의 주체:** 이 질문은 활동의 목적이 누구의 것인지에 대한 것이다. 이것이 주관적인 것인지, 즉 개인의 시각인지, 아니면 어떤 보편적으로 가정된 목적인지를 확인한다. 활동의 목적이 명확하게 정의되어 있으면 해당 활동이 성공적으로 이루어질 가능성이 높아진다.

이러한 질문들은 각각의 활동이나 상황에서 중요한 역할을 한다. 이를 통해 목적과 목표가 명확해지고, 필요한 변화를 이끌어 내는 데 도움이 된다.

1사분면: 성과 코칭

암묵적인 목표: 현 상태를 유지하고 사람들이 잘 적응하도록 하는 것

성과 코칭은 전통적으로 '훈련/교육을 받는' 모델이며, 사람들이 흔히 멘토링이라는 단어로 표현하지만 코칭에도 쉽게 적용될 수 있다. 예를 들어, 성과가 도태

되고 있는 고객을 맡아 달라는 요청을 받은 경우 성과 코칭을 적용할 수 있다(실제로는 관리자가 교육을 실시해야 하는 경우이지만 코치가 하는 경우도 있음). 이 성과 코칭은 고객이 달성해야 하는 역량이나 전문성에 대한 기준 등이 정해져 있어야 한다.

이는 기존의 권력 관계를 강화하여 멘토나 코치가 지시하거나 조언하는 것이 쉽게 받아들여질 수 있고, Brockbank와 McGill이 '권력 지평선'이라고 부르는 조직 내에 숨겨진 권력은 그대로 유지되어 기존의 권력 관계가 변화하지 않고, 조직 내의 전통이 유지될 수 있다. 성과 코칭에서 코치와 관리자는 조직이 설정한 주제를 공유한다고 가정하기 때문에 개인의 관점보다는 회사의 관점이 중요하다.

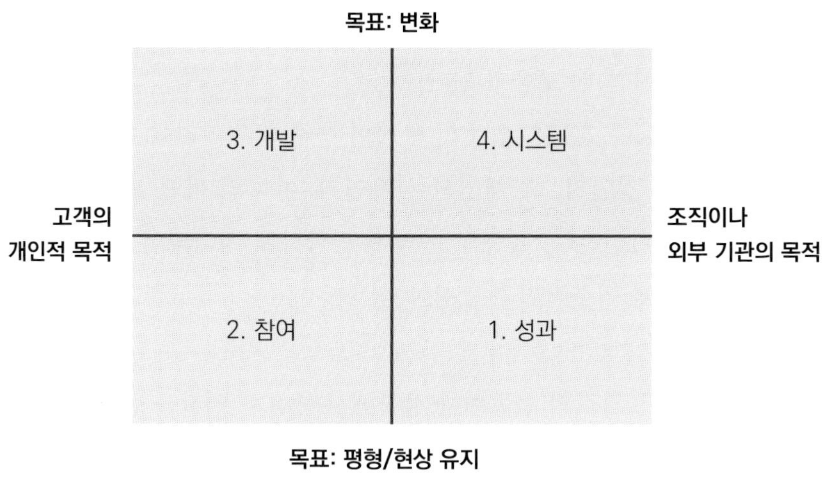

[그림 1-2] '상황'코칭

2사분면: 참여 코칭

> 암묵적인 목표: 변화에 대한 반대를 최소화하고 성과를 개선

참여 코칭에서는 개인의 견해를 어느 정도 고려하기는 하지만 본질적으로는

조직의 현상 유지를 목표로 한다. 조직에서 평가 수행이나 피드백 제공과 같이 업무에 대한 비중이 크지는 않지만 필요한 훈련을 진행한다. 코치와 고객의 권력 관계는 변하지 않고 Brockbank와 McGill의 '권력 지평선'은 대부분 눈에 보이지 않는다. 여기서 코칭이 수행될 때는 개인의 '잘못된' 생각을 '교정'하되 존중하는 태도로 임해야 한다. 기업에서는 높은 성과를 창출하기 위한 방법으로 코칭을 요청할 수 있지만, 궁극적으로 기대하는 것은 행동의 변화와 조직의 규범 준수이다. 성과 및 참여 코칭 모두 업무와 업무 기술에 초점을 맞추며, 스스로 업무를 수행하는 것에 집중한다. [그림 1-1]에 따르면 '행동하는 자아'에 관한 것이다. 개인적인 이슈에 대한 주제는 포함되지 않으며, 조직도 개인의 사생활에 대해서 언급하는 것을 원하지 않는다. 코칭의 목적이 기술 개발이나 일대일 교육일 경우 이러한 특징이 있을 수 있다.

3사분면: 개발 코칭

목표: 명시적인 변화: 코칭을 받는 사람은 자신의 학습과 삶에 대해 주도적인 변화

개발 코칭은 가장 권장되는 접근 방식이다. 나의 존재와 행동(Being/Doing) 모델은 동일한 신념을 다른 방식으로 표현한 것이다. 코치는 다른 부서에서 일하면서 충분히 훈련된 내부 코치일 수도 있고, 외부 코치일 수도 있다. 보통 고객의 목표가 주제가 되지만, 기업 코칭에서는 일선 관리자와 조직의 목표도 주제에 포함되며, 참여자의 가치관도 탐색하여 조직 전략과 일치하도록 노력한다. 이 코칭은 '권력 지평선', 즉 조직에서의 의사결정 방법, 조직에서 당연시된 문화에 대해 냉정하게 바라보며 그에 따른 도전과 변화를 장려한다. 또한 업무와 사생활이 모두 주제에 포함된다. 가장 기본적인 전제는 사람들은 무한한 자원을 갖고 있다는 것이다. 코칭을 받은 사람이 코칭을 받은 이후 조직을 떠날 가능성은 항상 존재한다. 삶의 목적, 관계의 질(직장과 가정), 감정, 경력, 건강 등 다양한 질문을 통해

코칭이 진행되며, 이러한 기법은 심리치료 기법 중 Carl Rogers[6)]의 인본주의와 깊게 연결되어 있다.

4사분면: 시스템 코칭

목표: 조직의 혁신

여기서 코칭 목표는 직원, 공급업체, 고객 등 모든 관계가 코칭 원칙에 의해 '코칭 문화'가 내재화되도록 조직을 혁신하는 것이다. Peter Hawkins의 저서 『코칭 문화 만들기(Creating a Coaching Culture)』(2012)에서는 이에 필요한 포괄적 가이드를 제공하며, 코칭 문화가 성공하려면 이 고귀한 목표가 조직의 전략적 목표와 결합 연계되어야 한다는 점을 강조한다.

이 모델은 다양한 코칭 상황에서 적용 가능하며, 상황에 따라 코칭의 목적과 방법이 달라진다. 예를 들어, 진로 코칭의 경우 1, 2 및 3사분면의 교차점 어딘가에 위치하게 되고 고객에게 필요한 면접 유형에 대해서 잘 알고 있다고 가정한다. 이때 고객의 변화 목표는 취업으로 정해지지만 취업 면접에 대한 정보와 조언은 전문성과 규칙을 기반으로 하기 때문에 고객의 세계관이 아닌 면접관과 코치의 시각에서 나온다. 반면에 조직에서 성과에 문제가 있는 개인을 코칭하도록 요청하는 경우 1사분면 또는 2사분면에서 작동하게 된다. 이는 고객을 조직의 기준에 맞추게 하고, 잠재적으로 발생할 수 있는 조직에 방해가 되는 행동을 다루는 것을 요청하기도 한다. 이것은 전인적 접근 방식이 적합하지 않을 수 있으므로 처음부터 이 점을 명시적으로 언급해야 하며, 코칭 상황에 따라 어떤 사분면에 속하는지 적절한 방법과 목표를 설정하는 것이 중요하다.

조직에서 새로 채용한 직원에게 코치, 멘토 또는 '동료'를 제공하는 경우, 그 의

6) 역자주: 미국의 심리학자. 인본주의 상담의 창시자로 인간을 내재된 잠재력을 표현하려는 실현화 경향성을 가진 존재로 바라보았다.

도는 대부분 1사분면에 해당하는 지원을 제공하는 것인데, 이는 주로 어떻게 조직 문화의 숨겨진 규칙을 빠르게 익히는지와 관련이 있다. 회사 내 관리자 코치는 본질적으로 성과를 관리하고 팀을 필연적인 변화에 적응시키는 것이기 때문에 대부분 1사분면 및 2사분면에서 작동하게 된다.

Brockbank-McGill의 매트릭스는 우리가 무엇을 하고 있는지, 왜 하고 있는지에 대한 이해의 중요성에 주목하였다. 이를 무엇이라고 부를지 또는 정확히 어떻게 정의할지에 고착하기보다는 네 가지 유형의 활동 모두 각각 필요한 맥락에서 유용하게 활용하면 될 것이다.

잘 실행되었을 때 모든 접근법은 많은 공통점을 가지고 있다. 반대로 잘못 실행되었을 때는 비슷한 실수를 반복하게 된다. 따라서 최고의 코치라고 불려도 손색이 없는 훌륭한 멘토가 있는 반면, 최악의 멘토 같은 코치도 있다. 심리치료라는 이름을 붙이지 않고 심리치료를 하는 코치도 있고, 코치나 다름없는 치료자도 있다. 조직의 문제를 해결하면서 최고 경영자와 긴밀하고 신뢰감 있는 관계를 구축하여 사실상 코치 역할을 하는 경영 컨설턴트도 있다. 이 모든 것이 성공하기 위해서는 20세기 이 분야에서 가장 중요한 사상가 중 한 명인 Carl Rogers의 '무조건적인 긍정적 존중'을 바탕으로 고객에게 긍정적인 태도와 존중으로 대해야 한다. 어떠한 접근 방식이든 상담자는 탁월한 수준의 라포를 형성하고 유지해야 하며, 철저한 윤리적 기준에 따라 행동해야 한다. 이것은 높은 수준의 자기 인식과 자기 관리가 필요하며, 고도의 경청과 질문 능력, 적절한 도전 능력, 그리고 사람에 대한 무한한 호기심과 관심을 필요로 한다.

제2장

신뢰 구축

코치를 위한 기본 가치와 실제

코칭 대화는 대부분의 다른 대화와 차이가 있다. 모든 대화가 기본적으로 신뢰와 솔직함이 필요하겠지만, 코칭의 힘은 높은 수준의 신뢰와 솔직함의 환경을 조성하고 유지할 수 있다는 것이다. 코치로서 코칭을 하려면 일반적인 대화 관습을 버리고, 수용과 존중을 전달하는 고차원적인 대안적 기술을 익혀야 한다. 이 장에서는 이러한 신뢰를 구축하는 데 필요한 기본 원칙을 살펴보겠다.

코칭에서 선택에 관한 개념

제1장에서 설명한 코칭의 기본 원칙 중 하나는 고객에게는 스스로 해결할 수 있는 풍부한 자원이 있고, 최선의 선택을 할 수 있으며, 자신이 책임질 수 있다는 믿음이다. 이러한 신념의 밑바탕에는 선택과 자기 책임이라는 기본 원칙이 있다. 이러한 원칙을 명확히 밝힌 것은 20세기 심리학이며, 인생에 어떤 불행과 역기능이 있더라도 의식적인 선택을 통해 자신을 변화시킬 수 있다는 것은 교류분석(Transactional Analysis: TA) 이론의 기초가 된다. 이러한 기본 가정은 다른 심리학 이론들과 유사하다. 인간은 동물 중에서 유일하게 미래를 내다볼 수 있기에 과거에 잡혀 있는 포로가 아니다.

Will Schutz[1)]도 그의 저서 『진실 선택(The Truth Option)』(1984: 18)에서 비슷한 관점으로 선택의 개념에 대하여 "나는 내 행동, 감정, 생각, 질병, 신체, 반응, 무의식까지 선택한다."라고 말하였다.

Schutz의 철학에서 선택이란 도덕적으로 판단하는 것이 아닌 어떠한 결과를 가져오는 개념이다. 자신이 선택을 할 수 있다고 가정하면 자신의 삶에 대한 책임을 져야 한다. 이것은 숨겨져 있던 내면의 경험을 자각하고 이해하는 과정이 필요하다. 이런 경우도 있을 수 있다. 자신의 깊은 내면에 있는 폭력성이나 성적인 감정 때문에 가치관의 충돌로 두려움이 너무 큰 나머지 자신의 그런 마음을 인정하지 않고, 무의식의 영역에 자신도 모르게 감춰 버리게 된다. 그러한 억압은 폭력이나 성을 탐닉하는 사람들을 비난하면서 그 비난 안에 자신을 숨기고 있는 것이라 할 수 있다.

마찬가지로 상사나 동료에 대한 두려움을 표현하는 경우, 두려움에 대한 객관적인 이유가 전혀 없을 수 있으며, 실제로 내가 두려워하는 것은 특정 사람이 아니라 자신이 대처할 수 없는 어떠한 상황에 대한 두려움일 수 있다. 다른 사람을 두려움의 원인으로 본다면, 다른 사람을 비판하고 변화시키거나 피하는 데 많은 시간과 에너지를 소비하게 될 것이다. 또는 실제로는 일어나지도 않을 것에 대한 굴욕감이나, 무시 또는 거절을 당할 것이라는 예상으로 삶을 소비하게 될 수도 있다. 일단 그러한 두려움도 나의 선택이라는 것을 알게 되면, 두려움이 아닌 다른 대처 능력을 코칭으로 키울 수 있다. 다시 말해, 다른 사람들을 변화시키기보다는 자신 안에 있는 두려움에 집중하여 자기 성장과 대처 능력을 향상시키는 것이 중요하다.

앞에서 말한 선택에 깊게 자리 잡은 원칙을 피하는 것은 항상 대가를 수반한다. 예를 들어, 권력을 남용하는 사람들에 대해 강경한 태도를 취하면 자신이 도덕적으로 우월한 사람으로 비치기를 바란다. 조직에서 내가 맡은 일이 많아서 끔찍한 스트레스를 받고 있다고 주장하면, 내가 피해자라는 점을 부각시켜 동정심

1) 역자주: 미국의 심리학자이자 성격 설문지 FIRO-B™의 개발자이다.

과 관심을 받고, 금전적 보상도 받을 수 있다는 대가를 기대할 수 있다. 내가 혼란스럽다고 주장하면, 사람들은 내가 결정을 내리지 못한다고 평가할 것이고 다른 사람들의 이해를 받을 것이라는 기대를 할 수 있다. Schutz는 선택의 원칙을 받아들이는 것은 자신이나 타인을 비난하는 것이 아니라고 강조한다. 선택의 핵심적인 원칙은 자신에 대해 책임을 지는 것이다. 즉, 선택의 원칙을 받아들이는 것은 어떤 상황에서도 스스로의 선택이 그와 같은 결과를 만든다는 책임을 지는 것이며, 그렇게 함으로써 우월함이나 피해자 의식 등의 보상을 기대하지 않는 것이 중요하다는 것이다. 자기 책임과 선택에 대한 인식을 갖는 것이 중요하다.

우리는 다른 사람을 책임질 수는 없다. 나는 때때로 고객들에게 어떻게 하면 다른 사람을 행복하게 하거나 불행하게 만들 수 있는지 보여 달라고 요청한다. 그러나 아직 어떤 고객도 해내지 못하였다. 우리 모두는 어떤 자극에 어떻게 반응할지 선택한다. 종종 이러한 선택은 무의식적인 차원에서 이루어질 수 있지만, 그럼에도 그것은 우리의 선택이다. 때로 경험이 많은 어떤 코치는 다른 사람들에 대해 모두 책임을 져야 한다는 생각에 늘 지쳐 있는 사람들을 자주 만나게 된다고 이야기한다. 이는 고객이 모든 것을 책임지고 해결해야 한다는 강박관념 때문에 생겨나는 일이다.

사람들은 스스로 선택하여 해결할 수 있다는 것을 믿어야 한다. 그렇게 되면 피해자가 되거나 세뇌당하거나 조종당하지 않는다. Schutz는 "내가 스트레스라고 선택하지 않는다면, 나에게 스트레스는 없다."고 하였다.

오스트리아의 정신과 의사이자 신경학자인 Viktor Frankl은 그의 감동적인 저서『죽음의 수용소에서(Man's Search for Meaning)』(1959)에서 이러한 의미에 대해 상세하게 설명하였다. Frankl은 제2차 세계대전 중 나치가 자행한 유대인 대학살 당시 강제 수용소에 수감되어 인간으로서 가장 극한 상황에 처하였다. 그는 아내와 가족의 생존 여부도 알 수 없었다(실제로 그의 아내, 어머니, 아버지, 형제는 모두 수용소에서 사망함). 그는 오로지 유대인이라는 이유만으로 수감되었고, 나치들에 의해 직업적 정체성, 옷, 심지어 머리카락까지 모두 빼앗겼다. 그는 아프고, 춥고, 영양실조에 시달리고, 절망에 빠져 죽어 가는 사람들에게 둘러싸여 잔인할 정도로 힘든 육체노동을 강요당하고 살해당할지도 모른다는 끊임없는 두려움에 시달렸다. 하지만 그는 자신의 책에서 나치들은 신체적 자유를 가졌지만, 오히려 자신은 더 많은 자유를 누렸다고 묘사한다.

> …… 항상 선택의 기로에 서야 했다. 매일, 매 시간마다 결정을 내려야 할 기회가 주어졌고, 그 결정은 자아, 내면의 자유를 빼앗아 가려는 권력에 복종할 것인지 말 것인지, 상황의 도구가 될 것인지 아닌지를 결정해야 했다.
>
> (Frankl, 1959: 87)

Frankl은 주변 환경과 정신적으로 분리되기를 '선택'하였다. 수용소에 있는 동안 그는 전쟁이 끝난 이후 자신의 미래의 모습을 상상하였다. 강연을 하고, 자신의 경험을 저서로 내는 모습을 글로 적어 남겼다. 이러한 선택은 그를 버티게 했고, 불가능해 보이는 현실에서 결국 스스로를 구해 냈다. 수용소를 해방시킨 연합군은 많은 유대인 수용자가 체념증[2)]으로 삶에 대한 의지를 잃는 것을 목격하였다. Schutz의 표현을 빌리자면 그들은 죽음을 '선택'한 것이다. 그러나 Frankl은 삶을 '선택'하였다. 전쟁이 끝난 후 그는 자신만의 심리치료법인 '의미치료' 연구소를 설립하고 수많은 책을 집필했으며, 1997년 92세의 나이로 명예롭게 생을 마감하였다.

우리가 아무것도 할 수 없다고 생각하는 상황에서 우리에게 선택의 여지가 있다는 사실을 깨닫는 것 자체만으로도 강력한 동기부여가 되기도 한다. 동시에, 다른 사람이 나의 행복을 책임진다는 믿음이 내면에 숨어 있을 때 이 생각이 얼마나 무서운 것인지 결코 간과해서는 안 된다. 우리 대부분은 다른 사람에게 조금이라도 혹은 많은 부분을 의존하고 싶지만, 동시에 어느 정도 자율성을 원한다. 당신이 이 둘 사이의 수수께끼를 풀었다고 느낀다면 정말 운이 좋은 사람이라고 할 수 있다.

---

2) 역자주: 체념증(giveup-itis)이란 삶의 의미를 상실했을 때 찾아오는 정신적 병리현상이다.

조언과 저항

코칭은 인간 안에 내재된 풍부한 자원을 이끌어 내는 것이다. 따라서 고객의 자원을 진정으로 믿는다면 조언을 제공하는 대신 다른 대안을 찾아야 한다. 따라서 신뢰를 구축하기 위한 첫 번째 단계는 조언을 하지 않는 것이다.

조언을 하지 않는다고 말하고 쓰는 것은 쉽지만, 어쩌면 코치에게 가장 어려운 과제일 것이다. 또한 코치가 된 사람들 중 상당수는 조언하는 것을 전문으로 하는 멘토링의 직업을 가지고 있을 수도 있다. 이들은 전문적인 교육을 통해 멘토 전문가로서의 입지를 다져 왔고, 직업적 정체성을 구축하기 위해 많은 노력을 다해 왔다. 따라서 코칭할 고객이 복잡하고 방대한 문제에 직면하게 되었을 때 초보 코치는 이렇게 생각할 수 있다.

- 이 고객을 위한 해결책을 찾는 것이 내 임무인데, 그렇지 못하면 코칭은 실패한 것이다.
- 이 고객의 고통과 혼란을 난 견딜 수 없다. 내가 생각하는 해결책을 제시하여 고객을 도와야 한다.
- 이 이슈는 너무 뻔한 이야기이다: 고객은 X나 Y를 해야 한다.

조언을 해 주는 것이 전략적으로 효과가 있었다면 코칭의 주요 기법 중 하나가 되었을 것이다. 하지만 대부분의 상황에서는 그렇지 않다.

일반적으로 현명하지 않다는 행동에 대해 잠시 생각해 보기로 하자. 흡연, 과한 음주, 과속운전, 잘못된 식습관, 과체중 또는 저체중, 건강검진 서비스를 이용하지 않는 것, 휴식의 부족 등이 이에 해당할 수 있다. 이제 친한 친구가 이 주제에 대해 조언을 해 준다고 상상해 보자.

흔하게 일어날 수 있는 사례는 다음과 같다.

당신: 담배를 정말 끊고 싶지만 너무 힘들어!

친구: 맞아, 그게 심장질환의 위험을 줄일 수 있는 유일한 방법이야. 돈도 아까워.

당신: 그래, 나도 알아. 하지만 담배 끊는 건 너무 힘들어.

친구: 가장 좋은 방법은 지금 바로 금연하는 거야.

당신: 음, 4년 전에 시도해 봤어. 하지만 성공하지 못해서 아무래도 힘들 것 같아.

친구: 할 수 있어! 내 친구 Emma는 훌륭한 최면 치료자에게 가서 바로 끊었어. 그 이후로 담배를 피우지 않고 있어.

당신: 그래, 하지만 그건 Emma잖아. 그녀에게는 효과가 있었을지 모르지만 나는 그렇게 할 수 없을 것 같아.

친구: 아니, 할 수 있어.

당신: 하지만 난 아직 준비가 안 됐어.

친구: (화를 내며 포기한다.)

앞의 경우에서는 여러분과 도움을 주고자 하는 친구가 '예/하지만' 게임을 하고 있다. 친구가 제안을 하면 '좋은 생각이지만…….'이라고 말하기는 하지만, 대화를 바탕으로 보면 담배를 끊을 가능성은 전혀 없어 보인다.

그 이유는 다음과 같다. 첫째, 아무리 좋은 뜻의 충고일지라도 그 충고를 받는 당사자에게 분노와 죄책감을 불러일으키기 때문이다. 이미 바꿔야 한다는 것을 알고 있는 것에 대해 바꾸라는 말을 듣는 것을 좋아하는 사람은 아무도 없으므로 모든 에너지를 그 조언을 거부하는 데 쏟게 된다. 자신이 무엇을 하라는 지시를 받고 있다고 느끼면 입장을 고수하고 방어하게 된다. 상대방의 말이 아무리 합리적이라고 해도 주의 깊게 듣는 것이 불가능하게 된다.

둘째, 당사자가 이러한 충고를 들은 적은 많을 것이다. 사람들이 흡연을 계속하는 이유는 장기적으로 올 수 있는 영향에 대해 무지해서가 아니기 때문이다. 충고나 조언은 자신이 정말 원하는 것에 대한 이야기나 중요한 측면에 대한 이야기를 회피하게 만들 수 있다. 담배를 피우는 이유나 담배를 끊고 싶은 이유 등 자신이 정말로 하고 싶은 것에 대해서는 전혀 언급하지 않게 되고, 대화를 차단하게 된다. 가장 심각한 것은, 친구는 담배를 잘 조절하는 사람인 반면, 자신은 안타까운 중독자라는 것을 암시하고 있기 때문에 아무리 좋은 의도로 한 대화라도 자신감을 약화시킬 수 있다는 것이다.

또한 조언을 할 경우 그 결과에 대해서 조언한 사람이 책임을 져야 한다. 예를 들어, 갑자기 금연을 통한 금단현상의 고통에 괴로워한다면, 친구는 "네가 나를 그렇게 만들었어."라고 하면서 조언한 사람을 원망할 수 있다. 반대로 조언의 결과가 좋았을 경우에도 본인의 노력으로 이루어 낸 것이 아닌 주위 사람들 덕분에 해냈다고 생각하여 다른 사람들이 더 의지력이 있고, 더 영리하고, 더 유능하고, 더 결단력이 있다고 생각하게 된다. 즉, 조언의 결과와 상관없이 부작용이 발생한다.

겉으로 보기에 당연하면서도 간단한 조언도 실제로는 무시당할 가능성이 높다. 의사는 존경받는 전문가로서 환자에게 조언을 해 줄 수 있다. 그들의 조언에는 진정한 권위가 담겨 있다. 하지만 연구에 따르면 환자들은 의사가 처방한 처방전의 3분의 1 이상을 약국에서 가져가지 않거나 수납장 어딘가에 방치하는 것으로 나타났다.

어떤 조언은 상대방을 통제하는 목적으로 하게 된다. 가장 최근에 조언했을 때를 생각해 보고, 겉으로 보기에는 선의였으나 상대방을 통제하려는 시도는 없었는지 자문해 볼 필요가 있다. 조언은 관대하게 느껴질 수 있고, 따뜻한 마음에서 우러나올 수도 있다. 고객이 불행을 표현할 때, 코치에게 일어났던 비슷한 일을 설명함으로써 공감을 표현하고 싶은 유혹을 받을 수도 있다. 하지만 고객의 고민에 자신의 일화를 대입하여 조언하는 것은 바람직하지 않다. 가장 분명한 것은 코치가 고객 자신이 아니라는 점이다. 상황이 아무리 비슷해 보여도 고객의 이력, 성격, 환경이 완전히 다르기 때문에 고객의 반응과 선택은 다를 수 있다. 또한 고객이 자신의 상황에서 가장 중요한 부분을 숨기고 있을 수도 있다. 다음은 한 가지 예이다.

Penny(코치)와 Michael(고객)

Penny는 조직 내 중간 관리자인 Michael을 코칭하고 있었다. Michael은 이직에 대한 도움을 요청하러 왔다. 두 번째 회기가 끝날 무렵, Penny는 점점 더 당황스러웠다. Michael은 다른 직업을 원한다고 말은 했지만, 가능성에 대해 폭넓게 생각하는 것은 꺼리고 있는 것 같았다. Penny는 조직 내의 전체적인 흐름에 대해 잘 알고 있었기에, Michael이 업무에 상당한 능력을 갖추고 있으며 현재의 역할보다 더 큰 성장을 할 수 있다는 것을 알고 있었다. Penny는 자신도 비슷한 정체기에 부딪힌 적이 있다고 말하며, 자신의 경우 같은 조직에서 다른 도시로 이직한 적이 있다고 조언해 주었다.

예정되었던 세 번의 코칭이 끝난 후 Michael이 정중하게 감사의 인사를 했지만, Penny는 매우 의아해하였다. Penny는 이직에 관한 이 코칭이 효과가 없었다는 것을 자각하고 있었기 때문이다. 1년 후 Penny는 조직에서 관리자로 일하던 Michael의 아내가 신경성 질환을 앓고 있다는 사실을 알게 되었다. 코칭을 받을 당시에 병이 진단되었지만, 두 사람 모두 회사에서 제공하는 우수한 의료 서비스를 계속 받을 수 있었기 때문에 Michael의 아내는 동료들에게 알리지 말라고 부탁했던 것이다. 다른 도시로의 이동이 어려웠던 것은 이러한 이유 때문이었다.

Penny는 멘토 코치와 함께 이 코칭에 대해 슈퍼비전을 받으면서 '코칭의 전환점이 될 것이라고 생각한 조언'은 고객에게 '도움이 될 것으로 잘 포장한, 그러나 평범한 조언'일 뿐이며 이것은 실패한 코칭이라는 것을 깨달았다. Penny는 Michael이 아내의 병에 대해 말할 수 있을 만큼 충분한 신뢰를 쌓지 못하였다. 그리고 Penny는 신뢰를 쌓을 가능성이 있을지도 모르는 시점에서 코치의 조언으로 코칭을 '망쳤다'고 표현하였다.

"나에게도 그런 일이 있었다."라고 말하는 것은 좋은 생각처럼 보일 수 있다. 이는 자기 개방이기 때문에 때로는 이런 방법으로 신뢰가 구축되기도 한다. 그러나 "나에게도 효과가 있었으니 여러분에게도 효과가 있을 것입니다. 내 방식대로 하세요."라고 하는 것은 고객의 이야기를 듣기보다는 자신의 이야기가 더 중요하다고 표현하는 것이기 때문에 실제로는 경청하지 않고 있다는 것을 의미한다. 동료 코치인 Phil Hayes는 이러한 경향에 대한 재미있는 사례를 이야기하고 있다.

친구 1: 잘 지냈어요? 오랜만이네요?

친구 2: 아니요, 뇌수막염에서 막 회복했어요. 정말 힘들었는데 이제 막 퇴원했어요. 사실 거의 죽을 뻔했어요.

친구 1: 아, 저도 죽을 뻔한 적이 있어요.

다음의 예들은 고객의 어려움과 고통을 탐색하지 않음으로써 고객의 상황을 사소하게 여기는 것처럼 보일 수 있다. 타인의 고통이나 걱정에 대해 우리가 흔히 하는 일반적인 반응에는 다음과 같은 말들이 있다.

- 걱정하지 마, 시간이 지나면 치유될 거야.
- 힘내세요, 그렇게 나쁘지는 않아요!
- 다른 기회가 있을 거예요.
- 그거 말고도 할 수 있는 게 많아요.
- 그래도 빨리 회복할 수 있을 거예요.

…… 등등

구원자로서의 코칭

약자를 돌보고자 하는 인간의 본능은 분명히 인류의 생존에 필수적인 요소이다. 장기간 무방비 상태인 영아들은 방어 불능 기간이 길기 때문에 어른들의 친절하고 숙련된 보살핌이 필요하다. 성인은 보호가 필요한 존재들의 의존에 다정하게 반응하는 본능이 있다. 이러한 본능에 호소하는 것은 성공적인 육아를 위해 필요하지만 코칭에서는 적절하지 않다.

코칭에서 코치가 구원자로서 개입하면 문제를 해결해 나가는 고객은 주체성을 잃게 된다. 고객은 스스로 문제를 해결하기에 자신이 너무 나약하다고 생각하게 되고, 불안에 압도될 때마다 그런 생각을 하게 된다. 그렇게 되면 고객은 자신의 나약함을 쏟아 내며 그 문제로 인해 견딜 수 없음을 토로하게 된다. 코치는 고객을 위해 해결책을 찾아서 도와줘야 한다는 강한 압박감을 느끼게 될 것이다.

마찬가지로 고객에게 도움이 되지 않는 두 가지 대응 방법이 있다. 첫 번째는 고객이 자신의 고민을 털어놓으면 코치는 그저 경청과 공감만 하면서 고객이 나아가게 하는 질문을 하지 않는 것이다. 이렇게 일방적인 사랑과 수용만을 베풀면 고객이 일시적으로는 마음이 가벼워질 수 있지만, 스스로 문제를 해결할 수 있는 능력이 향상되지는 않는다. 반면, 코치는 내담자가 모든 불안을 코치에게 전가했다는 생각에 극심한 스트레스를 받을 수도 있다.

앞의 예와 반대로 고객이 코치에게 해결책을 찾아 달라고 요청하는 경우이다. 고객은 제안된 해결책을 실행하고 향후 유사한 질문에 대한 답을 얻기 위해 코치에게 의존하게 된다. 코치는 고객을 신속하게 관리하는 것처럼 보일 수는 있으나 이것은 고객이 코치보다 못하다는 편견에 기인한 것으로, 고객을 낮게 평가한 것으로 비칠 수도 있다. 때로는 고객이 노골적으로 구원 요청을 하는 경우도 있다. 다음은 그 예이다.

Maria(코치)와 Richard(고객)

Maria는 조직과 분쟁 중인 Richard를 코칭하고 있었다. 그는 여러 차례 입사지원에 실패했고, 현재 위험군(At Risk) 명단에 올라 있어 정해진 기간 내에 다른 직장을 찾지 못하면 정리해고를 당할 수 있는 상황이었다. 또한 Richard는 상사와 사이가 좋지 않았고, 괴롭힘을 당했다며 상사의 행동에 대한 불만 사항을 접수하였다.

Maria는 Richard를 코칭하는 데 어려움을 느끼고 있었다. Richard는 코칭 회기에서 자주 무너지고 힘들어하곤 하였다. 코칭 목표를 말해 달라는 요청에 "내가 울어도 될 어깨가 필요하다."는 모호한 대답을 했으며, Maria가 얼마나 다정한지 등 칭찬을 아끼지 않았다.

세 번째 회기에서 Richard는 Maria에게 고충 처리 절차를 시작하는 비공식 회의에 동행해 달라고 요청하였다.

"코치님은 저를 너무 잘 이해하시잖아요. 회의에서 이 모든 내용을 잘 설명할 수 있을지 자신이 없어요. 저와 함께 가 주시겠어요?"

Maria는 사람을 좋아하고 도움을 주고 싶어서 코칭을 하고 있다. Maria는 Richard의 어려움을 이해하였다. 하지만 이것을 수락하면 Richard가 자신을 무력하다고 생각하는 것에 동조하는 것이 되기 때문에 거부해야 한다는 것을 알고 있었다. 이 말에 동의하는 것은 '당신은 정말 상태가 심각하다. 내가 나서서 당신을 돌봐 줄 수밖에 없다.'의 의미가 될 수 있었기 때문이다.

Maria는 코치로서의 진정한 역할은 Richard의 자신감 부족을 해결하는 것임을 깨닫고 초대를 거절하였다.

다음 중 하나라도 코치에게 해당하는 것이 있다면 구원자가 되려는 위험에 처한 것이다.

- 내가 없으면 어떻게 하지?
- 이번 회기가 기대되지 않아. 똑같은 반복의 연속일 거야.
- 예전 패턴이 또 다시 반복될 것 같아 제대로 해낼 수 없을 것 같아.
- 조급함: 왜 내가 말하는 대로 하지 않는 걸까?
- 고객의 역량에 대해 할 수 없을 것이라는 가혹한 판단을 내리는 행위
- 내가 고객의 위치에 있다면 일을 더 잘 처리할 수 있을 거라 믿는 경우
- 고객을 대신하여 고객의 시스템에 적극적으로 개입하겠다는 생각을 가진 경우

구원은 고객이 피해자라는 것을 의미하며, 코치가 고객을 구원하고 싶은 본능에 따라 행동하면 결과적으로는 고객이 상처를 받을 수 있다. 구원하는 경우 "당신은 나를 그렇게 현명하게 구원하지 못했어요!"라며 '피해자'가 코치에게 등을 돌릴 수도 있다.

일반적으로 고객이 스스로 문제를 해결할 수 있는 능력에 대한 믿음을 잃으면

코칭 프로세스에 대한 믿음도 잃게 되어 코칭이 실패하게 된다. 그래서 강압적인 조언을 하거나, 앞에서 설명한 구원이라는 명목하에 고객의 마음을 미묘하게 약화시키는 일을 피하는 것은 매우 중요하다.

코칭에서 필요에 따라 신중하게 제안될 수 있는 조언이나 정보의 제공에 대한 부분은 제10장에서 살펴보도록 하겠다.

진정성 있는 경청, 라포와 일치성

진정한 경청은 상대방의 말을 수용하고 이해하려는 태도를 갖는 것을 의미한다. 우리는 늘 경청을 하고 있다고 말하지만 진정한 경청을 하지 못하는 경우가 대부분이다. 사람들은 상대방의 말을 듣는 척하면서 실제로는 자신의 의견이나 발언을 준비하는 경우가 대부분이다.

또한 자신의 의견이 늘 대화 속에 포함된다. 여느 부모님처럼 나의 아버지는 나의 어떤 결정이나 의견에 대해 항상 자신의 의견을 말씀하셨다.

- 승인: 잘됐네, 아빠가 걱정 많이 했어.
- 동의: 맞아, 지금 이 나라는 잘못 돌아가고 있어.
- 숨은 의견이 담긴 불안한 질문: 그래서 네 연금은 어떻게 되는 거니?
- 비난: 그런데 왜 그런 낙후된 지역으로 이사를 가는 거니?
- 반대: 나는 네가 치마를 입는 게 더 좋단다.

아버지의 중립적인 의견과 질문은 정말 드물었다.

라포와 비언어적 표현

많은 교육 과정에서 소위 '비언어적 표현'을 가르치는 것은 매우 흔하고 진부해졌다. 그래서 종종 단순히 몸의 동작을 흉내 내는 사소한 연습으로 교육이 축소되기도 한다. 이것은 진정한 라포를 위한 것이 아니다.

헬스장에 등록하고 첫 트레이닝 회기를 할 때 나를 담당하는 청년 트레이너는 지루함을 내비쳤다. 그의 말과 행동에는 아무 문제가 없었지만 필요한 말과 행동이 아닌 의무적이고 형식적이라고 느껴졌다. 그는 나의 눈길을 피하고 다른 곳을 응시했으며 억지로 웃음을 내비쳤다. 그의 '관심'은 거짓이라는 것이 확실하게 느껴졌고, 그의 무례함에 운동하는 내내 불편하였다. 그는 고객과 라포를 형성해야 한다는 기술적인 교육을 받았겠지만 라포나 일치성, 공감은 '기술'이 아니고 고객과 함께하는 **존재의 방식**이라는 것은 모르고 있는 것 같았다.

진정한 라포는 몸의 자세를 따라 하는 것 이상의 의미를 갖지만, 실제로 라포가 잘 형성된 두 사람을 살펴보면 앉거나 서 있는 모습에서 이미 서로를 따라 하고 있다. 라포가 형성되면 몸, 목소리 크기, 호흡, 제스처, 공간, 언어, 속도, 에너지 등 모든 면에서 상대방과 자연스럽게 일치하는 모습이 되며 코치는 고객의 내면세계로 들어가게 되는 것이다. 관찰자 입장에서는 한 사람이 먼저 주도하고 다른 사람이 따라 추는 우아한 춤처럼 보일 것이다. 이상적인 코칭에서는 이런 일이 자연스럽게 일어날 것이다. 하지만 실제 코칭에서는 수많은 요인의 장애물로 인해 라포를 유지하기 어렵기 때문에, 코치는 어떠한 상황에서도 고객과의 이상적인 관계를 유지하기 위해 노력해야 한다.

진정한 라포는 고객을 무조건적으로 수용하는 데서부터 시작된다. 이것은 고객을 좋아하는 것과는 다르며, 실제로 라포가 형성되면 고객을 좋아하는 마음이 생기게 된다. 고객을 무조건적으로 받아들이면 고객과 마음이 통하게 되고, 마음이 통하면 라포가 형성된다.

무조건적인 수용은 고객에 대해 호기심이 있다는 것을 의미한다. 고객의 입장에서 생각하는 것이 어떤 것인지 알고 싶어 한다. 긍정적인 부분, 존경할 만한 부분, 자신의 가치관에서 비롯된 행동뿐만 아니라 고객의 부족한 부분, 고객이 부끄러워하거나 걱정할 수 있는 부분도 받아들인다. 대부분 수용은 조건부라는 것을 배우며 자란다. 우리는 수용받기 위해서 상대방의 기준에 맞추며 살았다. 다른 사람들의 사랑과 수용을 받기 위해 항상 다른 사람들을 존중했으며 다른 사람들의 필요를 나보다 우선시하는 것, 조용히 말하거나 겸손한 태도를 유지하고, 또는 활기차고 유쾌하며 항상 웃는 태도, 항상 성공하는 것 등을 기준으로 삼았다. 코칭 과정에서 중요한 부분 중 하나는 우리가 이렇게 행동을 하게 된 이유, 즉 잘못된 내면의 목소리와 그러한 신념이 생겨나게 된 과정을 발견하는 것이다. 이에 대한 자세한 내용은 제8장에서 확인할 수 있다.

코칭은 고객이 자신의 성장을 가로막는 편견을 넘어서서 자신의 강점뿐 아니라 약점과 부족한 면 모두 의미 있고 가치 있는 존재임을 발견할 수 있는 기회를 제공할 때 효과적이다. 코치는 판단하지 않는다. 우리 사회에서는 이렇게 판단받지 않고 수용받는 일이 매우 드물기에 고객은 처음에는 코치를 신뢰할 수 있는지 의심할 수 있다. 그래서 대부분 많은 고객이 첫 번째와 두 번째 회기에서 조심스러운 태도를 보인다. 그렇기에 코치로서 우리는 코치 자신이 '가치 있는' 것과 가치 없는 것을 구분하는 자신의 신념이나 가정에 대해 인지하고, 그것을 알고 다루어서 자신의 편견을 극복하여 모든 개인을 판단하지 않고 대해야 한다. 그렇지 못하면 고객의 이야기를 **수용**하고 있는 **흉내만 내고 있는** 자신을 발견하게 될 것이며, 이는 모든 고객이 즉시 알아차릴 수 있을 것이다.

라포와 일치성이 무너지는 열 가지 이유

다음은 코치가 고객과의 일치성을 잃게 되는 가장 흔한 이유들이다.

두려움

코치는 자신이 충분한 능력이 없는 것은 아닐까 하는 두려움이 내면에 가득 차 있다. 극단적인 자의식은 코치가 의식적 또는 무의식적 수준에서 라포를 관리하지 못하게 한다. 이것은 어느 정도 라포와 일치성을 형성할 수는 있겠지만, 안타깝게도 코칭 시간의 대부분은 진정한 라포가 있을 때 발생하는 우아함보다는 고객이 코치를 이끄는 것으로 구성될 것이다.

고객이 당신을 좋아해야 한다는 부담감

우리 모두는 호감을 주거나 받고 싶어 하지만, 호감을 받고 싶다는 욕구가 지나치면 적절한 코칭을 진행하기 어렵다. 이 감정은 두려움과 자신감 부족에서 비롯된다. '내가 이 고객에게 이렇게 대하면 고객이 나를 좋아하지 않을 거야.'라고 생각한다. 우리가 친구와의 일상적인 대화에서는 가벼운 논쟁을 가질 수 있지만, 심각한 의견 차이는 보통 혼자만 생각하거나 자신의 의견과 일치하는 친구들에게만 이야기를 나누기도 한다. 코치는 고객과 의견이 다를 수 있다. 이러한 상황에서 고객을 상호 존중하는 방식으로 의견을 표시하면, 오히려 고객은 코치를 수용하고 라포와 일치성을 형성할 수 있다. 따라서 코치는 자신의 의견을 표현하고 고객과 소통하는 데 있어서 자신감을 가질 필요가 있다.

코치가 답을 다 알고 있다고 생각하는 경우

고객이 코칭을 시작한 즉시 코치는 자신이 이미 답을 알고 있다고 결론을 내린다. '전에도 다 들어 봤어.' 또는 '어떻게 해야 할지 알아.' 이런 생각이 들 때, 경청을 멈추게 되고 라포와 일치성은 무너진다.

판단

코치는 고객의 직업이나 가치관, 옷차림, 국적, 종교, 성격 등 고객의 일부일 수 있는 측면에 대해 판단을 내려서는 안 된다. 코치의 편견에서 비롯된 거부감은 다양한 방식으로 드러나게 되며, 고객은 이를 알아차리게 되어 라포와 진실성을 형성할 수 없게 만든다.

코치의 가치를 실질적이거나 암시적으로 고객에게 부여하게 되는 것

코치가 고객에게 자신의 가치를 투사하여 코칭을 주도하는 경우가 있다. 이는 코치의 말이나 행동을 통해 매우 강하게 표현이 되어, 고객의 특정 행동에만 주목하거나 특정 행동에 관심을 갖지 않게 되는 경우가 있다. 이는 고객에게 또 다른 가치 조건을 만들게 되어 '나는 성공에 대해 이야기할 때만 가치를 인정받는다.' '이 코치는 내가 울 때 가장 관심을 준다.' '내 문제를 크게 과장해서 이야기해야 코치가 반응하는 것 같다.'고 느끼도록 한다. 코치에게 맞춰 주기 위해 고객에게 부조화를 강요하는 것은 코칭 과정을 해치는 확실한 방법 중 하나이다.

심리 분석 및 해석

코치는 고객의 의미 없는 단순한 행동들을 과거의 트라우마('학대하는 아버지를 떠올리게 하네요.')나 어떤 의미로 무겁고 깊게 연결 시켜서는 안 된다.

설명 또는 가르침

종종 코치는 이론이나 책에서 배운 내용을 간략하게 설명하기 위해 다이어그램을 사용하거나, 자신이 선호하는 경영 교과서의 내용을 고객에게 설명한다. 이는 고객이 하고자 하는 이야기를 가로막을 수 있으며, 결과적으로 고객의 이해에 도움이 되지 않는다.

고객을 변화시키고 싶은 욕구

코치는 고객이 과다한 식사, 과도한 노동, 지배적인 경영 스타일, 운동 부족 등 건강에 해로운 또는 좋지 않은 습관을 가지고 있다는 것을 알게 되면 조언을 하고 싶어진다. 누군가 도와줄 수 있는 사람을 제안하거나, 좋지 않은 습관을 통제할 수 있는 특별한 방법을 제안하는 등의 생각을 하게 될 수 있다. 그러나 이러한 욕구는 고객 중심의 코칭이 아니라 코치 중심의 코칭으로 이끌게 된다.

코치 자신의 삶의 큰 문제

코치 자신이 자신의 삶에서 여러 가지 힘든 문제를 겪고 있어 고객에게 집중하기가 불가능한 상황일 때를 말한다. 이때 코치는 고객에게 충분한 관심과 지원을 제공하기 어려울 수 있다.

코치의 자기 인식 부족

코치는 자신이 특정 대화 및 의사소통 방식에 고정되어 있다는 사실을 모를 수 있다. 예를 들면, 코치가 고객의 속도와 맞지 않는 경우이다. 고객은 에너지가 없는 스타일인데 코치는 활기차거나, 고객의 목소리는 조용한데 코치는 크고 빠른 경우이다. 또 다른 예는 고객이 특정 종류의 은유를 좋아하는데, 코치가 이를 알아채지 못하고 고객이 표현한 단어가 아닌 코치 자신의 은유로 바꿔서 사용하는 경우이다.

이러한 경우는 생각보다 중요하며 아주 흔하게 발견된다. 코치로서 성공하려면 항상 높은 수준의 자기 인식과 함께 자신의 편견과 가정에 냉정하게 자신을 노출시켜야 한다. 다음은 비교적 경험이 많은 세 명의 코치가 슈퍼비전에서 자신의 코칭이 기대했던 것보다 덜 효과적이었다는 사실을 깨닫고 후회했던 경험을 공유해 준 사례이다.

- 50대 후반의 한 코치는 은행에서 정상에 오른 몇 안 되는 여성 중 한 명으로서 매우 성공적인 경력을 쌓았으며, 코칭에서 만났던 젊은 여성 고객도 코치와 마찬가지로 은행에서 일하고 있었다. 코치는 고객이 자신의 커리어를 이성적으로 냉정하게 추구하기보다는 남성과의 개인적인 관계를 우선시하는 결정에 비난적으로 대응하는 코치 자신의 모습을 발견하였다.
- 미국인인 한 코치는 영국인 고객과 양국의 의료 시스템에 대한 논쟁에 자신도 모르게 빠져들어 감정적인 대화를 하게 되었다고 털어놓았다.
- 페미니즘 원칙이 강한 한 의사 코치는 젊은 여성 의사를 처음 코칭하던 중 무슬림 신자인 고객이 히잡을 쓰고 있는 것을 보고 무슬림 신자에 대해 순

간적인 편견을 느꼈다는 사실을 깨달았다.

진정한 조화는 상대방을 진심으로 이해하고자 하는 활기차고 진실된 마음에서 비롯된다. 즉, 그들의 시각으로 세상을 바라보려는 노력에서 시작된다. 동시에, 자기 자신에 대해 깊이 인식하고 받아들이며 스스로의 편견이나 방어막을 내려놓아야 한다. 자신을 변호하려는 필요로부터 자유로워지면 타인에 대한 두려움이 사라지고, 서로의 차이에 대해 설득할 필요도 느끼지 않게 된다. 이러한 상태에 도달하면 다른 모든 것은 자연스럽게 뒤따르게 될 것이다.

잘못 이해된(mismatches) 비언어적 행동 표현

코치의 행동적인 표현이 잘못 표현되면 라포가 깨진다. 의도치 않은 행동으로 고객과의 조화가 깨질 수 있다. 고객은 코치의 행동을 보면서 잘못 해석할 수 있기 때문이다. 예를 들어, 시계나 펜, 반지를 만지작거리는 것을 보고 코치가 조급해한다고 생각하거나, 시계를 쳐다보는 것을 보고 대화를 끝내고 싶다는 의미로 해석하거나, 눈을 깜박이지 않고 고객을 응시하는 것에 대해 공격적이라고 느끼거나, 발을 흔들거나 의자에 뒤로 기대어 앉는 것을 보고 자신에게 관심이 없다는 것으로 해석할 수 있다.

이러한 비언어적 표현은 코칭의 한 주제에서 다른 주제로 넘어가면서 코칭 회기에 강조를 하거나, 고객이 부정적인 상태에 갇혀 있어 진전이 없을 때 부정적 에너지의 흐름을 깨기 위해 의도적으로 표현하면 유용할 수 있다. 이런 잠깐의 멈춤은 "일어나서 커피 한 잔 더 마실까요?"와 같이 명백히 드러낼 수도 있고, 코치의 자세를 바꾸거나 에너지의 변화를 위해 자세에 미묘한 변화를 줄 수도 있다.

경청의 세 가지 수준

코치가 경청을 못한다고 고백하는 것은 매우 드문 일이다. 하지만 코치는 자신에게 높은 기준을 부여함으로써 코치로서 성장할 수 있다.

코치 트레이닝 기관에서 제안한 프레임워크는 다양한 수준으로 하는 경청의 효과를 나타내며, 이 계층 구조는 코치의 자기 인식과 관련되어 있다. 이 프레임워크는 Laura Whitworth, Henry Kimsey-House와 Phil Sandahl의 저서 『코액티브 코칭(Co-active Coaching)』(1998)에 자세히 설명되어 있으며, 다른 많은 코칭 개념과 마찬가지로 심리치료에서 그 이론의 기원을 찾을 수 있다.

수준 1

고객 수준의 레벨이다. 고객으로서 당신은 자기 몰입에 빠져 있다. 고객으로서 이 수준은 괜찮다. 하지만 코치 입장에서는 재앙이다. 코치는 자기 자신이 아니라 고객에 대해 생각해야 한다. 코치가 고객이 언급하지 않은 어떠한 '사실들'을 물어보는 경우 수준 1에 있다고 생각할 수 있다. 고객이 언급하지 않았는데도 '몇 명, 언제, 누가, 어떻게 구조가 되었는지, 역사는 어떻게 되었는지' 사실적인 사건을 묻게 된다. 조언을 해 주고 싶고, 코치 자신에 대해 이야기하고 싶어 하는 것을 발견할 수도 있다. 또한 고객에게 집중하지 못하고 혼란과 생각에 빠지는 것은 코치 자신의 불안을 나타내는 것이다.

- 다음 질문은 뭘 해야 하지?
- 방금 한 질문이 충분히 좋은 질문이었나? 다른 질문을 했어야 하나?
- 이 이야기만 전체 회기 동안 지속될 건가?
- 고객이 나를 좋아하나?

수준 1 대화 예시

고객: 다른 사람들과 일을 나눠서 같이해야겠어요. 저는 현재 1주일에 70시간씩 일하고 있거든요.

코치: 그래요? 그건 정말 좋은 방법이 아니에요. 지치게 될 거예요.

고객: 하지만 우리 부서는 다들 너무 바빠서 다른 방법을 못 찾겠어요.

코치: 아마 더 나은 방식이 있을 거예요. 많은 고객에게 효과가 있는 자료가 있으니 고객님께도 효과가 있을 거예요.

고객: 음, 음…….

코치: 일반적으로 하루를 어떻게 보내는지에 대한 분석에서 시작해요. 여기 샘플이 있어요. 지금 바로 시작해 볼까요?

이 사례에서 코치는 자신이 전문가로 보이기 위해 신경을 쓰고 있는 것을 볼 수 있다. 코치는 고객에게 도움을 주고 싶은 듯 말을 이끌지만 코치 스스로의 주제에 집중하고 있으며, 고객이 원하는 것이 무엇인지 파악하기 전에 조언을 하기 때문에 고객의 말은 듣고 있지 않다.

수준 2

수준 2에서는 코치와 고객이 서로 집중하여 대화에 몰입한다. 몸의 자세, 목소리, 에너지 수준이 미묘하게 일치하는 교감 상태이다. 대화는 자연스럽게 흘러가고 대부분의 대화는 고객이 하게 된다. 코치의 질문은 능숙하게 고객이 사용한 언어를 파악하고, 고객의 주제에 집중하며 조언은 하지 않는다. 질문은 명확하고 요약이 잘되어 있고, 탐색하며 항상 고객의 사고와 새로운 것을 배우려는 의지를 보여 준다. 코치는 말하는 것뿐만 아니라 말하지 않는 것에도 귀를 기울인다. 근본적인 의미를 경청하고 고객에게 미치는 자신의 영향을 인식하고 있다.

코칭 회기의 대부분을 수준 2에 머무를 수 있다면 효과적인 코칭이 진행되고 있는 것이다.

수준 2 대화 예시

고객: 다른 사람들과 일을 나눠서 같이해야겠어요. 저는 현재 1주일에 70시간씩 일하고 있거든요.

코치: 힘들겠네요. 어떻게 해야 할까요?

고객: 저는 제가 잘하고 있다고 생각했었는데 직원들은 그렇지 않다고 하네요. 사실 무슨 뜻인지 모르겠어요.

코치: 직원들이 정확히 무슨 말을 하나요?

고객: 예를 들어, 비서는 제가 계속 확인한다고 말하는데, 그렇게 하지 않으면 제가 어떻게 일이 돌아가는지 알 수가 있겠어요?

코치: 계속 확인한다……. 그게 비서의 피드백이군요. 불안감이 많으신 것 같네요. 지금 말씀하신 것을 바탕으로 계속 이야기 나눠 볼까요?

고객: 네, 좋아요.

코치: 이 불안감은 정확히 어떤 불안인가요?

여기서 코치는 고객의 주제를 차분하게 따라가며 고객의 말을 사용하여 대화를 깊이 있게 이어 나가고, 다음 대화에 유용한 정보를 이끌어 내고 있다.

수준 3

수준 3에서는 수준 2에서 요구되는 모든 것뿐만 아니라 감정, 대화에서 발생할 수 있는 위험, 근본적인 선택, 고객에게 무엇이 위태로울 수 있는지를 인식하는 이른바 '직관'을 활용한다. 지적인 수준뿐만 아니라 감정적인 수준에서도 고객과 연결된다. 코칭 관계 전체가 앞뒤로 뻗어 나가는 것을 보고, 특별한 느낌을 받는다. 이는 일반적인 '평범한' 대화에서는 이루어질 수 없는 진정한 연결감을 통한 유대 관계를 형성한다.

수준 3 대화 예시

고객: 다른 사람들과 일을 나눠서 같이해야겠어요. 저는 현재 1주일에 70시간씩 일하고 있거든요.

코치: 힘들겠네요. 어떻게 해야 할까요?

고객: (잠시 침묵한 후 웃음)

코치: (부드럽게) 그렇죠? (다시 잠시 멈춤) 그 웃음에서 긴장감이 느껴지네요.

고객: 그렇죠. 저는 이 상황을 견딜 수 없어요. 직원들은 제가 '간섭한다'고 말하지만, 어떻게 해야 이 상황을 조절할 수 있을지 모르겠어요. 제 사생활이 망가지고 있고 건강도 나빠지고 있어요. 아내는 저를 한 번도 못 본다고 불평하고, 퇴근이 매일 늦어져서 딸을 언제 재웠는지 기억도 나지 않아요. 매일 새벽 4시에 깨어나면 업무에 대한 걱정으로 다시 잠들지 못하죠. 엄청난 부담이에요.

코치: 엄청난 스트레스이고, 일과 가정 모두 큰 부담이 되는 것 같네요.

고객: 엄청나죠. 제가 원하지 않는 부담이에요.

코치: 부담이라는 단어가 무겁게 느껴지네요. 부담이라는 단어는 어떤 의미일까요?

고객: 견딜 수 없는…… 말 그대로 내가 짊어지고 있는 짐처럼…… 제가 통제할 수 없어서 내려놓고 싶은 짐을 의미해요.

코치: 원하지 않고 내려놓고 싶은 짐이군요. 어떻게 하면 내려놓을 수 있는지 함께 생각해 볼까요?

경청 수준 3에서 코치는 고객의 전 생애에 걸친 관점을 확립하고, 고객의 마음속에 무엇이 있는지 집중시켰다. 코치는 고객의 침묵과 망설임에 귀를 기울이고 은유와 말 뒤에 숨겨진 감정에 집중하면서 경청하였다. 코치는 고객에게 필요한 경우 침묵의 공백을 대화 안에 남겨 두었다. 이렇게 함으로써 고객의 장시간 근무를 비난하거나 고통스러움을 묵인하는 것이 아니라, 고객이 처한 입장을 받아들이고 존중한다는 느낌을 받게 하였다. 코치는 고객의 그러한 행동 안에 있는 중요하고도 근본적인 욕구를 찾게 하였다. 또한 스트레스가 만들어 내는 부정적인 에너지를 알아차림으로써 변화 과정을 시작하려는 의지도 이끌어 냈다.

Fritz Perls는 이러한 경청의 수준에 대해 다음과 같이 간결하게 말한다. "훌륭한 치료자는 환자가 만들어 내는 무의미한 이야기에 귀를 기울이는 것이 아니라 소리, 음악, 망설임에 귀를 기울인다."(Perls, *Gestalt Therapy Verbatim*, 1969: 57)

고객의 주제 따라가기

코칭에서는 고객의 주제가 중요하다. 경청 수준 1이 되는 순간, 코치는 고객의 주제가 아닌 자신의 주제에 따라 코칭을 하게 된다. 코칭은 고객의 주제로 시작해서, 고객의 주제로 끝나야 한다. 코칭은 변화에 관한 것이기 때문이다. 고객은 자신의 삶을 변화시키고 변화를 얻고자 코칭을 받는다. 하지만 고객 자신의 삶의 방식에 대해 가장 잘 알고 있는 사람은 고객 자신이며, 어떤 경우에도 코치는 고객의 삶의 방식을 완전히 이해할 수 없다. 결국 변화의 주제를 정할 수 있는 사람도 고객뿐이다.

이에 코치의 역할은 고객의 주제를 발견하고 이를 명확하게 하는 질문을 던지고, 이것을 고객이 실천할 수 있는 목표로 바꾸고, 코칭의 유일한 주제로서 보호하는 것이다. 코치는 이 주제를 고객의 핵심 가치 및 신념과 연결하고, 고객과 함께 고객을 가로막고 있는 장애물과 두려움을 파악한 다음 이를 극복하기 위해 노력해야 한다(제7장 및 제8장 참조).

신뢰(양방향 프로세스)

코치로서 나는 고객들에게 나를 신뢰해 달라고 이야기한다. 고객이 왜 나를 믿어야 할까? 그 신뢰를 가속화하려면 어떻게 해야 할까? 신뢰 관계의 출발점은 코치가 먼저 고객을 신뢰하는 것이다. 신뢰가 깨지게 될 경우 다시 복구할 수도 있겠지만, 겉으로는 보이지 않더라도 깨진 도자기를 다시 맞춰 놓은 것처럼 복구된 흔적은 존재하며 전처럼 충분히 단단하지는 않을 것이다.

신뢰는 코치의 기술과 고객의 개방적인 의지에 따라 시간이 오래 걸릴 수도 있다. 많은 고객이 이러한 과정을 어려워한다. 고객들은 방어적인 삶으로 오랜 시간 살아왔고, 성과는 빠르게 내야 한다는 것에 익숙해져 있다. 이에 고객이 코치를 위해 성과를 낼 필요가 없다는 것을 깨닫는 것이 코칭의 주요한 전환점이 되는 경우가 많다. 즉, 고객이 자신의 실패와 불확실성에 대해 코치에게 솔직하게 이야기해도 코치가 비난하거나 판단하지 않을 것임을 확신하게 되는 것이다. 고객은 이를 통해 코치가 고객이 이룬 성과뿐만 아니라 변화를 위한 노력까지 인정해 줄 것이라는 것을 알게 된다. 신뢰에서 주요한 요소는 무엇일까? 그것은 정직함, 예측 가능성, 헌신성이어야 한다.

신뢰는 양방향으로 일어나는 프로세스이다.

신뢰를 구축하기 위한 고객의 역할

첫째, 고객은 자신의 말에 일관성이 있어야 한다. 고객은 특정 상황을 설명할 때 매번 같은 방식으로 설명해야 한다. 코치가 고객이 조직에서 구성원들과 함께 일하는 것을 보게 되면, 고객이 말로 설명한 상황보다 훨씬 더 많은 것을 보게 될 수도 있겠지만 그럼에도 고객이 했던 이야기에 코치는 여전히 진실함을 느낄 것이다.

고객이 코칭을 받기로 했을 때, 스스로 대접받기를 원하는 만큼 코치를 정중하게 대하는 것도 포함된다. 건강한 코칭 관계에서는 고객이 하는 말과 행동이 일치한다. 코칭에 대한 약속은 단순한 말 그 이상의 것이다. 만약 코칭에서 고객이 '숙제'에 동의하면 숙제는 수행되어야 하며, 수행하지 못했더라도 왜 숙제가 미뤄졌는지에 대한 배움이 있을 것이다. 고객이 주제에 대해 계속 고민하겠다고 말하면 실제로 고객은 주제에 대해 고민해야 한다. 고객이 솔직한 피드백을 제공하겠다고 하면 실제로 솔직한 피드백이어야 한다. 고객의 말과 행동에 대한 신뢰는 중요하다.

코칭 내에서 말한 내용은 코칭 밖에서 말한 내용과 일치해야 한다. 그렇지 않은 경우 신뢰가 무너진다. 조직에서 정리해고를 당한 이후, 여전히 상처와 거절에 시달리고 있는 관리자를 코칭했던 동료 코치 중 한 명에게 이런 일이 발생하였다. 동료 코치는 각 회기가 끝날 때마다 피드백을 요청했고, 고객은 회기가 '매우 유용했다'고 말하며 그 유용성을 자세히 설명하였다. 그러나 2주 후, 그 고객이 다른 사람에게 동료 코치에 대해 '의미 없는 자기 중심적 사색가'라고 묘사했다는 소문을 듣게 되었다. 다음 회기에서 동료 코치가 이에 대해 정중하게 거론하자 고객은 허둥대며 변명하였다. 당연히 그 만남은 그들의 마지막 만남이 되었다.

고객이 코칭 과정을 적극적으로 시도해 보려고 할 때 코치도 신뢰하고 존경할 수 있다. 예를 들면, 고객이 적극적으로 코칭을 받겠다는 것은 전에는 들여다보지 않았던 감정 영역을 탐색하거나, 힘든 피드백을 듣고 코치의 질문을 수용하며 그로 인해 올 수 있는 불편함을 참아 내겠다는 것이다. 코칭은 고객과 코치 모두에게 그전에는 없던 수준의 개방성을 요구한다. 솔직한 자기 개방을 통해 자신을 기꺼이 적극적으로 드러내는 고객은 코치의 신뢰를 얻는다.

약속을 지키지 않는 것은 여러 가지 방법으로 나타난다. 납득할 수 없는 이유로 매번 코칭을 취소하는 고객은 코칭에 우선순위를 두고 있지 않는다는 것을 보여 준다. 늦게 도착해서 준비되지 않은 상태로 코칭을 시작하여 혼란스러운 모습을 보여 주는 고객은 자신의 마음이 다른 곳에 있다는 것을 보여 준다. 이러한 고객은 코치와 보내는 시간에 대한 관심이 약해지고 있다는 것을 보여 줄 수 있다.

신뢰를 구축하기 위한 코치의 역할

앞에서 살펴본 고객에게 적용되는 이 모든 조건은 코치에게도 동일하게 적용된다. 첫 번째 단계는 고객을 어디까지 신뢰할 수 있는지에 대한 자신의 가정부터 살펴보는 것이다. 마음이 맞는 친한 친구를 좋아하듯 모든 고객을 좋아할 필요는 없으며, 실제로 그렇게 하는 것은 불가능하다. 고객의 여러 가지 훌륭한 측면을 존중하되, 고객이 굳게 세운 자기 보호 장벽에 대해서도 호기심과 관심을 가져야 한다.

코치의 입장에서 많은 고객이 처음에는 다소 불편한 사람으로 보일 수도 있다. 내가 특히 싫어하는 관리자 스타일은 남을 괴롭히거나 조종하려고 행동하는 스타일이다. 나의 상사였다면 1주일도 못 버텼을 그런 고객과 성공적으로 코칭을 진행하였다. 반대로 자기 주장이 부족한 고객도 있다. 이런 고객은 동료들로부터 '나약하다'는 비난을 받기도 하고, 조금 더 좋게 말하면 '강인함이 부족하다'는 비난을 받기도 한다. 이런 고객과의 코칭도 잘 진행할 수 있지만 만약 그 고객이 동료로서 나와 함께 일한다면 나 또한 난감할 것이다.

어떤 차이가 있을까? 그들은 나의 고객으로서 그들의 딜레마와 어려움에 흥미를 느낀다. 그들이 성공을 위해 스스로 만든 장벽이 무엇인지 알고 싶어진다. 고객의 장점과 단점, 실패를 무조건 받아들인다. 코치로서 나의 역할은 격려하고 용기를 주는 것이기 때문이다.

코치로서 말과 행동에 일관성이 있어야 한다. 가장 간단한 수준에서는 약속을 지켜야 한다. 흥미로운 기사를 이메일로 보내겠다고 했다면 반드시 그렇게 해야 한다. 코칭에 대한 열정을 선언했다면 반드시 열정을 보여야 한다. 고객에게 코칭에 대한 몰입을 기대한다면, 코치도 모든 회기에서 몰입을 해야 한다. 코치가 졸고 있거나 자동으로 질문하듯 습관적으로 코칭하고 있다면 고객은 금방 알아차릴 수 있다.

코칭 회기 밖에서도 고객을 존중해야 하며, 다른 코치들과 함께 고객을 비하하거나 고객의 동의 없이 특정 고객임을 알 수 있는 어떠한 말도 해서는 안 된다. 코치가 고객을 존중하면서 코칭을 진행할 수 없다고 판단되면 코칭을 종결해야 한다. 고객이 늦지 않고 코칭을 취소하지 않기를 바라는 것처럼, 코치도 허위 또는 사소한 이유로 회기를 취소하거나 늦게 도착해서는 안 된다.

고객과 원활한 코칭을 이루어 내기 위해서 모든 고객이 코치가 기대하는 바를 충족시켜야 할 필요는 없다. 우리의 전제는 고객과 함께할 수 없는 특별한 상황이 생기지 않는 한, 기대의 충족 여부와 상관없이 모든 고객과 코칭을 함께 이루어 간다는 것이다.

또한 코치는 비밀 유지에 대한 약속을 엄격하게 준수해야 한다. 고객과의 약속을 어긴 배신은 순식간에 고객에게 전해질 것이다. 고객은 코칭을 통해 알게 된 고객의 비밀을 코치가 험담하지 않고, 비밀을 유지할 것이라는 믿음을 가질 수 있어야 한다. 여기에는 주식 투자와 관련한 회사 인수에 대한 지식부터, 비밀 연애나 사람들의 성적 취향에 대한 이야기까지 다양한 정보가 존재한다. 특히 코치는 고객이 속한 조직에 대해 이야기할 때 주의해야 한다. 고객 조직의 특성과 문화에 대해 언급하고 싶고, 이를 통해 고객 조직의 비밀에 대한 특권적 지식을 타인에게 전달하고 싶은 유혹에 빠지기 쉽다. 그러나 이러한 누설은 자칫 험담이나 소문 정도로 비칠 수 있으며, 듣는 사람으로 하여금 코치에 대한 신뢰를 잃게 할 수 있다.

마지막으로, 코치는 고객으로부터 기꺼이 배우려는 의지가 있어야 한다. 이는 노래나 스포츠 등 다른 분야의 최고 코치들은 당연하게 여기는 부분이다. 뛰어난 오페라 가수에게는 보통 노래 코치가 있다. 최고의 극단에서는 저명한 배우도 보이스 코치를 따로 고용한다. 마찬가지로 라이프 코치나 비즈니스 코치로서 고객이 우리에게서 영향을 받기를 기대하는 것과 같은 방식으로 우리도 고객으로부터 배움을 얻으려는 의지가 있을 때 코칭 관계는 무한히 풍성해질 것이다.

제 3 장

코칭의 핵심

코치와 고객의 관계

코치와 고객 사이에는 실제로 어떤 일이 일어날까? 코칭이 효과가 있는 이유는 무엇일까? 일반적으로 인정받는 코치와 뛰어난 코치는 무엇이 다를까? 코칭은 많은 사람이 말하는 수평적인 파트너십을 어디까지 구현할 수 있을까? 코칭의 한계는 무엇일까?

돕고자 하는 의도

동료와 함께 계약을 이행하기 위해 함께 진행할 코치 후보자를 평가하고 있었다. 우리는 자발적으로 참여한 실험 대상 고객과의 회기를 통해 후보자들의 코칭 장면을 관찰할 수 있었다. 한 코치는 고객의 신체적 공간에 지나치게 가깝게 다가가 무릎이 닿을 듯했고, 대화를 일방적으로 주도하였다.

이러한 코치의 행동 때문에 일자리가 제공되지 않을 것임을 빠르게 파악한 고객은 “그래도 저는 그녀가 정말 좋았고 실제로 유용한 코칭이었습니다. 그녀가 얼마나 저를 돕고 싶어 하는지 알았기 때문에 그녀가 제안한 몇 가지 방법을 시도해 보려고 합니다.”라고 말하였다. 이런 순수하고 미숙한 코칭을 옹호하는 것은 아니지만, 이 회기에서는 도움을 주고자 하는 코치의 의도가 강하게 전달되어 실제로 어느 정도 유용한 코칭이 이루어졌다.

이렇듯 돕고자 하는 의도가 담긴 감정적 진정성이 강력하게 전달될 때 코칭의 기술 부족으로 오는 많은 장벽을 무너뜨릴 수도 있다. Frank Farrelly는 『도발적 치료(Provocative Therapy)』(Farrelly & Brandsma, 1974)라는 저서에서 학생 치료자가 경험이 많은 치료자들의 편견을 깨게 된 이야기를 들려준다. 학생 치료자는 만성 정신질환 환자는 '절대 나을 수 없기 때문에' 포기하는 선임 치료자들의 편견에 대해 분노에 찬 눈물을 흘리며 환자를 진심을 다해 돌본다. 환자는 누군가가 자신을 이렇게까지 돌볼 수 있다는 사실에 놀라며 그 학생에게 큰 도움을 받아 직장을 얻어 새로운 삶을 시작하였다. Farrelly는 이 경험을 통해 반드시 실력이나 효과적인 접근 방식을 통한 코칭이 아니더라도, 감정적 진정성으로 인해 성공적으로 상황을 극복할 수 있다는 것을 깨닫게 되었다고 설명한다.

코칭 관계에서의 권력: 외형적 징후

코칭에서의 동등한 관계 형성은 코칭의 진리가 되었다. 파트너십을 통해 협력하는 것은 코칭의 효과를 극대화한다. 하지만 이러한 관계 형성이 실제 코칭에서 얼마나 실현될 수 있을까?

코칭과 다른 직업을 대조해 보면 몇 가지 놀라운 차이점이 있다. 회계사, 변호사, 의사 같은 전통적인 전문직과의 상담의 경우 대부분의 사람은 이들과 상담하게 되지 않는 것을 훨씬 더 선호한다. 이런 류의 거의 모든 상담은 자신이 위기에 처해 있을 때 받을 가능성이 높기 때문이다. 코칭을 받는 고객은 항상 변화에 직면하지만 위협이 아닌 즐거운 도전으로 받아들인다. 일단 코칭에 익숙해지면 고객은 코칭 회기를 기대하게 될 것이고, 변호사나 의사를 방문하는 것처럼 두려움을 느끼지 않을 수 있다.

전통적인 전문직은 전문성에 기반한 우수한 정보나 지식을 고객에게 제공한다. 안타깝게도 이는 종종 우월한 태도를 보이게 하기도 한다. 대부분의 코치는 고객과의 관계에서 평등한 관계를 유지하기 위해 상당한 시간을 할애하고 이에 대해 이야기한다. 이는 전통적인 직업을 가진 많은 사람이 고객을 대하는 방식과 대조적이다. 예를 들어, 나는 환자로서 어떤 의사와도 서로의 이름으로 대화를 나눈 경우는 거의 없었으며, 그들은 나를 '환자' 혹은 익명으로 부르면서도 의사는 본인을 '박사님'이라고 호칭해 주기를 원하였다. 반면에 나는 코칭에서 고객이 '의사'라 하더라도 처음부터 서로의 이름을 사용하여 고객을 존중하였고, 차나 커피를 권하기도 하면서 집에 방문한 손님과 같은 사회적으로 동등한 관계를 유지한다.

이러한 관계는 코치에게 유리한 몇 가지 측면이 있다. 많은 코치는 고객이 먼저 찾아와야 한다고 주장하는데, 이것은 고객이 먼저 코치에게 찾아왔을 때 이미 힘의 균형이 달라진 것을 의미하기 때문이다. 고객은 코치의 영역 안으로 들어온 것이며, 우리 집에 손님이 온 것처럼 우리의 규칙을 따르게 되기 때문이다. 코치와 고객은 코치의 주제와 고객이 제시한 주제를 포함하여 코칭 방법을 설정하고 회기 횟수와 시간, 회기의 간격을 설정한다. 그리고 코치는 코칭 비용을 정한다.

이와 반대로 고객에게 유리한 여러 가지 요인도 있다. 고객은 코치의 유명세에 따라 비용을 하향 조정할 수 있다. 또한 고객은 회기 수를 결정할 때 자신이 적절하다고 생각하는 회기로 결정을 할 수도 있다. 첫 회기는 대부분의 코치가 이미 숙련이 되어 있는 주제 설정을 위한 프로세스로 진행할 수 있지만, 전적으로 고객의 손에 달려 있다. 그리고 고객들은 다른 직업군과 마찬가지로 코치들도 선택받기 위해 서로 경쟁하고 있다는 것을 알고 있다.

Jeffrey Masson은 정신분석학에 대해 혹독한 비평을 한 『치료에 반대한다(Against Therapy)』(1990)에서 최고의 치료자라 할지라도 착취적이거나 통제적인 분위기가 조성되는 것을 피할 수 없다고 주장한 바 있다. 코칭에서의 중요한 차이점은 고객은 정신적으로 건강하다는 것이고, 고객의 '증상'이라 함은 일반적으로 익숙하고 사소한 기능에서의 어려움이라는 점이다.

또한 비즈니스 코칭 고객의 경우, 사회적으로 성공한 고위직 및 고소득층일 수도 있으며 그들은 코치 수입의 10배 이상을 벌고 있을 수도 있다. 게다가 그러한 고객을 대하는 코치는 일반적으로 고객을 존중하는 태도로 접근하며, 종종 고객이 사회적 위치와 권력이 높음에도 자신이 코치라는 사실에 무의식적으로 기분이 좋아질 수도 있다.

코치와 고객의 관계가 동등한 관계가 아닌 경우도 있다. 대부분의 경우 코치는 대화가 진행되는 동안 자신의 의견을 상당 부분 제한하게 되지만, 고객은 의견을 표현할 수 있다. 라포를 형성하는 것은 코치의 책임이지 고객의 책임이 아니다. 대화의 분위기를 조성할 책임은 고객이 아니라 코치에게 있다. 고객은 코치와의 관계에 투자하는 것이 아닌 자신의 발전에 투자해야 한다. 코치는 고객의 의견과 상황을 확인해야 하지만 고객은 코치에 대해 그럴 의무가 없다.

무의식 과정

코칭 과정에서 어떠한 방법이나 현상으로 설명할 수 없는 무의식적 상황이 나타날 수도 있다. 예를 들어, 이유 없이 어떤 고객을 특별히 다른 고객보다 더 좋아하게 되는지(또는 고객이 당신을 유독 좋아하거나 싫어하는지?), 왜 어떤 고객은 코칭 관계에 이상한 기대를 하는 것처럼 느껴지는지와 같은 경우이다. 이러한 것은 심리치료에서 얻은 몇 가지 이론으로 어떤 상황이 일어나고 있는지 설명하는 데 도움이 될 수 있다.

투사

코치는 고객에게 무엇이 좋을지 판단하지 않고 자신의 생각에 집착하지 않는다. 그렇기 때문에 투사라는 현상에 대한 자기 인식이 유용할 수 있다. 기본적으로 우리 모두는 스스로 인정하지 않는 어두운 면을 가지고 있다. 우리는 인식하지는 못하지만, 사실상 스스로에게 '나는 나의 이런 점이 마음에 들지 않아. 다른 사람에게 투사하면 나와는 상관없는 일이기 때문에 비판할 수 있어.'라고 말한다. 이러한 투사현상은 여러 가지 형태로 나타날 수 있다.

가장 쉬운 예로, 우리는 자신이 느끼는 감정을 다른 사람에게 투사할 수 있다.

이는 우리가 스스로 그 감정을 소유할 수 없거나, 소유하고 싶지 않기 때문이다. 예를 들어, 친구에게 "걱정하는 것 같아."라고 말할 수 있는데, 실제로는 내가 걱정하고 있지만 그 걱정을 직면하고 싶지 않은 것이다. 코치로서 우리는 '이 고객은 나에게 적대적이야.'라고 생각할 수 있는데, 이것은 사실상 코치 스스로가 고객에게 적대감을 느끼고 있는 것이다. 우리는 다른 사람들, 특히 가장 가까운 사람들을 문제의 원인으로 볼 수 있다. 또 다른 면에서 우리는 때때로 다른 사람이 자신에게는 없는 이상적인 삶과 능력을 가지고 있다고 생각한다. 이런 생각 때문에 다른 사람에게 과도한 기대를 갖게 된다. 하지만 실제로는 우리가 예상한 것과 다를 수 있다. 이런 경우, 우리는 일과 관계에서 실망하게 되고 냉소와 원망이 생길 수 있다.

다른 사람을 비판할 때, 우리가 가장 두려워하는 것이 바로 그 비판의 모습을 우리가 가지고 있을 수도 있다는 사실이다. 이러한 비판적인 생각이 들 때는 잠시 멈추고 '지금 이런 나의 감정이나 현상이 사실인가? 이 사람의 감정이나 행동이 실제로는 내가 바라봐야 할 내 안의 모습인가?'라고 자문해 보는 것이 유용한 훈련이 될 수 있다.

투사와 관련하여 가장 중요하게 바라봐야 할 것은, 우리가 다른 사람에 대해 말하는 방식은 우리가 자신을 어떻게 보는지에 대해 많은 것을 말해 준다는 것이다. 특히 우리가 비판적인 경우에는 더욱 그렇다.

전이와 역전이

전이와 역전이는 정신역동적 심리치료의 개념이다. 이 개념은 고객이 코치와의 관계에서 무의식적으로 이전에 경험했던 관계의 패턴과 선입견으로 바라본다는 것이다. 이러한 투사는 왜곡이 되어 고객이 코치를 있는 그대로 보지 못하게 만든다. 대부분의 경우, 고객은 과거의 중요한 인물에 대해 가졌던 감정이나 여전히 가지고 있는 감정을 코치에게 전달할 수 있다. 따라서 권위적인 아버지에게 끊임없이 반항했던 고객은 코치가 아버지와 전혀 다른 온화하고 유쾌한 사람임에도 불구하고 아버지를 보았던 것과 같은 시각으로 코치를 바라볼 수 있다. 나이가 많은 여성 코치에게 고객은 **엄마**나 **선생님**의 모습을 기대할 수 있으며, 이는 반항적인 청소년 행동을 유발시키거나 수용적인 양육에 대한 기대감을 갖게 할 수도 있다. 고객과 비슷한 연령대의 코치는 또래 친구 관계나 형제자매 관계를 떠올리게 할 수도 있다.

이와 반대로 코치에게 역전이가 일어날 수도 있다. 따라서 고객에게서 보이는 도전적인 모습은 코치의 고통스러웠던 예전 관계와 관련한 기억을 깨울 수도 있다. 그 순간 고객은 예전 관계에서 코치를 힘들게 했던 사람을 대신하게 되고, 코치는 과거에 그 사람에게 그랬던 것처럼 고객을 대하게 된다.

고객과의 작업 과정에서 투명해질수록 전이나 역전이로 인해 코칭 프로세스를 탈선할 가능성이 줄어든다. 다음의 예는 Glenda(고객)가 코치와 합의하고 실행하기로 했던 행동에 대해 저항하는 것처럼 보이는 경우이다.

Glenda

Glenda는 '숙제'[1]할 시간이 없었다고 말하였다. 이번이 네 번째 회기였는데 지난 세 번의 회기에서도 똑같은 일이 벌어졌다. 나는 매우 침착하게 "Glenda, 당황스럽기도 하고 매우 걱정스럽네요. 제가 제대로 코칭을 해 주지 못해서, 또는 당신이 공감할 수 있는 방식으로 코칭을 해 주지 못해서 이런 일이 벌어지는 건 아닌지 약간 막막하기도 하고 궁금하기도 해요. 코칭에서 실행하기로 했던 것들을 할 시간이 없다고 말한 것이 벌써 세 번째입니다. 이것에 대해 저에게 더 설명해 주실 수 있나요?" Glenda는 어리둥절한 표정을 지었다가 짜증을 냈다.

Glenda: 코치님이 저의 교장 선생님은 아니잖아요!

Coach: 네, 아니에요. 하지만 제가 당신이 예전에 알던 누군가를 떠올리게 하는 건 아닌지 궁금하네요!

---

1) 역자주: 스스로 실행하기로 한 '행동 전략'을 'homework'라고 표현하였다.

[잠시 멈칫하더니 Glenda의 얼굴색이 변했다.]

Glenda: 음, 글쎄요. 제가 교장 선생님을 알고 지냈을 당시, 그 교장님의 나이가 코치님 나이쯤 되셨고, 저는 숙제를 하지 않아서 계속 문제를 일으켜서 혼났어요. 학교를 떠나면서 저는 이제 다른 누구도 나를 지배하지 못하도록 하겠다고 맹세했죠.

Coach: 저의 또 어떤 모습이 교장 선생님을 떠올리게 하나요?

Glenda: 코치님은 그렇게 하시지는 않아요. 매우 자신감 넘치고 차분해 보인다는 점만 빼면요.

Coach: 또 어떤 점이 떠오르나요?

Glenda: 다른 건 생각나지 않아요!

Coach: 교장 선생님이 여기 계신다면 무슨 말을 하고 싶으세요?

Glenda: 저를 존중해 주세요. 저를 그런 식으로 무시하지 마세요. 그건 불공평했어요. 비록 제가 다른 친구를 괴롭혔지만요.

Coach: 저는 어떤 면에서 다른가요?

Glenda: 완전히 달라요. 사실 코치님은 전혀 그 교장 선생님 같지 않아요!

그런 다음 우리는 우리 관계에 대해 서로 솔직하게 이야기하고 관계를 발전시키기 위해 필요한 것이 무엇인지에 대해 논의하였다. 물론 나는 Glenda의 교장 선생님처럼 되지 않겠다고 약속하지 않았고, 다른 사람이 되겠다는 약속도 하지 않았다. Glenda는 이러한 관점에서 권위자와 있을 수 있는 많은 문제적 관계를 바라볼 수 있게 되었다. 고객에게 투명하고 진실 되게 표현한 솔직함과 그에 따른 친밀감이 코칭의 전환점이 되었다.

평행 관계

전이 및 역전이의 개념과 밀접하게 연관된 개념은 평행 관계라는 개념이다. 이것은 이상한 현상처럼 보일 수 있다. 고객은 자신이 이야기하고 있는 사건과 동일한 행동을 반복함으로써 어떤 현상이 코칭 내에서도 재현되는 것이다. 이것은 코치에게 평행 관계를 불러일으킨다. 예를 들어, 한 고객이 직장에서 받는 압도적인 스트레스를 설명하는 경우를 들 수 있다. 그녀는 그 직장에서 받는 스트레스가 직속 부하 직원들에게 조급함과 짜증으로 나타난다고 말한다. 이 코칭에서 코치는 고객에게서 상사와 마찬가지로 조급함과 짜증이라는 동일한 감정을 경험하기 시작한다. 다음의 예는 초보 코치인 Carly가 고객과의 회기에서 평행 관계와 투사가 어떻게 발생했는지 설명하는 내용이다. Carly는 이 회기의 슈퍼비전을 통해서 평행 관계의 개념을 알게 되었다.

Carly(코치)

제 고객은 28세의 아시아계 여성으로 여섯 명의 형제 중 유일한 딸이었습니다. 그녀의 가족이 그녀의 배우자를 정해 주었지만, 결혼 생활은 행복하지 않았고, 그녀가 속한 문화에서 이혼이 얼마나 큰 문제가 되는지 알고 있었지만 그녀는 결국 이혼을 결정했습니다.

그녀는 가족의 강한 압력에도 불구하고 아이를 갖지 않기로 결심했습니다. 그녀는 전 회기에서 아버지의 지배력과 오빠들이 자신이 여자라는 이유 하나만으로 집안일을 혼자 해야 한다고 한 것에 대해 분노하며 이야기한 적이 있었습니다. 코칭에서 그녀가 어려움을 호소한 문제는 그녀의 경력이 발전하지 않고 있다는 것이었습니다. 저도 그녀와 마찬가지로 이민자 가정 출신이고 지배적인 아버지 밑에서 자랐으나 성공적으로 독립하였습니다.

그녀는 상사가 자신을 무시하거나 괴롭힌다고 말하며 상사에 대해 불평하기 시작했습니다. 회기가 끝나고 회고를 하다 보니, 제가 투사와 역전이까지 가미된 완벽한 평행 관계에 빠져 있었음을 깨닫게 되었습니다. 고객의 이야기를 계속 들으면서 저는 그녀가 징징대고 불평하고 있다고 느끼기 시작했고, 짜증도 났습니다. '제발, 가만히만 있지 말고 그냥 원하는 것을 당당하게 요구해!'라는 생각이 들면서, '그렇게 요구하지 못하니, 넌 무시당할 만해! 그렇게 겁쟁이처럼 굴지 마.'라고 생각하고 있었던 것입니다. 물론 실제로 그런 끔찍한 말을 하지는 않았지만, 제 목소리에 조급함이 스며들어 있었다는 것을 나중에 알게 되었습니다. 이례적으로 저는 회기를 10분 일찍 끝냈고, 아마 평소보다 훨씬 더 무뚝뚝하고 퉁명스러운 말투였을 것입니다. 이제 저의 과제는 이런 부분을 발견하고 인지하여 더 잘 관리하는 것입니다.

어떤 이유로 이런 일이 발생할까? 한 가지 원인은 코치가 고객에게 과도하게 동일시함으로써 무의식적으로 고객의 문제에 접근하여 해결하기 위해 자신과의 유사점을 찾기 때문이다.

또 다른 원인 중의 하나는 고객이 무의식적인 수준에서 코치가 해결책을 찾아 주기를 원하여 문제의 극적인 상황과 강도를 재현한다는 것이다. 현실적으로는 이 두 가지 힘이 모두 작동될 수 있지만, 가장 즉각적으로 유발되는 요인은 고객의 강도 높은 감정에 대해 코치가 어떻게 처리하고 대응해야 할지 불확실하거나 공황 상태이기에 나타날 가능성이 높다. 이러한 평행 관계를 관리하는 데 있어서 핵심은 '인식'이다. 어떤 일이 일어나고 있다는 것을 스스로 알아차려야 한다. 알아차리거나 흐름을 바꾸는 방법에 있어서는 앉는 자세를 바꾸는 등 물리적으로 변화를 줄 수도 있다. 이것은 두 사람 모두를 사로잡고 있을 가능성이 높은 트랜스(trance)와 같은 상태를 깨트리는 것이다. 의식적으로 고객이 취하고 있는 몸의 자세와 서로 다른 자세를 취하는 것이다. 스트레칭을 하거나 간단한 차 한 잔 또는 물을 권함으로써 트랜스의 흐름을 깰 수 있다. 고객의 문제에 너무 매몰되어 해결책을 찾아야 하는 것은 코치가 아니라 고객이라는 본질을 놓치고 있지는 않은지 스스로에게 질문해야 한다. 평행 관계가 일어나고 있음을 발견했을 때 다음과 같은 질문은 유용한 개입이 될 수 있다. 이것은 의식적으로 고객의 문제 외부에 코치를 위치시킬 수 있도록 하는 것이다.

1. 지금까지 말한 내용을 요약하자면 문제는 A, B, C입니다. 이 중 어떤 것이 가장 중요하다고 생각하시나요?

또는

2. 이 문제에 약간 압도되고 있는 것 같은데, 현재 우리가 어디에 와 있는 건지 한번 살펴볼 수 있을까요?

진심

어떤 관계에서든 도움이 필요한 경우, 양쪽 모두 인간의 가장 깊은 갈망의 뿌리를 건드릴 가능성이 항상 존재한다. 심리학은 철학, 의학, 종교에 그 뿌리를 두고 있다. 연금술, 미신, 신비주의가 곳곳에 잠재해 있다. 무언가 잘못되었을 때 우리는 위험을 막는 힘을 가진 수정, 죽음에서 우리를 구하는 믿음 치유, 수수께끼 같은 사건을 설명하는 영매술, 악령을 쫓아내는 엑소시즘 등 마법이나 주술을 갈망할 수 있다. 이러한 희망과 믿음의 힘은 압도적일 수 있다.

불과 150년 전에도 정신질환은 악마에 씐 것으로 믿어졌으며, 여전히 그렇게 믿는 종교도 일부 있다. 특별한 힘을 가진 사람들이 있다는 생각은 우리 모두에게 잠재적으로 매력적으로 다가올 수 있다. 신과의 연결고리를 통해, 또는 특별한 통찰력을 통해 안심시킬 수 있는 사람에게 자신을 맡긴다고 생각하면 조금은 무섭더라도 위안이 될 수 있다. 특별한 통찰력을 통해 누군가에게 스스로를 맡기는 것은 **초능력**과 **정신적 능력**으로 자연스럽게 이어질 수 있다고 느껴질 수 있다.

코칭이 이와 동일한 맥락으로 오염되지 않도록 주의하여야 한다. 이런 일은 의외로 쉽게 일어난다. 어떤 고객들의 사교 모임에서 나를 동료들에게 '마법사'라고 소개하는 것을 들은 적도 있다. 이럴 때 나는 코칭에 대한 것을 설명하려고 애를 쓰기도 한다. 코치들이 세속적인 사제나 무당이라고 믿는 고객과 동등한 관계를 형성하여 코칭에 임할 수는 없다. 처음에는 고객이 코치를 마법사라고 믿는 것이 더 위안이 될 수도 있기 때문에 동등한 관계를 형성하기보다는 코치가 특별한 능력을 가지고 있다고 믿게 하고 싶지만 장기적으로 볼 때 이는 옳지 않다.

여러 연구에 따르면 플라시보(약 성분이 없는 알약)와 플라시보 시술(예: 환자의 가슴을 열고 수술 없이 다시 꿰매기만 하는 것)이 기존의 약물 또는 수술 치료만큼이나 긍정적인 효과를 가져올 수 있는 것으로 보고되었다. 환자에게 부작용을 기대하도록 하는 경우에 실제로 그런 부작용이 발생하는 노세보 역시 강력하다. 이러한 플라시보는 우울증 치료제로서 일반적으로 처방되는 약물보다 몇 배 더 효과적이며 통증 조절에도 강력한 것으로 입증되기도 하였다. 미국 운동 위원회(American Council on Exercise)에서 실시한 흥미로운 연구에 따르면 '산소 공급이 잘되는 물'(실제로는 일반 수돗물)을 마신다고 생각한 러너들이 대조군보다 5km 달리기 세 번 완주 시 평균 86초 더 빠른 것으로 나타났다. 예를 들어, 대체 의학에 관한 경우, 동종요법[2)]을 옹호하는 사람들은 동종요법 요소의 흔적을 '약'에서는 찾을 수 없지만, 물은 그 '기억'을 유지한다는 이론을 바탕으로 이론이 갖고 있는 본질적인 불합리성에도 불구하고 효과가 있다고 주장할 것이다. 이는 동종요법 의사 자신이 치료법에 대한 강한 믿음을 가지고 있고, 이를 기꺼이 믿는 환자에게 전달하기 때문에 효과가 있는 것으로 추측할 수 있다. '치료법'이 효과가 있을 것이라는 양쪽의 믿음이 동종요법에 힘을 실어 주는 것이다.

우리가 플라시보 연구로부터 얻은 교훈을 살펴보면 코치와 고객 모두 코칭 프로세스의 힘을 믿을 때 코칭의 효과가 몇 배 이상 높아질 수 있다는 것을 알 수 있다. 코치로서 코칭이 '효과가 있는지'에 대해 확고한 믿음이 있다면 고객에게도 전달이 될 것이다. 반대로 코치가 코칭에 대해 회의적이면, 고객도 코칭이 자신에게 도움이 될 가능성을 제한하게 될 것이다. 코치는 코칭에는 힘이 있으며 고객도 그 힘을 믿기를 원할 것이다. 그러나 그 힘은 코치의 초자연적인 능력이 아니라 관계 형성과 코칭 프로세스에서 오는 것이다.

David Elkins(2007)의 메타 연구를 포함한 치료에 대한 연구에서는 치료의 성공이 치료자의 지적 영리함이나 이론적 지향과는 아무런 관련이 없음이 확인되었다. 그러나 치료에 있어서 공통적인 요인이 있는 것이 밝혀졌고, 이는 다음과 같다.

1. 따뜻함, 수용, 친밀감의 분위기를 조성하는 치료자의 능력
2. '치료적 동맹'의 성격: 치료자와 고객이 함께하는 방식, 목표의 투명성과 명

2) 역자주: 질병의 원인이 되는 물질을 소량 사용하면 그 증상을 낫게 할 수 있다는 발견(히포크라테스가 처음 발견)을 바탕으로, 자연약품을 복용함으로써 자가면역 능력을 깨우쳐 스스로 치유가 되도록 하는 것이다. 약물은 꽃이나 뿌리, 열매, 야채, 뱀독, 오징어먹물 등 다양한 재료에서 추출한다.

확성

3. 내담자에게 도움이 필요한 상황과 내담자의 삶 속에 긍정적인 변화를 도울 준비가 되어 있는지, 내담자를 지지하는 사람이 있는지 여부
4. 사용되는 모든 접근법의 타당성을 믿고 긍정적인 결과가 가능하다는 상호 기대, 즉 플라시보 효과에 대해 내담자와 상담자가 동등하게 믿고 있다.
5. 사용되는 기법의 종류

치료에 관한 이 다섯 가지 요소 중 가장 중요하지 않은 것은 마지막 요소인 사용되는 기법의 종류로, 일부 연구자들은 성공적인 치료의 주요 요소에서 기법은 8~15% 정도만 관련이 있다고 이야기한다. 코칭에서도 이와 같은 결과가 연구된 바는 없으나 비슷한 결과가 나올 것이라 추측할 수 있다. 신뢰와 따뜻함은 치료와 마찬가지로 코칭에서도 필수적인 기반이다.

코치 자신의 자연스러운 모습을 표현하기

코칭을 비교적 처음 접했을 때 나는 대화 내내 긍정적으로 중립적인 태도를 유지해야 한다는 무의식적인 믿음에 따라 행동하였다. 고객은 화를 낼 수 있지만, 나는 그럴 수 없었다. 고객이 지루해할 수 있지만, 나는 흥미를 유발하는 시늉을 해야 하였다. 고객은 회기가 끝날 때 피드백을 줄 수 있지만, 나는 절제해야 하였다. 이제야 그게 얼마나 잘못된 행동인지 알았다.

한 기업과 5일 동안 진행하는 코칭 프로그램을 계약했던 적이 있다. 프로그램을 시작하기 전에 '코치와의 만남'을 갖는 이벤트가 있었는데, 다른 동료 세 명과 달리 나는 참석할 수 없었다. 그다음 날인 첫 회기 코칭부터 참석할 수 있었다. 첫 회기에서 그룹 중 한 관리자가 나를 맹목적으로 선택했는데, 그 이유에 대해 내가 전날 이벤트에 참석하지 않았기 때문이라고 말하였다. 내가 '완전히 중립적인 코치'이길 원하며, 그래서 서로에 대한 정보가 없는 나를 선택했다고 하였다.

초보 코치였다면 수긍했겠지만, 나는 그럴 수 없었다. 그래서 '중립적인 코치'이기를 바라는 의미를 논의하는 과정에서, 고객이 코치에 대해 더 많이 알게 될수록 코치도 고객을 판단할까 봐 걱정하고 있다는 것을 알 수 있었다. 나는 '중립적인 코칭 기계'를 요청하는 듯한 태도에 매우 불쾌감을 느꼈으며, 무엇보다 코칭은 이런 방식이 아니라는 것을 분명히 알고 있었다. 나는 코치의 개인적인 모습을 있는 그대로 투명하게 보여 주면서, 고객이 자신의 문제를 탐구하고 자신이 누구인지 받아들일 수 있음을 보여 주었다.

피드백 받기: 피드백에 대한 개방적인 자세

코칭의 피드백 프로세스는 양방향이다. 코치만 고객에게 피드백을 제공하는 것이 아니다(p. 277 참조). 대부분의 모든 직업적 관계에서는 드문 일이나, 코치는 고객에게 코칭에 대한 피드백을 요청할 수 있다. 피드백을 요청하는 것은 양방향 관계 특성의 진실성과 신뢰를 나타내는 모델링이 될 것이다. 코칭의 내용과 스타일은 물론 코치와의 관계에 대해서도 물어볼 수 있다.

- 코칭을 어떻게 신청하게 되었나요?
- 어떤 점이 특히 도움이 되었나요?
- 어떤 점이 덜 효과적이었나요?
- 우리 관계는 어떤 것 같은가요?

고객에게 피드백을 요청할 때, 고객은 어떻게 받아들여야 하는지 당황하거나 피드백하는 방법을 제대로 모를 수도 있다. 따라서 피드백은 다음과 같은 형태로 나타날 수 있다.

- 명백한 공격(비판): "질문을 많이 하셨는데 필요한 조언은 하나도 얻지 못했

어요."

- 명백한 칭찬: "당신은 내면을 깊이 보게 하는 능력이 뛰어납니다."
- 모호한 멘트: "당신의 질문은 때때로 너무 어려워요."

고객의 이런 피드백에 화를 내거나, 방어적이거나, 변명을 한다거나, 코칭을 잘못한 것 같아 미안하다고 하지 않는 것이 좋다. 그보다는 고객이 한 이야기를 반복하고 요약한 후, 좀 더 자세히 말해 달라고 요청해야 한다. 이러한 요청을 통해 내가 받아들이고 해석했던 것과 달리 놀라운 사실을 알게 될 수도 있고, 코칭 개선 방법에 대한 중요한 정보를 얻을 수도 있다.

겸손

오랜 시간 암 투병 중인 고객을 상담한 적이 있었다. 그는 차분하고 낙관적으로 치료에 대해 이야기하면서 그동안의 병원 방문 중 가장 치료 효과가 컸던 부분은 종양 전문의와 나눈 대화였다고 말하였다. 종양 전문의는 자신의 지식적인 한계를 인정했으며, 효과적인 치료법에 대해 믿음을 가져야 한다는 점을 강조하였다. 그 의사는 환자를 동등하게 대하면서 자신과 의학의 한계에 대해서도 솔직하고 신중하면서도 낙관적인 태도를 유지하였다. 이는 실천하기 어려운 행동이다. 너무 지나치거나 잘못된 상황에서는 고객의 신뢰를 잃을 수도 있다. 반대로 모든 것을 알고 있는 것처럼 행동하면 자신의 이미지를 보호하는 데 너무 많은 시간을 투자하게 된다. 이와 마찬가지로 코칭은 역설로 가득 차 있으며, 가장 심오한 역설 중 하나가 바로 강력하면서도 동시에 무력해야 한다는 점이다.

다음 사항은 코칭에서 중요하게 다루어야 한다. 코치로서 내가 행하고 있는 것이 고객의 이익에 부합하는가?

- 당황스러울 때: 당신이 X에 대해 말한 것과 Y에 대해 말한 것 사이의 연관성에 대

해 당황스러워요. 당신의 견해는 어떤가요?

- 대화나 회기의 방향이 혼란스러울 때: 우리가 거의 1시간 동안 당신이 한 일에 대해 이야기한 것 같은데, 이번 코칭의 목표를 아직 정하지 못한 것 같네요. 어떻게 생각하시나요?
- 코치가 딜레마에 빠졌다고 느껴질 때: 코칭 진행을 어떻게 해야 할지 두 가지 방향으로 생각이 듭니다. 또는 여러 가지 대응 방법 사이에서 고민이 되네요.
- 실수를 저질렀을 때: 지난번에 만났을 때 제가 X 문제에 대해 너무 강하게 압박한 것 같습니다. 당신이 불편해하는 것 같았지만 저는 계속 진행했죠? 죄송합니다. 그건 저의 실수였어요.
- 감당할 수 없다고 생각될 때: 여기서 제가 어떻게 할 수 있을지 모르겠어요.

코치가 가진 약점이나 불확실성에 대해 고객에게 인정하는 것은 생각보다 더 큰 긍정적 영향을 미칠 수 있다. 코치로서 여러분은 자기 관리에 뛰어나야 한다. 중심을 잡고 자기 인식을 잘해야 하며, 분석적, 정서적, 영적, 조직 이해 능력 등 코치 역할에 필요한 모든 자질을 고루 갖추고 있어야 한다. 하지만 동시에 코치도 인간이기 때문에 모르는 것이 있고 불확실한 영역이 있다. 이러한 '약점'을 고객에게 인정하며 솔직하게 이야기하는 것은 자신의 약점을 두려워하며 살아온 고객들에게 유익한 영향을 미치게 된다.

인정하기

코치는 다른 직업과 달리 고객이 엄청난 용기와 배움을 통해 행동하는 것을 보게 되는 유일한 목격자이다. 다른 사람에게는 작은 발걸음처럼 보일 수 있는 것이 고객에게는 큰 도약이 되는 경우가 많다. 예를 들면, HIV 감염에 대한 공포와 두려움을 극복하고 치료받은 사실에 대해 코치에게만 이야기할 수 있다. 부끄러울 정도로 수치스럽고 평생의 습관이었던 손톱 물어뜯기를 하지 않게 된 고객은 코치와 함께 이룬 성취를 자랑스러워할 수 있다. 이사회 프레젠테이션에 대한 두려움이 있는 고위 경영진이 이 두려움을 극복하고 기쁜 마음으로 보낸 이메일의 유일한 수신자가 코치일 수도 있다. 중증 장애 자녀의 죽음을 경험한 고객은 그 죽음은 너무나 슬픈 일이지만 사람들이 생각하는 것만큼 그렇게 비극은 아니었고, 어느 정도 기다려 왔던 일이라는 사실에 대해 코치가 아닌 다른 사람에게 말할 수 없었을 것이다.

코칭에서의 '인정하기'는 '일반적인' 대화와 다른 또 다른 방식이다. **'인정하기'**에서 코치는 고객이 무엇을 **성취**했는지에 주목하기보다는, 고객이 누구인지에 대한 중요한 측면을 바라본다. 코치는 행동하는 자아가 아니라 존재하는 자아를 인정하는 것이다.

Peter

Peter는 감당하기 힘들 정도의 많은 개인적인 일과 직업적인 변화로 힘들어하는 고객이다. 그는 세 번의 사별을 겪으면서도 동시에 새로운 일을 시작해야 했고, 새로운 팀을 모집하고, 새로운 상사에 적응해야 하였다.

Peter: 지난 몇 달은 제가 기억할 수 있는 가장 힘든 시간이었습니다.

Coach: 네, 계속해서 노력하는 당신의 용기와 결의를 존경합니다.

Peter: 감사합니다. 기분이 나아지네요!

인정하기를 할 때 코치는 유머, 에너지, 명확성, 용기, 끈기, 배우려는 의지, 겸손 등 고객의 긍정적인 자질에 주목하고 언급하며, 이것은 공허한 칭찬을 하는 것이 아니라는 점에 유의해야 한다. 진정성이 없는 인정은 고객도 즉시 알아차릴 수 있다.

코칭 관계가 견고하다면 고객은 승리의 순간뿐만 아니라 완전히 절망하고 자기 의심에 빠진 순간에도 코치를 신뢰하게 된다. 이런 위기에 처해 있을 때 고객 주위의 다른 사람들이 고객에 대해 어떤 긍정적인 평가를 하는지 질문하는 것은 강력한 도움이 된다. "나는 ……인 사람이다."라는 문장으로 시작하도록 격려한다. 예를 들면 다음과 같은 대답이 나올 수 있다.

- 나는 우직한 친구이다.
- 나는 아이들에게 헌신적이고 사랑스러운 아버지이다.
- 나는 다른 사람들을 위해 봉사하는 사람이다.
- 나는 [직업 이름]에 고도로 숙련된 사람이다.

이렇듯 고객이 말하는 내용을 적고, 필요한 경우 코치가 추가하고, 해당 고객에 대해 진실이라고 알고 있는 내용을 바탕으로 작성한다. 그런 다음 이 목록을 인쇄해서 고객이 자주 볼 수 있는 곳에 두기를 제안한다. 이 방법은 적절한 경우 상당한 효과가 있다. 고객은 일반적으로 "매일 보는 거울에 붙여 놓았다."거나 "가장 개인적이고 소중한 곳에 보관하고 있다."라고 말하며 소중히 여긴다고 말한다.

코치 자신에 대해 이야기하기

코칭은 독특한 종류의 대화이다. 코칭은 여러 면에서 친밀감을 주는 다른 대화와는 다르다. 친구와의 대화에서는 종종 서로의 경험을 공유하고 서로의 이해와 공감을 나타내기 위해 우리 자신의 경험을 공유한다. 다음은 친구와 나눌 수 있는 대화의 예시이다.

친구: 검사 결과가 정말 걱정돼. 암에 걸렸을지도 모르겠어.

당신: 너무 걱정하지 마. 나도 몇 달 전에 비슷한 일을 겪었는데 걱정할 필요가 없었어. 너도

아마 똑같을 거야.

친구: 아, 그거 위로가 되네, 나도 괜찮을 것 같아!

하지만 코칭 대화는 다를 수 있다.

고객: 검사 결과가 정말 걱정돼요. 암에 걸렸을지도 몰라요.

코치: 네, 그 걱정은 충분히 이해해요. 걱정에 대해 더 자세히 말씀해 보세요.

코치도 자신의 경험에 대해 이야기하고 싶은 충동이 일어날 수 있다. 이것은 때로는 공감을 형성하는 데 도움이 될 수 있다. 코치의 경험에 대해서 이야기함으로써 신뢰하고 있는 코치의 연약하면서도 취약한 면을 보여 주는 것은 힘든 상황을 겪고 있는 고객에게 공감대와 위로가 형성되면서 자신만 취약한 것이 아니라는 것을 알게 하는 데 도움이 될 수 있다.

코치가 자신에 대해 이야기하면 고객이 자신의 경험과 고민에 대해 개방하거나 코칭에 좀 더 쉽게 집중할 수 있다. 그러나 코칭은 코치의 문제가 아니라 고객의 문제에 관한 것이다. 코치의 경험은 고객에게 강력한 감정적 반응을 유발할 수 있지만, 항상 도움이 되는 것은 아니다. 코칭을 진행할 때 고객은 코치를 인간의 감정을 벗어난 존재로서 바라보고 싶어 할 수도 있다.

코칭 프로그램이 끝날 무렵 한 고객이 자신이 고려했던 다른 두 명의 코치 대신 나를 선택한 이유에 대해서 '저처럼 감정적으로 단편적이거나 엉망진창이 아니라, 매우 침착하고 온전한 사람으로 보였기 때문'이라고 말한 적이 있다. 이 고객의 문제는 직장에서 경험하는 격동적인 감정을 관리하는 것과 관련이 있었다. 만약 내가 나의 감정을 고객에게 전하였다면, 이 코칭 주제에 대해 코치조차 감정을 관리하지 못하는 걸 보면서 자신이 감정을 관리하지 못하는 것은 당연하다고 생각하고 희망을 잃게 되었을 것이다. 때로는 고객의 고통을 듣는 것이 부담스러울 수 있는데, 이것은 고객이 코치의 경험과 비슷한 상실감이나 트라우마를 이야기하는 경우 더욱 그렇다. 여기서 두 가지 유의할 점이 있다. 첫째는 고객이 이야기하는 사실과 달리, 코치의 경험을 고객의 경험과 거의 비슷하다고 코치가 동일시한다는 것이다. 둘째는 '코치의 비극이 고객의 비극보다 더 나쁘다'는 식으로 이야기하게 되면 고객이 이야기할 기회와 고객이 경험해야 할 것을 빼앗으려는 것처럼 보일 수 있다는 것이다. 또는 고객이 '내가 내 어려움에 잘 대처한 것처럼 당신도 유쾌하게 잘 대처할 수 있으니 잊어버리고 넘어가라'는 쉬운 의미로 해석할 수도 있다. 이러한 경우 코칭 프로세스를 다시 확립하기 어려울 수 있으며, 가볍고 친근한 대화로 흘러갈 수 있다.

코칭을 시작할 때 고객은 거의 항상 정중하게 "안녕하세요?"라며 안부를 묻는다. 이럴 때, 코치는 일반적으로 "괜찮아요." 또는 "아주 좋아요."라고 하는 것이 적절한 대답이다. 예외적으로 고객과 서로 잘 알고 있어 인생의 중요한 성취나 힘든 일을 공유할 수 있으며, 고객이 코치의 평소 태도와 다른 사소한 변화가 있음을 인지할 수 있는 경우에는 공유하는 것이 좋다. 그러한 변화에 대한 설명을 듣지 않으면 고객은 코치의 평소와 다른 행동이 자신으로 인해 생긴 문제라고 오해할 수 있다. 마찬가지로, 코치가 자신의 변화에 대해 간단히 이야기하는 것은 역설적으로 고객이 코치에 대한 불필요한 오해를 방지하고 코치 스스로의 감정을 관리하는 데 도움이 된다.

때로는 코치 자신의 문제와 경험에 대해 이야기함으로써 얻을 수 있는 이점이 단점보다 더 큰 경우도 있다. 인생에 중대한 사건이 있을 때는 일부분이라도 고객과 공유하는 것이 좋다. 1990년대 중반에 사랑하는 어린 딸의 죽음과 2010년에 사랑하는 남편의 죽음이라는 두 번의 사별을 겪게 되면서 나의 이야기를 아는 고객들은 섬세함과 재치, 동료애를 가지고 대한다는 것을 알게 되었다. 나의 이야기에 대해 당황하지 않게 배려해 주는 것을 느꼈다. 나는 이 기간 동안 충분히 잘했다고 생각한다. 당시 이러한 상황은 코칭을 위한 준비나 기록 보관과 같은 작업을 수행할 때 평소보다 훨씬 더 많은 노력을 필요로 하였다. 하지만 일단 고객과 함께 있을 때는 전적으로 내 자신을 내어 주고 집중하였다. 고객에게 너무 몰입하지 않고 감정적으로 무관심해야만 도움이 될 수 있다는 일반적인 생각과는 달리, 그 반대가 더 도움이 된다는 나의 믿음을 확인할 수 있었다. 나는 솔직한 감정을 드러내는 위험을 감수했고, 고객들에게 약간의 지원을 요청하였다. 결과적으로 공감, 이해, 관용을 고객에게 더 베풀게 되었고, 때로는 고객에게 받기도 하였다.

코칭에서 고객과의 관계는 미묘하다. 한 고객은 "저에게 잘해 달라고 코치님에게 돈을 지불하는 것은 맞지만 진심이라고 믿어요."라고 진지하게 말하였다. 한 전직 멘토가 말했듯이 코칭은 단순히 '프로페셔널'한 직업적 관계가 아니며, 고객이 사라지는 순간 잊힌다는 의미에서 우정도 아니다. 둘 사이의 영역 어딘가에 존재한다. 잠시나마 신뢰와 이해의 순간을 위해 고객에게 주의를 기울이는 것은 옳은 일이라고 느낀다.

고객과 함께하는 코치로서 나의 기본 신념은 우리 모두가 함께한다는 것이다. 나는 전지전능하고 고립된 코치가 되고 싶지 않다. 고객과 함께 '인간적인 투쟁'의 한가운데에 있고 싶다.

관계의 경계 관리

상담치료가 일부에서 나쁜 평판을 얻게 된 이유 중 하나는 내담자와 부적절한 성적 관계를 맺는 일부 치료자가 있다는 사실이 밝혀졌기 때문이다. 현재 밝혀진 바에 따르면 그런 치료자들은 극소수이지만 반복적으로 그런 일이 일어난다는 것이다. 심리치료사에 대한 모든 규제기관은 이에 대해 경고하고 있다. 의사와 환자의 성적 관계와 마찬가지로 이는 해고 사유가 된다. 치료자와 환자 사이의 관계에는 권력 차이가 있어 치료자에서 연인으로 경계를 넘나드는 것은 당연히 학대로 간주되기 때문이다. 거의 대부분의 학대자는 남성이었다. 그들은 자신의 행동을 이타주의 행위로 정당화한다. 이들은 보통 여성 의뢰인이 자신이 매력적이지 않다고 생각할 때, 의뢰인에 대한 동정심에서 관계를 맺는다고 말한다. 모든 학대 관계와 마찬가지로 학대의 핵심은 학대받는 사람의 취약성을 악용하는 데 있다.

또한 권력은 매혹적인 특성을 가지고 있으며, 고객이 코치에게 권력이 있다고 인식한다면 이러한 역학 관계가 작동할 수 있다는 점을 명심해야 한다. 유명 정치인의 침실 비밀이 폭로된 스캔들을 보면 알 수 있듯이, 언론에서 'X처럼 신체적으로 매력적이지 않은 사람이 어떻게 Y처럼 아름다운 여성을 끌어들일 수 있었을까?'라는 질문을 던질 때, 그 대답은 대개 그의 명성과 권력을 전제로 한 것이다.

코칭에서는 이와 비슷한 일이 일어나는 경우가 드물지만, 가능성은 있다. 치료에서와 마찬가지로, 고객은 다른 사람에게 말하지 않았던 문제를 코치에게 털어놓을 수 있다. 배우자(또는 파트너)를 제외한 다른 누구보다 그들에 대해 더 많이 알고 있을 수도 있고, 때로는 배우자에게도 말하지 않았던 비밀을 코치와 공유할 수도 있다. 코칭을 통해 영구적이고 긍정적인 변화를 이끌어 낸다면, 고객이 코치에게 감사와 따뜻함을 느끼고 코치도 그러한 감정을 받는 것을 기뻐하는 것은 지극히 당연한 일이다.

이러한 상황에서 일대일 관계의 강렬함은 종종 에로틱한 분위기를 자아낼 수 있다. 고객에 대해 전반적인 삶을 바라보는 관점을 취하다 보면 필연적으로 고객의 사생활에 대해 알게 되고, 여기에는 성적인 관계도 포함될 수 있다. 따라서 코치와 고객의 관계가 친밀하고 둘 중 누구라도 성적인 불만이 있는 경우, 사랑하고 사랑받고자 하는 본능적 욕구가 강력하게 발동될 수 있다.

예를 들어, 같은 나이와 배경을 가진 코치와 고객이 둘 다 불행한 결혼 생활을 하고 있을 때 두 사람 사이에 성적인 욕구가 잘 맞는다는 것을 발견할 수 있다. 또 다른 예로는 매력적인 젊은 여성이 자신의 말을 집중해서 들어 준 경험이 없는 나이 든 남성 고객은 젊은 여성 코치를 선호할 수도 있다. 같은 이유로 나이 든 여성 고객도 젊은 남성 코치를 좋아할 수 있다. 여기에는 치료 관계에서와 마찬가지로 잠재적인 재앙이 숨어 있다. 누군가 나를 무조건적인 수용으로 경청해 주는 것은 대부분의 사람에게는 드문 일이며, 이는 고객에게 상당히 만족스러운 일이다. 치료에서와 마찬가지로 자존감이 낮거나 과거에 학대를 받은 경험이 있는 여성 내담자는 성관계가 자신에게 주어진 유일한 선물이라고 믿거나, 성적인 교환이 신뢰할 수 있는 애정이라고 생각할 수 있다. 나이 든 남성 코치도 잘못된 치료자처럼 취약한 젊은 여성 내담자를 성적 안심으로 '구출'하고 싶은 유혹을 받을 수 있다. 일부 고객은 유혹적인 행동을 사용하기도 하며, 이것으로 인해 코치의 개인적인 삶이 불안정한 시기에는 혼란을 초래할 수 있다. 특히 자신의 파트너, 친구 또는 가족에게는 매력적이지 않은데, 고객에게 매력적으로 보이고 싶다는 생각에 빠지지 않도록 주의해야 한다. 강한 성적 감정으로 인해 코칭에 방해가 된다면 관계를 끝내야 한다.

모든 직업적 관계에서 신뢰를 악용할 수 있다. 일부 의사, 변호사, 회계사 등은 외로운 고객의 돈을 횡령하거나 외로운 고객과의 우정을 악용하여 유산을 수령하는 경우가 있다. 해당 전문가가 부도덕한 행동을 한 경우에는 당연히 처벌을 받는다. 일반적으로 관계가 짧고 한정적인 코칭에서는 이런 일이 발생할 가능성이 적다.

고객이 코치를 괴롭히는 경우도 있다. 이는 코치가 고객을 학대하는 경우보다 훨씬 드물긴 하다. 하지만 가능성은 있다. 간혹 자신의 고통이 너무 압도적이어서 코치에게 그 분노를 표출하는 고객을 만날 수도 있다. 다음은 그러한 예이다.

Anna

Anna는 새로운 직업을 찾기 위한 코칭을 받기 위해 왔다. 그녀는 첫 시간의 대부분을 울면서 자신의 삶은 엉망이고 어차피 코치가 자신을 도울 수 없다고 확신한다고 말하였다. 터무니없이 비싼 코칭비를 그녀의 고용주가 지불하는 게 화가 나며, 늘 다른 모든 사람이 그랬던 것처럼 나도 그녀가 울고 있는 광경을 즐기고 있다고 말하면서 소리를 질렀다. 나는 그녀에게 즐기고 있지 않다고 말하면서, 만약 코칭이 힘들다면 회기를 중단하자고 제안하였다. 이후 그녀는 감정적인 폭풍이 지나가고 나자 코칭을 이어서 계속 진행하자고 하였다. 나중에 나는 그녀가 수년간의 실망과 슬픔에서 비롯된 복수를 나에게 하고 있다는 사실을 깨달았다. 보복하지 않고 가만히 앉아 있던 나는 아마도 그녀가 분노를 표출할 수 있는 첫 번째 표적이었을 것이다.

한 미국인 코치는 스토킹을 당하는 것이 얼마나 끔찍한 일인지 설명한 적이 있다. 이 사례의 고객은 코칭을 받고 심사숙고 끝에 결정을 내려 남성 파트너와 관계를 끝냈다. 거절당한 남성 파트너는 코치를 스토킹하며 비난하였다. 이 남성은 코치에게 1년 이상 끔찍한 위협을 가하였고, 결국 5년의 보호 관찰과 약물치료 및 감독을 받게 되었다. 명백한 법 위반은 항상 경찰에 신고해야 한다.

코칭이 가진 장점이면서 학대의 위험이 적은 이유는 권력이 아닌 평등함이 균형을 이루고 있기 때문이다. 고객은 치료를 위해 찾아오는 것이 아니기 때문에 학대로 이어질 수도 있는 경외심을 코치에게 가질 가능성이 적다.

코칭이 해가 될 수도 있을까

코칭이 가진 힘을 믿는다면 고객에게 해를 끼칠 수 있다는 생각이 들 수도 있다. 많은 코치가 이에 대해 걱정하지만 이런 걱정이 의미가 있는 것일까? 코칭은 고객의 시간을 낭비하게 하거나 지루하게 할 수 있다. 고객을 짜증 나게 하거나, 원치 않는 부적절한 조언을 쏟아 낼 수도 있다. 부끄러울 정도로 형편없는 코칭을 할 수도 있지만, 코칭으로 실질적인 상처를 주거나 그 상처가 지속적으로 이어질까? 상담이든 코칭이든 고객의 심리적 연약함을 코치가 크게 받아들이거나 내담자가 과장할 수도 있다. 내담자가 고착된 방어기제로 '나에게 가까이 오지 마. 나는 나약해.'라는 강력한 벽을 세우는 것이라면, 이는 자신을 보호하기 위한 망상과 환상을 그대로 유지하기 위해 주변 세계를 능숙하게 조작하는 것일 수 있다. 사실 코치보다 고객의 에너지가 더 강할 수도 있다. 이러한 고객의 에너지에 코치가 좌절한다면 사실상 코칭 회기의 흐름을 전적으로 고객에게 넘겨주게 될 수 있다.

우리는 코칭의 힘을 너무 깊이 믿기에 코칭의 선한 힘과 해로운 힘을 모두 과대평가하기 쉽다. 우리는 고객이 이야기하는 정보를 기반으로 그 안에서만 코칭을 할 수 있다. 또한 고객의 인생 여정에서 각자의 그 시점에서 코치를 만났기에,

코치가 그 순간 할 수 있는 코칭의 기술을 가지고 만나게 된다.

실제로 코칭으로 인한 피해는 코치들이 걱정하는 심리적 피해보다는 비밀로 해 달라는 의뢰인의 요청을 어기고 의뢰인이 코칭을 받고 있다는 것을 다른 사람들에게 드러내거나, 의뢰인이 속한 조직에 대해 비하하는 발언을 하는 경우 등 코치의 무의식적이거나 부주의함 때문에 고객의 비밀이나 기밀을 누설하는 것으로 인해 발생할 가능성이 더 높다.

고객이 친구가 될 수 있는가

고객이 친구가 되는 경우도 있다. 나는 몇몇 고객과 함께 사교적인 운동, 크리스마스 참석, 가족 행사 참석 등을 해 봤고 이를 즐겼다. 하지만 개인적인 관계가 코칭 관계보다 우선시된다면 그 사람의 코치가 되기 힘들 수 있다. 코칭은 결과, 학습, 변화에 관한 것이다. 고객은 코칭에 대한 대가를 지불하지만 우정은 그렇지 않다. 나는 하루 종일 하는 일인 코칭을 여가 시간에는 하고 싶지 않고, 친구들과 함께 있을 때는 친구들이 코칭을 기대하지 않기를 바란다. 하지만 이러한 나의 생각대로 흘러가지 않을 때가 많고, 실제로 지인들에게 코칭을 해 주기도 한다. 지금 나의 달력에는 고객이면서 친구인 분이 일회성 회기를 요청한 일정이 기입되어 있다. 수년 동안 알고 지내면서 그녀는 나를 아낌없이 지지해 줬을 뿐 아니라, 코칭 고객을 수십 명 소개해 주기도 하였다. 그녀는 코칭 비용을 지불하겠다는 의사를 분명히 밝히긴 하였으나, 나는 코칭 비용을 청구하는 대신 즐거운 저녁 식사를 함께하자고 제안할 것이다.

일반적으로 코치는 치료자보다 이러한 경계 문제에 대해 자유롭다. 하지만 우리는 회색지대에 있다고 할 수 있다. 코칭은 몇 년에 걸쳐 진행되거나, 때로는 쉬었다가 다시 시작되기도 하면서 서로를 잘 알게 된다. 고객이 코치를 아는 것보다 코치가 고객을 훨씬 더 잘 알고 있을 것이다. 코치가 고객에게 개인적인 감정과 상황을 공개하게 되는 일이 생겼다면 이것은 우정으로 발전했다는 신호일 수도 있다. 또는 진심이 담긴 호감, 장난기, 예의, 신뢰 등의 이 모든 것이 두 사람의 관계에서 성장할 가능성이 높다. 처음에 가졌던 관계와는 다른 친밀감이 생길 것이다. 5년 동안 코칭을 했던 여성 고객과의 경험은 이런 상황을 절실하게 느끼게 해 주었다. 코칭을 통해 그녀가 암을 이겨 내고 자신을 보살피면서, 조직을 정상 궤도에 올려놓기 위해 얼마나 고군분투했는지 잘 알고 있었다. 그녀의 갑작스러운 사망 소식은 충격적이었다. 약 천여 명이 참석한 그녀의 추모 행사에서 추모 영상이 상영되는 동안 나는 크게 슬픔에 잠겼다. 지금도 종종 그녀를 떠올리며 상실의 아픔을 느끼곤 하는데, 그런 훌륭한 여성을 알게 된 것을 영광으로 생각한다.

고객이 친구가 되어 코칭을 진행하기 힘들다고 분명하게 판단되는 경우, 관계에 있어서 주의를 기울이고 코칭 관계를 계속할 수 없는 이유에 대하여 이해할 수 있도록 충분히 설명하고 종결하는 것이 좋다. 실제로는 친구가 된 고객도 코칭을 계속하기를 원하지 않을 가능성이 높으며, 더 큰 위험은 코칭 장면에서도 코칭이 사라질 수 있다는 것이다. 그래도 코칭이 필요하다면 다른 코치를 추천해 줄 수도 있지만, 물론 이러한 결정도 고객에게 달려 있다. 코치 교체에 대해서도 정중하고 충분하게 이야기하여야 한다. 추후 다른 코치와 코칭을 진행하게 된다면 코칭 내용에 대해 묻지 말아야 하며, 후임 코치에 대해 느낄 수 있는 질투심을 잘 다스려야 한다.

의존성

일부 코치는 내담자의 의존 가능성에 대해 많이 걱정한다. 아마도 치료자에게 건강하지 않게 의존하는 내담자의 이야기에 영향을 받았을 것이다. 이러한 경우는 초기의 정신분석적 치료처럼 치료의 빈도가 높을 때 일어날 수 있다. 그럼에도 주의해야 할 징후는 다음과 같다. 끊임없이 조언을 구하거나, 크고 작은 모든 결정을 코치에게 의뢰하고, 코치의 견해를 과장되게 존중하고, 코치를 친구로 바꾸려고 경계를 허물거나, 뚜렷한 주제가 없는데도 추가 회기를 원하는 경우이다. 그러나 이러한 경우가 코칭에서 일어날 가능성은 낮다. 코칭은 치료나 해결을 위한 것이 아니며, 조언이나 정신분석처럼 해석을 위한 것도 아니고 명백히 동등한 관계이기 때문이다.

이와 반대로 오히려 건강한 가까운 관계는 많은 이점이 있다. 왜냐하면 대부분의 고객이 가진 문제의 근원은 감정적 연결에 뿌리를 두고 있고, 코칭이나 코치와의 관계를 통해 새로운 변화와 경험이 일어날 수 있기 때문이다. 나는 코치에게 회기 사이에 이메일, 문자 메시지, 전화 등으로 관계를 유지하도록 적극적으로 권장한다. 이렇게 하면 코칭이 훨씬 더 생산적이고 즐거워지며, 의존성을 형성하지 않는다. 나는 코칭 시간에 대해 엄격하게 제한을 두지 않는다. 비용을 지불하지 않은 회기 사이의 이런 시간을 고객에게 할애할 때면, 고객이 우리 사이의 관계를 관리하는 데 그 시간을 사용하기를 기대하고, 대체로 고객은 그렇게 한다.

종결

코치는 코칭을 종결하고 싶지만 고객이 계속 진행하기를 원할 경우, 고객은 버림받았다는 느낌과 상처를 받을 수 있다. 또한 고객은 코칭을 계속할 필요가 없거나 계속하고 싶지 않지만 코치의 감정을 상하게 할 수 있다는 두려움 때문에 종결을 요구하지 않을 수도 있다. 때로는 코치와 고객 모두 정말 그만두고 싶은데도 계속 만나게 되는 경우가 있는데, 이런 식으로 둘 다 원하지 않는데도 불구하고 코칭을 지속하는 경우도 있다. 이럴 때 코칭은 어떻게 종결해야 할까?

코칭 관계는 다른 모든 관계와 마찬가지로 자연스러운 흐름이 있다. 서로에 대해 알아 가는 시간, 집중적으로 관계를 형성하는 시간, 그리고 멀어지는 시간이다. 관계가 멀어지는 시간은 고객이 코치에게 가져온 모든 문제에 대한 해결책을 찾았거나, 코치가 고객의 문제에 대한 관심에서 멀어졌거나, 고객이 코치로부터 할 수 있는 모든 것을 배웠기 때문일 수 있다. 고객과의 관계가 끝에 다다랐다고 느껴질 때는 반드시 이 부분에 대해서 고객과 공유하는 게 중요하다. 고객은 이 사실을 받아들일 준비가 되어 있을 수도 있고, 그렇지 않을 수도 있기 때문이다.

Roger

Roger는 스스로를 자기 인식이 높은 사람이라고 주장했지만, 자신의 커리어에 큰 실망감을 느꼈다. 그는 이미 두 명의 다른 코치 및 치료자에게 치료를 받은 적이 있다. 그는 자신은 부자가 아니며, 치료가 도움이 되긴 했지만 매주 상담 비용을 치료자에게 계속 지불할 형편이 되지 않는다고 슬프게 말하였다(조직에서 비용을 지원받고 있었다). 지금 생각해 보면 코칭과 치료 모두에 대한 그의 이전 경험을 살펴보는 데 훨씬 더 많은 시간을 할애했어야 했다. 네 번의 코칭을 진행하고도 진전이 없다는 강한 느낌을 받은 후 결국 Roger에게 이렇게 말했다. "Roger, 제가 할 수 있는 것은 다 했습니다. 그런데 우리는 계속 같은 지점으로 되돌아오는 것 같아요. 이제 코칭을 그만해야 할 것 같아요."

Roger는 "그런 말을 들으니 재밌네요."라고 말하였다. 그런 다음 낮은 목소리로 "전에도 Lucy(그의 예전 치료자)와 비슷한 경험을 한 적이 있어요. Lucy는 제가 이 문제에서 벗어나려고 노력을 하지 않으면 상담을 받을 수 없다고 했어요. 그리고 회기가 종결되었죠."라고 말하였다. 그 말을 들은 나는 Roger에게 다시 물었다. "그렇다면 이제 자신의 문제에서 벗어날 준비가 되었나요?" 그러자 Roger는 "네, 그럼요. 저에게 이 회기들은 정말 도움이 됐어요."라고 대답하였다.

나는 다소 의심스러웠지만 다음 회기 약속을 잡았다. 그러나 Roger는 나타나지 않았다. 내가 그의 사무실로 전화했을 때 정말 미안하다며 '완전히 잊고 있었다'고 사과하였다.

준비가 되면 다시 전화하라고 했지만 연락은 오지 않았다. Roger는 우리의 관계가 예고 없이 종결될 수도 있다는 것에 대해서 당황했던 것 같다.

다른 고객은 금융 서비스 회사에서 리더로 성장하는 방법에 대해 고민하던 사람이다. 그는 나와 약속을 잡았지만 코칭 직전에 취소했으며, 다시 잡은 약속 또한 취소되었다. 이후에는 연락조차 이루어지지 않았다. 내가 보낸 두세 번의 이메일과 음성 메시지에도 답이 없었다. 뭔가 미완성된 느낌이 들어 계속 마음에 걸렸다. 문제가 나에게 있었던 것인지, 아니면 그의 삶에 어떤 큰 일이 생긴 것인지 궁금했다. 만약 그렇다면 대체 무슨 일이었을까? 조심스럽게 그의 동료들에게 물어봤지만, 별다른 단서를 찾을 수 없었고 시간이 지나 이 일은 잊혔다.

3년 후, 미국에 있는 그의 회사의 고위 HR 담당자로부터 전화가 왔다. 그가 현재 일하고 있는 곳이었다. 담당자는 그를 위해 다른 코치를 추천할 수 있는지 물었다. 이 기회를 이용해서 나는 물었다. "혹시 그가 어떤 이유로 저와의 코칭을 중단했는지 아시나요?" 그녀는 이렇게 대답했다. "당신이 그에게 이 직업 외에 다른 일을 하고 싶을 가능성을 질문했는데 그는 그 질문을 받아들일 수 없었던 것 같아요. 완전히 겁에 질렸죠. 그는 이 직업이 평생직업이라고 생각하며 살아왔으니까요."

나에게는 지극히 평범해 보였던 질문이 그에게 그렇게 큰 영향을 미칠 줄은 전혀 예상하지 못했다. 또한 그와 충분한 신뢰를 쌓지 못했기에 그가 나에게 솔직하게 털어놓을 수 없었던 점도 뒤늦게 깨닫게 되었다. 그 상황을 더 빨리 알아차리고, 보다 효과적으로 대처할 수 있는 방법이 있었을지 곰곰이 고민하게 되었다. 그 회기 마지막에 피드백을 요청하며 그의 반응을 더 깊이 살폈더라면 어땠을까 스스로를 되돌아보게 되었다.

고객이 코치를 뛰어넘는 경우도 있다. 이는 탁월한 코칭 덕분일 수도 있고, 고객이 개인적 발전을 위해 여러 다른 작업을 통해 빠른 성찰을 얻었기 때문일 수도 있다. 이럴 때 다음과 같이 멘토 코치가 말하고 있는 것처럼 뜻밖의 상황에 당황하게 될 수도 있다.

> 3년 동안 Elisabeta와 함께 코칭을 하면서, 그녀가 글로벌 기술 회사에서 빠르게 승진하는 것을 지켜봤다. 그 일은 즐거우면서도 수익성도 높았다. 유명한 회사에서 성공하고 있는 그녀를 보며 나도 거기에 일조했다는 자부심을 가질 수 있었다. Elisabeta는 항상 친절하고 사려 깊은 마음을 표현하였다. 그녀를 코칭하는 것은 참 즐거웠다. 그러나 마지막 코칭 회기 시간에 두려운 예감이 들었다. 그리고 이런 나의 감정들을 솔직하게 표현하지 못한 것이 아

쉬웠다.

우리는 주로 그녀의 가족에 관해 다소 형식적인 대화를 10분 정도 나눴고, Elisabeta는 더 높은 직급으로 승진하기 위해 새로운 코치를 찾았다고 말했다. 그녀는 친절하고 솔직했다. Elisabeta는 우리의 코칭을 종결하는 의미와 그동안의 코칭을 얼마나 소중하게 여겼는지에 대한 표시로 나에게 아름다운 선물을 주었다. 해고당한 거였다! 기분이 좋지 않고 실망했을까? 당연히 그랬다. 안도감이 느껴졌을까? 아주 많이 그랬다. 내가 할 수 있는 모든 것을 다했고, 이제 그만 잊어야 한다는 것을 잘 알고 있었기 때문이다. 그녀가 이메일이나 문자 메시지로 쉽게 종결에 대해 알리지 않고 나를 직접 대면하여 이야기한 것은 정말 다행이었다. 코칭에서 그녀의 끊임없는 주제 중 하나가 적절하게 자기 주장을 할 수 있게 되는 것이었기 때문에 더욱 그러하였다. 그녀가 코칭 종결을 요청하면서 얼마나 능숙하게 자기 주장을 해냈는지 감탄할 수밖에 없었다!

앞의 사례처럼 1년 단위로 진행되는 장기 계약 같은 코칭의 경우, 초기에 코칭 일정을 설정하고 중간 지점에서 검토할 기회를 사전에 합의하는 것이 바람직하다. 이 검토 과정에서는 다음과 같은 사항으로 상호 평가할 수 있는 기회를 제공하는 것이 효과적이다.

- 당신의 목표를 얼마나 이루었나요?
- 당신의 삶에서 변화가 있다는 것을 알 수 있는 구체적인 증거는 무엇인가요?
- 우리의 코칭 관계에서 당신과 나는 어떤 모습인가요?
- 추가적인 코칭이 도움이 될 거라고 생각하시나요?

고객들이 종종 새로운 직업이나 도전과제를 마주쳤을 때 다시 코칭을 받기 위해 돌아오는 경우가 있고, 공식적인 코칭이 끝난 후 몇 년이 지나 때때로 그들의 소식을 전해 줄 때도 있다. 하지만 회기가 어느 정도 마무리될 무렵에는 고객들에게 코칭 초기에 제기한 문제들을 다시 정리하게 하고, 무엇이 어떻게 변했는지, 또는 주변인들로부터 변화에 대해 들은 이야기가 있는지 살펴보도록 하는 것이 좋다. 또한 코칭에 대한 피드백을 요청하는 것도 좋다.

- 어떤 부분이 당신에게 가장 큰 성과였나요?
- 어떠한 성찰이 있었나요?
- 자신이 완전히 변했다고 생각되는 부분은 무엇인가요?
- 코칭에서 지속적으로 했으면 하는 것은 무엇이고, 조정하거나 변경해야 할 사항은 어떤 것이 있을까요?

코칭 종결 이후에는 보통 고객들에게 친근한 메시지를 보내며 앞으로 계속 연락을 유지하기를 바라는 마음을 전한다. 코칭의 종결은 체계적으로 진행하며 명확하게 알리는 것이 무작정 끝내 버리는 것보다 코치와 고객 모두에게 훨씬 유익하다는 것을 명심해야 한다.

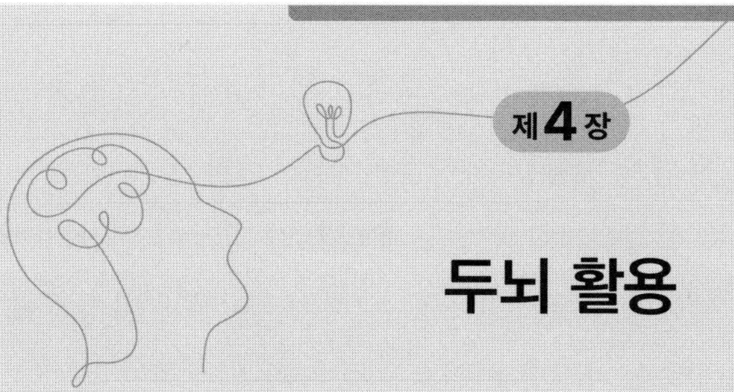

제4장

두뇌 활용

나는 공상 과학 영화를 즐겨 본다. 이제 우주선, 광선총, 우스꽝스러운 모양의 머리를 가진 녹색 얼굴의 외계인은 사라지고 그 대신 인간의 뇌에 초점을 맞춘 영화가 등장하였다. 이러한 영화에서는 다양한 시간선을 설정하고 꿈과 현실의 경계가 모호해지며 생각만으로도 사건을 바꾸는 등 다양한 요소가 등장한다. 비디오 게임을 모방한 것처럼 보일 수도 있으나, 동시에 빠르게 확장되고 있는 신경심리학 분야의 요소를 보여 주기도 한다. 기능적 자기공명영상(functional MRI) 스캐너로 인간의 뇌를 들여다볼 수 있게 되면서 뇌의 작동 방식에 대한 기존의 많은 가정이 뒤집혔다. 이러한 맥락에 맞춰 최근 공상 과학 영화는 심오한 질문을 던진다. 개인의 정체성이란 무엇인가? 과연 우리가 알고 있는 '현실'은 무엇인가? 인간의 의식이란 무엇인가? 마음은 뇌와 어떻게 다른가? 한 인간이 다른 인간의 사고 과정을 선의든 악의든 어디까지 영구적으로 바꿀 수 있을까?와 같은 질문들이다.

본질적으로 공상 과학 영화는 인간의 뇌에 대한 우리의 이해가 발전함에 따라 존재와 의식의 본질에 관해 심오하고도 철학적이며 윤리적인 질문들을 제기한다.

코치가 신경심리학에 대해 알아야 하는 이유

신경심리학은 최근 코칭 분야에서 중요한 발전을 이루고 있으며 코치로서 이를 이해하는 것은 필수적이다. 신경심리학의 핵심은 인간 심리에 생물학적 근거가 있다는 것이다. 코치로서 우리의 역할은 사람들의 삶을 변화시킬 수 있는 선택과 변화를 지원하는 것이다. 신경심리학적 연구에 따르면 감정이 인간의 행동을 지배한다는 것이다. 이를 이해하지 못하면 선택은 이성적이라는 가정하에 코칭을 진행하게 되고, 이러한 선택은 지적인 머리로는 동의가 되겠지만 큰 변화는 일어나지 않을 것이다. 또한 이 연구는 인간의 뇌가 '지금까지 효과가 있었는데 왜 바꿔야 하지?'라는 익숙한 패턴과 습관을 유지하는 것을 선호하고, 자신에게 도움이 된다 하더라도 변화 자체를 두려워한다는 사실도 밝혀냈다. 변화의 의도를 명확히 하고 실행에 옮기는 것은 '이성'이 아니라 **'감정'**이다. 많은 사람이 믿는 것처럼 뇌의 역할은 합리화하는 것이지 이성적인 것이 아니다. 좋은 코칭은 뇌의 감정 중추인 변연계를 기반으로 한다. 즉, 코칭에서 고객과 코치 간의 관계를 포함하여 감정은 개입된다. 이 때문에 코칭에서 상호 간에 온정, 수용, 호감의 관계를 형성하는 것은 매우 중요하다. 만약 이러한 관계가 없다면 코치와 고객 모두 진정한 변화를 위한 노력이 아닌 단순한 역할극을 하게 될 것이다.

또한 감정에 기반한 행동은 코칭과 강력한 연결고리를 가지고 있고, 이는 기존에 코치들이 경험과 직관으로 주장되었던 이론과 개념들을 입증해 주고 있다. 앞에서 언급한 원칙들(감정이 인간의 행동을 지배한다 등)은 효과가 없는 기술이나 접근법을 피하게 해 주고, 유용한 방법들을 제안해 주며, 우리 자신에게도 적용된다는 것을 이해하는 것이 중요하다.

감정의 뇌

우리는 인간을 **호모 사피엔스**(이성적인/현명한 인간)라고 명명했지만, 사실 이성보다는 감정이 우리의 삶과 의사결정에 훨씬 더 큰 영향을 미친다. 즉, 감정은 이성보다 우선한다. 결혼, 주택 구입, 자녀 출산, 이직 등 우리의 모든 중요한 결정은 감정에 따라 이루어지고 나중에 이성적 근거로 정당화된다. 우리는 다양한 상황에서 감정을 억누르려고 노력하지만 어떤 식으로든 그 감정은 결국 드러나게 된다.

이 이유에 대한 해답은 인간의 뇌가 진화한 방식에 있다. 다른 동물과 마찬가지로 소위 '파충류의 뇌'라고 불리는 뇌간(파충류도 뇌간을 가지고 있기 때문에)은 진화론적으로 가장 먼저 생겨난 것이다. 이는 호흡과 심박동을 조절한다. 그다음에는 뇌의 감정 중추인 변연계가 등장하였다. 변연계는 학습과 기억이라는 두 가지 중요한 기능을 담당한다. 이를 통해 모든 포유류는 관계를 형성하고 새끼를 돌볼 수 있게 되었으며, 위험에 대한 대응을 개선하여 생존 능력을 높일 수 있었다. 따라서 인간에게 학습 능력은 또 다른 위험을 피할 수 있는 능력을 의미한다.

약 100만 년 전에 초기 인간을 포함한 포유류의 뇌에는 **신피질**이라는 뇌세포층이 하나 더 추가되었으며, 약 20만 년 전에 출현한 **호모 사피엔스**의 신피질은 다른 육지 서식 종보다 몇 배 더 컸다. 이것이 바로 우리를 인간답게 만드는 요소이다. 신피질은 사고의 중심이며 우리가 생각을 종합할 수 있게 한다. 신피질은 장기적인 계획과 전략을 세우고, 여러가지 방법을 비교 · 분석할 수 있게 해 준다. 또한 감정적 반응을 세분화할 수 있게 하며, 시간이 지나면서 진화될수록 신피질의 총 질량은 증가하고 뇌 회로의 다른 부분과 연결되는 질량도 늘어난다. 인간은 다른 어떤 종보다 변연계와 연결된 신피질이 더 많기 때문에 다른 포유류보다 감정에 깊이 영향을 받고 훨씬 더 많은 감정을 섬세하게 표현할 수 있다. 감정의 뇌인 변연계는 약 1억 년 전에 만들어졌지만 인지 능력을 담당하는 신피질은 그에 비하면 아직 젊다. 우리가 흔히 생각하는 것과 달리 인지는 감정의 노예이지 주인이 아니다.

모든 인간은 내면의 관점에서 세상을 해석한다. '객관적인 현실'이라는 것은 존재하지 않는다. 객관적인 외부 환경보다 자신이 그것을 어떻게 받아들이고 해석하는지가 훨씬 중요하다. 일부 연구자에 따르면 외부 사건이 우리의 행복감에 기여하는 비율은 10% 정도에 불과하다고 한다. 우리의 행복감에 절대적으로 영향을 미치는 것은 우리의 내면적이고 감정적인 '세계 지도'이다. 코칭에서 재구성이 중요한 이유도 바로 이 때문이다. 우리가 우리 스스로에게 들려주는 이야기가 우리의 기분과 행동에 영향을 미치기 때문이다.

편도체의 중요성

편도체(am-*ig*-dalla로 발음)는 작은 아몬드 모양을 하고 있는 변연계의 두 부분으로 구성되어 있다. 편도체는 뇌의 경보 시스템으로 본능적인(투쟁, 회피 또는 얼어붙기 등) 반응을 제어한다. 또한 매우 부정적인 감정을 불러일으켰던 이전 상황에 대한 기억을 저장한다. 편도체는 위험하거나 어려운 상황에 직면하면 스트레스 호르몬인 코르티솔을 보내 전두엽의 상위 뇌 기능을 닫아 버리고, 모든 에너지를 뇌 뒤쪽, 즉 비상시 행동에 대비하는 부분으로 돌린다. 따라서 싸움이나 도피에 불필요한 뇌 기능이 차단되고 기억을 포함한 지적 처리에 필요한 포도당과 산소가 줄어든다. 이것은 생각을 일반화시키고, 보편적인 주장을 하게 만들며, 창의적인 아이디어보다는 선형적인 사고를 하게 한다. 또한 일반적으로 편도체는 이성적 분석에 저항하는 공포 반응과 스트레스 상황 시 작동되는 곳이기도 하다. 이러한 편도체는 우리의 모든 부정적인 기억을 저장하기 때문에, 우리는 어린 시절에 경험한 구체적 상황은 잊어버려도 트라우마로 저장되어 무의식적으로 강력하게 현재까지 영향을 미치게 된다. '앞으로 나아가는' 방식은 미래의 보상을 향해 변화를 추구하는 것을 의미한다. 이는 어떤 목표를 달성하거나 성취를 이루려는 동기부여이다. 한편, '피하려는' 방식은 변화를 '위험하다'고 인식하여 그것을 회피하는 것을 의미한다. 즉, 생존 본능과 깊은 연관이 있는 '피하려는' 방식이 '앞으로 나아가는' 방식보다 익숙하고 강력하며 안전하게 느껴져 우선순위로 작용한다. 또한 새로운 것이 끔찍할 수 있다는 인식된 위험은 종종 압도적이기 때문에 우리는 현재의 익숙한 불편함을 선호할 수 있다. 고통스럽더라도 변화하지 않고 현재의 상태를 유지하고자 하는 우리의 노력이 얼마나 뿌리 깊은지를 알아야 한다. 또한 모든 코치는 고객이 변화를 결정했을 때 이 결정이 얼마나 중요한지 인식해야 한다.

면접에서 공포를 느껴 본 사람이라면 누구나 편도체 활동이 미치는 영향을 알

것이다. 아무리 간단한 질문에도 대답할 말이 떠오르지 않으며, 도망치거나 숨고 싶은 충동을 느낀다. 시간이 흘러 사건에 대한 기억이 흐릿해질 수 있지만, 이 면접의 경험에서 뇌는 프레젠테이션, 시험, 새로운 사람들과의 만남을 '**위험**'으로 저장할 수도 있다. 코칭 장면에서도 **편도체를 공격**하거나 **점령**하게 되는 일이 쉽게 발생할 수 있는데, 예를 들어 고객에게 강압적으로 조언을 하거나 공격적인 언어로 대하게 되면 고객으로 하여금 뇌의 전전두엽 영역을 활성화할 수 없게 만든다. 이는 코칭에서 강압적인 조언이 오히려 비생산적이라는 것을 설명해 준다. 고객은 자신의 모든 에너지가 무시당하고, 오해를 받고 있으며, 자신의 말을 듣지 않고 있다고 느껴 화가 나거나 분노가 자극되어 더 이상 합리적으로 생각할 수 없게 된다.

전전두엽 피질

뇌의 이 부분에서는 계획, 추론, 언어, 공감적 의사소통, 통찰력 및 도덕적 인식과 같은 활동을 제어한다. 신피질은 중뇌의 신호에 반응하여 감정과 경험을 통합할 수 있으며, 긍정적이고 낙관적인 기분을 생성할 수 있다. 이것은 감정적 반응을 재평가하고 정말 위험한 것인지의 본질을 생각하여, 공격성이나 기타 충동적인 행동을 긍정적인 이성적 논리로 대처하여 통제할 수 있다는 것을 의미한다. 뇌의 전전두엽 영역은 감정적 자극과 반응 사이의 찰나를 식별할 수 있게 해 준다. 우측 전전두엽은 두려움이나 공격성과 같은 부정적인 감정이 자리 잡고 있고, 좌측 전전두엽은 긍정적인 감정이 자리 잡고 있는 것으로 알려져 있다. 좌측 전전두엽 피질에 병변이 있는 뇌졸중 환자를 대상으로 한 연구에서, 이 환자들은 긍정적인 감정이 자리 잡고 있는 부분에 병변이 발생하여 미래에 대한 비극적인 걱정을 하는 경향이 훨씬 더 강하였다.

인간은 종종 변연계가 일으키는 행동에 당황하고 수치심을 느끼며 놀랄 수 있지만, 이를 어떻게 바꿀 수 있는지에 대해서는 전혀 알지 못한다. 나는 고객에게 뇌 기능에 대한 간단한 사실 몇 가지를 설명하는 것으로도 상당히 큰 영향을 미칠 수 있다는 사실을 발견하였다. 또한 선명한 비주얼로 모든 것을 생생하게 보여 주는 무료 앱인 The 3D Brain[1]을 보여 주기도 한다.

Gil

Gil은 에너지와 지성 및 낙관주의로 가득한 최고 경영자였다. 운영 책임자를 임명하면서 고위 경영진의 인사발령이 있었고, 그가 나에게 코칭을 요청했을 때 한 경영진과의 상황은 상당히 나쁜 상태였다. 그는 "이 사람은 고집이 세고 말을 듣지 않아 더 이상 그의 판단을 신뢰할 수 없다."고 말했다. 업무상 의견 충돌이 말다툼으로 번져 고성이 오가는 상황으로 악화한 적이 세 번이나 있었고, 고성은 대부분 그가 했다고 Gil은 이야기하였다. Gil은 "눈앞이 캄캄해지는 듯한 분노가 밀려왔고, 제가 거칠게 테이블을 두드리고 있다는 사실을 인지할 수 있었습니다."라고 말하였다. 한 번은 비서 두 명이 사무실 밖에서 달려와 신체적인 충돌이 있지는 않은지 확인할 정도였다.

Gil의 편도체는 '작동'했고, 그는 좌절감에 이어 분노에 휩싸였다. 그러한 감정이 그를 집어삼켰고, 그는 이런 일이 자주 있었다고 인정하였다. 코르티솔은 그의 전두엽 뇌를 범람시켜 평소의 이성적인 의사결정 과정을 방해하였다. 그는 이런 행동이 매우 부적절하다는 것을 알고 있었고, 주위 사람들에게 비난을 받는 처지에 놓이게 되었다. 다른 많은 고객과 마찬가지로 Gil도 다른 사람(자신을 비난하는 동료)을 변화시키는 방법에 대한 도움을 구했지만 그러기 위해서는 자신이 먼저 변화해야 한다는 것을 깨달았다.

Gil과 같은 고객에게 일반적으로 편도체와 변연계가 어떻게 작동하는지를 알려 주는 것은 편도체 조절의 첫걸음이 될 수 있다. 나는 종종 고객을 위해 다음과 같은 그림을 그려 설명한다.

1) 역자주: Cold Spring Harbo 연구소에서 개발한 뇌의 기능에 대한 애플앱이다. 뇌의 각 영역에 대해 컬러로 분류하여 각각의 뇌 기능에 대한 설명을 해 주고 있다.

자극 → 반응

[그림 4-1] 단순 자극과 반응

이는 우리가 충동적으로 행동했을 때의 감정적 반응을 설명하는 방식이다. 그 반응은 마치 그 자체로 생명을 가진 것처럼 느껴졌다. 하지만 여기에는 개인의 생각이 포함되어 있지 않다.

더 나은 방식은 다음과 같은데 이는 순간적으로 일어날 수 있다.

자극 → 사고 → 결정 → 반응

[그림 4-2] 보다 심도 있게 고려하는 자극과 반응

변연계가 어떻게 작동하는지 잘 알고 있을수록 스트레스 자극과 반응 사이에 적어도 찰나적인 생각의 순간이 있을 확률이 높아진다. 사실, 10까지 세는 일반적인 방법도 효과가 있다. "나는 지금 신체적으로 공격을 받고 있지 않으니 전전두엽 피질이 계속 작동할 수 있다."라고 스스로에게 말하면 부적절한 행동이 일어날 확률은 줄어들 수 있다.

Gil에게 1주일 동안 매일 감정 반응을 모니터링하면서 어떤 유형의 문제가 어떤 반응을 일으켰는지에 대한 정보를 노트에 적어 보기를 권유하였다. 다음은 코칭 회기가 거의 끝나 가던 몇 달 후에 그가 보낸 이메일의 일부이다.

> 얼마 지나지 않아 저의 패턴을 하나 발견했습니다. 남성 동료들이 특정한 방식으로 저에게 이의를 제기하면 그것이 제 지위와 제 자신에 대한 위협이라고 생각한다는 것이었습니다. 1주일 동안 일기를 쓰다 보니 제가 조심해야 할 것을 정확히 예측할 수 있게 되었습니다. 그 후, 코치님과 함께 문제가 발생하는 특정 상황에서의 새로운 대응 방식을 연습한 것이 이러한 패턴을 극복할 수 있게 하였습니다.

여기서 알 수 있는 것은, 의식의 조절은 전두엽 회로 중 일부인 갈고리 모양 섬

유가 편도체를 진정시키는 신경전달물질을 분비하게 한다는 것이다. 또한 피질 영역은 감마-아미노뷰티르산(GABA)이라는 펩티드를 분비하여 변연계 영역의 활동을 조절할 수 있다.

이러한 전략은 편도체가 작동하는 다양한 상황에서 불편을 호소하는 고객들에게도 효과적이다. 예를 들어, 예측 불허의 변화 속에서 일에 대한 불안감이 높아지는 경우, 어려운 회의를 앞두고 걱정하는 경우, 부하에게 엄격한 피드백을 해야 하는 경우, 회의에서 발표를 해야 하는 경우 등이다. 또한 감정에 단순히 이름을 붙이는 것만으로도 그 감정이 우리에게 가하는 영향을 줄일 수 있음을 보여 준다. 감정에 이름을 붙이는 과정이 뇌의 전두엽에서 시작되기 때문인데, 이는 변연계 시스템, 즉 감정을 제어하는 뇌 부위의 활동을 제어하는 데 도움이 된다. 따라서 '나는 여기서 당황해서 바보처럼 보일까 봐 무서워.' 또는 '이 동료 때문에 내 자존감이 위협받아 화가 나.'라고 인식하고 원인을 분명히 하는 것은 전두엽을 활성화시켜 감정을 빠르게 진정시키는 방법이 될 수 있다.

'감정일기 쓰기'

Gil의 경우에서처럼 문제가 되는 사건에 대한 감정과 생각을 적는 것은 주관적인 측면뿐 아니라 생리적인 측면에서도 효과적인 개선을 증명하였다. 한 연구 프로젝트에서는 자신의 감정과 생각을 적은 다음, 그것을 다른 사람에게 보여 주지 않고 다시 읽기만 해도 그 효과가 유효함을 입증하였다.

Natalia

Natalia는 런던 시내의 유명한 법률 회사에서 일하는 시니어 변호사였다. 첫 회기에서 Natalia가 1년 전에 심각한 판단 오류를 범해 법률 협회인 Law Society로부터 징계를 받았음에도 불구하고 당당하게 자신을 변호하였고, 회사의 지지를 받아 계속해서 업무를 수행할 수 있었다.

그녀를 만났을 당시에도 그 사건이 자신을 괴롭히고 있으며, 그러한 오류를 다시 반복할지 모른다는 비이성적 불안감에 휩싸여 있다고 하였다. 이렇게 하는 것은 '어리석은 짓'이라고 스스로도 알고 있었지만 도움은 되지 않았다. 그녀는 자신이 괴로운 이유가 자신의 실수로 고객의 감정뿐 아니라 재정에 피해를 준 것이기 때문이라 하였다. 나는 그녀에게 자신을 괴롭히는 감정에 어떤 이름을 붙이겠느냐고 물었다. 긴 침묵의 시간을 가진 이후에 "저는 제가 한 일에 대해 깊이 부끄러워하고 있어요. 죄짓는 것은 아니고 그저 판단 착오이지만 제가 가진 감정은 수치심과 죄책감이에요."라고 말하였다.

업무상 Natalia는 자신감 있고 침착한 모습을 유지해야 했기에 후회를 표현할 수 없었다. 나는 Natalia에게 그 사건에 대한 개인적인 기록을 작성하도록 권했고, 자신의 감정과 자신이 배운 것에 대한 성찰을 포함해 스스로가 더 고려해야 할 것이 있다고 느낄 때마다 기록에 더하도록 하였다. 코치의 점검이나 참여 없이도 그녀는 '자기 용서 일기'라는 이름을 붙였다. 그 이후 Natalia는 법률 경력을 계속 쌓아 가며 자신의 로펌을 설립하였고 성공적으로 운영하고 있다.

우리 자신을 속이는 방법: 시스템 1과 2

깊게 생각하지 말고 다음 문제를 빠르게 풀어 보도록 한다.

- 방망이와 공의 가격의 합은 1.10파운드이다.
- 방망이가 공보다 1파운드 더 비싸다.
- 공의 가격은 얼마일까?

노벨상 수상 작가인 Daniel Kahneman은 그의 책 『생각에 관한 생각(Thinking, Fast and Slow)』(2012)에서 인간의 사고에 대한 평생 연구의 결론으로 이 수수께끼를 소개한다. 최근에 코치들의 회의에서 이 문제를 시도하고 사람들에게 답을 적어 보라고 요청하였다. 청중의 약 75%가 10펜스라고 적었다. 이것은 잘못된 답

이다. 올바른 답은 5펜스이다.[2)]

'생각에 관한 생각'의 주요 전제는 인간이 사고를 위해 두 가지 시스템을 가지고 있다는 것이다. 이것은 이론적인 개념일 뿐 실제 물리적인 것과는 차이가 있다. 하나는 **시스템 1**이다. 직관적이고, 빠르고, 연상적이며, 감정적이고, 항상 가동 중인 시스템이다. 이것의 역할은 빠르게 결론을 내리는 것이다. 대부분의 경우 시스템 1은 경험에 의해 형성되고, 미묘한 환경 변화와 변동에 본능적으로 적응하기 때문에 올바른 결론을 내린다. Kahneman은 '시스템 1은 우리가 옳은 일을 하는 대부분의 원천'이라고 말하며, 이것이 어리석은 경우는 드물다고 하였다. 앞의 퍼즐에 10펜스라고 답했다면, 당신은 시스템 1을 사용하였다. **시스템 2**는 시스템 1이 잘못됐음이 분명할 때만 작동한다. 뇌에서 시스템 2는 느리고 귀중한 뇌의 에너지를 더 많이 사용하며, 대부분 시스템 1이 사용되지만 자신(시스템 2)이 주도하고 있다고 생각하고 통계나 이성적인 문제 해결에 집중한다.

4×4는 얼마일까? 쉬운 답이다. 시스템 1이 답을 즉시 알려 준다. 그런데 131×47은 얼마일까? 이것은 훨씬 더 많은 노력과 뇌 에너지를 필요로 한다. 수천 개의 실험이 우리가 얼마나 쉽게 시스템 1을 작동하여 우리가 보고 싶어 하는 것만 보고, 사회심리학자들이 명명한 모든 편향, 즉 **확증 편향**, **후광 효과**, **호손 효과**, **결과 편향** 등을 발견하지 못하는지 말해 준다. 많은 실험 중 하나가 보여 주는 것처럼 진통제가 1회 복용에 10만 원이라고 한다면, 1회 복용에 1천 원이라고 할 때보다 더 큰 진통 효과가 있다고 생각하는 것과 같다.

자신의 신념과 일치하는 정보는 받아들이고 반대로 일치하지 않는 정보는 확실한 증거가 있음에도 무시한다. 이렇게 자기가 한 번 옳다고 믿는 생각을 잘 바꾸려 하지 않는 경향이 있는 것을 **확증 편향**이라고 한다. 만약 '고릴라 실험'을 들어 본 적이 없다면, 다음 QR 코드[역자주)]에서 확인해 보기를 바란다.

---

2) 만약 공이 10펜스라면, 총 비용은 1.20펜스이지 1.10펜스가 아니다.

www.theinvisiblegorilla.com/videos.html

많은 조사 중 하나를 인용하면, 합리적이어야 하는 사람들인 판사들은 우리 기대와 달리 사건의 사실보다 혈당 수준에 더 큰 영향을 받아 점심 전인지, 후인지에 따라 판결이 달라지기도 한다. 당신은 주식 포트폴리오를 관리하는 사람들이 전문성 있게 그들이 하는 일을 파악하고 있다고 믿고 싶을지도 모른다. 하지만 사실 그들의 성과는 우연으로 인한 것이나, 관리를 통한 투자로 얻을 수 있는 수익과 별반 차이가 없다. 우리는 우연이 우리의 삶에 얼마나 큰 영향을 미치는지를 과소평가하고 있다. 따라서 관리자들이 자신의 능력이나 기술 때문에 성공을 이룬 것으로 생각하지만, 사실은 그들의 성공이 우연히 일어난 것이라는 것이다. 그리고 이러한 운이나 사건들은 관리자들이 통제할 수 없는 것들에 의해 결정된다. 마찬가지로, 우리는 미래가 과거와 같을 것이라고 가정한다. 우리는 '논리'가 제시하는 것보다 더 낙관적이기 때문에 프로젝트의 이점을 **과대평가**하고, 프로젝트를 완료하는 데 필요한 시간과 비용을 **과소평가**한다. 예를 들어, 만약 당신이 최근에 부엌을 리모델링했다면 당신은 원래 예상보다 최소 2배 이상 지출했을 가능성이 있으며, 기간도 당신이 계획했던 것보다 최소 2배 이상 더 오래 걸렸을 것이다. 이것은 Kahneman이 '**계획 오류**' 또는 '환상적인 낙관주의'라고 부른 것이다. 결국, Kahneman의 주장은 우리가 자신을 제대로 이해하지 못하고 있다는 것이다. 우리는 자신이 인지하지 못하는 요소들에 의해 놀랍도록 쉽게 조작당하며, 우리는 거짓 '사실'을 이용해 자신의 비이성적인 편향을 정당화한다. 만약 우리가 이 모든 것에 영향을 받지 않을 만큼 똑똑하다고 믿는다면 그것은 틀린 생각이다. 왜냐하면 우리 모두가 이런 영향에서 자유로울 수 없기 때문이다.

일반적으로 시스템 1이 작동할 때는 위험 신호를 인지하지 못한다. 이론을 알고 있다고 해서 우리가 인지 함정에 빠지지 않을 가능성이 줄어드는 것은 아니다. 그러나 코치와 같은 관찰자는 우리가 보지 못하는 것을 볼 수도 있다. 모든 코칭 회기에서 고객들은 결정과 딜레마를 가져와 문제를 해결하려 할 것이다. 그들과 코치 모두에게 시스템 1이 작동할 것이다. 도전은 어떻게 시스템 2를 활용할 것인가인데, 이것은 일반화되고 잘못된 사고 패턴을 발견하고 도전함으로써 가능하다(p. 164와 p. 254 참조). 이때 질문들은 다음과 같다.

- 지금 나/고객은 무엇을 보지 못하고(보지 않으려 하고) 있을까요?
- 과도하게 낙관주의가 작용되어 놓치고 있는 것은 무엇일까요?
- 이 제안된 행동 방식은 어떤 형태로서 나/당신의 편향을 포함하고 있나요?
- 다른 대안적인 관점은 어떤 게 있을 수 있을까요?
- 1년 후에 이것은 어떻게 보일까요? 그때 이것은 얼마나 중요하게 보일까요?
- 우리가 찾아낸 사실 중에 문제를 복잡하게 할 수 있는 것은 무엇일까요? 또는 우리가 찾아낸 사실 중에 문제를 변화시킬 수 있는 것들은 무엇인가요?
- 그것을 하는 데 있어서 고려하면 유용한데 누락된 것(생각 못하고 있는 것)은 어떤 것이 있을까요?

고객이 회기 종결 후 '피곤하다'고 말하면, 나는 그것을 칭찬으로 받아들인다. 왜냐하면 고객이 회기 동안 시스템 2가 적용되었을 것이라고 생각하기 때문이다. 그러나 Kahneman의 주장이 맞다면 이는 나의 뛰어난 능력 때문이 아니라 단순히 운에 의한 것일 수도 있다.

멀티태스킹과 시간 관리

많은 경영 코칭 고객이 시간 관리에 어려움을 겪고 있다. 수십 년 전만 해도 편지는 직접 전달되었고, 집에는 하나의 전화기가 있었으며, 사무실에는 이제는 구식으로 보이는 유선 전화 시스템이 있었다. 상품은 28일 내에 배송될 것이라는 약속과 함께 전화나 종이로 주문되었다. 편지는 여유롭게 답장할 수 있었고, 전화를 받을 수 없는 상황이라면 전화를 건 사람이 기다려야 했다. 하지만 오늘날에는 이메일이 하루 종일 쏟아져 들어오고, 친구, 가족, 동료들 모두 문자 메시지에 즉시 답장할 것을 기대하며, 고객들은 온라인으로 주문하고 나서 기다리는 것을 참지 못한다. 회의 중에도 구성원들이 아무렇지 않게 휴대폰을 확인하는 모습은 이제 흔한 일이 되었으며, 그것이 예의 없어 보일지라도 전혀 신경 쓰지 않는 모습을 보인다.

문제는 인간의 뇌와 신경계가 이런 변화에 대처하도록 발전하지 못했다는 것이다. 많은 사람이 '멀티태스킹'을 시도한다. 그러나 효율적인 멀티태스킹은 불가능하다. Daniel Levitin의 책 『정리하는 뇌(The Organized Mind)』(2014)에서 설명하는 것처럼, 우리의 멀티태스킹은 전문가처럼 묘기를 보여 주는 것이 아니라 무모하고 효과 없는 접시돌리기에 가깝다. 인간의 뇌는 주의가 분산되는 상황을 잘 처리하지 못하며, 그동안 스트레스 호르몬인 코르티솔과 아드레날린의 분비를 증가시켜 명확하게 생각하는 능력을 잃게 한다. 멀티태스킹은 뇌의 전방피질에 새롭고 반짝이며 흥미로운 자극이 지속되기를 바라며, 뇌의 자연 보상 화학물질인 도파민의 분비를 촉진한다(그래서 나는 이 글을 쓰면서 피트니스 기기 주문이 어떻게 되었는지 사이트를 확인하려는 충동을 억제하고 있고, 새로운 이메일이 도착했다는 알림 소리가 들려도 누구인지 궁금하지만 확인하지 않고 있다). 뇌는 산소화된 포도당으로 작동한다. 멀티태스킹을 강요하면 뇌가 자연 연료를 빠르게 태워 버린다. 하루 종일 멀티태스킹을 하고 나면 지친 느낌이 드는 것도 당연하다.

인간의 에너지도 반복되는 생체리듬에 의해 조절된다. 이는 사람의 몸에 있는 여러 시스템 중 하나로, 혈압이나 혈당 등과 마찬가지로 쉼과 흐름이 있다. 전반적으로 에너지는 90분에서 120분의 자연 리듬으로 작동하며 최고점과 최저점이 있다. 일상의 끊임없는 업무로 많은 고객이 생물학적으로 불가능하다는 것을 깨닫지 못한 채 하루 종일 최고점에서 일하려고 시도한다. 긴급 상황에서는 가능하기도 하지만 일상적으로는 그렇게 할 수 없다.

고객들과 이런 문제를 다룰 때, 이 정보를 공유하는 것은 도움이 된다. 대부분의 고객은 자신은 '이상한 사람'이 아니며 그 어느 누구도 예외는 없기에 해방감을 느낀다. Google, Pixar, Facebook 등이 직원들에게 플레이룸, 쾌적한 식당, 체육관 등을 제공하는 것은 우연이 아닐지도 모르며, 사람들에게는 각각에게 맞는 다양한 해결책이 존재한다. 광고 대행사에서 일하는 고객은 코칭을 받은 이후 업무 방식을 변경하였고 자신의 결정에 대해 이렇게 설명한다.

> 저에게 코칭은 큰 전환점이 되었습니다. 저는 나의 뇌와 싸우고 있다는 사실을 전혀 몰랐습니다! 저는 자주 4개 혹은 5개의 작업을 한 번에 처리하려고 시도하면서 제정신이 아닌 것 같다는 느낌을 받았습니다. 저는 이제 신체적 · 정신적 피곤함을 무시하는 대신 이에 주의를 기울이기 시작했고, 대략 1시간 반이 지날 때마다 에너지가 떨어지는 패턴을 발견했습니다. 이제 무슨 일이 있어도 매 시간마다 일어나서 스트레칭을 하고 주변을 걷는 휴식을 취하게 되었습니다. 저는 하루에 적어도 한 번은 짧게 외출해 산책을 하고, 책상에서 끼니를 간식으로 대체하는 것이 아닌 실제로 점심시간을 가지게 되었습니다. Jenny는 또한 저에게 포모도로 기법[3]을 소개했습니다. 처음에는 동료들이 이것을 보며 놀리기도 했지만, 이제는 그들 중 많은 사람이 따라 하고 있다는 것을 알게 되었습니다. 저는 더 이상 피곤하지 않습니다. 저는 더 좋은 성과를 낼 거예요. 저는 이제 멀티태스킹의 무한 고리에서 벗어날 수 있게 되었습니다. 저는 이제 시간이 아닌 에너지를 관리하는 데 집중해야 한다는 것을 깨달았습니다.

SCARF 모델

신경심리학의 주제 중 하나는 우리의 에너지가 신체적 · 정서적으로 기본적인 생존 욕구와 얼마나 관련되어 있는지에 관한 것이다. 인간은 사회적 동물이다. 우리는 소속감이 필요하고 인정받는 것은 중요하다. 이러한 사회적 위협을 피하고 사회적 보상을 찾는 것은 물리적 생존과 관련한 뇌 네트워크와 동일하게 작용된다. 예를 들어, 강도에게 공격당하면 생명을 위협받는 두려움을 느낄 것

3) 25분간 정해진 일을 하고 5분 쉬는 사이클을 네 번 반복하는 방식을 말한다.

이다. 회의에서 동료에게 공격당하고 무능하다고 비난을 받으면 뇌는 물리적이든 심리적이든 동일하게 공격으로 받아들인다. 또한 우리의 뇌는 보상을 추구하는 것보다 위협을 감지하는 데 민감하게 반응하게 되어 있으며, 비록 의식적으로는 그렇지 않을지라도 위협으로부터 자신을 보호하고자 하는 마음은 늘 존재한다. 이 연구는 David Rock이 2008년 논문에서 보고하였고, SCARF라는 약자를 기반으로 한 유용한 모델을 제안하였다. SCARF는 Status(지위), Certainty(확실성), Autonomy(자율성), Relatedness(관계성), Fairness(공정함)을 나타내며, 이는 기본적인 욕구와 동기를 나타낸다.

- **지위(Status)**: 우리는 다른 사람들보다 높거나, 최소한 동등한 지위를 원한다. 우리는 우리가 사회적 계급에서 어디에 위치하는지 알 필요가 있고, 지위에 대한 어떤 작은 위협에도 강하게 감정적으로 반응을 할 수도 있다. 예를 들어, "저는 나 자신을 4점으로 평가했지만, 상사는 2점으로 평가했어요! 다시는 그의 밑에서 일하지 않을 거예요."라며 코칭에서 고객들이 지위에 따른 성과 평가점수에 대해 불만을 제기하는 것을 수없이 들었다. 어떠한 피드백이라도 지위에 위협을 느낄 수 있으므로, 코칭에서 이를 제공할 때는 매우 숙련되게 해야 한다(p. 277 참조). 승진은 지위에 대한 보상이며, 금전적인 보상이 미미함에도 고객들이 지위 상승을 위해 고군분투하는 이유를 설명할 수 있다.

  코칭 대화에서도 지위의 차이가 작용될 수 있다. **이 고객은 나보다 상위 또는 하위인가? 나는 나보다 나이가 많은 고객을 코칭할 수 있을까?** 이는 반대로도 작용할 수 있다. 고객은 코치가 경험이 부족하거나 너무 어리다(지위가 낮음)거나, 경험이 너무 풍부하다(지위가 높음)고 생각할 수 있다.
- **확실성(Certainty)**: 우리는 확실한 것을 좋아한다. 확실성이나 친숙함은 우리에게 위안을 준다. 모든 상황을 불확실성에 기반하여 판단해야 한다면, 우리는 귀중한 전방피질 영역의 자원을 동원해야 한다. 이러한 자원의 소비는 우리를 피곤하게 하므로 피하고 싶어진다. 또한 불확실한 상황에서 우리는

다시 확실성을 확보할 때까지 그 문제에 집착하게 된다. 하지만 불행하게도 불확실성은 조직 생활의 주요 특징 중 하나이다. **인수합병이 있을까? 나의 업무가 다른 나라로 아웃소싱되지는 않을까? 몇 개의 직업이 줄어들까? 내 미래가 위험하지는 않을까?** 우리가 모든 회기에서 명확한 목표 설정을 하는 것도 이러한 확실성에 기인한다.

- **자율성**(Autonomy): 수년간 조직에 관한 연구는 신체적 · 정신적 건강과 일에서의 자율성 사이에 상관 관계를 보여 주었다. 이것은 본질적으로 다른 사람에게 자율성을 위임하지 못하는 관리자가 팀원들로부터 만족할 만한 결과를 얻지 못하는 이유이며, 이런 안건이 있는 관리자 고객들이 좀 더 효과적으로 팀원들에게 자율성을 위임할 수 있도록 돕는 것이 얼마나 가치 있는 일인지를 나타낸다.

  코칭에서 자율성은 존중되어야 하며, 이것은 조언이 위험한 또 다른 이유이기도 하다. 결정을 내리기 위해 필요한 중요한 정보를 고객에게 제공할 때조차도, 고객이 결정을 내리고 그 결과를 받아들여야 한다는 것을 강조해야 한다. "여기 ……한 정보가 있습니다. 그렇지만 이를 어떻게 사용할지는 고객님에게 달려 있습니다. 이 정보가 어떻게 느껴지세요?"
- **관계성**(Relatedness): 우리는 무리를 짓고 사는 동물이며, 혼자서는 살 수 없다. 인류 초기 시절에는 생존을 위해 누가 낯선 사람이고 부족의 생명에 위협이 될 수 있는지를 즉각적으로 알아차리는 것이 매우 중요했을 것이다. **나는 이 관계 안에 속해 있을까, 아닐까?** 소외된다는 것은 죽음 다음으로 인간에게 가장 가혹한 처벌이다. 이것은 비극적인 청소년 자살의 원인이 되기도 하며, 만성적으로 외로움을 느끼는 사람들이 빠르게 신체적으로 악화되어 우울증에 빠지는 원인이 되기도 한다. 소속감에 대한 이러한 욕구는 우리의 자율성에 대한 욕구와 직접적으로 충돌하지만, 대다수의 사람은 다른 사람들과의 소속감을 위해 어느 정도 자율성을 포기할 것이다. 코칭에서 우리가 하는 모든 것은 관계성에 관한 것이다. 우리가 고객과 관계를 맺지 못하고, 유대감을 느끼지 못하여 라포를 형성하지 못하면 코칭은 이루어지지 않는

다. 이것은 코칭이 작동하는 핵심이다. **고객의 가치를 이해로서 공유하고 있는가? 이 고객은 나를 받아들이고 좋아하는가? 나는 고객을 받아들이고 좋아하고 있는가?** 이러한 질문에 대한 답이 어느 쪽에서든 '아니요'라고 한다면, 코칭은 실패한 것이다.

- **공정함**(Fairness): 인지된 불공정성은 원망과 분노를 초래하며, 위협 반응을 유발한다. 하지만 안타깝게도 조직 생활은 많은 불공정성으로 가득하다. 예를 들어, 조직에서는 상위 관리자와 일반 근무자의 급여 차이가 크다. 일반 근무자에게만 조직의 규칙을 적용하고 본인들에게는 적용하지 않는 관리자들, 특정 직원을 선호하거나 특정 부서를 우대하는 회사, 이유 없이 갑자기 전체 공장을 폐쇄하는 외국 소유주 등이 모두 비슷한 반응을 일으키게 된다.

실제로 SCARF의 욕구(또는 위협)에 의해 촉발되는 모든 감정 요소는 동시에 존재할 수도 있다. 이는 고객들이 보여 주는 극단적인 반응을 이해하는 데 도움이 될 수 있다.

Elizabeth

Elizabeth는 30년 동안 같은 조직에서 성공적으로 일했다. 그러던 중 조직 개편 과정에서 새로운 자리를 놓고 경쟁하게 되었다. 결국 일자리는 Elizabeth보다 훨씬 경력이 적은 젊은 경쟁자에게 돌아갔고, Elizabeth는 불합리하고 실망스러운 조건으로 정리해고를 당했다. 이는 친구로 여겼던 동료가 내린 결정이었기 때문에 더욱 배신감이 컸다. Elizabeth는 활력과 에너지가 넘쳤고 생계유지를 위해 일이 필요했지만, 58세라는 나이에 대한 연령 차별을 극복하고 새로운 일자리를 찾는 것은 어려울 수 있다는 것을 알고 있었다.

첫 코칭에서 그녀는 자신이 받은 부당한 대우에 대한 분노로 떨고 있었다. 그녀는 자신의 주택 대출을 어떻게 갚을지에 대해 걱정하며, 동료의 이중성에 대한 충격을 표출하였다. 불면증은 일상이 되었다. 그녀는 집을 팔아야 할까? 그녀는 자신의 동료였던 사람들, 후배들에게 자신의 이직을 어떻게 설명해야 할까? 그녀의 결혼은 이러한 변화를 견딜 수 있을까? 그녀의 건강은 괜찮을까?

Elizabeth의 경우, 지위를 잃는다는 것을 선배이자 존경받는 사람이라는 인식에 대한 위협으로 느꼈다. 그녀는 취업 시장에서 불확실한 미래에 직면했고, 주택 대출을 갚고 집을 유지할 수 있을지 불확실하였다. 해고 결정은 다른 사람이 내린 것이기 때문에 그녀는 자율성이 침해받았다고 생각하였다. 그녀는 더 이상 팀의 일원이 아니기 때문에 관계성이 상실되었고 친구였던 동료로부터 '배신감'을 크게 느꼈다. 마침내 Elizabeth는 경력이 훨씬 적은 사람이 임명된 것은 불공평하다고 느꼈고, 결국 모든 선발 과정이 조작된 것이라는 결론을 내리고 있었다. Elizabeth에게 SCARF 모델을 설명하자 깨달음을 얻은 듯하였다. 그녀의 상처받고 수치스러운 경험이 자신만 느끼는 개인적 경험이라 생각했으나, 이것은 자연스러운 생물학적 현상이며 사회적 현상이기도 한 것으로 이해하게 되었다. 그녀는 이 모델이 본인의 상황을 받아들이는 시간을 크게 단축시켰다고 하였다.

코치는 새로운 결정을 내리는 데 있어 고객과 함께 SCARF 모델을 사용할 수 있다. Elizabeth가 포트폴리오 경력을 작성하려고 할 때, 나는 플립 차트에 다음과 같이 빈 격자를 그렸다.[4)]

4) Paul Brown의 아이디어 활용, Virginia Brown과의 공동 저술인『코치를 위한 신경 심리학(Neuropsychology for Coaches)』(2012)에 상세한 설명이 있다.

구분	지위	확실성	자율성	관계성	공정함
Plus (보상)					
Minus (위협)					

각각에 대한 질문에 답하며, 그녀는 상자를 채워 나갔다. 이것은 단순히 플러스와 마이너스의 자유 형식 리스트를 만드는 것보다 훨씬 구체적이고 실질적인 방법이었다. 우리의 마음을 구성하는 것은 논리가 아니라 강력한 감정과 그 밑에 있는 강한 욕구 및 동기이기 때문이다.

상상된 경험은 '실제' 경험만큼 강력하다

상상력의 힘은 놀랍다. 이것은 장점이 될 수도 있고 단점이 될 수도 있다. 뇌는 기억되거나 상상된 경험과 실제 경험 사이에 큰 차이를 두지 않는 것으로 보인다. 긍정적인 측면에서 보면 평화로운 장면을 심상화하여 편도체를 진정시키거나 성공을 떠올려 스스로 자신감을 부여하고 성취감을 갖게 하면 성공을 이룰 수도 있다.

앞에서 언급한 상상력의 힘에 대한 흥미로운 이야기가 있다. Norman Doidge의 『기적을 부르는 뇌(The Brian that Changes Itself)』(2007)라는 책에서 그는 신체적 연습과 상상을 통한 연습이 거의 동등한 효과를 보여 주는 실험을 소개한다. 완전한 초보자들로 구성된 두 그룹이 피아노 연주를 배웠다. 한 그룹은 실제 키보드로 연습하였다. 다른 그룹은 키보드 앞에 앉아서 곡을 연주하는 것을 상상하며 소리를 듣고 손가락을 움직였다. 두 그룹 모두 하루에 2시간씩 이 활동을 수행하였다. 실제 연습한 그룹이 상상으로 연습한 그룹보다 약간 앞선다는 평가를 받았지만, 상상으로 연습한 그룹이 실제 연습을 한 번 수행한 후에는 실제 연습한 그룹과 동일한 수준의 기량을 보여 주는 것을 확인할 수 있었다. 올림픽과 국제 대회에서 우승한 영국 사이클 팀은 이러한 원리를 바탕으로 한 Steve Peters[5]의 코칭이 우승에 큰 기여를 했다고 언급했으며, 그의 책 『침팬지 역설(The Chimp Paradox)』(2012)에서 이를 설명하고 있다.

신경가소성

예전에는 인간의 뇌에는 고정된 수의 세포가 있고, 노화되면 세포의 수가 줄어들어 새로운 학습을 어렵게 한다고 믿었다. 하지만 이것은 잘못된 개념으로 밝혀졌다. 뇌는 '가소성'을 가지고 있어 노화와 상관없이 언제든 새로운 연결을 만들 수 있는 능력이 있다. 에너지와 의도를 집중하면 뇌를 변화시킬 수 있다. 뇌의 물리적인 형태는 뇌가 어떻게 사용되는지에 따라 발전한다. 예를 들어, 바이올리니스트들은 대부분 왼손 사용(손가락을 움직이는 것에 관련된)을 지배하는 뇌의 영역인 피질 영역이 크게 확장되어 있다. 또한 전문직 시험을 위해 수년간 공부에 집중한 사람의 해마(기억 중심)는 많은 양의 정보를 기억해야 했기 때문에 확장되어 있을 수 있다. 이 두 가지 예시 모두에서 알 수 있듯이 **의도**는 중요하다. 변화는 연습, 헌신, 그리고 노력의 결과로 일어난다.

행동을 바꾸는 가장 좋은 방법은 '잘못된' 행동을 고치려고 노력하는 것이 아니라 '새로운' 행동을 개발하고, 시간이 지남에 따라 점차 확장되어 지배적이 될 수 있는 새로운 신경 경로를 생성하는 것이다. 예를 들어, 강박장애(OCD)를 앓고 있는 사람들에게는 그들을 괴롭히는 반복된 행동이 잘못된 것임을 직면하도록 가르치는 것보다는, 강박이 일어나는 생각을 피해 갈 수 있는 새로운 방법을 가르치는 것이 훨씬 더 성공적이다. 이에 대한 자세한 내용은 Jeffrey Schwartz의 『강박에 빠진 뇌(Brain Lock)』(1996)에서 알 수 있다.

---

5) 역자주: 의학박사이면서 스포츠 심리학자이다.

오래된 습관 극복하기

이제 자신이 바꾸고 싶은 오래된 습관을 극복하는 새로운 방법을 배우고 싶다고 가정해 보자. 전형적인 예로는 저녁에 너무 쉽게 와인을 마시는 습관, 회의에서 특정 동료를 어떻게 대할지에 대한 걱정, 업무를 남에게 부탁하지 못하는 상황, 또는 너무 피곤해서 일할 수 없음에도 불구하고 사무실에 늦게 머무르는 것 등이 있다.

앞서 언급했던 것처럼, 인간의 뇌는 가소성을 가지고 있어 무한히 새로운 연결을 만들 수 있다. 하지만 그만큼 가소성을 통해 강화된 습관은 변화시키기가 어렵다. 이를 위한 가장 좋은 방법 중 하나는 정신적 연습을 통한 것이다. 상상 속에서 끊임없는 반복 연습을 하는 것은 행동의 변화를 효과적으로 도울 수 있다. 이는 기술적으로 뇌의 뉴런 사이에 새로운 연결(시냅스)을 형성하고, 경로를 강화하는 신경수초를 강화하고 있는 것이다.

다음 단계를 실행해 본다.

1. 목표

- 무엇을 바꾸고 싶은가? 이것은 긍정적이고 현재형으로 이미 일어나고 있는 것처럼 표현되어야 하며, 가능한 한 구체적이어야 한다.
- 따라서 이렇게 말하지 않는다: **매일 사무실에서 늦게 머무는 것을 피하고 싶다** (모호한 표현이고 부정적이므로, 뇌는 '**머문다**'와 '**사무실**'이라는 단어만 기억하게 되어 원치 않는 행동을 강화한다).
- 이렇게 말한다: **나는 매일 오후 6시에 가벼운 마음으로 사무실을 떠난다.**

2. 유발 요인

- 무엇이 문제를 유발하는가? 어떻게 다르게 대응하고 싶은지 생각해 본다.
- 예: **퇴근 무렵 업무 관련 이메일을 확인했더라도 난 이 업무를 내일 처리할 수 있다고 생각하겠다.**

3. 생각과 감정

- 문제 자극에 직면했을 때 당신 마음속에 어떤 생각과 감정이 생길지 생각해 본다.
- 예: 침착하게 마음을 가다듬고 이메일을 지금 바로 처리하지 않아도 괜찮다는 것을 받아들인다.

4. 행동 상상하기

- 무엇을 할 것인지 자세하게 상상한다.
- 예: 나는 물건을 정리하고, 동료들에게 퇴근 인사를 건네며, 차분하게 주차장으로 걸어 나가면서 즐거운 저녁을 기대한다.

5. 이점

- 이 모든 것을 하면서 얻을 수 있는 이점에 대해 생각해 본다.
- 예: 나는 나 자신이 자랑스럽고, 평온하며, 활기차며, 자유로움을 즐기고 있다.

이제 이 모든 것을 마음속으로 연습한다. 스스로 행동하는 것을 상상하고, 소리를 듣고, 감정을 느껴 본다.

이제 반복해서 연습한다. 하루에 최소 열 번 이상 마음속으로 연습한다.

다음은 이 기술을 어떻게 활용했는지에 대한 이야기이다.

Vanessa

저는 일에 대한 지나친 책임감이 문제였습니다. 남편과의 관계보다 회사와 가정에서의 일들을 우선시하여 지속적으로 남편과의 문제를 야기시켰습니다. 그래서 저는 항상 피곤했으며 스트레스를 받았고 예민했습니다.

저는 코칭을 받고 적어도 하루에 1시간은 나를 위한 휴식 시간을 확보하기로 하였습니다. '오래된 습관 극복하기'를 배운 후 새로운 루틴으로 이것을 추가하였습니다. 물론, 이 자체가 제가 해야 하는 일의 목록에 '과제'가 하나 더 추가되는 것이었지만 괜찮았습니다. 저는 빠르게 실천했고 즐기게 되었으며 연습하는 것 자체가 기대되는 일이 되었습니다.

> 놀라운 것은, 연습을 시작한 지 며칠 후에 저는 오후 7시 30분이 아닌 6시에 집에 가고 있었고, 집에서 노트북을 켜지 않았으며, 토요일은 완전히 비워 두게 되었습니다. 오랫동안 원하던 것을 이미 실천하고 있다는 것을 깨달았습니다.

이 이야기에서 주목해야 할 점은 Vanessa에게 '오래된 습관 극복하기'와 Kegan-Lahey의 **변화에 대한 면역** 접근법을 결합했다는 점이다(p. 262 참조). 그녀와 함께 변화에 대한 두려움을 파악해 보았는데, 업무와 의무를 '착한 사람'이라는 것과 연결 짓고 있었고, 조금이라도 소홀히 한다면 자신이 '부적절한 사람'으로 보일 것으로 가정하고 있었다. 대안적인 행동을 연습하는 것은 그녀의 이런 오랜 가정에 대해 새로운 시각으로 바라보게 하는 일련의 과정이었다.

유아 시절 애착 패턴이 뇌 형성에 미치는 영향

60년간의 연구는 우리가 신체적으로 건강하기 위해서는 사랑이 필요하다는 것을 명백히 보여 준다. 다른 영장류와 마찬가지로 아이들에게 관심과 사랑을 주지 않으면 성장하지 못한다. Lewis, Amini와 Lannon이 저술한 『사랑의 일반 이론(A General Theory of Love)』(2001)이라는 책에서는 정신분석학자 René Spitz의 연구를 소개하고 있다. 이 연구에서는 관심과 사랑이 부족한 환경에서 자란 고아원 아이들이 위축되고, 체중이 감소하며, 사망하는 경우까지 있다고 말한다. 이로 인해 고아원에서의 사망률은 무려 75%로 충격적인 수치였다.

잘 알려진 연구 중 하나인 Daniel Siegel의 책 『마음의 눈(Mindsight)』(2010)에서는 유아 시절에 대해 다음과 같이 설명되어 있다. 실험에서 아기들은 어머니가 잠시 방을 떠나 있는 상황에 직면하였다. 그의 연구는 아기의 행동과 관찰자들이 본 패턴 사이에 직접적인 상관관계를 밝혔다. 아기들의 생활은 성인이 될 때까지 계속 추적 조사하였다.

그 결과 **어머니와 관계가 잘 형성된** 아기들, 즉 표본의 60%는 어머니가 다시 나타났을 때 몹시 울면서 환희와 안도로 어머니를 맞이하였다. 이 아기들은 이전 관찰에서 아기들이 필요로 하는 것에 대해 즉각적으로 반응한 어머니의 아이들이었다. 이들은 성인이 되어서도 안정적인 관계를 구축할 수 있었고, 자신감과 자기 인식이 높았다. 이들은 자기 분야에서 뛰어나고, 새로운 아이디어에 열려 있으며, 배우려는 열망이 있고, 스스로에 대해 책임을 지는 경향이 나타났다. 신경심리학적 용어로 그들의 애착회로는 안정적이었다.

이에 반해, 아기들 중 20%는 **회피형 애착**을 보여 주었다. 어머니가 사라졌을 때 별로 신경 쓰지 않았으며, 어머니가 다시 돌아와도 시큰둥하였다. 이 아기들의 어머니들은 아기들에게 무관심하거나 차갑게 대했으며, 아기들의 울음을 무시하고 스킨십이 적었다. 이런 아기들은 성인이 되어서도 관계에서 냉담하게 행동하며 다가가기 힘든 사람으로 보이는 경우가 많았다. 코치들은 이런 고객들을 종종 만나게 된다. 이런 아기들은 무시당하고 비판당하는 것에 익숙해지게 되고 공격적인 모습의 독립성을 갖게 된다. 이들은 감정을 표현하는 것이 위험하다는 것을 배워서 감정을 억압하게 되고 감정 어휘의 사용에 부족함을 보인다. 한 고객은 매우 진지하게 사람들이 말하는 '감정'이라는 것이 무슨 뜻인지 전혀 이해되지 않는다고 말하였다. 아마도 그들은 왼쪽 전두엽이 과도하게 발달해 있을 가능성이 높다. 왼쪽 전두엽은 목록, 사실, 논리를 좋아한다. 예/아니요, 맞음/틀림, 켜짐/꺼짐과 같이 디지털 방식으로 접근한다. 오른쪽 반구는 사회적 행동을 조절하며 전체적이고 비언어적이며, 시각적 인지와 공간적 인지, 공감, 다른 사람에 대한 관심, 개인적 기억을 제어한다. 이는 우리가 다른 사람의 마음에 무슨 일이 일어나고 있을지 상상할 수 있게 하는 뇌의 부분이다. 회피형 애착에 의해 형성된 사람들의 경우 이러한 오른쪽 반구가 발달하지 않았을 가능성이 높다. 그들은 생각 과정에서 매우 합리적이며, 다른 사람들이 자신의 생각에 동조하기를 기대하고, 다른 사람들이 그들을 어떻게 보는지에 대한 인식이 거의 없거나 관심이 없으며, 공감 능력이 부족하다. 그들은 코칭을 받으러 자주 오게 되는데, 이전에는 업무적인 역량으로 충분했지만 이제는 이성적이고 논리적인 능력뿐 아니라 동료들과의 상호작용과 관계 형성이 요구되는 자리에 올랐기 때문이다. 코치가 고객으로부터 어릴 때의 세부적인 과거사를 듣지 않더라도, 고객의 사고에서 극도의 강한 고정관념을 보인다면 고객의 어린 시절을 어느 정도 예측할 수 있어야 한다. 조직으로부터 이런 사람들을 "감정 지능형으로 만들어 주세요."라는 요구를 받는 경우, 그것이 가능한지에 대해 현실적으로 생각해야 한다. 감정 지능은 몇 번의 클릭으로 인간의 뇌에 설치할 수 있는 소프트웨어 프로그램이 아니다. Ian McGilchrist는 『마스터와 그의 사절(The Master and his Emissary)』(2009)이라는 책에서 서양 사회가 왼쪽 뇌반구를 지나치게 중시하면서 오른쪽 뇌반구를 소홀히 했다고 말한다. 이는 우리가 구조, 논리, 물질주의를 지나치게 강조하는 결과를 가져와 우리 스스로에게 큰 비용을 치르게 되었다는 것을 설득력 있게 주장한다.

그 외에 10%의 아기들은 **불안형 애착**을 보였다. 아기들의 어머니는 일관성이 없었다. 때로는 세심하게 보살피고 때로는 무시하였다. 실험에서 어머니가 떠났을 때 아기는 이미 불안하고 불안정한 모습을 보이는 경우가 많았다. 아기의 행동은 집착적이고 흥분해 있었다. 성인이 되었을 때의 전형적인 행동은 불안을 느끼고 때로는 지나치게 감정적이었다. 이런 고객들은 '자기 주장'이 부족하다고 말하거나 '자신감'과 같은 어려움에 대해 호소한다. 일반적으로 다면평가(함께 일하는 동료들의 피드백)를 통해 이들의 행동이 일관성이 없으며 변덕스럽기 때문에 동료들의 신뢰를 얻을 수 없다는 것을 알 수 있다. 또한 강박적으로 말하며 다른 사람의 시간과 에너지를 빼앗기 때문에 동료들이 회피한다는 사실도 알 수 있다.

표본의 마지막 10%는 **혼란형 애착**으로 묘사되었다. 이들은 부모 중 한 명 또는 양쪽 모두 약물이나 알코올을 남용하는 등 혼란스럽고 문제가 있는 가정의 자녀들이었다. 아기들의 반응은 주로 두려움에 휩싸여 있었고, 종종 울음을 터뜨리거나 엄마로부터 접촉을 피하려고 하였다. 이러한 아기들은 일반적으로 다른 사람과 애착을 형성하거나 관계를 형성하지 못하고 자란다. 사실상 다른 사람과 정서적 유대감을 형성하는 능력이 무너진 것이다. 이들은 심각한 손상을 입어 다른 사람에게 충동적이고 현명하지 못한 반응을 보이는 경우가 많으며, 비슷한 양육 환경에서 자란 또래들에게 지나치게 의존하는 경향을 띄게 된다.

코치로서, 이 연구는 코칭 중에 우리가 고객을 삶 전체적으로 받아들이는 것이 얼마나 중요한지를 보여 준다. 또한 가능한 한 고객에게 자전적인 이야기를 요청해야 함을 보여 준다(p. 181 참조). 그 이유는 우리가 7세 또는 8세가 되기 전까지는 기억의 중심인 해마가 제대로 발달하지 않아서 삶에 대한 기억이 명확하지 않고 내재된 기억으로 가지고 있기 때문이다. 이를 통해 우리가 어떤 상황에 처했을 때 그것을 어떻게 이해하고 대응하는가를 이해할 수 있다. 우리가 자신에게 전하는 이야기가 긍정적이고 건설적인 경우, 우리의 반응도 그에 따라 긍정적이고 건강하게 이루어질 수 있다. 이것은 자신의 이야기를 긍정적으로 재구성하고 생각하며 행동함으로써 내적 변화와 성장을 이룰 수 있다는 희망적인 메시지를 전달한다. 예를 들어, 한 고객은 그녀가 연속적으로 보호 가정에서 삶을 보낸 것에 대한 슬픈 이야기를 들려주었지만, 코칭을 통해 그녀는 그것을 감정적으로 척박한 환경에서 생존한 것으로 재구성할 수 있었다. 그녀는 행복한 결혼생활을 이루었고 아이들과 강한 유대감을 맺을 수 있었다. 또 다른 고객인 소아과 의사는 어릴 적에 여러 번의 트라우마를 겪었는데, 그의 어릴 적 외로움과 두려움의 경험으로 비슷한 상황을 겪는 아이들에게 도움을 주고자 소아과 의사가 되었다고 말하였다.

뇌과학은 아직 초기 단계에 있으며 모든 연구 결론은 변할 수 있다. 새로운 자료는 계속 나오고 있으며 확실한 것은 거의 없다. 그럼에도 이 분야를 간과할 수는 없다. 코칭에 참여하는 것은 왼쪽 전두엽이 관여한 합리적인 결정이다. 코칭에서는 이 부분의 뇌를 최대한 활성화시키면서 동시에 감정의 중요성을 인정하게 해야 한다. 고객이 감정을 마주하게 해야 한다. 고객에게 어떻게 느끼는지 묻는 것을 어색해하면 안 된다. 감정은 변화에 방해가 되기도 하지만 결국 변화를 위한 에너지를 폭발시키는 것도 감정이기 때문이다. 고객이 코치에게 의존하게 될 것 같아 두려워하기보다는 그들과 감정적 연결을 형성해야 한다. 신뢰할 수 있는 사람에 대한 의존성을 통해 어린 시절에 채우지 못한 안정감을 얻고 완전한 사람이 된다. 이러한 과정을 코칭에 반영할 수 있다. 공감은 생물학적인 현상일

뿐만 아니라 사회적인 현상이기도 함을 기억해야 한다. 또한 코치도 고객만큼이나 이러한 모든 것에 영향을 받는다. 그리하여 코치의 첫 번째 임무는 이러한 문제들을 우리 안에서 스스로 관리하는 것이다.

제 5 장

간단하지만 쉽지 않은 코칭의 숙련된 언어

적절한 질문을 하고 올바른 방식으로 의견을 표현하는 것은 코칭의 핵심 기술이다. 잘 이루어지면 코칭이 수월해질 수 있지만, 그렇지 못하면 오히려 대화에 방해가 될 수 있다. 이 기술은 코치로서 효과를 높이는 데 가장 어려운 장벽 중 하나를 극복한 것이다. 이 장에서는 코치들이 빠지기 쉬운 함정들과 그것을 피하는 방법을 설명한다.

코칭에서 필요한 다른 영역들과 마찬가지로, 이 기술은 '**단순해 보이지만 쉽지 않은**' 범주에 속한다. 성공적인 코칭을 위해서는 코치 자신이 사용하는 언어에 대한 깊은 인식이 필요하며, 이것은 모든 사람에게 자연스럽게 갖춰지는 것은 아니다. 코칭은 일상적인 보통 대화와 달리 언어의 투명성과 함께 간결한 언어를 사용하여야 하며, 단어 하나하나가 코칭 대화에 영향을 미친다.

함정 알기

부정적인 면이 강조되는 것처럼 보일 수 있겠으나, 흔히 코치들이 겪을 수 있는 함정 몇 가지를 설명하려고 한다. 다음은 실제 코칭 녹음에서 가져온 예시이다.

고객: 저는 업무 시간을 줄여야 할 것 같아요. 제 업무와 생활 균형이 전혀 맞지 않아요.

코치: 비서에게 시간이 어디에 사용되고 있는지 피드백을 요청해 보셨나요?

이 예시에서 고객은 자신이 해결하고 싶은 문제를 이야기하였다. 코치의 마음은 즉시 가능성 있는 강력한 해결책으로 이동하였다. 고객이 자신의 비서에게 피드백을 요청함으로써 현재 시간을 어떻게 사용하는지에 대한 인식을 높일 수 있고 이것은 좋은 아이디어일 수도 있다. 왜냐하면 비서들은 관리자들의 행동을 있는 그대로 보기 때문이다.

다음과 같이 대화는 계속되었다.

고객: 저는 업무 시간을 줄여야 할 것 같아요. 제 업무와 생활 균형이 전혀 맞지 않아요.

코치: 비서에게 시간이 어디에 사용되고 있는지 피드백을 요청해 보셨나요? 비서의 관점은 아마 꽤 유용할 거예요.

고객: 아니요, 해 본 적이 없어요.

코치: 정말 유용할 수 있어요. 제 고객 중 많은 분이 자신들의 시간이 어디에 사용되고 있는지 정확히 모르는 경우가 많은 반면에 비서는 일상적으로 관찰하니까요. 변화의 시작점으로 정말 유익할 거예요.

고객: 음, 그렇군요…….

코치: 다음 회기 전까지 해 보시는 게 좋을 것 같습니다.

고객: 음, 잘 모르겠네요…….

코치: 그래요, 그럼 일단 고민해 보세요…….

이 대화는 코칭 대화로서 아무것도 진행되지 않았다. 이 전형적인 대화에서 서로 말하지 않은 내용을 추측해 본다면 아마도 다음과 같이 진행될 것이다.

구분	내면의 생각	실제 대화
고객	이건 나에게 정말 큰 문제이다. 이 문제에 대해 정말 많이 고민해 봤다. '코치가 정말로 나를 도와줄 수 있을까?'	저는 업무 시간을 줄여야 할 것 같아요. 제 업무와 생활 균형이 전혀 맞지 않아요.
코치	이런……! 이건 정말 큰 문제군. 어디서부터 시작해야 할까? 아, 비서에게 피드백을 요청하는 연습을 해 보게 해야겠다. 고객에게 도움이 될 거야.	비서에게 시간이 어디에 사용되고 있는지 피드백을 요청해 보셨나요? 비서의 관점은 아마 꽤 유용할 거예요.
고객	코칭이 시간 관리 과정 같아. 나는 그런 걸 원해서 여기에 온 게 아닌데.	아니요, 해 본 적이 없어요.
코치	그가 저항하고 있는 걸 보니, 아무래도 내가 좀 더 밀어붙여야 할 것 같다.	정말 유용할 수 있어요. 종종 제 고객들이 자신들의 시간이 어디에 사용되고 있는지 정확히 모르는 경우가 많고, 비서는 일상적으로 관찰하니까요. 변화의 시작점으로 정말 유익할 거예요.
고객	그다지 해 보고 싶지는 않다. 코치의 다른 고객들이 유용하다고 느낀다고 해서 나한테도 유용한 건 아닌데…….	음, 그렇군요…….
코치	내가 충분히 설득력 있게 말하지 못한 걸까?	다음 회기 전까지 해 보시는 게 좋을 것 같습니다.
고객	해 봐도 소용없을 거야.	음, 잘 모르겠네요…….
코치	이제 코칭을 어떻게 해야 하지?	그래요, 그럼 일단 고민해 보세요…….

고객의 생각은 추측으로 작성해 보았지만, 코치의 생각은 사실이다. 왜냐하면 코치의 멘토로서 코치와 녹음을 함께 들었으며, 코치는 나에게 자신의 생각을 분명하게 말해 주었기 때문이다.

함정 1: 조언을 가장한 질문

다음 예시의 코치도 조언을 가장한 질문의 함정에 빠졌다. 이것은 코치 자신만의 해결책 제시를 질문으로 위장하여 고객에게 도움이 되고자 하는 코치의 마음에서 비롯된 것이다. 이러한 질문들은 대개 다음과 같이 마무리된다.

……을 해 봤나요?	…… 그랬나요?	…… 그런가요?
……을 해 보지 않았나요?	…… 그렇지 않았나요?	…… 그렇지 않나요?
…… 그렇게 하겠나요?	…… 그런 적 있나요?	…… 그렇게 해야 하나요?
…… 그렇게 하지 않겠나요?	…… 그런 적 없나요?	…… 그렇게 하지 말아야 하나요?
…… 그렇게 하나요?	…… 그렇게 했나요?	…… 그랬던 적 있나요?
…… 그렇게 하지 않나요?	…… 그렇게 하지 않았나요?	…… 그렇지 않았던 적 있나요?
…… 그렇게 되나요?	…… 그런가요?	…… 그렇게 할 수 있나요?
…… 그렇게 되지 않나요?	…… 그렇지 않나요?	…… 그렇게 할 수 없나요?

예를 들면 다음과 같다.

- ……에 대해 생각해 보셨나요?
- …… 하면 좋은 생각일까요?
- 다른 사람에게 확인해 보시겠어요?

이러한 질문들은 항상 코치의 의도에서 나온다. 고객에게서 나오는 것이 아니다. 이 함정에 빠지고 있다는 확실한 신호는 코치의 질문에 '예' 또는 '아니요'로 대답할 수 있고, 질문이 ……을 해 보았는지, …… 하면 어떠한지로 이루어졌다는 것이다. 이러한 질문은 정답이 있는 질문을 의미하며, 그 정답은 당연히 코치의 생각에 있을 것이다.

제2장에서 서술했던 '설명 또는 조언'에 따른 단점들을 제외하고도, 이러한 질문을 하지 말아야 하는 중요한 이유가 있다. 앞의 예에서와 같이 고객이 코치에게 의미 없이 동의하거나 고객이 더 이상 코칭에 깊게 참여하는 것을 회피하게 될 수 있다. 이럴 때 고객의 에너지는 사려 깊게 생각해 보고 스스로 학습하는 대신 회피하는 데 사용된다.

함정 2: '왜' 질문

'왜…?'라는 질문은 개방적인 질문처럼 보일 수도 있다. 하지만 실제로는 또 다른 함정이다. '왜…?'라는 질문은 분석하고 지적하는 형태를 취하는 질문으로서 고객으로 하여금 방어적인 태도를 불러일으키게 된다.

다음 예시에서 고객은 불만족스러운 팀 회의에 대해 문제를 제기하였다. 이미 고객은 회의를 진행하는 데 어려움을 겪고 있으며 이를 개선하고 싶어 한다.

코치: 왜 그때 팀 회의를 개최했나요?

고객: 글쎄요, 회사 내규에 따라 열흘에 한 번은 회의를 해야 하고, 마지막으로 한 지 벌써 9일이 지났으니 회의를 할 시기가 됐다고 생각했어요……. (끊임없이 설명)

코치가 실제로 질문하고 싶었던 것은 회의를 소집하기 전에 고객의 마음에 무엇이 있었는지, 그리고 고객이 회의에서 어떤 것을 얻고 싶었는지에 대한 것이었다. 하지만 '왜…?'라는 말로 시작함으로써 고객으로 하여금 방어적인 반응을 일으켜 고객이 실제로 직면한 문제에는 전혀 다가가지 못하게 하였다.

'왜…?'라는 질문은 고객의 동기에 초점을 맞추기 때문에 코칭에 도움이 되지 않는다. 고객은 이 질문에 열 번 중 아홉 번은 "모르겠어요." 또는 "그냥 그런 것 같아요."라는 대답을 할 것이다. 고객이 이미 스스로의 동기가 무엇인지 알았다면, 당연히 그 이슈에 대한 코칭을 요청하지 않았을 것이다.

코치: 왜 X에게 화를 내셨나요?

고객: 모르겠어요. 그냥 성미가 급한 것 같아요.

또한 '왜…?'는 추궁하거나 비난하는 것처럼 보일 수 있다. 많은 사람에게 이는 우리가 어릴 때 부모님에게 혼나면서 들었던 질문들을 생각나게 한다.

- 왜 옷이 이렇게 더러워졌어?
- 왜 형제끼리 싸우는 거니?
- 왜 교통카드를 또 잃어버린 거야?

'왜'라고 묻게 되면, 고객은 이에 대한 내재적 의미를 '왜 그렇게 바보 같았나요?'로 해석할 수도 있다. 그러면 코치는 "모르겠어요."와 함께 무표정하게 어깨를 으쓱이거나, 장황하고 방어적인 변명을 듣게 될 가능성이 높다. 뇌화학 반응으로 '왜?'라는 단어는 뇌의 경보 시스템인 편도체를 발동시키며, 고객은 공격받는다고 느끼게 되어 솔직하게 대답하지 않고 명확하게 판단할 수 없게 된다.

함정 3: 고객의 사실적인 정보 탐색

고객의 정보를 파악하는 것은 필수적이라 생각할 수 있지만 함정의 한 종류이다. 전혀 모르는 조직의 새로운 고객을 만났다고 가정해 보자. 고객이 성과가 떨어지는 팀원의 문제를 이야기하기 시작한다. 이때 코치는 고객에게 회사 조직도를 요청하거나 생소한 업무 관련 약어를 설명하도록 질문하고, 팀의 규모나 팀원 전체의 역할을 질문하고, 팀원의 나이나 근속 기간을 묻고 싶을 수도 있다.

이러한 것은 모두 불필요하다. 고객은 이미 자신의 정보를 가지고 있으므로 코치에게 이를 설명하게 하는 것은 의미가 없다. 고객이 전혀 생각해 보지 못하고, 고려해 보지 않았던 영역으로 확장시키는 것이 훨씬 더 중요하고, 이는 다른 유형의 질문을 필요로 한다. 코치가 이런 행동을 하는 이유는 코치 자신의 불안감 때문일 것이다.

- '나는 정말로 이 고객의 조직을 이해하고 있는가?'
  (코치 자신이 생각하는 것보다 많은 이해를 하고 있을 것이며, 꼭 이해할 필요도 없다.)
- '이 팀은 내가 알고 있는 다른 조직의 팀들과 어떻게 비슷한가?'

(다른 조직과는 무관하다-비슷할 수도 있고, 전혀 다를 수도 있다.)

코칭에서 고객과 관련된 필요한 정보는 적절한 질문을 통해 자연스럽게 드러나게 된다. 그 외의 질문들은 고객이 문제의 핵심에 도달하는 순간을 방해할 뿐이다. 고객의 정보를 탐색하고 있는 코치 자신을 발견하면 어떤 질문을 해야 하는지에 더 신경을 쓰는 수준 1 경청(p. 75 참조)에 있다는 신호로 알아차려야 한다. 필요하지 않은 추가적인 사실에 대한 정보는 주의를 산만하게 하고 실제적인 핵심 문제에서 벗어나게 한다.

동료이자 친구인 Jan Campbell Young은 저명한 대학교수로서 경력을 쌓아 온 코치 Annie에게 코칭 슈퍼비전을 하고 있었다. 코칭 시연에서 Annie가 끊임없이 고객의 사실적인 정보를 탐색하는 데 시간을 쏟고 있는 것을 본 Jan은 "Annie, 당신은 고객의 문제에 대해 박사 학위 논문을 쓰고 있는 게 아니야!"라고 이야기했던 기억이 난다. 나는 이와 같은 유형의 질문을 하고 싶은 유혹이 들 때마다 이 기억을 떠올리며 속으로 미소를 짓는다.

함정 4: 제3자의 생각에 대한 질문

개인 비서의 동기부여를 높이는 방법에 관한 문제라고 할 경우, 함정은 그 비서의 동기나 걱정에 대해 질문하는 것이다.

코치: 비서는 이에 대해 어떻게 생각하나요?

고객: 비서의 생각을 누가 알 수 있겠어요?

다른 사람의 동기는 정확히 알 수 없다. 다른 사람의 동기나 감정에 대해 질문하는 것은 고객이 다른 사람이 문제라고 확신하게 될 수 있으며, 자신의 책임은 생각하지 않게 될 수 있다. 이런 맥락의 질문이 또 있다. 예를 들어, 고객이 다급하게 직업 전환을 고려하고 있다고 가정해 보자. 코치는 여러 질문을 통해 고객의 개인적 상황에 대해 알고 있다. 그럼 이제 "당신의 어머니/아내/남편/파트너/상사는 이에 대해 어떻게 생각하실까요?"라고 질문한다. 다시 말하지만, 이 질문은 지금 코칭 자리에 없는 다른 사람이 어떻게 생각할지를 가정함으로써 고객 자신의 책임에서 벗어나게 하는 것이다. 흥미롭게도 이런 종류의 질문을 시도했을 때 제3자로 권위 있는 인물인 경우가 많다는 것을 알 수 있다.[1] 그 사람의 의견을 묻는 것은 결국 결정권이 그 사람에게 있는 것처럼 느껴질 수 있으며, 이것은 고객이 자신의 의사를 달성하기 위해서는 그 사람을 설득시키거나 회유시켜야 할 수도 있다는 뜻이 된다. 이렇게 함으로써 고객의 오래된 관행이나 변명은 지속될 수 있다.

함정 5: 길고 이중적인 질문

긴 질문은 일반적으로 코치가 질문이 생각나지 않을 때 나타난다. 코치는 속으로 '다음에 무엇을 물어볼까? 계속 말하다 보면 질문이 생각날 것이고, 그러면 내가 당황한 게 들키지 않을 거야.'라고 생각하며 말을 이어 간다. 코치는 모든 생각을 말로 표현해서는 안 된다. 코치가 질문을 만들 생각의 시간을 갖기 위해 질문들이 길어지고 화려해진다면 이는 고객을 혼란스럽게 만들 것이다. 다음의 코치는 이러한 함정에 빠지고 말았다.

> 그래서 시간 엄수와 관련된 이런 문제가 있고 이러한 것이 이해가 안 간다고 하셨고, 당신이 회의에 늦게 되면 상사가 정말 짜증을 낸다고 하셨는데, 어떤 상황인지. 제 말은 인생에서 그런 모든 일이 정말로 일어난다는 건가요? **무슨 뜻인지 아시겠지요?**

당연하게도, 고객은 "예~ 제 말은, 아니요……. 나도 모르겠어요. 질문을 다시

---

1) 역자주: 권위 있는 사람의 생각을 묻는 것으로 고객 자신의 의견이 변질되는 것을 방지하고자 함이다. 통상 코칭에서는 좋은 의미를 부여하기 위해 제3자가 어떻게 생각할지 맥락에 맞게 질문하기도 한다.

해 주실 수 있나요?"라고 하였다. 코치가 실제로 묻고 싶었던 질문은 "당신이 시간을 지키지 못하게 만드는 주된 요인들은 무엇입니까?"였다. 코치가 이런 식으로 질문했다면 고객은 훨씬 쉽게 대답할 수 있었을 것이다.

긴 질문 안에는 종종 2개나 3개의 하위 질문이 포함되기도 한다. 예를 들면 다음과 같다.

> 언제부터 이런 고민을 하게 되었나요? 처음 입사했을 때일까, 아니면 재직하던 중에 생긴 건가요? 그리고 그 고민이 항상 지금처럼 심각했나요?

이런 종류의 질문은 아무리 부드럽게 해도 공격적으로 들린다. 고객의 입장에서는 어느 부분에 집중해야 할지 모르기 때문에 혼란스러울 수 있다. 코치들이 이런 종류의 질문을 할 때, 고객의 가장 흔한 반응은 일반적으로 "에…… 음……"이 되거나 "무슨 말인지 모르겠어요."가 될 것이다. 이런 질문이 코치에게 함정이라는 것을 알고 있다면 숨을 들이쉰 뒤에 잠시 동안 멈추고, 생각을 정리하고 나서 차분하게 질문하여야 한다. 한 번에 하나씩 말이다.

효과적인 전략

함정이 될 수 있는 질문들과 비슷한 유형의 질문들은 모두 한 가지 공통점이 있다. 그러한 질문은 고객이 관점을 넓혀 답을 찾게 하는 대신 시야가 좁아지게 만든다. 혼란을 일으키게 되고, 주요한 주제가 아닌 다른 곳으로 주의가 흐트러지게 만든다. 고객이 처음에 생각하지 못한 것을 탐색하게 하거나 관점을 확장시키기보다는 중요하지 않은 것에 집중하게 하며 결국 막다른 길로 다다르게 할 것이다.

코치의 자유

코치로서 당신은 놀라울 정도로 자유로운 상황에 있다. 고객이 달성하는 결과가 무엇이든 상관없이 한 발 떨어져 있을 수 있다. 고객이 명확성을 얻거나 실행 가능한 해결책을 찾는 등 삶에 긍정적인 변화를 가져올 결과를 얻기를 원하지만, 코치는 어느 한 가지 방법에만 얽매일 필요가 없다.

코치는 고객의 모든 이야기를 알 필요가 없고, 지금 고객에게 중요한 부분만 알면 된다.

과거는 현재와 미래보다 중요하지 않다.

코치가 모든 것을 완벽하게 이해할 필요도 없다.

효과적으로 코칭하기 위해 맥락 전체를 이해하지 않아도 된다. 나는 이해할 수 없는 영역에서 일하는 고객들을 코칭하곤 한다. 한 예로는 핵공학자인 고객이 비전문가인 동료들에게 기술적인 발표를 하고 싶어서 코칭을 받았는데, 나에게 열역학의 법칙에 대하여 간략하게 설명하면 도움이 될지 물어본 경우가 있었다. 나는 고객에게 그 설명은 시간낭비일 것이라고 설명하였다. 내가 개별 단어를 이해할 수 있을지 몰라도 열역학의 법칙을 이해하지는 못할 것이다.

또 다른 고객은 민주주의와는 다른 정치 체제를 가진 나라에서 해외 사업을 관리하였다. 그곳에는 내분, 부패, 그리고 많은 신체적 위험이 있었다. 이 고객은 그 나라와 관련된 정치적 · 사회적 역사를 나에게 설명할 필요가 없다는 것을 알게 되자 안심하였다. 내가 그것을 알고 있느냐 없느냐는 코칭의 성공 여부와는 무관하였다. 더불어 나는 신학자, 변호사, 의사, 배우, IT 전문가, 인테리어 디자이너, 건축가, 소매상, 약물학자 및 기타 과학자, 재무 이사, 보험설계사, 디자이너, 공무원, 대사, 병원 관리자, 요리사 등 많은 사람을 코칭하였다. 그런데도 그들의 전문 세계에 대해 아는 것이 거의 없다. 소비자로서 누구나 알고 있는 것뿐이다.

이러한 사실은 코치에게 자유감을 준다. 고객의 업종에 관한 전문적인 지식이나 내용에 대해 아는 것이 없는 게 오히려 긍정적인 도움이 된다. 고객의 업종에 관해 알고 있는 것이 많을수록 전문가의 역할에 빠지게 될 가능성이 높아진다.

이 사례는 Timothy Gallwey가 『이너 게임(The Inner Game of Work)』(2000)과 같은 책에서 잘 설명한 바 있다. Gallwey는 한동안 테니스 코치로 일하면서 테니스 선수의 진정한 상대는 네트 반대편에 있는 사람이 아니라 자기 자신이라는 것을 깨달았다. 신체적 자기 인식이 없고 자신감이 부족한 선수는 거의 실패할 수밖에 없다. Gallwey는 참가자들에게 미리 정해진 테니스 기술보다는 정신적 · 육체적 자기 인식의 기술을 가르치겠다는 분명한 목표를 가지고 **내면에서의 테니스** 코스를 시작하였다.

전통적인 운동 코치는 자신의 아이디어에 의존한다. 좋은 서브를 만드는 것에 대해 "나를 보고 이렇게 따라 해 봐." 또는 "이 지점이나 그 지점에서 공을 계속 주시해야 해." "결정적인 순간에 당신은 팔을 떨어뜨리고 공에서 눈을 떼었어."라는 피드백이 이어진다. 이 예에서는 운동 코치가 대부분의 모든 일을 하고 있고 선수는 책임을 빼앗긴 상태이다. 여기에서의 코칭은 선수가 자신의 게임에 대해 책임을 지는 것이 아닌 코치를 만족시키는 수행으로 변한다.

'이너 게임' 접근법에서는 이러한 역할이 반대가 된다. 코치는 선수의 신체적이고 정신적인 상태에 대한 자기 인식을 높이는 것을 목표로 열린 질문을 한다. 이를 통해 선수가 책임을 지고 자신의 상태에 대해 피드백을 하는 것을 목표로 한다.

- 그때 무엇이 효과가 있었나요?
- 무엇이 효과가 없었나요?
- 시작할 때 무슨 생각을 했나요?
- 지금 무엇이 필요할까요?
- 공을 쳤을 때 공은 어디에 있었나요?

그 결과는 놀라울 정도로 성공적이어서 **이너 스키** 학교에서도 같은 기술을 훈련받은 코치들과 함께 '이너 게임' 접근법의 훈련이 시작되었다. Gallwey의 당시 공동 작업자인 John Whitmore는 그의 책 『성과 향상을 위한 코칭 리더십(Coaching for

Performance)』(1996: 37)에서 스키 코치들이 테니스에 대해 전혀 모르는 상태임에도 불구하고, 어떻게 사람들에게 테니스를 지도할 수 있었는지에 대한 이야기를 들려준다.

> 이너 테니스 과정 중 일부가 초과 예약되어 훈련된 이너 테니스 코치가 부족하였다. 우리는 두 명의 이너 스키 코치를 데려와 테니스 코치 유니폼을 입히고 라켓을 들게 한 후, 라켓을 절대 사용하지 않겠다는 약속을 하고 그들을 코칭에 투입하였다.
>
> 스키 코치들의 테니스 코칭 실력은 테니스 코치의 코칭 실력과 크게 다르지 않았다. 심지어 특정 상황에서 스키 코치들이 테니스 코치들보다 더 뛰어난 성과를 거두었다. 그 이유는 분명하였다. 테니스 코치들은 참가자들의 기술적인 결함을 보았지만, 스키 코치들은 그런 기술적인 결함은 알 수 없었기에 정신적 · 육체적 자기 인식을 통한 신체 사용 효율성의 관점으로만 참가자들을 코칭했던 것이다. 신체의 비효율성은 자기 의심과 부적절한 신체 인식에서 기인한다. 따라서 스키 코치는 참가자의 자가 진단에 초점을 맞추어 문제의 원인을 해결한 반면, 테니스 코치는 기술적 결함만 다루었다. 이 때문에 우리는 테니스 코치들이 오히려 전문 지식에서 효과적으로 분리되도록 추가 교육을 실시해야 하였다.

코칭에서 효과적인 질문

코칭에서 가장 효과적인 질문들은 몇 가지 공통적인 특성을 가지고 있다. 그것들은 고객의 자각을 높이기 위해 생각을 자극하고 도전을 하게 한다. 또한 핵심적인 이야기를 피해 돌려서 이야기하거나 장황하게 이야기하지 않고 진실된 답변을 요구한다. 효과적인 질문은 짧게 질문하며, **'무엇을?'** 또는 **'어떻게?'**라는 단어로 시작할 가능성이 높다. 이러한 질문은 단순히 정보를 요청하는 것을 넘어서 발견을 촉진하며, 고객이 스스로 책임을 지도록 격려한다. 효과적인 질문들은 고객의 주제에 밀접하게 연관되어 있으며 고객에게 배움을 제공한다.

간결성

가장 효과적인 코칭 질문은 짧은 경우가 많다. 문제의 핵심을 꿰뚫기 때문이다. 이상적인 질문은 7~12 단어 사이이다. 내가 가장 강력하다고 생각하는 질문은 "당신이 원하는 것은 무엇인가요?"이다.

또 다른 효과적인 질문의 예로는 "……하려면 무엇이 필요한가요?"이다. 때때로 단 한 단어일 때도 있다. '어떻게……?' '그리고……?' '어떤 이유로……?' 또는 '침묵'일 수도 있다.

코칭 대화는 본질적으로 세 가지의 초단문 질문으로 축약된다고 말할 수 있다. '무엇?'(문제 식별), '그래서?'(영향), '어떻게?'(행동)이다.

유용한('마법 같은') 질문들

코칭을 시작한 지 얼마 되지 않았을 때, 컬럼비아 대학교에서 운영하는 조직 컨설팅 과정을 수강하게 된 것은 큰 행운이었다. 그곳에서 나는 사람들에게 뚜렷한 영향을 미치는 특별한 질문들을 접하게 되었고 이를 즉시 코칭에 적용하였다. 이 질문들은 치료 과정에서도 사용되는 '마법의 질문'과 유사하였다. 이 질문들은 다듬어져서 그 가치를 입증했으며, 콘퍼런스에서 만난 수천 명의 다른 코치에게도 유용하였다. 이 질문들은 많은 상황에서 유용하며, 상황이나 문제의 종류와 상관없이 적용할 수 있다. 이에 대해 몇 가지 주목할 점이 있다. 이 질문들은 짧고 내용이 없다. 고객에게 문제를 제시하도록 요청하는 것부터 시작하여 문제를 목표로 재정의하고, 선택안을 제시하며, 마지막으로 행동으로의 첫 걸음을 내딛는 것으로 자연스럽게 이어진다.

다음은 그 질문들이다.

1. 문제는 무엇인가요?

이 질문은 고객에게 문제를 말하도록 요청한다. 고객의 길고 복잡한 이야기를 요약하여 실제 문제가 무엇인지 명확하게 할 수 있다.

2. 지금 무엇이 문제가 되나요?

코칭에 가져온 고객의 문제는 대체로 고객의 삶에 오랜 시간 존재했던 것이다. 분노나 걱정의 형태로 나타나더라도 변화와 해결을 위한 에너지로 변화할 수 있다. 그러기에 이를 명명하여 드러나게 하는 것은 중요하다.

3. 이 문제/문제의 주체는 누구인가요?

고객이 문제를 소유하고 있지 않다면 논의할 필요가 없다. 문제의 소유자만 코칭을 받을 수 있다. 일부 고객은 다른 사람을 변화시키는 방법을 찾기 위해 코칭을 받으러 오지만, 코칭의 기본 가정은 나 자신만 변화시킬 수 있다는 것이다. 이 질문은 문제의 원인이 어디에 있든, 그 문제의 원인 중 일부는 고객에게 있다는 점을 강조한다.

4. 1~10점 척도에서 어디에 해당되나요?

문제가 중요하지 않다면, 논의하는 데 시간을 낭비할 필요는 없다. 중요성의 척도는 고객의 삶에 큰 영향을 미칠 수 있는 문제를 파악하는 데 도움이 된다. 고객이 5점 미만으로 평가한 것은 일단 미뤄 두길 권한다.

5. 시사점: 아무것도 하지 않는다면(혹은 상황을 그대로 방치한다면) 어떤 영향이 있을까요?

자신이 현재 고착된 상황에서 벗어나지 못하는 것에 대한 고민을 증대시킨다. 대부분의 사람은 현재 상황이 계속될 것처럼 생각하기도 하지만, 실제로는 그렇지 않다는 것을 잘 알고 있다. 그리고 문제로 인한 불편함을 외면하곤 한다. 아무런 행동을 취하지 않게 되었을 경우 그에 따른 결과를 명확하게 인지하게 함으로써 실제로는 변화를 위한 동기를 부여하게 만든다. 이 질문에 이어 "…… **그렇다면 그것(걱정하고 있는)이 일어났을 때 어떤 결과가 있을까요?**"라는 질문을 추가할 수 있다. 이는 고객이 현재 상황이 그대로 진행될 경우 발생할 수 있는 결과에 대해 더 깊이 생각하도록 유도하는 것을 의미한다.

6. 이미 시도해 본 것은 무엇인가요?

고객이 이미 시도해 보았거나 고려해 본 것에 대한 무의미한 조언을 막아 주며, 고객의 고민에 빨리 접근할 수 있게 한다. 대부분의 코칭 문제에 대해 이미 고객은 많은 에너지를 쏟고, 많은 생각을 하고 오게 된다. 이 에너지와 생각으로 무엇을 시도했는지 알아야 한다. 아직 고객이 아무것도 시도하지 않았다면 그것 역시 흥미로운 주제가 될 수 있다.

7. 이 문제가 해결되었다고 상상해 보세요. 무엇을 보고, 듣고, 느낄까요?

지금까지 고객은 문제에 깊이 빠져 있었다. 이 질문을 통해 그들의 낙관주의를 이끌어 낸다. 고객은 더 바르게 앉고, 찡그린 얼굴을 풀고, 전반적으로 더 가벼워 보일 것이다. 이 단계에서 이런 질문을 하면 원인을 찾아 문제를 해결하는 것에 대한 코칭을 방지하고, 원하는 것에 대한 코칭으로 이끌어 준다.

8. 원하는 결과에 방해가 되는 것은 무엇인가요?

고객의 생각을 확장시킨다. 이 시점부터 새로운 통찰이 나타날 수 있다.

9. 지금 일어나고 있는 일에 대한 당신의 책임은 무엇인가요?

핵심적인 질문이다. 고객은 항상 문제의 일부이며 해결책의 일부이다. 이 질문은 그 가정을 명확하게 하고, 어쩌면 고객이 자신의 행동을 통해 무의식적으로 일부러 문제를 유지하고 있음을 인식하게 될 수도 있다.

10. 최고의 자원을 가진 상태에서 생각해 보세요. 이 문제에 대해 어떻게 생각하시나요?

이 질문은 우리가 혼란을 겪고 있는 상황에서도 그 이면에서는 우리가 무엇을 해야 하는지 알고 있다고 전제한다. 이 질문의 다른 버전은 "만약 당신에게 필요한 모든 용기와 통찰력을 담은 알약을 먹는다면, 당신은 무엇을 할 수 있나요?"이다.

11. 여기서 행동할 수 있는 다른 대안은 무엇인가요?

탐색 질문을 통해 여러 관점에서 살펴본 후에 고객은 변화에 대한 대안을 생각해 낼 수 있다.

12. 어떠한 기준으로 대안을 세워 보시겠습니까?

대안을 세우는 데 고객의 주요한 기준이 있다면 더욱 유용할 수 있다. 기준에는 실용성이나 비용, 가치, 신념, 시간 등이 있으며, 고객마다 그 기준은 다를 수 있다.

13. 그 기준에 따르면 어떤 대안이 최선인가요?

이 시점에서는 실질적인 행동을 하기 위한 선택을 좁혀 가고 있다. 생각만 해 보는 것도 포함된다.

14. 그러면 다음/첫 번째 단계는 무엇인가요?

더 많은 연구를 하거나, 대화를 나누거나, 큰 삶의 결정을 내리는 것 등 답변은 다양할 수 있다.

15. 언제 실행하시겠어요?

언제라는 계획을 세우면, 고객이 실제로 행동할 확률이 더 높아진다.

코칭 대화를 위한 프로세스

코칭이 처음이라면 코칭 대화를 위한 프로세스를 활용하면 도움이 될 수 있다. 많은 프로세스 중에서 가장 알려진 것 중 하나는 GROW로 Goal(목표 설정), Reality(현실인식), Options(대안탐색), Will[will you do?](실행의지)을 의미하는 약자이다. 프로세스의 장점은 쉽게 기억할 수 있으며, 코칭 대화에서는 자연스러운 질문의 순서가 있어야 한다는 것을 상기시켜 준다. 이는 초보자가 흔히 하는 실수인 목표를 묻고 바로 대안탐색으로 넘어가는 것을 방지한다.

> 코치: 그래서 오늘 목표에 대해 정리를 해 보시겠어요?
>
> 고객: 네, 제가 운동량을 늘리는 방법입니다.
>
> 코치: 좋아요, 그럼 어떤 것을 해 보실 수 있나요?

이것은 코칭의 모습으로 완벽해 보일 수도 있지만 고객은 문제 상태에서 나아가지 못할 가능성이 크다. 이 질문은 고객이 이미 시도한 노력을 묻는 것이고, 고객에게 어떤 상황에서 무슨 일이 일어나고 있는지, 고객이 그것을 통해 정말 이루고 싶은 것은 무엇인지를 탐색하지 않았기 때문이다.

OSCAR 모델

몇 년 전 국제 코칭 콘퍼런스에서 Karen Whittleworth와 Andrew Gilbert가 OSCAR 모델을 소개하는 회기에 참석할 기회가 있었다. 이 모델은 바로 마음에 들었고, 이후 공동 저서인 『코치로서의 관리자(Manager as Coach)』(2012)라는 책의 기반이 되었다. OSCAR는 GROW에 비해 여러 가지 장점이 있다. 가장 중요한 것은 중앙의 C가 선택(Choices)과 결과(Consequences)로서 고객이 대안을 세우는 것뿐만 아니라 그것을 실행했을 때의 결과까지 고려하는 질문을 한다는 것이다. GROW의 W가 C로 인해 더 명확한 행동(Action)과 검토(Review)로 대체되었다.

나는 훈련하는 모든 코치에게 OSCAR를 소개하고 코치들이 이 모델의 간결함, 실용성, 기억하기 쉬움을 좋아하는 것을 보았다. 이미 경험 많은 코치라면 어떤 모델이든 활용할 수 있거나 모델이 전혀 필요하지 않을 수도 있다. 하지만 초보자라면 이 모델은 유용하게 사용될 것이다.

OSCAR 프로세스는 다음과 같다.

결과(OUTCOME): 목적지	• 오늘의 회기에서 당신이 달성하고 싶은 것은 무엇인가요?(단기 목표는요?) • 당신의 장기적인 목표는 무엇인가요? • 그 장기적인 목표를 성공적으로 이루었을 때 어떤 모습일까요? 지금과는 무엇이 달라질까요? 이 질문을 통해 고객이 제기한 '주제'에서 원하는 '목표'를 찾는 것을 명확히 하는 데 도움을 준다.

상황(SITUATION): 시작점	• 현재의 상황은 어떤가요? • 실제로 무슨 일이 일어나고 있나요? • 누가 관련되어 있나요? • 무엇이 지금 문제가 되고 있는 건가요? 이 부분은 고객이 현재 어디에 있는지 명확하게 이해하는 데 도움을 준다. 이 과정의 목표는 고객의 인식을 향상시키는 것이며, 코치가 아닌 고객을 위한 질문이다.
선택(CHOICES)과 결과(CONSEQUENCES): 대안	• 이미 시도해 본 방법은 무엇인가요? • 어떤 선택안이 있나요? • 어떤 대안을 선택할 수 있나요? • 각 선택의 결과는 무엇인가요? • 어떤 선택들이 가장 좋은 결과를 가져올까요? 이 부분에서는 고객이 가능한 한 많은 대안적 행동 방안을 생각할 수 있도록 돕고, 각 선택의 결과(장점과 단점)에 대한 인식을 높이는 것이며, 실용성이나 비용, 고객의 가치와의 적합성 등을 포함한다.
행동(ACTIONS): 상세 계획	• 어떤 행동을 해 볼 것인가요? • 다음에 무엇을 할 것인가요? • 어떻게 할 것인가요? • 언제, 누구와 함께할 것인가요? • 1에서 10까지의 척도에서 이러한 행동을 할 의향이 얼마나 되나요? 이 부분에서는 고객이 만든 대안을 검토하도록 돕고, 앞으로 나아갈 단계를 명확히 하여 자신의 행동 계획에 대해 책임지도록 돕는다.
검토(REVIEW): 잘 진행되고 있는지 확인하기	• 잘 진행하기 위해 스스로 어떻게 검토를 할 것인가요? • 잘 진행되게 하기 위해 코치인 제가 어떻게 하면 좋을까요? • 실제로 어떠한 것들을 실행하고 있나요? • 이러한 행동들은 당신이 원하는 목표에 얼마나 가깝게 해 줄까요?

GROW와 OSCAR 같은 프로세스, 그리고 나의 '마법' 질문 목록은 유용한 가이드일 뿐 고정된 메뉴얼로 보아서는 안 된다. 프로세스의 역할은 물어볼 수 있는 질문의 순서와 형태를 유지하도록 도울 뿐이며, 코치 자신만의 프로세스와 스타일을 개발할 때까지 활용할 뿐이다.

요약하기

요약하기는 중요하다. 처음에는 고객의 이야기 흐름을 불필요하게 방해하는 중단처럼 보일 수도 있다. 하지만 이는 잘못된 인식이다. 첫째, 요약을 정확하게 하려면 경청해야 하므로 이는 당신이 경청하고 있다는 것을 나타낸다. 둘째, 고객에게 그들의 상황을 잘 이해하고 있다는 안심을 준다. 특히 고객이 강렬하고 장황하게 이야기를 한 이후에는 요약하기가 필요하다. 또한 요약하기는 당신이 계속해서 대화에 참여하고 있음을 알게 하고, 당신이 고객이 말하는 것을 제대로 이해하고 있는지 확인하는 기회를 제공한다.

코치의 요약하기는 한 방향 대화가 아닌 양방향 대화로 만든다. 고객의 이야기가 복잡하게 얽혀 혼란스러워진다면 그것은 요약이 필요하다는 신호이다. 그럴 경우, 고객에게 "A와 B와 C 등을 이야기하셨는데, 요약해 본다면 ……하시다는 거지요?"라고 말할 수 있다. 요약하기는 우리가 수준 1의 경청(p. 75 참조)을 넘어서는 데 도움을 준다. 언제든 요약할 수 있다는 것을 알고 있다면, 고객의 이야기를 존중하면서도 올바른 코칭 방향으로 돌아갈 수 있게 된다. 제대로 된 요약은 다음과 같은 특징이 있다.

- 코치의 판단이 포함되지 않는다.
- 코치가 임의로 해석하지 않는다.
- 고객이 사용한 언어를 사용한다.
- '제가 이해한 것이 맞나요?' 또는 '우리가 어디까지 왔는지에 대한 적절한 요약인가요?'라는 질문으로 끝난다.
- 요약은 간결해야 하며, 고객과 동일한 길이로 이야기를 반복하는 것이 아니다.

유용한 요약하기는 다음과 같다.

- 유용할 수 있도록 여기까지 진행 상황을 요약해 볼까요?
- 당신이 제시한 주된 의견은 ……으로 서너 가지 정도로 보입니다.
- 여기서 당신이 제시한 의견을 정확히 이해했는지 제가 확인해도 될까요? 즉, 당신이 느끼는 것은…….
- 그러니까 지금까지 요약하면…….
- 아니면 코치가 간단하게 "그래서 이것에 대해 화가 나거나/슬프거나/행복하거나/혼란스러운 건가요?"라고 할 수 있다.

긍정적인 결과 가정하기

최고의 코치들은 자연스럽게 긍정적인 결과를 가정하는 언어를 사용하는 데 능숙하다. 실제로 이는 숨겨진 주문이다. 의식적으로 성공이 필연적이라는 것을 전달하는 구조에 들어가게 한다. 이것은 의학에서 플라시보 효과에 해당하는 언어적 효과이다. 의사가 가짜약을 환자에게 주면서 효과가 있을 것이라고 설명하면 약에 어떤 활성 성분이 들어 있지 않음에도 불구하고 환자가 호전될 수 있다. 최면 치료자들도 같은 방식을 사용한다. 예를 들어, "내가 열까지 세면 당신의 팔이 무거워질 것입니다."라고 말하는 것이다.

플라시보 효과를 알지 못하는 코치는 다음과 같이 말할 수 있다.

> 만약에 프레젠테이션을 할 때 긴장을 조절하는 방법을 배우려고 시도하는 게 가능하다면, 아마도 당신의 목소리 문제가 사라질 수도 있지 않을까요?

밑줄로 표시된 문장은 코치가 확신하지 못하고 있다는 불안감을 전달한다. 이런 불안감은 고객도 의구심을 갖게 만든다.

능숙한 코치는 다른 구조를 사용할 것이다.

당신이 신경을 억제하는 법을 배우고 나면, 당신의 목소리 문제는 사라질 것입니다.

최근에 한 초보 코치의 축어록 녹음에서 이런 대화를 들었다.

고객: (매우 불안한 목소리로) Sharon에게 화를 내지 않는 방법을 모르겠어요. Sharon과 대화를 할 때마다 저는 너무 짜증이 나요. 마음에 들지 않는다는 티를 내 보기도 하지만, 결국 제가 화를 폭발하게 될까 봐 두려워요. 그러면 Sharon은 제가 괴롭혔다고 고소하겠다며 협박할 것 같아요.

코치: 글쎄요, 우리가 앞에서 논의했던 조금 다른 방식으로 대화를 시도해 본다면 조금 다른 결과가 나올 수도 있을 것 같아요.

고객: (의심스러운 표정으로) 음…… 그럴 수도 있을까요?

코치: 네, 한번 시도할 수 있으면 해 보세요. 효과가 있을 수도 있으니까요.

앞의 예시를 보면 코치가 격려하려고 노력하면서도 지시적이지 않으려는 과정에서 복잡하고 잠정적인 언어를 사용하고 있다. 이 때문에 고객에게는 코치가 제안한 방법이 효과가 없을 수도 있다는 불확실성이 전달되고 있다. 초보 코치는 슈퍼비전에서 이에 대한 질문을 받자 놀라면서 "하지만 저는 효과가 있을 거라고 믿었어요!"라고 말하였다. 이러한 상황이 재연되지 않기 위해 다음과 같이 성공을 가정하는 구문을 사용한다.

- 당신이 계속해서 발전됨에 따라…….
- 이것을 배우면…….
- 익숙해지면 ……이 느껴질 것이다.
- …… 때 나아졌다고 느낄 것이다.
- 이 기술을 대여섯 번 연습했을 때, 당신은 ……을 발견하게 될 것이다.

마찬가지로 고객에게 무언가가 **어렵거나 까다로울** 것이라는 부정적인 말을 하지 않도록 주의해야 한다. 기본적으로 코치의 역할은 성공을 기대하며 이 긍정의 힘을 고객에게 전달하는 것이기 때문이다. 이는 성공의 가능성을 높인다. 무언가를 **어렵다고** 먼저 규정해 버리면 실패를 생각하게 된다. 예전에 나의 무용 선생님 중 한 분이 특정 무용 동작 순서가 **걸림돌**이 될 것이라고 말하여 나 자신뿐만 아니라 수강생들의 배움을 2배로 힘들게 만들었다. 당연히 우리는 그 무용 동작에서 실수하였다. 반면에 다른 반의 선생님은 우리와 같은 실력의 수강반에서 쉽다거나 어렵다는 것에 대해 말하지 않았고, 우리가 어려움을 겪었던 무용 동작에 대해 조금 더 천천히 가르치면서 충분히 할 수 있다고 말해 주며 열심히 가르쳤다. 그 반의 수강생들은 해냈다.

물론 이 모든 것은 현실적인 것을 바탕으로 해야 한다. 고객이 스스로 납득하기 어렵거나 기대치를 너무 높게 잡아 비현실적일 때는 적당하지 않다. 하지만 전반적으로 근거 있는 낙관주의가 장애물에 대해 섣부르게 예측하는 것보다 훨씬 더 나은 결과를 가져온다고 나는 생각한다.

고객이 구체적으로 표현하도록 유도하기

고객이 어떤 문제에 대해 당황하거나 화를 내거나 우려하는 경우, 종종 지나친 일반화나 주장 혹은 비교를 통해 문제를 설명하려는 경향을 보일 수 있다. 이는 논리보다 감정이 앞섰다는 신호이며, 고객에게 지금 이 문제가 중요하다는 신호이기도 하다. 고객에게 문제에 대하여 구체적으로 말하도록 유도하는 것이 문제의 핵심을 파악하게 하는 가장 빠른 방법일 때가 많다.

다음은 이 기술을 사용하는 방법에 대한 몇 가지 예이다.

- 고객이 비교한다: 내가 겪어 본 상사 중 최악의 상사예요.
- 코치가 비교에 대한 구체화를 제시한다: 어떤 면에서 최악인가요? 아니면 구체적으로 어떤 점이 더 나빴나요?

- 고객이 일반화한다: 그 상사는 항상 늦어요.
- 코치는 일반화에 이의를 제기한다: 예외가 있을까요?
- 고객은 단호한 주장을 한다: 저는 이 조직의 운영 방식이 마음에 들지 않아요.
- 코치가 구체적인 예를 들어 달라고 요청한다: 조직의 운영 방식 중 구체적으로 어떤 점이 마음에 들지 않나요?
- 또는 코치가 정반대의 예를 들어 달라고 요청한다: 조직에서 모든 것이 잘 진행된다면 구체적으로 어떤 일이 일어날까요?
- 고객에게서 확고한 신념이 나타난다: 저는 이 채용 프로그램이 어떻게 구성될 것인지 정확히 알아야 합니다.
- 코치는 그 신념을 바꾸면 어떤 결과가 나타날지 질문한다: 채용 프로그램이 어떻게 구성될지 정확히 알지 못한다면 어떻게 될까요?

여기서 '**해야 한다**'와 '**해야만 한다**'를 주의 깊게 살펴봐야 한다. 예를 들어, 고객이 "계획 변경에 대한 사전 통보를 받아야 한다."라고 말하는 경우 코치는 "변경에 대한 사전 통보를 받는 것이 당신에게 어떤 도움이 되나요?"라고 질문할 수 있다.

또한 '**할 수 없다**'는 것은 강하게 자리 잡은 자기 제한적 신념을 나타낼 수 있다.

고객: 저는 내 업무 방식을 바꿀 수 없어요.

코치: 무엇이 당신을 막고 있나요?

명사화 표현 주의하기

언어학 연구에서 나온 새로운 용어 중 하나가 **명사화**(nominalizations)이다. 명사화란 명사, 형용사 또는 동사가 추상적인 개념으로 바뀐 것이다. 이러한 단어는 모호하기 때문에 정치인, 설교자, 광고주들이 주로 사용한다. 예를 들어, 정치인은 의료 서비스의 **현대화**, 학교의 **우수성** 또는 정부의 **효율성**을 약속한다. 동기부여 강사는 **가치**, **행복** 또는 **진실**에 대해 이야기한다. 이러한 말을 이해하기 위해서는 우리가 직접 모호한 그 의미의 빈칸을 채워야 한다. 행동이 구체적으로 명시되지 않았기 때문이다. 실제로 많은 정치인의 연설에서는 동사가 거의 없는 경우도 있다. 청중들은 각자가 만들어 낸 의미가 전체의 공통적인 의미라는 착각에 빠져들게 된다. 코칭에서도 이런 상황이 발생한다. 고객들은 때때로 **불행**에 갇혀 있다고 말하거나, **깨달음**을 구하고 있다거나, **우유부단함으로 인해 마비**되었다는 등 '명사화'로 자신의 상황을 표현한다. 고객의 말이 명사화인지 아닌지 확실하지 않다면 고객에게 그것을 실제로 살 수 있는지, 물리적 실체로 가지고 다닐 수 있는지, 실제 행동으로 볼 수 있는지 질문해야 한다. 구체화되어야 문제의 핵심을 명확히 이해할 수 있다.

명사화 표현을 들으면 고객에게 구체적으로 물어본다. 다음은 예시이다.

> 고객: 우리 조직은 우울한 기분이 들어요.
>
> 코치: 우울하다니 흥미로운 단어네요. 정확히 어떠한 점이 우울한가요?
>
> 고객: 시니어 팀으로서 우리가 실제로 진행하는 일과 동떨어져 있는 것 같아요. 밖으로 나가는 것을 두려워하는 것처럼 근사한 사무실에 숨어 있는 것 같아요. 정말, 실제로도 그런 것 같네요. 직원들은 우리가 다른 팀들과 단절되었다고 생각하는데 어떻게 해야 할지 잘 모르겠어요.

이렇게 대화를 진행하면 코치는 고객의 '**우울하다**'는 표현이 슬픔, 불안 또는 임상적인 우울증이 아닌 것을 알게 된다. 고객이 실제로 의미하는 것은 훨씬 더 구체적인 것이다.

고객의 언어에 집중하기

효과적인 코칭을 위해 코치는 고객의 언어를 알아차리고 파악해야 한다. 고객이 자신에게 정말 중요한 문제에 대해 이야기하는 경우에는 그 표현이 더 생생해지고 직접적이 되며 때로는 은유적 표현으로 변하게 된다. 이를 통해 고객에게 정말 중요한 것이 무엇인지 알 수 있게 되므로 코치는 고객의 언어에 항상 집중해야 한다.

Sean

Sean은 BBC의 한 경영진으로, 군사적인 비유를 지속적으로 사용하였다. "**병사들은 적과의 전투**에서 최전선으로 나갈 것이며, 이 **전투**는 즐거운 **대결**이 될 수도 있고 **핵전쟁**으로 번질 수도 있었습니다." 이러한 표현을 그에게 피드백했을 때, 그는 놀라며 생각에 잠겼다. "그랬군요."라며 그는 말했다. "저는 제 부서가 생존 경쟁에 참여하고 있다고 생각했어요. 우리는 독립 제작사들과 BBC의 결정권자들과 계약을 두고 싸우고 있고 만약 우리가 이기지 못한다면 모든 제작자가 해고될 거예요."

은유의 중요성

은유를 사용하지 않고 추상적 개념을 탐구하는 것은 사실상 불가능하다. 사실 우리는 생각보다 훨씬 더 많은 은유로 대화를 가득 채우고 있다. 우리가 사용하는 단어 25개 중 1개는 은유일 수 있다. 이러한 언어가 우리의 사고방식에 얼마나 강력하게 영향을 미칠 수 있는지 결코 과소평가해서는 안 된다.

이러한 사실은 스탠퍼드 대학교의 두 연구자인 Paul Thibodeau와 Lera Boroditsky의 실험에서 입증되었다. 실험 참가자들은 가상의 도시에서 발생한 범죄에 관한 통계와 기사를 읽어 보게 된다. 이 실험 보고서는 실험을 위해 두 종류로 작성되었는데, 그중 한 세트에는 범죄가 도시를 **잡아먹는다**는 의미의 '**야수**'라는 단어가 포함되었고, 다른 하나에는 '도시를 **감염시키는 바이러스**'라는 은유를 사용하였다. 이 단어들은 단 한 번만 사용되었으며, 참가자들에게 문제해결을 위한 조치를 하도록 하였다. '야수'에 노출된 그룹은 강력한 경찰 조치(**사냥**, **체포**, **투옥**)를 제안한 반면, '바이러스' 비유에 노출된 그룹은 **진단**, **근본 원인**, **치료법**, 사회적 조치를 찾는 진단을 선호하였다. 흥미로운 사실은 자신의 추천이 은유에 영향을 받았다고 답한 응답자는 거의 없었으며, 대부분 통계에 영향을 받았다고 응답했다는 것이다. 이는 모든 종류의 정치 및 사회적 담론에 심각한 영향을 미칠 수 있다. 예를 들어, **이민자가** '**밀려든다**'거나 '**범람한다**'는 등의 문구를 헤드라인에 사용하거나, 월급을 많이 받는 상사를 '**살찐 고양이**'로 묘사하는 신문은 우리의 태도에 큰 영향을 미쳤을 가능성이 높다. 이러한 은유의 사용은 코칭에서도 큰 시사점을 줄 수 있다. 고객에게 같은 이야기를 다른 은유를 사용하여 설명하도록 요청하는 것만으로도 문제에 대한 생각과 느낌이 확연히 달라질 수 있기 때문이다.

Sean의 예시에서, 은유를 통한 대화의 핵심은 다음과 같이 진행되었다(간결하게 축약).

JR: Sean, 당신이 전쟁, 싸움, 핵 등 사용하는 용어에서 군사적 은유가 많다고 느껴지네요.

Sean: (약간 놀라는 것으로 보임) 네, 맞아요.

JR: 실제로 전쟁이나 싸움이라고 생각하게 한 근거는 무엇인가요?

Sean: (긴 침묵) 그들의 행동이 그렇게 보이나 봐요. (약간의 시간을 가지고 설명)

JR: 그렇군요, 그러나 이 방에는 그들이 아니라 당신만 있잖아요. 이렇게 설명하는 것이 본인의 행동에 어떤 영향을 미친다고 생각하나요?

Sean: (또 다른 긴 침묵) 많은 영향을 미치는 것 같아요. (이에 대한 설명)

그런 다음 Sean의 표현 방법이 업무에 얼마나 효과적이라고 생각하는지에 대해 논의하였다. 그 답변은 "전혀 효과적이지 않아요. 사실 완전히 역효과를 낳았죠."였다.

JR: 여기서 몇 가지 다른 단어로 이야기를 해 보죠. 다른 표현으로 한다면 어떻게 할 수 있을까요?

Sean: 타협, 협상, 대화라고 할 수 있을 것 같아요.

JR: 그렇게 표현하니 어떤 느낌이 드나요?

Sean: (갑자기 활기차게) 완전히 다르죠. 이건 저를 생각하게 만드네요! 새로운 접근 방식이 필요해요. 그렇지 않으면 예전과 똑같은 방식으로 계속 진행할 거예요.

이 대화는 부서를 위한 새롭고 성공적인 전략 수립의 시작이라는 전환점이 되었다. 이 코칭을 통해 Sean은 오랫동안 느꼈던 갈증을 채우기 위해 긍정적 영향력과 협상 기술을 개발하고 연습하기로 하였다.

명료한 언어

탐구적 언어, 특히 은유에 대한 개념은 20세기 중반의 저명한 최면 치료자 Milton Erikson의 연구를 기반으로 David Grove 등의 NLP(신경 언어 프로그래밍) 전문가들이 더욱 세련되고 접근하기 쉽게 발전시켰다. 이 아이디어는 Wendy Sullivan과 Judy Rees의 『명료한 언어(Clean Language)』(2008)라는 책에 잘 설명되어 있다.

핵심 명제

- 코치는 비유와 은유를 포함한 고객의 정확한 언어를 주의 깊게 관찰하여야 한다.
- 고객의 단어를 코치가 정확하게 사용하면 모든 코칭/멘토링의 필수 기반인 라포가 형성된다. 고객은 깊게 이해받고 있다고 느낄 것이다.
- 코치는 가능한 한 자신의 전제, 해석, 가정이 없는 '명료한' 문구를 사용한다.
- 코치는 고객의 말에 수반되는 비언어적 신호(예: 팔짱을 낀 손, 심장 위의 손, 흔들리는 발 등)에 주의를 기울여야 하지만, 팔짱을 끼면 방어적이라는 식의

일반적인 해석에 매몰되지 않는다.

- 코치는 고객이 자신의 언어적 · 비언어적 표현에 집중할 수 있게 하고 이를 확장하여 해석하도록 요청한다.
- 이를 통해 고객은 자신의 지각 세계(예: 자신의 가정, 장애물 및 장벽)를 이해하고, 이러한 요소가 변화시키고자 하는 행동과 어떻게 연결되는지 확인할 수 있다.

명료하지 않은 언어: 예시

고객: 일에 너무 갇혀 있는 것 같아요

코치: 그렇다면 어떻게 탈출구를 찾을 수 있을까요?

이 예에서는 코치가 고객이 탈출구를 찾고 싶어 한다고 가정한 것을 알 수 있다. 코치는 고객이 일에서 탈출하는 것이 바람직하다고 느끼고 고객을 특정 방향으로 생각하고 행동하도록 유도하고 있다.

명료한 언어 사용

고객: 일에 너무 갇혀 있는 것 같아요.

코치: 어떤 종류의 갇힘을 말하는 건가요?

고객: 깊은 구덩이에 갇혀서 빠져나올 수 없어요.

코치: 깊은 구덩이에서 빠져나오지 못하면 어떻게 될까요?

고객: 그냥 내면에 깊게 빠져서 나 자신의 마음을 닫아 버려요(팔로 자신의 몸을 감싸며).

코치: (고객이 팔을 감싸는 모습을 미러링하며) 그런 일이 발생하고 스스로 문을 닫으면 그다음에는 어떻게 되나요?

고객: 나는 도움을 요청하지 않는 편이지만, 실제로는 도움을 받아야 해요!

코치: 만약 도움을 요청한다면 어떤 일이 일어날까요?

고객: 그 상황에서 나갈 수 있을 거예요. 사실 그렇게 해야 되고, 나는 그렇게 할 거예요!

실행 방법

고객의 말을 천천히 따라 하면서 질문에 궁금증과 호기심을 내포하고 있어야 한다. 고객의 말에서 느껴진 독특한 강조와 발음에 따라 고객의 언어, 은유 및 비유만을 세심하게 사용하여 질문하여야 한다.

유용한 표현들

- 그 [ ]는 어떤 종류의 [ ]인가요?
- 그 [ ]는 어디서 비롯된 것인가요?
- 그것은 무엇과 같나요?
- 그리고 다음에 무슨 일이 일어나나요?
- [ ]에 대해 더 알고 싶은 것이 있나요?
- [ ]에 대해 더 말해 줄 수 있나요?
- [ ]가 당신에게 무엇을 의미하나요?
- 만약 당신이 [ ]를 가졌다면, 무슨 일이 일어날까요?

명료한 언어의 원칙을 사용하면 고객에게 변화의 순간을 선물해 줄 수 있다.

Fran

Fran은 그녀의 상사로부터 업무 성과에 대한 의문을 제기 받아 코칭에 참여하게 되었다. Fran은 최근에 리더로 임명되었지만 전에 보여 줬던 자신의 업무 능력은 상실되었다. Fran은 팀원들의 신뢰를 잃고, 지각이 잦아졌으며, 말도 안 되는 핑계를 대며 중요한 외부 회의에 불참하였다. 상사의 조언도 소용없었다. 상사는 징계 조치가 시작되기 전 '리더십 스타일을 정리'할 수 있는 마지막 기회로 코칭을 제안하였다.

Fran은 첫 번째 회기에서 업무 문제를 다룰 예정이었지만, 실제로는 회기 내내 자신의 사생활에 대해 이야기했고, 라이프 스캔 휠 덕분인지 갑자기 비극적인 자신의 이야기를 쏟아 냈다. 영국계 소말리아 출신인 Fran은 나이지리아 남성과 결혼하였다. 문화적·개인적 차이로 인해 결혼 생활에 문제가 생기기 시작했고, 남편은 아무런 예고 없이 두 아이를 데리고 나이지리아로 떠난 후 돌아오지 않았다. 그녀는 남편이 상당한 빚을 지고 있었고 집도 압류당할 위기에 처해 있다는 사실을 그 이후에 알게 되었다.

이 회기에서 우리는 그녀의 상사에게 그녀의 사생활에 대한 모든 문제를 공개하고 논의하는 것이 필수적이라는 데 동의하였다. 또한 자녀를 되찾고 재정 문제를 해결하기 위해 법률 자문을 받을 수 있는 방법에 대해서도 논의하였다.

몇 주가 지났다. 두 번째 회기에서 Fran은 상사와 팀원들에게 자신의 개인적인 상황을 털어놓았다고 이야기하였다. 그 결과 직장에서의 상황이 극적으로 호전되었다. 그녀는 작은 아파트를 임대하여 살게 되었고, 아이들과 만나기 위해 가정법원 절차를 밟고 있었다. 나는 그녀에게 이 모든 경험에 대한 자신의 감정을 어떻게 요약할 것인지 생각해 보라고 요청하였다.

고객: 파도에 휩쓸린 것 같아요.

코치: 어떤 종류의 파도인가요?

고객: 거대하고 엄청난 쓰나미요. 저는 바닷가에 무력하게 서서 바닷물이 밀려오는 것을 보고 있었고, 바닷물이 다가오는 것을 알면서도 제 자신을 보호하기 위해 아무것도 할 수 없었습니다. (몇 초간 침묵) 무력감에 휩싸여 쓰러진 느낌이었어요.

코치: 쓰러지고…… 무력하고…… 그리고요?

고객: (매우 큰 목소리로) 네, 맙소사, 바로 그런 느낌이었어요. 정말 놀라워요. 제가 거기 있는 것 같아요.

코치: 그리고요?

고객: 그리고 밀물이 들어왔고 저는 무릎까지 잠긴 물에 서 있었어요.

코치: 그 물은 어떠한가요?

고객: (매우 초조하고 긴장하며) 더러웠고, 잔해로 가득했고, 제 인생의 잔해였어요. 사실 저는 집 안에 있는데 물이 집 안으로 밀려 들어와서 서 있는 상황이에요. 그냥 보고만 있었어요. 모든 일이 벌어졌을 때 저는 안전한 언덕으로 도망칠 수 없었어요.

코치: 언덕은 안전할 거예요. (잠시 침묵) 당신은 아직 서 있고 언덕은 안전할 거라고 말했어요. 지금 당신은 어느 쪽을 향하고 있나요?

고객: (놀란 소리로) 오, 맙소사, 옆으로, 옆으로…….

코치: 옆으로. 어느 쪽을 향하고 싶으세요?

고객: 앞으로, 앞으로……. 언덕으로 향하고 싶어요. 쓰나미가 다시는 일어나지 않겠지만 파도는 계속 밀려올 테니까 안전한 곳으로 피신해야 하는데 앞쪽을 향하고 있는 제 모습이 보이네요.

코치: 그렇게 된다면 어떤 기분이 들까요?

고객: (아주 천천히, 그리고 조용히) 조금 무섭지만 훨씬 나아졌어요. 훨씬, 훨씬 나아졌어요.

코치: 그래서 더 나아진 점은 무엇인가요……?

고객: 거의 1년 만에 처음으로 제가 스스로 통제하고 있다는 느낌이 들어요.

나는 Fran의 이마에 약간의 땀이 맺혀 있는 것을 보았다. 그녀는 똑바로 앞을 보고 의자에 앉아서 놀란 표정과 웃는 표정을 번갈아 가며 지었다. 우리는 무슨 일이 일어났는지 이야기하였다. 그녀는 "모든 것을 말할 수 있다는 것, 제 자신의 은유에 대해 귀 기울이고 그것이 얼마나 강력한지 깨닫는 것, 그리고 나를 판단하지 않는 사람에게 이 모든 것을 말할 수 있다는 것은 정말 대단한 일이에요. 다시 통제권을 되찾은 기분이 들어요!"라고 하였다.

2년 후 Fran은 원만한 합의로 이혼을 하고 자녀도 되찾았으며, 다른 도시의 비슷한 직장으로 이직하였다. 그녀는 이러한 성과에 대해 지난 코칭을 되돌아보면서 "쓰나미 대화는 저에게 큰 전환점이 되었으며 결코 잊을 수 없을 거예요." "더 이상 제가 통제할 수 없는 상황에 휘둘리지 않게 되면서 그 이후로 모든 것이 좋아졌어요."라고 말하였다.

감정 탐색하기

이 코칭 핵심 기술은 너무 단순해서 쉽게 간과될 수 있는 위험도 있다. 사실상 모든 고객은 자신의 문제에 대한 '해결책'이 무엇인지 이미 알고 있다.

예를 들면 다음과 같다.

문제	해결 방안
시간 관리를 못하겠어요.	우선순위 정하기
내 커리어를 어떻게 해야 할지 모르겠어요.	논리적으로 파악하고 이성적으로 행동하기
상사가 까다로운 편이에요.	상사에게 피드백하기

고객이 분명해 보이는 길을 실행하기 어려운 이유는 감정이 이를 방해하기 때문이다. 많은 사람, 특히 논리와 합리성을 선호하는 사람들은 논리가 문제를 해결할 수 있다고 생각한다. 경영 개발 과정에서도 논리적 문제해결 방법을 가르치지만, 신경심리학의 연구 결과(제4장 참조)에서 알 수 있듯이 우리의 판단은 감정이 논리를 훨씬 앞선다는 사실에 있다.

논리적인 해결책은 분명하지만 실현하지 못하는 경우가 많다. 앞의 문제에서 고객이 자신의 조언을 받아들이지 못하는 이유는 무엇일까?

우선순위를 정할 수는 있지만,	어릴 적부터 열심히 일해야 한다는 생각에 사로잡혀 있고, 나의 정체성은 일에 얽매여 있다.
논리적으로 파악하고 이성적으로 행동할 수 있지만,	새로움이나 변화가 두렵다.
상사에게 피드백을 줄 수는 있지만,	모든 남성 권위자가 그렇듯이 상사는 나를 두렵게 만든다.

그렇기 때문에 문제를 논리적/이성적으로 바라보는 것과 더불어 감정에 대해서 탐색하는 것도 중요하다. 감정적인 측면은 코칭에서 집중할 가치가 있다. 코치로서 우리의 역할은 고객이 그동안 인식하지 못했던 감정을 표현하도록 돕거나 마음속에 담아 두었던 것을 소리 내어 표현하도록 도와주는 것이다.

주의

코치가 고객에게 감정을 물을 때 감정이 아니라 생각을 대답하는 경우가 있다. 고객은 자신의 느낌을 표현한다고 생각하며 '저는 흥미롭다고/걱정된다고/흥미진진하다고 느껴요.'라고 표현하지만 이는 느낌이 아니라 생각이다. 또는 바로 고객이 '저는 ……하다고 생각해요.'라고 표현하면 그것은 고객의 생각이다.

고객이 '저는 ……해요.'라고 표현한다면 감정을 이야기하는 것이다. 이 차이를 고객에게 알려 주고 감정을 정확히 표현하도록 유도할 수 있다.

감정을 탐색하기 위한 질문은 두 가지 상황에서 가장 효과적이다. 첫째는 문제를 다루기 시작할 때이고, 둘째는 고객이 결정했을 때이다.

참고: 이 영역에서 코치가 물어봐야 할 질문은 몇 가지에 불과하며, 계속해서 물어볼 수 있다.

- 기분이 어떠세요?
- 그 느낌에 대해 좀 더 이야기해 주실래요?
- 그 감정이 구체적으로 어떤 의미인가요?
- 그 감정이 당신의 행동에 어떤 영향을 주나요?
- 좀 더 이야기해 주세요.

토론 이어 가기

닫힌 질문의 활용은 코칭에 많은 영향을 미친다.

'이 주제는 충분히 논의된 건가요?'라는 질문은 답이 '예'라고 정해진 것을 의미하며 다음 장면으로 빠르게 넘어갈 수 있게 해 준다. 여기서도 **연결 질문**을 활용하는 것이 유용하다. 연결 질문은 방금 진행된 토론에 대한 간략한 요약과 다음 장면에 대한 기대감을 유발한다. 다음은 그 예이다.

> 따라서 이 부분에서는 비즈니스에 대한 압박이 여러 가지 방식으로 어떤 영향을 미치는지 살펴보고(간략하게 열거), 이제 각 요소에 대해 더 자세히 살펴볼 계획입니다. 괜찮을까요?

이를 효과적으로 활용하는 방법에 대한 일상적인 예로는 텔레비전이나 라디오의 실시간 토론을 살펴보면 된다. 방송사들은 이러한 연결을 **세그먼트**라 부르는데, 이는 한 주제에서 다른 주제로 매끄럽게 넘어가는 기법을 의미한다.

단순한 진리

코칭에서 기술도 중요하지만 이 장에서 설명한 언어는 단순한 기술을 넘어선다. 코칭을 잘 아는 고객은 코치가 사용하는 모든 '기술'에 대해 잘 알고 있을 수 있다. 고객 중 2년 동안 코칭을 받은 S는 코칭 과정에서 팀 성과 향상을 위한 코칭 기법을 개발할 수 있는 방법에 대해 물었고 나는 그에게 몇 가지 질문을 하였다. 그에게 집중적인 열린 질문을 하자 그는 장난스럽게 "한 번이라도 닫힌 질문을 할 수 없나요?"라고 물었다. 나의 질문이 전적으로 적절했다는 것에 동의하면서 우리는 코칭이란 고객에게 새로운 사고를 확장시키는 것을 의미하고, 그러한 사고를 하는 것이 쉽지만은 않다는 것을 서로에게 상기시키고 있었다.

성공적인 코칭의 언어는 고객이 자신의 강점을 활용할 수 있도록 '코치가 신뢰하는 것'이라는 단순한 진리이다. 질문은 있지만 코치는 답은 알 수 없고 때로는 알 필요도 없다는 것을 이해하는 것, 즉 본질에 집중하는 것이다.

참고

자세한 전체 내용은 www.plosone.org-『은유로 생각하기: 설득에서 은유의 역할(Metaphors We Think With: The Role of Metaphor in Reasoning)』(2011)에서 확인할 수 있다.

제6장

고객의 자기 인식과 학습

코치로서 우리의 주된 역할은 고객의 자기 인식과 학습을 촉진하는 것으로, 이를 위해서는 고객과 코치가 고객의 현 상황에 대한 정확한 이해가 선행되어야 한다. 이번 장에서는 이를 위한 기술을 살펴보려고 한다.

코칭에서는 고객의 다양한 문제를 마주하게 된다. 아주 급한 문제로 보이는 것들도 있고 소소한 문제로 보이는 것들도 있다. 한 고객에게 여러 가지 중요한 직장 및 일상 문제가 동시에 나타나는 것은 매우 흔한 일이다.

고객들은 종종 직장에서의 모습과 집에서의 모습이 다르다고 말한다. 이 자체만으로도 고객의 문제가 내포되어 있는 것이며, 코치가 주의 깊게 탐색해야 함을 알려 준다.

Evan은 자신을 다음과 같이 생생하게 표현하였다.

Evan

나는 출근하기 전에 아내와 아들을 꼭 안아 주고 역으로 걸어갑니다. 가족과 헤어질 때마다 쓸쓸함이 밀려옵니다. 이렇게 하는 동안 내가 만화 캐릭터처럼 느껴집니다. 만화에서 나는 가정적인 남자로, 착하고 온화한 미소를 띠고 있습니다. 하지만 출근을 하면 점차 어둡고 무서운 직장인으로 변신합니다. 가방은 가정적인 남자에게는 어울리지 않는 것이었지만, 직장인에게는 파괴력이 있는 무기처럼 보입니다. 안경은 예리한 눈빛을 더욱 확대시킵니다. 정장은 가정적인 남자에게는 오래된 중고 의류처럼 보일 수 있지만, 직장인에게는 갑자기 완벽하게 어울리게 됩니다. 직장인은 편해 보이는 자세 대신 약 2미터의 거구로 보이며, 힘찬 보폭과 그에 어울리는 무서운 표정을 짓습니다.

Evan은 회사에서 위압적이고 까다로운 리더로 유명하였다. 그는 스스로 무언가 문제가 있다는 것을 인지하고 있었고 코칭을 통해 그 문제의 원인을 파악할 수 있을 것으로 생각하였다. 처음에 그는 우리가 자신의 업무적인 문제만 다룰 것이라고 생각하였다. 그러나 그가 자신의 인생 전체에 대해 이야기했을 때, 가정에서와 직장에서의 두 자아 사이의 연결 및 단절을 발견할 수 있었다.

고객이 코치에게 가져오는 문제가 무엇이든 코치와 고객이 반드시 거쳐야 하는 몇 가지 필수 단계가 있다.

1. 나는 현재 어디에 있고, 나의 삶에서, 직장에서, 관계에서, 어떤 위치에 있나요?
2. 나는 어디에 있고 싶고, 어떤 사람이 되고 싶나요?
3. 그러한 답변을 고려할 때, 나는 어떤 목표를 스스로 설정해야 하나요?
4. 그러한 목표를 어떻게 달성하고 유지할 수 있을까요?

피드백과 자기 인식의 부재: 리더십의 함정

자아 발견의 여정은 고객이 현재 어디에 있는지 면밀히 살펴보는 것에서 시작하는데, 우리 대부분은 이때 알게 된 사실을 종종 간과하는 특성을 보인다.

신이 우리에게 주신 선물은 다른 사람들이 우리를 보는 것처럼 우리 자신을 보는 것이다.

(Robert Burns)

대부분의 사람은 다른 사람들의 시선으로 자신을 바라보지 못한다. 기업 세계에서 고위 직책인 사람들이 얼마나 고립될 수 있는지, 그리고 이러한 고립으로 인해 당사자와 조직이 치를 대가가 얼마나 혹독한지를 알지 못한다. 1990년대 말 Marks & Spencer 사태에 대한 흥미진진한 기업 실패 사례에서 Judi Bevan은 이를 명쾌하게 설명한다. 그녀는 Marks & Spencer를 완전히 붕괴 직전까지 몰고 간 최고 경영자 Richard Greenbury경과 보수당의 몰락을 가져온 Margaret Thatcher를 이야기한다.

> Margaret Thatcher와 마찬가지로 Greenbury는 오랜 기간 집권한 전형적인 리더였다. 항상 자신의 의견에 동의하는 척하는 나약한 사람들에게 둘러싸여 있던 그는, 결국 자신의 충실한 부하라고 믿었던 사람들에 의해 자리에서 밀려났다. Greenbury와 Margaret Thatcher의 유사점은 분명하였다. 두 사람 모두 자존심이 강했으며 위기 상황에서 사람들을 결집시켜 위기를 헤쳐 나가려 했지만, 결국 그 리더십 스타일은 권력의 유혹에 빠져 방향을 잃었다. 두 사람 모두 합당한 후계자를 키우거나 새로운 인재를 영입하는 데 실패하였다. 점점 더 불합리한 행동을 보였지만, 이들의 추종자들은 이익이 있는 한 이를 용인하였다. Margaret Thatcher는 잘못된 세금정책을 시도하다가 실패했고, Greenbury는 수익 붕괴와 Keith Oates를 주축으로 하는 반대세력에 의해 무너졌다. 두 사람 모두 위대한 지도자였지만 **자신의 성격이 주변 사람들에게 미치는 영향을 전혀 인식하지 못한 것이 비극이었다.** 그들은 듣기 싫은 충고를 하는 사람들을 공격하였고 그렇게 그들은 고립되어 갔다(Bevan, 2002).

BBC 경영 개발 과정에 참여했던 젊은 시절, 당시 BBC 사장을 초대해 우리가 BBC의 조직 문제를 어떻게 하면 해결할 수 있을지에 대한 순수한 제안을 했던 기억이 있다. 대부분의 시간 동안 그는 친절하고 정중하게 관심을 보였다. 그러나 그는 BBC 직원들의 의욕에 문제가 있다는 발언에 갑자기 빙하처럼 차갑게 돌변했고, 당시 큰 문제로 받아들여지던 직원들의 의욕 문제에 대해 "지금 직원들의 의욕이 그 어느 때보다 낮다고 말하지 마십시오. 의욕은 늘 낮았습니다. 긍정적으로 생각해 보죠."라며 불쾌감을 강하게 드러냈다. 그 이후 우리는 자기 보호를 위해 소극적인 방식으로 제안을 하게 되었다.

일반적으로 주변 사람들은 우리에게 진실을 말하지 않는다. 리더는 주변 사람들로부터 진실을 듣지 못하고 있다. 상사로부터 진실을 듣지 못하며, 자신이 관리하는 사람으로부터 들을 가능성은 더더욱 희박하다. 리더는 조직에 대한 진실을 듣지 못하고 자신의 리더십 스타일에 대해서도 진실을 듣지 못한다. 그 이유는 명확하다.

첫째, 리더가 문제를 알리는 사람을 탓하는 경향을 보이기 때문이다. 이런 상황에서 동료들은 옳고 그름을 떠나 진실을 알리는 데 망설이는 경향을 보인다. 그저 동료들과 복도에서 비밀스럽게 이야기할 뿐이다.

해고에 대한 두려움은 매우 현실적이다. 대다수의 내부고발은 회사에서 처음부터 심각하게 받아들여지지 않을 가능성이 크며, 회사에서 심각하게 받아들여지게 되는 경우에는 강제로 해고당해 조직을 떠나게 되는 경우가 많다는 사실을 알 수 있다. 피드백을 주는 것은 고도의 기술이며, 거의 모든 경영자 개발 과정에서 배우는 과정임에도 불구하고 여전히 이를 실천하기보다는 논의만 되는 경우가 더 많다. 솔직한 피드백으로 장점을 언급하더라도 듣는 사람은 여전히 비판하는 것처럼 느껴질 수 있고, 얼굴을 마주한 상황에서는 더욱 불편하다. 상대방을 공격하는 것처럼 느껴질 수 있기에 피드백을 받는 사람에게 상처를 줄 수 있다는 우려가 있다.

미국 경영자들을 대상으로 한 대규모 연구에서는 표본의 절반만이 피드백을 요청한 경험이 있다는 것을 보여 주었다(Jackman & Strober, 2003). 피드백을 요청하지 않은 이유 중에는 익숙한 회피 양상이 많이 나타났다. 이러한 이유에는 다음과 같은 것들이 포함되어 있다.

- **어린 시절의 의존성 발현**: 피드백을 받는 것은 부모에게 질책받던 어린 시절의 감정을 잠재적으로 깨우는 것이다. 피드백을 받는 사람은 부모의 기대에 미치지 못하는 행동에 대해 질책을 받을까 두려워한다.

- **미루기**: 피드백을 받는 사람은 무엇인가 잘못되었음을 알지만, 그것을 탐구하고 해결하기를 미루는 경향이 있다.
- **부정**: 그냥 무시하면 좋아질 수도 있다고 생각한다.
- **불안**: 사람은 부정적인 것에 대해 병적일 만큼 집착과 불길함을 느낀다. 문제를 발견할 수도 있는 것에 대한 공포가 확대된다.
- **다른 사람에 대한 질투**: 자신보다 다른 사람들이 더 좋은 피드백을 받을 것을 염려하고, 정말 내 피드백이 부정적이라면 좋은 피드백을 받는 사람과 자신이 비교되는 것을 싫어한다.
- **자기 파괴**: 예상되는 부정적인 것들을 실제로 내가 그렇게 되도록 만드는 방법을 찾는다.

피드백과 자기 인식의 부재를 돌파하기

성공적인 코칭의 필수 조건은 자기 인식의 증대이기 때문에 코칭의 전체 과정은 대부분 피드백을 통해서 이루어진다. 코치들은 코칭의 초기 단계에서 자신만의 효과적인 전략과 접근법을 가지고 있다. 이 다양한 방법 중에 각자 선호하는 방법들이 있겠지만 시간의 제약으로 우리는 이 중 일부를 선택해서 사용하게 된다.

이 단계에서의 핵심 질문들은 다음과 같다.

- 당신은 현재 자신의 모습을 어떻게 보고 있나요?
- 당신이 다른 사람들에게 미치는 영향에 대해 얼마나 알고 있나요?
- 현재 당신에게 가장 시급한 문제는 무엇인가요?

자전적 이야기: 어떻게 여기까지 올 수 있었는가

고객의 지금까지의 삶에 대한 이야기를 듣지 않고 코칭을 마쳤을 때 나는 항상 후회하였다. 만약 이 질문을 해야 한다면 첫 번째 회기가 최고의 기회이다. 이것은 친밀감과 라포를 형성하며, 당신이 고객을 단지 업무적으로만 대하는 것이 아닌 사람 자체에 진심으로 관심을 가지고 있음을 보여 준다. 그 사람의 인격은 그의 경험에서 비롯되었으므로 고객이 그들의 삶의 이야기를 들려줄 때 당신은 고객의 세계를 진정으로 이해하기 시작할 수 있을 것이다.

여기에는 또 다른 중요한 이유가 있다. 사람들에게 권위에 대한 감정은 부모와 교사 같은 권위 있는 인물들과의 관계에서 비롯된다. 또한 우리의 또래 관계는 형제자매, 그리고 어린 시절 친구들과 어떻게 지냈는지에 의해 영향을 받았을 것이다. 이러한 과거의 인간관계 형성은 현재의 리더십, 동료와의 관계, 그리고 지지자로서의 역할에 중요한 영향을 미칠 것이다. 감정 반응의 패턴은 어린 시절에 형성되며, 생물학적 · 심리학적 영향을 받는다(제4장 참조). 고객의 문제를 이해하는 방법으로 고객이 강조하는 것과 생략하는 것의 반복적인 패턴을 찾는 것은 의미가 있으며, 이것은 항상 그들 자신의 자아상과 관련이 있다. 대부분의 고객은 어느 누구에게도 인생 이야기를 온전하게 한 적은 없으며, 온전하게 자신의 인생 이야기를 하는 경험을 즐거워한다.

고객의 생애에 대한 질문

이 회기는 약 30분 정도[1] 소요될 것이라고 고객에게 안내한다(고객과의 약속을 지켜야 하기 때문에 이 30분은 꼭 지켜야 한다). 첫 회기에서 코치가 고객의 생애에 대한 질문을 한 후 코치는 공감의 소리만 낼 뿐, 고객만 홀로 이야기하게 하는 것은 바람직하지 않다.

다음 중 마음에 드는 것을 선택하고, 필요에 따라 자신만의 질문으로 개발하면 된다.

1) 역자주: 저자의 경우 통상적인 코칭 진행 시간을 90분을 기준으로 이야기하고 있다.

- 출생 순서가 당신에게 어떤 영향을 미쳤나요?(예: 외동이거나 네 명 중 막내인 경우 등등)
- 어릴 적 누구를 존경했나요?
- 부모 중 누구와 더 가까웠나요?
- 성장하면서 당신의 가치관에 영향을 미친 것은 무엇인가요?
- 당신의 어린 시절에서 가장 큰 영향을 미친 한 가지 경험은 무엇이었나요?
- 가장 행복했던 기억은 무엇인가요?
- 결혼/배우자/부모 관계가 당신의 삶에 어떤 영향을 미쳤나요?
- 당신은 삶의 힘든 시기를 어떻게 극복했나요?
- 어떤 긍정적인 방법으로 당신이 성장하고 발전했다고 생각하나요?
- 어떻게 당신의 진로 선택을 했나요?
- 자신에게서 발견한 기술과 능력은 무엇인가요?
- 이야기를 하며 스스로 느껴지는 주제와 패턴은 무엇인가요?
- 이 이야기는 우리가 할 코칭과 어떤 연관이 있을까요?

의심과 망설임

코치를 대상으로 하는 강의를 하다 보면 코치들은 '고객의 생애 이야기를 요청하는 것'에 대해 가장 많은 질문을 한다. 심지어 일부 코치들은 이 질문을 해야 하는 것에 대해 겁을 먹는다. 다음은 코치들이 가장 자주 묻는 질문들이다.

> **조직이 코칭 비용을 부담하고 성과에 초점을 맞춰야 한다고 기대할 때, 코치가 업무적 내용이 아닌 개인의 삶에 대한 심리치료와 같은 것을 했다는 것을 듣게 되면 조직에서 이의를 제기하지 않을까요?**

코칭을 시작하기 전에 '고객의 삶 전체에 대해 접근'하는 것에 대해 명확히 설명할 이유가 있다. 이 접근법은 과거를 살펴봄으로써 그 사람이 어떻게 발전하고 성장했는지를 이해하게 되므로 필수적이다. 과거를 살펴보는 데 많은 시간을 소비하는 심리치료와는 전혀 다르다.

만약 조직이 아닌 고객이 같은 이유로 이의를 제기하면 어떻게 해야 할까요?

만약 코치가 이것에 대한 정당성을 충분히 설명하지 않는다면 고객은 이의를 제기할 수 있을 것이다. 특히 코치가 단순히 고객의 과거가 궁금해서 삶 전체에 대해 접근한다고 생각한다면 고객은 이를 거부할 것이다. 하지만 그 장점을 설명하고 납득할 만한 이유를 제시하면 대부분의 고객은 받아들인다. 그럼에도 고객이 거부한다면 그들이 그렇게 생각하는 이유에 대해 정중하게 물어보고 그 의견을 존중해야 한다. 아마도 그 고객은 개인사에 민감하게 반응하고 개인정보를 더 신중하게 다루어야 한다고 생각할 수도 있다. 이런 성향의 고객을 코칭하는 것은 더 힘들 수 있다.

고객과 어느 정도 관계를 형성한 이후 코칭 후반부에 고객의 삶 전체에 대해 질문해도 될까요?

가능하다. 그것은 코치의 판단이다. 하지만 첫 회기에서 그 질문을 하는 이유는 라포를 형성하고 향후 회기에 대한 기반을 마련하는 데 용이하다.

고객이 사별, 학대 또는 방치와 같은 민감한 이야기를 들려주면 어떻게 하나요?

그런 경우도 있다. 많은 리더가 어린 시절에 힘든 시간을 보냈다는 것은 놀랍다. 이것은 고객이 남에게 털어놓기 어려운 민감한 이야기를 코치를 신뢰하여 공유하는 것이기에 훌륭하게 라포가 형성된 것으로 받아들여야 한다. 코치는 자신이 그 이야기를 처음으로 듣게 된 사람이라고 생각하지 말고, 그 이야기를 듣고 코치 자신이 무엇을 해야 할 것이라고 부담을 가질 필요는 없다(제11장 참조). 공감대를 형성하고, 그 경험을 통해 그들이 어떤 감정을 느끼고 그것이 그들의 삶에 어떤 영향을 미쳤는지 물어보아야 한다. 고객들은 코치에게 어떤 것을 말할지 선택할 수 있지만, 코치는 고객에게 더 많은 이야기를 강요할 수 없다. 이러한 삶에 대한 이야기를 나누면서 고객에게 중요한 사건과 정보를 모두 듣게 될 것이라는 기대는 하지 않는 게 좋다. 코치와 고객 사이에 신뢰가 깊게 쌓이면 더 많은 공유가 있을 수 있지만 이것은 시작에 불과하다.

때로는 과거 트라우마가 극복되지 않은 이야기를 들을 수도 있다. 이런 경우 고객에게 선택권을 주어야 한다. 예를 들어, "이건 당신에게 매우 심각하고 속상한 일인 것 같습니다. 이번 회기에서 이 문제에 대해 어떻게 하고 싶으신가요?"라고 질문하며 고객의 대답에 따라 결정해야 한다.

고객의 이야기가 끊어지지 않아 회기 내내 듣고만 있어서 무력감을 느꼈던 적이 있었습니다. 이럴 땐 어떻게 해야 하나요?

이런 상황은 보통 코치가 "**당신의 삶에 대해 말해 주세요.**"와 같이 모호한 질문을 했을 때 발생한다. 고객이 출생부터 시작해 이야기를 이어 가고, 끝날 때까지 고객이 할 이야기의 반도 끝내지 못할 수도 있다. 코치는 이야기를 적절하게 관리해야 한다. 고객들은 어디서부터 시작해야 할지 모를 수 있기 때문에 코치가 안내하지 않으면 고객은 "열여덟 살에 집을 떠났습니다……."로 시작할 수 있다. 질문의 틀은 코치가 만들어 나가기 때문에 필요에 따라 고객에게 약간의 예시를 주거나, 요약하거나, 코칭에 도움이 되지 않는다면 정중하게 중단하는 것도 좋다.

소요되는 시간을 줄일 수 있는 방법이 있나요?

가장 쉬운 방법은 각 질문에 대한 답변이 얼마나 오래 걸리는지 시간을 관리하는 것이다.

코칭 전에 인생곡선 그리기를 고객이 작성해서 오도록 하여 효과적으로 시간을 관리할 수도 있다.

인생곡선 그리기

시트를 작성[2)]하여 지금까지의 당신의 인생 이야기를 표현하고 낮은 지점과 높은 지점을 표시한다.

나이/날짜	저점	고점	설명

Annette

Annette은 컨설팅 회사의 최고 경영자이자 창립 이사이다. 그녀는 애정이 거의 없는 외로운 어린 시절을 보냈다고 스스로를 묘사하였다. 그녀는 두 명의 유명한 연극인의 딸이었는데, 부모는 여러 번 이혼과 결혼을 반복하였다. 그녀가 기억하기로 이복형제는 많았지만 친형제는 없다고 한다. 그녀의 초기 기억에는 파티에서 원하지 않는 화려한 복장을 착용한 일과 아주 어린 나이에 기숙학교에 보내지는 등 암울한 순간들이 남아 있었다. 그녀는 결혼과 자녀도 중요했지만, 남편이 집에서 40마일 떨어진 곳에서 사업을 하는 동안 주중에는 런던에서 일하는 것을 선택하였다.

그녀가 이 이야기를 통한 통찰로 발견한 자신의 패턴은 무엇이었을까? 그녀는 처음으로 평생을 통해 느꼈던 고립된 느낌이 얼마나 광범위했는지를 이해하였다. 이러한 경험

2) 역자주: 국내에서는 시트가 아닌 주로 곡선으로 그리기를 활용하고 있다.

이 그녀를 강인하게 만들었고, 직장에서 어떠한 문제 상황에도 대처할 수 있다는 자신감을 가지게 하였다. 그녀는 자신의 인생 이야기를 들려주면서 "나는 부모님이 연극을 하셨던 직업적인 측면이 내가 업무적인 프레젠테이션을 즐겁게 하는 것과 연결된다는 것을 깨닫게 되었어요. 나는 프레젠테이션을 준비하고, 이를 위해 잘 차려입고, 잘 해내는 것을 즐깁니다. 이런 말은 하고 싶지 않지만, 갑자기 이것이 부모님으로부터 물려받은 것일지도 모른다는 생각이 들었습니다! 사실 제 직업의 까다로운 성격조차도 부모님의 성격과 비슷할 수 있겠다는 생각이 들어요."라고 말하였다.

이제 막 시작한 코칭에서 이러한 고객의 삶 전체에 대한 이야기는 고객이 지금 겪는 문제와 어떤 연관성이 있을까? 그녀는 "제가 여기 온 주된 이유는 직원들과 제 업무 스타일에 대해 더 많이 이해해야 하기 때문이에요."라고 말하였다. 이 회사는 경쟁이 치열한 시장에서 어려움을 겪고 있었고, Annette은 팀원들로부터 그 이유 중 하나로 창업자인 자신이 너무 많은 일을 혼자서 감당하고 있었으며, 직원들에게 매력적인 사람이지만 거리감이 있는 존재라는 이야기를 들었다. "직원들은 제가 그들에 대해 어떻게 느끼는지 모르겠다고 말했어요. 음…… 왜 전에는 이 사실을 깨닫지 못했을까요. 어린 시절 이복형제 사이에서 저를 지키기 위해 감정을 잘 드러내지 않고, 맡은 일을 떠안고, 다른 사람들과 일정 거리를 유지하려 했다는 것을……."

자신의 패턴을 이해하면 미래의 선택을 바꿀 수 있다. 이전에는 이렇게 선택했지만, 이제는 다르게 선택할 수 있다. 다른 사람이 되는 것으로 선택할 수도 있다.

때로는 이야기를 들려주는 것만으로도 모든 것이 해결되는 것처럼 느껴질 때가 있다. 다음 사례가 바로 그런 경우이다.

Michael

Michael은 코칭의 첫 회기에 매우 중요한 문제를 가지고 왔다. 그의 상사인 Felix는 팀원을 네 명에서 여덟 명으로 충원하기로 결정했는데, Michael은 이 변화에 대해 불편감을 느꼈고, 이것은 인사 실수이며 의사결정을 더 복잡하게 만들 것이라고 생각하였다. Felix와 Michael은 개인적으로 가까운 관계였다. Felix는 Michael을 현재의 회사로 데려왔고, 10년 동안 함께 일하였다. Michael의 역할은 사실상 Felix의 특별 고문이었으며 Felix에게 조언하는 일을 하였다. 그들은 업무 외 시간에도 시간을 함께 보냈고 가족들과도 잘 어울렸다.

Michael은 자신의 초기 기억을 설명하면서 특이한 그림을 그렸다. 그는 극단적인 기독교 가정의 여덟 자녀 중 한 명으로 이란성 쌍둥이였으며, 이 가정은 소수의 교회 공동체 안에 속해 있으면서 외부 사회와의 교류에 대해 엄격하고 융통성 없는 배타적인 견해를 가지고 있었다. 그와 쌍둥이 형제는 성장해 가며 점차 직접적으로 가족의 생활 방식, 근본주의적 종교성, 가혹한 규칙, 그리고 사생활이 침해받는 것에 대해 반항하였다. 그들은 부모가 이해할 수 없는 서로만 이해할 수 있는 그들만의 특별한 언어까지 개발하였다. 성인이 되어 그들은 완전히 독립하여 기독교 믿음을 전면 거부하였다. 그 결과로 가족과 단절되기까지 하였다.

이야기를 하던 중, Michael은 갑자기 말을 멈추고 나를 황당하게 쳐다보며, 이마를 치면서 말하였다. "세상에…… 맙소사…… 방금 깨달았어요."

"무엇을 깨달았나요?"

"여덟 명의 자녀……. 새 팀의 규모가 여덟 명이라니! Felix는 내 형제가 아니야! 팀은 내 가족이 아니야!"

Michael이 어린 시절 이야기를 하다가 자신도 모르게 어린 시절의 경험을 업무와 연결하고 있었다는 것을 깨달았다. 그리고 그 문제에서 자유로워졌다. 그는 팀의 변화에 대해 잘못된 인식을 하고 있다는 것을 깨닫고 업무 상황에 대해 완전히 다르게 생각할 수 있게 되었다.

자전적 이야기에 대한 대안적 접근 방식: 하루의 삶

1970년대 초『Sunday Times』신문이 컬러 지면을 시작했을 때, 당시 편집자였던 Hunter Davies는 '하루의 삶'이라는 놀라울 정도로 단순하면서도 흥미진진한 특집을 고안했는데, 종종 '인생의 하루'로 잘못 묘사되기도 하였다. 이 기사의 주인공은 몇 시에 일어나서 하루 종일 무엇을 먹고 마시는지, 어떻게 출퇴근하고 취침 시간까지 어떻게 지내는지 등 평범해 보이는 전형적인 하루를 설명해 달라고 요청받았다. 코칭에서 고객에게 **하루 일과**를 물어보는 것은 고객에 대한 이해를 높이고 라포를 쌓을 수 있는 유용한 활동이며, 하루 일과를 설명하는 것은 어느 정도의 시간이 소요되기 때문에 특히 코칭 시간이 여유가 있을 때 사용할 수 있는 방법이다.

이 활동을 통해 흥미로운 정보를 발견할 수 있다. 예를 들면 다음과 같다.

> 재무 이사라는 직업에 대한 압박감이 너무 커서 매일 밤 가족이 잠자리에 든 한참 후에야 긴장을 푼다는 Clive. 그는 몇 시간 동안 인터넷 서핑을 해야 긴장을 풀 수 있다. 그로 인해 성생활에도 어려움을 겪고 있으며, 출근을 위해 늘 아침 7시에 일어나야 하기 때문에 체력적인 문제도 발생한다.
>
> Man Weh는 홍콩 이민 1세대의 외아들이라는 부담감을 갖고 있다. 연로하신 부모님은 영어를 거의 하지 못하기 때문에 그는 매일 부모님을 만나야 한다. 또한 런던의 중국인 커뮤니티를 지원해 주는 다양한 단체에 자원봉사를 해야 한다는 의무감도 느낀다.
>
> Diane은 고양이 여섯 마리, 개 네 마리, 기니피그 한 마리, 토끼 두 마리를 키우며 자신의 안락함보다 동물의 안락함을 더 우선시한다. 동물과의 충분한 유대감으로 위안을 받고 있기 때문에, 어렵고 더 힘이 드는 인간관계에는 에너지를 쏟지 않고 있다.
>
> Colin은 동네 펍에서 만난 남성들의 털털하고 자유로운 모습을 좋아한다. 이는 직장에서의 경쟁적인 인간관계와는 사뭇 다르다. 펍을 자주 가다 보니 그는 간이나 복부 건강에 좋지 않은 맥주를 더 많이 마시게 된다. 이 사실을 털어놓으면서 그는 자신에게 알코올 문제가 있을지도 모른다는 걱정을 입 밖으로 꺼낼 수 있게 되었다.

360도 피드백

코칭에서는 대부분 고객 스스로의 **이야기**가 주요 정보가 된다. 그러나 360도 피드백을 추가하면 다른 사람들의 **관점**을 추가할 수 있다.

360도 피드백은 고객 주변에서 다양한 관계의 사람들로부터 고객에 대한 피드백을 구하는 과정이다(그래서 360도라는 이름이 붙는다). 이 피드백에는 일반적으로 고객의 직장, 고객이 속한 중요한 공동체의 구성원들이 포함된다. 예를 들어, 동료나 상사 또는 상급자, 고객/고객사, 그리고 직속 부하 직원이다. 가끔 고객은 자신의 파트너나 성인 자녀를 이러한 과정에 추가하기를 제안하기도 한다.

경영진 코칭을 진행할 때는 360도 피드백이 가져다줄 자아 인식의 중요성에 대하여 고객에게 설득력 있게 설명해야 한다. 360도 피드백은 단순히 '하면 좋은 것'이 아니라 비즈니스의 성공에도 필수적일 수 있다. Daniel Goleman의 『새로운 리더(The New Leaders)』(Goleman et al., 2002)에서는 미국 건강관리 회사의 리더십 연구 결과를 인용하였는데, 성과 측정 요소는 10년간의 자기 자본 이익과 주가 등으로 측정되었다. 그는 다음과 같이 말한다.

> 흥미롭게도 가장 성과가 낮은 기업의 CEO들은 스스로를 열 가지 리더십 역량 중 일곱 가지에서 가장 높게 평가했습니다. 그러나 부하 직원들의 평가에서는 정반대였습니다. 직원들은 CEO들의 동일한 리더십 역량에 대해 낮은 평가를 주었습니다. 반대로, 가장 성과가 좋은 기업의 직원들은 CEO에 대해 열 가지 리더십 역량을 높게 평가했습니다(Goleman et al., 2002: 95).

CEO의 자기 인식 수준과 회사의 성공은 비례하였다. Goleman의 연구 중 하나에서 더 높은 직급의 관리자일수록 자신의 평가를 과대평가할 가능성이 더 높다는 것을 발견하였다. 최고경영진은 자신이 다른 사람들과 어떻게 상호작용하고 행동하는지에 대해 가장 정확하지 않은 견해를 가지고 있었다는 것이다.

360도 피드백을 실시하는 방법은 다양하다.

고객이 직접 하는 방법

이것은 가장 간단하고 직접적인 방법이다. 고객에게 직접 여덟 명의 사람을 선택하여 그들과 개인적인 시간을 가진 후에 다음 질문에 대해 정직한 답변을 요청하라고 한다.

- 당신이 생각할 때 나의 장점과 강점은 무엇이라고 생각하나요?
- 당신이 생각할 때 나의 단점과 개선해야 할 점은 무엇이라고 생각하나요?
- 당신이 생각할 때 당신과의 관계를 개선하기 위해 나는 무엇을 해야 할까요?
- 당신이 말한 강점과 그 강점을 더 향상시키는 방법에 대해 한 가지 조언을 한다면 무엇일까요?

고객이 정직한 응답을 들을 수 있도록 피드백 제공자들에게 이 방법의 취지를 이해시키고, 예시와 추가 설명을 통해 더 명확하게 답변하도록 요청해야 한다. 피드백 제공자들이 하는 말은 편집 없이 모두 기록하도록 한다. 이 방법의 장점은 주변 사람들의 피드백이 고객에게 직접 전달되어 고객은 완화된 표현 없이 솔직한 의견을 듣게 된다는 것이다. 그러나 이 방법은 고객이 마음에 들지 않는 피드백을 들었을 때 방어적 태도를 취하지 않을 수 있어야 하고, 피드백을 주는 사람은 솔직하고 직설적으로 표현할 수 있는 능력과 의지가 있어야 한다.

질문지

초기 코치 시절에 리더십 프로그램을 위해 다양한 360도 질문지를 고안하였다. 그러나 내가 고안한 질문지를 포함한 다른 질문지들의 결과를 보고 점차 실망하게 되었다. 지난 몇 년 동안 수십 개의 질문지를 보았지만 훌륭한 질문지는 극소수에 불과하였다.

심리측정 전문가가 고안하지 않은 문항이 많고, 표현이 잘못되어 있는 경우도 있다. 모든 응답자가 같은 항목에 대해 동일하게 해석한다는 보장이 없다. 예를 들면, 5점 척도에서 비슷한 판단을 가진 두 동료 중 한 동료는 4점을 주고 다른 동료는 5점을 줄 수 있다. 포괄적이고 종합적으로 접근한 몇몇 질문지는 수백 개의 항목을 가지고 있어 작성하는 데 상당한 시간이 걸린다. 또 대부분의 응답자들은 대상자에 대해 긍정적인 평가를 하려는 경향이 있어 편향된 결과를 도출하게 되고 오류도 많다. 예컨대, '모르겠다'라는 항목이 없는 경우, 일부 응답자는 '중립'이라 생각하고 5점 척도에서 3을 선택할 수 있으나, 이것은 일반적으로 부정적인 응답으로 간주된다. 동료들에 대해 여러 질문지를 완성해야 하는 사람들은 많은 질문에 지쳐서 가능한 한 빨리 끝내기 위해 의미 없는 선택을 하기도 한다. 진정한 가치는 서술형 응답에 있지만 이러한 응답들은 카테고리별로 한 문장만으로만 요약되어 행동에 대한 유용한 증거라기보다는 단순한 제목으로 남게 된다. 이러한 서술형 응답 중 일부는 이해하기 어렵고 부정확한 문장부호를 사용하기도 한다.

어떤 피드백이든 없는 것보다는 낫겠지만, 이러한 이유로 고객들은 피드백을 무시하는 경향이 있다.

맞춤형 360도 피드백 인터뷰

이것은 360도 피드백의 상위 버전이며 내가 선호하는 방법이다. 질문지 버전과 마찬가지로 고객이 응답자를 지명한다. 응답자들을 신원이 노출되지 않는 기밀 상태에서 호출하여 각각 동일한 구조화된 인터뷰를 진행하며 방향 설정, 리더십 스타일, 성과 관리, 영향력 행사 스타일, 의사소통 등과 같은 다양한 영역을 탐구한다. 이후 인터뷰 내용을 기반으로 고객을 위한 보고서를 작성한다. 내가 작성한 보고서는 일반적으로 7~8페이지이다. 이 방법의 장점은 예시와 명확한 설명을 위해 깊은 인터뷰를 할 수 있다는 것이다. 또한 하급 직원들과 상급자들에게 미치는 영향이 각각 다르다는 흥미로운 모순점도 찾아낼 수 있다. 이 방법의 단점은 좋은 질문, 객관성 유지, 수렴적 사고의 회피, 중요한 주제를 놓치지 않는 능력, 고객이 이해할 수 있는 방식으로 보고서를 작성하는 능력이 필요하다는 것이다. 객관성을 높이기 위해 고객을 한 번도 만난 적이 없는 동료 코치에게 인터뷰 질문과 보고서 작성을 대신 수행하도록 의뢰하거나 파트너로 참여시킬 수도 있다.

요점 전달

모든 형태의 360도 피드백에서 요점 전달은 학습이 시작되는 곳이다. 여기서 코치의 역할은 고객이 피드백이 긍정적이든 부정적이든 중립적이든 있는 그대로 피드백을 받아들이도록 돕고, 부정적인 피드백에만 민감하게 반응하는 고객을 안정시키고 안심시키는 것이다. 피드백은 변화를 강요하는 것이 아니다. 피드백 내용 중 무엇을 주목할 것이며 무엇을 고려하지 않을 것인지를 선택할 수 있음을 고객에게 상기시킨다. 코치는 고객이 고객 자신을 어떻게 바라보고 있는지, 몇 년 동안 받은 다른 피드백과의 관련성을 찾고 자신이 변화하고자 하는 것과의 연관성을 찾도록 도울 수 있다.

360도 피드백은 고객에게 큰 통찰을 주는 경우가 많다.

Annette, 그 이후 이야기

Annette는 다른 사람들이 자신의 진정한 생각과 감정을 모른다는 것을 깨닫고 나에게 피드백을 의뢰하였다.

Annette의 피드백은 다른 사람들이 자신을 어떻게 보고 느끼는지에 대해 놀라운 통찰력을 갖게 해 주었다. 그녀의 팀원들은 그녀를 침착하고 차분하며 세련되었지만, 냉정한 사람으로 여겼다. 또한 그녀의 미래 시장과 트렌드에 대한 현명한 판단력이 회사의 성공에 중요한 기여를 했다고 생각하였다.

위기 상황에서도 침착한 그녀의 가장 큰 장점은 동시에 약점으로도 인식되었다. "그녀가 실제로 감정을 가지고 있을까요?"라고 말하는 사람도 있었다. 이와 마찬가지로 그녀의 집중력 또한 그녀의 장점이지만 남을 소외시킬 가능성을 포함하고 있었다. 한 사람은 "그녀는 우리를 기계로만 보는 것 같아요."라고 말하였다. 많은 사람이 그녀가 후계자를 키우는 데 실패했다며 회사를 위험에 빠뜨릴 수 있다고 지적하였다.

또한 그것이 얼마나 회사에 위험한지 상세하게 설명하였다. 이러한 피드백은 Annette에게 충격적이었다. 그러나 가장 큰 충격은 대다수의 사람이 Annette의 가치관을 모른다는 것이었다. 다른 사람들은 Annette의 핵심 동기가 개인적인 부를 창출하는 것이라고 생각했으며, 그것은 대다수의 직원에게 큰 불만의 요소였다.

360도 피드백은 Annette에게 매우 유용하였다. 이를 통해 그녀는 자신이 어떤 부분을 개발해야 하는지에 대한 자신의 생각과 다른 사람들의 생각을 비교해 볼 수 있었다. 다른 많은 고객과 마찬가지로, 대부분의 비판은 강점을 지나치게 사용했을 때 발생하였다. 이 과정은 그녀에게 어떤 피드백을 주의 깊게 듣고 어떤 것을 가볍게 넘어갈 수 있는지에 대한 결정을 내릴 수 있게 도와주었다.

Annette는 자기 인식 측면에서 이미 성숙하고 집중력 있는 고객이었으나, 때로는 그렇지 않은 고객을 코칭하게 되기도 한다.

360도 피드백 과정 중에 고객은 자신과 다른 사람들과의 인식 차이를 깨닫게 되면서 큰 충격을 받을 수 있다. 여기서 코치의 역할은 안정적이고 침착하게 대응하는 것이다. 고객의 부정적인 특징에 대해 인식하게 하는 것은 코치와 고객에게 모두 큰 부담으로 다가오며 다음과 같이 회피할 수도 있다.

- 이것은 사실이 아니다.
- 당신의 진짜 모습을 보지 못하는 것은 그들의 잘못이다.
- 그들의 컨디션이 안 좋은 날에 인터뷰를 진행한 것이다.
- 이것은 당신의 것이 아닌 다른 사람의 결과이다.
- 이 방법 자체가 잘못되었다.

- 이것은 소수의 사람들의 의견일 뿐이며, 더 많은 사람에게 물어봤다면 달랐을 것이다.
- 이건 예전 모습이고 지금은 그렇지 않다.

기타 등등……

Malcolm

조직에서 가장 높은 직급으로 승진할 준비를 하고 있던 Malcolm은 승진 절차에 대한 코칭을 요청하였다. 그의 코칭 주제에 대해 논의하는 과정에서 현재 업무에 여러 가지 긴급한 문제가 있다는 것이 드러나자 코칭 기간을 연장하여 이를 포함하기로 합의하였다. 360도 피드백이 도움이 될 것이 분명하여 시행한 결과 부정적인 메시지로 인해 작성에 각별한 주의가 필요하였다. 사람들은 Malcolm이 화를 잘 내고, 참을성이 없고, 다혈질이며, 팀원 중 가장 유능한 사람 외에는 누구에게도 만족하지 못하고, 직원들을 성장시키지 못하는 사람이라고 말하였다. 그의 장점은 그의 지능과 전문 지식으로 판단되었다.

동료들에게는 늘 괴롭히는 사람으로 보였던 Malcolm은 회기에서 얼굴이 하얗게 질렸고 화가 나 있었다. 그는 곧 눈물을 흘렸다. 무슨 일로 눈물을 흘리는지 묻자 '수치심'이라고 말하였다. "저와 일한다는 것이 어떤 것인지에 대한 통찰력을 얻었습니다. 저라도 제 밑에서 일하는 게 싫을 거예요. 그들은 저를 좋아하지도 않죠? 내가 어떻게 이런 상황에 이르렀을까요?"

이 회기의 대부분은 Malcolm의 동료들이 그의 어떤 행동을 보았고 왜 그런 영향을 미쳤는지 파악하는 데 집중되었다. 우리는 그가 예민해질 때의 날카로운 눈빛이나 자신의 생각을 설명할 때 손가락을 찌르는 행동, 갈등 시 목소리를 높이는 등 미세한 행동에 대해 살펴보았다.

우리는 Malcolm의 내면에 숨어 있던 실패에 대한 두려움을 알게 되었으며, 이 두려움이 올바른 판단을 방해한다는 것을 발견할 수 있었다. Malcolm의 삶 전체에 대해 살펴보면서 Malcolm은 자신이 동료들을 괴롭히는 것이 어린 시절 아버지의 술주정과 연관성이 있다는 것을 가장 분명하게 인지하였다. "그때는 싸우는 법을 배웠지만, 지금 배워야 할 것은 아버지와 싸우는 것이 아니에요. 아버지는 여러 해 전에 이미 돌아가셨거든요. 저는 아버지를 경멸했지만 같은 행동을 하고 있었어요. 상대방이 나에게 피해를 입힐까 두려워하기보다 먼저 나 자신을 좋아하고, 그런 다음 다른 사람을 좋아하기 시작해야 하는 것이 먼저이겠네요!"

몇 년 후, 다른 자리에서 Malcolm을 만났다. 그는 코칭을 통해 다른 사람들이 자신에 대해 가진 인식을 마주했던 그 순간만큼 두려웠던 적은 없었다며 그 충격이 고통스러웠지만 새로운 삶을 위한 시작이었다고 말하였다.

첫 회기에 유용한 그 외의 자료

고객에게 자신이 어떤 사람인지 파악하는 데 도움이 될 만한 자료를 가져오도록 요청한다. 예를 들어, 최근 평가서, 소속 부서 또는 조직과 관련된 직원 설문조사, 이력서 등이 여기에 포함될 수 있다.

이력서는 사실에 입각한 단순한 문서 같지만 실제로는 고객이 자신을 어떻게 바라보고 있는지, 또는 세상에 자신을 어떻게 표현하고 있는지, 특히 어떤 내용을 제외했는지도 담고 있는 중요한 정보이다. 고객이 최근에 심리검사를 한 적이 있다면 그 결과도 요청한다.

심리검사

'나 자신을 알기' 주제의 일환으로 심리검사를 실시하는 것은 유용하다. 심리검사는 말 그대로 인간의 마음을 측정하는 것으로 수십 년 동안 사용되어 온 학문이다. 무엇이 측정 대상인지, 어떻게 측정해야 하는지, 어떤 방법이 가장 좋은지에 대한 논의는 지금도 치열하게 이어지고 있다. 수천 개의 검사지가 시중에 나와 있지만 그중 상당수는 효용성이 의심스럽다. 설득력 있는 연구 결과가 뒷받침

되고, 이해하기 쉬우며, 고객에게 진정으로 도움이 되는 것으로 입증된 몇 가지 검증된 도구를 사용하는 것이 더 나을 수 있다.

심리검사의 종류

대부분의 사람은 세상을 이해하고 대응하는 방식이 거의 비슷하다고 생각한다. 심리검사는 우리가 다른 사람과 어떤 방식으로 유사하고 다른지를 보여 주는 방법을 제공한다. 심리검사는 많은 시간이 소요될 수 있는 토론을 단축시키며, 심리검사의 언어는 코치와 고객의 관계뿐 아니라 고객과 다른 고객 간에 유용한 공통 언어가 될 수 있다.

2개 이상의 심리검사를 사용하면 각 검사의 접근 방식이 다르지만 모두 가치가 있다. 다음은 코치에게 인기 있는 몇 가지 선택지이다.

- MBTI™: 20세기 중반 Isabel Myers와 그녀의 어머니 Katharine Briggs가 처음 개발하여 그 이후로 지속적으로 업데이트한 Myers-Briggs 유형 지표이다. 융 심리학에 기반을 두고 있다. 고객들은 16개의 성격 유형 중 하나의 선호도를 가지고 있는 것으로 나타난다. 이 지표는 선호하는 스타일을 강조하고 그에 연관될 수 있는 행동에 대한 가설을 제안한다.
- FIRO-B™ : 한국전쟁 당시 미국의 심리학자 Will Schutz가 미 해군을 위해 처음 개발하였다. 이 설문지는 우리가 일반적으로 다른 사람들과 어떻게 행동하는지에 대해 여섯 가지 차원에서 점수를 산출하며, 우리가 다른 사람들과의 상호작용에서 원하는 것을 얻지 못하는 이유를 설명하는 데 도움이 될 수 있다.
- 16PF(16개 성격 요인): 영국의 심리학자 Ray Catell에 의해 처음 개발되었다. OPQ(직업적 성격 질문지)도 16PF와 유사한 장르에 속하는 것으로 알려져 있다.
- Belbin 팀 역할 설문지: 이 설문지는 팀에서 보여지는 아홉 가지 비공식 역할

중 고객이 일반적으로 선호하는 역할을 파악한다.

- **커리어 앵커(Career Anchors)**: 경력 동기를 파악하기 위한 Edgar Schein의 접근 방식이다. 기본 명제는 모든 삶에는 하나의 동기부여가 있다는 것이다. 설문지와 책자(2006)는 그것이 무엇인지 알아내기 위한 포맷을 제안한다. 커리어가 핵심인 고객에게 특히 좋다.
- **Hogan 성격 유형 검사**: 성격의 '밝은 면'을 강조하는 또 다른 종합적인 성격 평가로, 특정 상황에서 경력의 발전을 방해할 수 있는 성격의 '부정적인 측면'을 살펴보는 Hogan 개발 유형 검사와 함께 사용되기도 한다.
- **The Thomas-Kilmann 갈등모드 도구(Conflict Mode Instrument)**: 1970년대에 처음 개발되었다. 다섯 가지 일반적인 갈등 관리 스타일로 구분하여 고객이 어떤 스타일을 선호하고 어떤 스타일을 피하는 경향이 있는지 알 수 있다.
- **에니어그램(Enneagram)**: 에니어그램은 구전으로 전해 내려오는 성격에 대한 접근법으로, 수피 사고(Sufi thinking)에 기반한 것으로 알려져 있으며 영적 차원을 포함하고 있다. 애니어그램에서 정의한 아홉 가지 성격 유형 중 어떤 것이 자신의 스타일인지 파악한다. 일반적인 접근 방식에 대한 유용한 설명을 얻으려면 Palmer와 Brown의 『에니어그램 활용하기(The Enneagram Advantage)』(1998)를 읽어 보기를 권장한다.

심리검사 능숙하게 사용하기

가장 중요한 것은 심리 측정 설문지를 어떠한 이유로 사용하냐는 것이다. 때때로 코치들이 MBTI와 같은 설문지에 지나치게 관심을 보이는 것을 확인할 수 있다. 우리 모두는 다음과 같은 불안감 때문에 이러한 도구와 기법에 끌릴 수 있다.

> 내가 관리하고 해석해야 할 설문지가 있다면 진행하는 데 어려움을 느끼지 않을 것이다. 어떤 질문을 할 것인지에 대해 크게 걱정할 필요도 없다. 도움을 주는 시스템이 있기 때문이다.

이러한 이유로 심리검사를 한다면 고객을 통제하려는 것뿐 아니라 코치 자신의 무능함에 대한 두려움 때문이라는 점을 자각해야 한다. 이런 이유로 설문지나 다른 코칭 도구를 사용하면 두려움과 마주하는 순간을 미룰 뿐이며 역설적으로 수준 1 경청 단계에 머물게 된다(p. 75 참조). 또한 고객에게 정말 필요한지 판단하지 못하고 질문지를 무분별하게 사용하는 경우도 있다. '소년에게 망치를 주면 모든 것에 망치질이 필요하다고 믿게 된다.'는 속담이 있듯이 말이다. 심리검사에 의존하기보다 우선적으로 경청 기술과 질문 기술을 연습하는 것이 중요하다.

이러한 훈련 없이 심리검사를 하면 안 된다. 검사활용자격 교육이 필요하며, 등록된 사용자가 아니면 설문지를 구매하면 안 된다. 교육을 받으면 이러한 도구를 무분별하게 사용하는 것을 방지할 수 있다. 훈련은 비용과 시간이 많이 드는 것처럼 보일 수 있지만, 고품질의 잘 연구된 도구를 사용할 계획이라면 투자한 만큼 몇 배 이상의 보상을 받을 수 있다.

심리검사의 가장 좋은 시기는 코칭을 시작할 무렵이다. 일부 코치는 두 번째 회기에서 여러 가지 도구에 대해 설명하거나 첫 번째 회기 전에 유용할지 여부에 대한 대화를 나눈 후 고객에게 보내기도 한다. 자격과 경험이 있다면 이 방법이 가장 이상적인 방법일 것이다.

심리검사가 아무리 훌륭하고 다양하더라도 한 사람에 대한 모든 정보를 담을 수는 없다. 모든 검사지는 이론적 기반과 설계의 숙련도에 따라 취약점을 가지고 있으며, 검사지는 자기 보고식이기 때문에 항상 실제 모습보다는 자신이 바라는 대로 채워질 가능성이 있다. 일부 검사지는 이러한 경향에 대해 안전장치가 되어 있지만, 완벽한 안전장치는 없으므로 응답자에게 솔직하게 답할 용기와 의지가 있어야 한다. 또한 검사 결과는 검사할 당시의 기분이나 스트레스 또는 특정 위기 상황에 따라 달라진다.

Carl Jung은 MBTI를 '인간 성격의 광야에서 나침반 역할을 하는 도구'라고 표현하기도 하였다. 이는 매우 통찰력 있는 말이다.

심리검사 과정의 핵심은 피드백 논의이다. 고객에게 탐색할 수 있는 시간을 충분히 주고, 질문에 답한 기분이 어땠는지 물어보면서 결과에 대한 비밀 유지를 약속하며 안심시키는 것이 포함된다. 검사지의 기본 이론을 간략하게 설명하면서 고객이 보여 주는 회의감이나 불편함을 자연스러운 것으로 받아들여야 한다. 검사 결과가 자기 인식 및 다른 피드백과 얼마나 일치하는지 살펴보고, 피드백의 결과와 일치하는 행동의 예와 일치하지 않는 행동의 예를 찾아보도록 한다. 마지막으로, 강점과 개발 영역을 살펴보고 이를 어떻게 발전시킬지 합의하는 데 집중한다.

심리검사를 사용하면 고객과 코치 간의 수평적인 관계를 어지럽힐 수 있다. 일반적인 코칭 대화에서는 고객이 정보를 가지고 있고 코치는 공유된 이해를 추구하기 위한 질문을 가지고 있다. 그러나 심리검사를 사용하면 코치는 검사를 통해 전문적인 정보를 가지게 된다. 이는 고객에게 불리하게 작용할 수 있으며, 많은 고객이 검사를 하는 이유를 잘 모를 때 작성하는 것에 대해 불안감을 표현하는 이유일 수 있다.

심리검사가 고객이 감추고 싶은 것들을 드러낼 수 있지 않을까요?

심리검사를 잘못 사용하면 동료 코치의 표현처럼 심리적 강간이 될 수 있다. 즉, 전문 지식을 활용하여 고객에게 "당신은 끔찍하고 불쾌한 존재입니다."라고 말하는 것이 될 수도 있다.

- 검사지를 보면 당신이 팀을 운영하는 방식이 민주적이지 않다는 것을 알 수 있다.
- 스트레스를 더 잘 관리하지 않으면 당신은 무너질 위험에 처해 있다.
- 당신은 왜 업무를 나눠서 진행하지 못하는가?

따라서 코칭과 마찬가지로 여기에서도 신뢰와 존중이 우선시되어야 한다. 가능한 한 안심시켜 주려 노력한 후에도 고객이 원하지 않는다면 진행하지 말아야 한다. 또한 어떤 심리검사이든 자발적으로 참여해야 한다. 검사 결과를 바탕으로 고객이 할 수 있는 일이나 할 수 없는 일(직업, 기술, 관계)에 대해 자의적으로 단정하는 경향이 있는지 주의해야 한다. 그 어느 검사도 충분한 예측 타당성을 가지고 있지 않으며, 어떠한 경우에도 그러한 주장은 남용이 될 수 있다. 검사 결과는 가설일 뿐이다. 모든 해석을 고객에게 맡겨야 한다. 해당 검사와 관련된 결과를 고객과 공유하여 수평적인 관계를 유지하고 코치와 고객에게 영향을 미칠 수 있는 편견과 맹점을 끊임없이 인식해야 한다.

검사 결과가 고객 자신의 생각과 상관없이 고객을 설명해 주는 최종적인 결과라고 생각하기 쉽다. 검사지에 대한 논의 중 가장 중요한 질문 중 하나는 '이 결과가 어떻게 보입니까?' 또는 '이 결과가 자기 인식과 어떻게 일치합니까?'이다. 여기서 고객의 답변이 최종 결론이어야 한다.

기업 코칭일 경우, 조직에서 필요로 하는 목표와 개인 생활에서의 목표를 함께 검토하는 것이 필수적이다. 이것은 다음 장에서 다루도록 하겠다.

제7장

미래 선택

코칭을 위한 목표 세우기

질문을 잘하는 것이 코칭 기술의 주요한 요소라면, 또 다른 하나는 명확한 목표를 설정하는 것이다. 이 장에서는 목표 설정이 왜 중요한지와 어떻게 목표를 설정해야 하는지, 후원자가 있는 경우 후원자가 고객의 목표 설정에 어떤 도움을 줄 수 있을지, 업무적인 목표에 개인적인 삶의 목표를 어떻게 포함시킬지에 대해 설명한다.

연구 결과

목표 설정은 사람들에게 동기를 부여하는 중요한 방법 중 하나로서 수백 건의 연구에서 중점적으로 다루어졌다. 또한 스포츠 과학 분야에서도 '목표 설정이 운동선수의 성과 향상에 어떤 역할을 하는지' 등 많은 연구의 중심이 되었다. 이러한 연구들의 결과는 놀라울 정도로 일관된 모습을 보여 준다.

목표 설정 자체가 주의를 집중시켜 행동에 영향을 미치고 성과를 향상시킬 수 있다는 연구 결과가 밝혀졌기 때문에 목표 설정에 관심을 갖는 것은 당연한 일이다. 모호하고 부정확한 목표는 이를 달성하는 데 도움이 되지 않는다. 목표가 더 명확하고 측정 가능할수록 행동을 변경하는 방법으로서 더 효과적이다. 쉬운 목표를 설정하는 것보다는 중간에 측정 가능한 단계가 있는 도전적인 목표를 가지는 것이 좋다. 또한 목표 설정은 강점을 기반으로 할 때 가장 효과적이다. 그래서

'내가 이미 잘하는 것을 어떻게 하면 더 잘할 수 있을까?'라고 묻는 것이 **'어떻게 약점을 극복할 수 있을까?'**라고 묻는 것보다 더 동기부여가 된다. 목표를 향해 가는 과정에서 불가피하게 겪게 되는 어려움을 극복하기 위한 전략을 개발하는 것도 목표를 이루는 데 도움이 된다.

연구에 따르면 목표를 누가 설정하느냐가 중요하다. 강요받지 않고 스스로 참여하여 설정한 목표가 가장 큰 효과를 낼 가능성이 높다. **성과** 목표는 내가 유능해 보이려는 것이고, **학습** 목표는 어떤 기술이나 지식을 완전히 익히는 것이다. 우리는 학습 목표를 통해서 우리의 자존감을 향상시키고 장기적으로 긍정적인 효과를 기대할 수 있다.

이러한 연구 결과를 통해 코칭에서도 목표 설정이 효과적[1]이라는 것을 입증할 수 있다. 고객에게는 목표를 명확히 하는 것이 변화의 전체 과정에 영향을 미치게 되고, 코치에게는 목표가 명확하지 않으면 고객과 잘 협력할 수 없기 때문에 명확한 목표 설정은 중요하다.

목표 설정이 잘못되는 지점 및 방법

코칭을 진행하면서 만족스럽지 않다는 느낌을 받았다면 목표 설정이 잘못되었을 가능성이 높다고 생각해야 한다. 다음은 어떤 문제들이 발생할 수 있는지와 그 원인에 대한 예시이다.

코치가 회기의 목표가 무엇인지 알고 있다고 가정하고, 명확히 합의하지 않는다면 실제 목표는 고객과 다른 것이다

Suzie가 포트폴리오의 일부로 제출한 코칭 성찰 일기에는 이러한 현상이 잘 드

1) 이 분야에 대한 두 가지 유용한 견해는 Bandura(1997), Locke와 Latham(1990)에서 확인할 수 있다.

러난다. 1년 동안 구직 활동을 하고 있는 전직 사서인 45세의 János와의 두 번째 회기였다. 결국 Suzie는 János가 젊은 시절 음악 업계에서 소소한 성공을 거두었던 경험이 있다는 것을 알게 되었고, 다시 음악 업계에서 일하고 싶다는 사실을 파악하였다.

Suzie

이번 회기는 정말 힘들었어요. 처음에는 괜찮은 것 같았지만 시간이 지날수록 점점 더 걱정이 많아졌어요. János는 매우 예의 바르게 행동했지만, 시간이 너무 느리게 지나가는 것 같았어요. 제가 피드백을 요청했을 때 그는 코칭이 자신에게 맞는지 확신이 서지 않는다며 두 회기면 충분할 것 같다고 말했어요. 무료로 코칭을 진행하고 있었는데……. 정말 마음이 상했죠. 겉으로는 내색하지 않으려고 노력했지만 속으로는 화가 났고, **"그냥 앉아만 있지 말고 다른 직업을 찾아보는 게 어때요? 정말 직업을 원하는 건가요? 아니면 1년 더 한심하게 앉아서 지낼 건가요?"**라는 말을 하고 싶었어요.

하지만 녹음을 들어 보니 모든 것이 명확해졌어요. 저는 다른 도서관 일자리를 찾는 것이 고객의 목표라고 생각했어요. 그러나 이것이 코칭의 목표인지 아닌지를 확인할 수 있는 질문을 한 적이 없었죠. 고객의 진짜 목표는 그가 음악가로서 다시 자리를 잡기 위해 마지막으로 한 번 더 도전해야 하는지의 여부였어요. 저는 음악계에 대해 아무것도 몰랐어요. 저는 그가 이전에 가졌던 것과 같은 직업을 원할 것이라고 가정했어요. 하지만 János의 경우는 저의 가정을 완전히 빗나갔죠. 저는 저의 가정을 전혀 의심하지 않았기 때문에 그가 '일반적으로 사람들이 생각하는 직업'을 선택하지 않으려고 했다는 것을 알아차리지 못했어요.

Suzie의 경험은 코치에게 배움을 주면서도 자주 일어나는 현상이다. 고객의 목표가 무엇인지 안다고 생각하기 쉽다. 이는 경험이 많은 코치에게도 일어날 수 있는 일이다. 사실 이전에 같은 문제를 가지고 있는 고객을 코칭해 본 경험이 있는 숙련된 코치라면 흔히 일어날 수 있다. '아, 이건 시간 관리 문제네요.' '또다시 일과 삶의 균형이 문제구나.'라고 생각할 수 있다. 하지만 실제로 고객의 문제는 전혀 다른 문제일 수 있다.

고객은 주제를 정해야 하고, 코치는 목표를 명확히 해야 한다

Suzie의 경험에서도 알 수 있듯이, 주제를 만드는 것은 고객의 몫이지만 그 주제를 목표로 구성하는 것은 코치의 몫이다. 코칭을 시작하면서 고객이 완벽하게 정립된 목표를 가지고 회기에 임할 것이라고 가정하는 것은 실수이다. 실제로 고객과 코치는 첫 회기 코칭에서 코칭 목표를 명확히 하는 경우가 훨씬 더 많다. 고객이 목표에 대해 모호하게 표현하거나 혼란스러워하는 것은 정상이며, 코치의 능숙한 질문을 통해 실제 목표가 드러나는 것이 일반적이다. 사실, 고객이 이미 목표에 대해 완전히 명확하게 알고 있다면 코칭이 전혀 필요하지 않을 수도 있다. 목표에 대한 명확성은 이미 고객이 목표 달성을 향해 나아갈 수 있는 동기를 부여하고 있을 수 있기 때문이다.

코치의 개입 없이 고객이 지난 코칭 이후의 일들에 대해서 이야기하도록 한다

코칭의 시작은 지난 회기 이후의 일들을 코치와 고객이 공유하는 것으로 시작한다. "마지막으로 만난 이후로 무슨 일이 있었나요? 우리가 논의했던 중요한 미팅은 어떻게 진행되었나요?" 하지만 일부 고객은 이러한 근황을 길게 말하는 경우가 있다. 이러한 대화 속에서 목표가 암시적으로 표현될 수 있지만, 목표가 명확하게 표현되지 않기 때문에 코치는 혼란을 느끼게 된다.

'문제'에 갇히기

코칭에서 '문제'에 갇히는 상황은 자주 일어날 수 있다. 고객은 자신의 문제를 다음과 같이 제시한다.

- 시간을 관리할 수 없어요.
- 사업 실적이 부진해요. 이번 분기에 실적 결과가 형편없어요.
- 항상 스트레스를 받아요.

이런 고객의 문제는 코치의 동정심을 불러일으키며 고객을 돕고 싶게 만든다. 그래서 코치는 그 문제가 얼마나 많이, 얼마나 심각한지 등 문제의 여러 차원으로 깊숙이 파고들어 고객만큼 절망감을 느끼게 된다. 이런 경우 공감적인 대화는 가능하지만 코칭은 불가능하다.

고객이 제3자의 변화를 원할 때

이런 경우 고객은 문제의 원인을 외부로 돌린다.

- 제 상사는 정말 최악이에요. 참을 수가 없어요.
- 제 팀에 성과가 부진한 사람이 있어요.
- 저와 함께 일하는 사람이 회사를 속이고 있어요.

여기서 코치가 흔히 할 수 있는 실수는 고객의 문제 대상이 되는 제3자에 대해서 '그들은 몇 살인가요? 그들의 역할은 무엇인가요? 그들이 당신을 화나게 하는 행동은 어떤 것이 있나요?'와 같이 그들에 관해서만 많은 질문을 하는 것이다. 또는 '왜 그들이 그렇게 행동한다고 생각하나요? 그 상황에서 그들이 무슨 생각을 하고 있을까요? 당신이 이런 행동을 한다면 그들이 어떻게 반응할 것 같나요?' 같은 질문은 짐작이나 추측이 될 뿐이다.

이렇게 진행하는 것은 문제가 고객 자신이 아닌 외부에 있다는 것에 암묵적으로 동의하게 되는 것이다. 코칭룸 안에 있는 유일한 사람은 고객이고, 고객은 문제에 대해 일부 책임이 있다. 우리는 함께 있지 않은 사람을 코칭할 수는 없다. 또한 고객이 자신의 문제로 인정하지 않는 문제에 대해서도 코칭할 수 없다. 따라서 회사를 속이고 있다고 의심하는 동료가 있는 고객의 경우, 고객의 의도대로 코칭 목표를 '그가 속임수를 멈추게 하는 것'이 될 수는 없다. 여기서 목표는, 고객과 논의 후 속임수가 실제로 일어나고 있는지 사실을 기반으로 평가한 다음, 그에 대해 어떻게 할 것인지 본인이 느끼고 있는 딜레마를 해결하는 것이 될 수 있다.

한 회기에서 다루기에 너무 큰 목표

고객이 오랜 시간 마음속에 감당하기 힘든 불행과 불확실성을 쌓아 두었을 때, 그 문제에 공감해 주고 비판하지 않는 사람과 함께 이야기할 수 있다는 안도감은 압도적일 수 있다. 이런 이유로 코칭의 목표에 대해 다음과 같이 말할 수 있다.

- 남은 인생을 어떻게 살아야 할지 알고 싶어요.
- 더 행복해지고 싶어요.
- 더 나은 리더십 스타일을 개발하고 싶어요.
- 왜 나는 40세에도 아직 싱글인지 알고 싶어요.

이러한 주제는 중요한 기본 주제이나 한 회기에서 다루기에는 너무 방대하므로 한 번에 하나씩 작업할 수 있는 하위 목표로 나누어서 작업해야 한다. 또한 전체 목표가 클수록 정신적 장애물과 장벽이 높으며 이것이 해소되기까지는 많은 시간이 소요된다. 결과적으로는 명료한 '답'도 점진적으로 나타날 것이다. 고객이 오랫동안 지속되어 온 중대한 문제에 대한 쉬운 해결책을 갑자기 '유레카'처럼 떠오르는 경험을 할 가능성은 매우 낮다. 하지만 코칭의 드라마틱한 성공 경험을 읽은 초보 코치라면 이런 일이 일상적으로 일어난다고 상상할 수도 있다.

고객에게 목표가 없는 경우

목표가 없다는 것이 이상하게 들릴 수도 있다. 대부분의 고객은 목표가 있어 코칭을 받으러 오기 때문이다. 하지만 코칭이 대중적이 되면서 많은 조직에서 시행하고 있으며, 직원들에게 광범위하게 제공되고 있다. 이런 경우 코칭은 조직에서 정해지며, 직원들은 의무적으로 해야 하는 경우가 생기게 된다. 이는 코치에게 큰 부담이 될 수 있다.

Jade

코칭 자격증 취득 후 대형 통신 회사에서 의무적으로 시행하는 리더십 프로그램의 코치로 초청받게 되었다. 첫 회기에서는 회사에서 요청했던 심리검사와 360도 피드백을 일률적으로 진행하였다. 그 후에는 참가자의 선택에 달려 있었다. 프로그램에 참가한 많은 사람이 코칭을 시작하기 바로 직전에 취소를 하거나, 특정한 목표가 없이 막연한 상태로 코칭에 들어왔다. 코칭을 통해 무엇을 얻고 싶은지에 대해 물었을 때, 그들은 고개를 숙이고 흔들거나 때로는 인상을 쓰기도 하였다. 그리고 대부분 "모르겠어요."라는 대답을 하였다. 그들은 코칭을 원하지 않으며, 필요로 하지도 않고, 시간낭비일 뿐이라는 강한 거부감을 말로 표현하지는 않았지만 온몸으로 표출하고 있다는 것을 느낄 수 있었다. 이는 나에게 엄청난 무력감을 주었고 나의 잘못이라고 느끼게 하였다. 그 프로그램을 마무리하고 난 이후에는 정말 코칭을 받고 싶고 변화를 원하는 고객들과 코칭을 진행하였다. 타의로 코칭에 참여한 고객과 자의로 코칭에 참여한 고객과의 코칭 결과 차이는 정말 놀라웠다.

코칭 대화는 여러 가지 면에서 보통의 대화와는 다르다. 특히 변화에 그 목적을 둔다는 점에서 큰 차이가 있다. 고객의 무관심보다는 차라리 분노가 낫다. 이 분노를 변화와 개선을 위한 에너지로 전환할 수 있기 때문이다. 고객이 변화의 필요성을 느끼지 못한다면 코칭은 불가능하다.

Jonathan

Jonathan은 새로 부임한 대사로 영국 외무부에서 5일간의 리더십 프로그램을 막 마친 상태였고, 후속 조치로 코칭이 제공되었다. 나는 그에게 새로운 역할에 어떤 도전 과제가 있는지 물었고, 대화는 이렇게 간략하게 진행되었다.

Jonathan: 글쎄, 이번 발령은 제 커리어의 정점이에요. 영국은 전략적으로 매우 중요한 국가이고 저는 그곳에 가는 것을 기대하고 있어요. 멋질 거예요. 저와 제 아내가…….

JR: (중단) 방해해서 죄송하지만 코칭은 새로운 역할이 가져올 도전에 대해 함께 협력하는 것입니다. 그 도전이 무엇이라고 생각하시나요?

Jonathan: 글쎄요, 저는 정말 모든 것을 감당할 수 있을 것 같아요. 이게 제 커리어의 정점이라고 생각해요. (그리고 같은 루프를 여러 번 돌았다).

Jonathan이 코칭을 통해 혜택을 받을 수도 있었지만, 그는 코칭을 할 만한 즉각적이거나 장기적인 목표가 없다고 생각했기 때문에 실제로 코칭이 필요하다고 믿지 않았던 것 같다. 개인적으로 나는 코치의 역할이 고객의 공연을 관람하는 것이 아니라고 생각한다. 고객이 코칭에서 자신의 이야기를 재미있게 하거나 자신의 능력을 과시하는 것에만 집중한다면 코칭의 본래 목적을 벗어난 것이다. 그는 매력적이고 유능했지만, 그에게는 어떤 코칭도 필요하다고 느껴지지 않았다.

목표가 없는 것처럼 보이는 고객은 상대적으로 가벼운 문제가 있을 수 있다. 예를 들어, 코칭을 통해 많은 성공적 경험이 있는 고객의 경우, 그들은 코칭에서 가장 중요한 것은 지난 코칭 이후 일어난 일에 대해 자유롭게 성찰할 수 있는 기회라고 말한다. 그들은 코칭을 '생각을 정리하는 시간'으로 표현하기도 한다. 이런 경우 코치는 정해진 목표가 없다는 사실을 인정하고, 고객의 마음에 떠오르는 주제에 대해 탐색하도록 한다. 이 상황에서는 간단한 요약을 하면서 코칭 주제와 자연스럽게 연결된 질문을 하는 것이 유용하다.

- 지금 말씀하신 것으로 보아 [상사 이름]와의 관계가 변화하고 있는 것 같습니다. 오늘 그 부분을 다뤄 볼까요?
- 팀 회의가 어떻게 진행되고 있는지에 대해 고민하는 것 같습니다. 이 문제가 이번 코칭 목표와 어떤 중요한 관계가 있을까요?

코칭 신청을 거절해야 할 때

코치에게는 힘든 세상이다. 코칭 비즈니스를 개발하는 방법에 대한 워크숍에서 참석자들이 가장 많이 하는 질문은 '어떻게 하면 새로운 고객을 확보할 수 있는가?'이다. 여기서 간과되고 있는 질문은 '고객을 어떻게 선택해야 하는가'이다. 나는 코칭을 시작하기 전에 서로를 파악할 수 있는 사전 미팅을 하지 않고는 신규 고객을 거의 받지 않는다. 고객의 목표 부재는 고객에게 "제가 고객님에게 적합한 코치가 아닌 것 같습니다."라고 말하는 주된 이유 중 하나이다. 여기서 최고의 질문은 '만약 코칭이 끝나고 이 코칭이 성공적이었다고 말할 수 있다면, 무엇이 달라져 있을까요?'이다. 고객이 코칭에서 원하는 것과 코치가 도움을 줄 수 있는 것이 일치하지 않는다면 다른 전문가를 추천할 수 있다. 특히 자기 인식 수준이 낮고, 자신의 행동과 결정에 책임지려는 의식이 부족한 경우에도 코칭을 진행하기 어렵다.

다음은 코칭 신청을 거절하는 것이 현명한 상황의 예시이다.

> 고객은 실업 상태에 있는 청년이고, 부모의 집으로 돌아갔다. 부모는 그를 정말 사랑하지만, 자녀가 부모의 품에서 독립하기를 원한다. 자녀를 독립시키기 위해 안간힘을 쓰는 부모는 코칭이 해결책이라고 결정하고 코치를 찾아왔다. 코치는 이 고객과의 코칭에 동의했지만, 사실 이 청년은 부모님을 만족시키기 위해 코칭에는 참여했으나 스스로 집을 나갈 동기는 없다는 것을 알게 되었다. 동기가 없이는 어떤 코칭도 성공할 수 없다.

고객이 인사 전문가로부터 추천을 받았다. 조사 결과 해당 직원의 기술적 능력에 심각한 문제가 있음을 알게 되었다. 고객 자신은 코칭을 받고 싶어 하지만 실제로 코칭이 얼마나 큰 변화를 가져올 수 있을까? 아마 거의 없을 것이다. 우리는 멘토가 아니라 코치이다. 이 회사는 그 직원을 해고하기 전에 최선을 다해 도와주는 모습을 보여 주고 싶었을 것이다.

때때로 어떤 고객은 '코칭이 무엇인지 궁금하다'고 하거나 '재미있을 수도 있을 것 같다'고 생각한다. 또는 조직에서 제공하는 것이니 한번 해 보는 것도 나쁘지 않다고 하거나, 무료이니 해 보겠다고 한다. 이러한 이유들만으로는 코칭이 성공적으로 이루어지기 어렵다.

사전 미팅 대화 도중, 고객이 정신건강 문제를 나타낼 수 있는 비정상적이거나 극단적이거나 이상행동을 보이는 경우도 있다. 이러한 행동이 정신건강 문제로 인한 것이라는 판단이 되면 이 분야는 코칭 분야가 아니므로 진행해서는 안 된다.

어떤 고객은 다른 사람들의 결점에 대해 많은 이야기를 하며, 그들만 변하면 모든 것이 괜찮아질 것이라고 말한다. 이것은 코칭을 위한 필수 전제 조건인 자신에 대한 책임을 받아들이는 능력이 낮다는 것을 보여 준다. 이 고객과 코칭을 진행할 수는 있겠지만, 진행 속도가 느릴 수 있다는 점을 유의해야 한다.

친한 친구가 면접 준비를 위한 코칭을 요청하는 경우도 있다. 당신은 고객을 대하듯이 친구에게 솔직할 수 없다. 코칭은 고객에 대한 전폭적인 지지와 고객의 약점을 인식하고 개선해 나가는 과정이다. 우정을 소중히 여긴다면 거절하고, 대신 신뢰할 수 있는 코치를 추천하는 것이 좋다.

고객의 코칭 수용 능력이 낮다고 판단되는 경우 거절할 수 있어야 한다. 이런 경우에는 코칭이 성공할 가능성이 매우 낮다.

목표 설정 실패로 인한 결과

코칭에서 문제의 해결이 더디면 대가를 치러야 한다. 코칭은 진전되지 않을 수 있다. 코칭 비용을 대신 누군가가 지불하는 경우 그 사람은 화가 나거나 실망할 수 있을 것이다. 코칭에서는 평판이 매우 중요하며, 당신의 평판이 나빠질 수도 있다. 그렇게 되면 코치로서 무능함을 느끼고 자신감을 잃게 된다.

목표가 표면적으로 설정된 경우 이런 코칭에서는 대화가 진전되지 않고 반복되는 느낌을 받게 된다. 실제 목표가 설정되지 않았기 때문에 코치는 강력한 질문을 할 수 없고, 다음에 무슨 말을 해야 할지 막히게 된다. 고객의 실제 목표가 파악되지 않았지만 둘 다 마치 코칭이 잘 진행되고 있는 것처럼 행동한다. 하지만 내면에서는 무언가 잘못되었다는 느낌을 받는다. 코치는 상황을 수습하기 위해 무엇을 해야 할지 모른다는 이유로, 고객은 고객의 역할을 제대로 수행하지 못했다는 이유로 두 사람 모두 자신을 탓하고 있을 수도 있다. 또는 양쪽 모두 상대방을 탓하고 있을 수도 있다. 코치는 모호한 태도로 일관하는 고객을 싫어하고, 고객은 코치가 해결책을 제시하지 않는다고 비판하게 된다.

이 시점에서 코치는 점점 코칭에 대한 열의가 식는 것을 느낀다. 고객이 대화의 진행을 늦추고 방해하기 때문이다. 코치는 점점 더 많은 질문이나 작업을 시도하게 되고 개입의 빈도와 길이를 늘리는 반면, 고객은 대화에 소극적으로 참여하게 된다.

해결책

- 해결책의 첫 번째 단계는 현재 상황을 정확히 인식하는 것이다. 아직 작업할 목표가 없음을 인식하고, 목표 설정 및 시간 관리와 같은 **회기를 진행**해야 한다. 이를 고객에게 맡기거나, 고객이 할 수 있다고 생각하거나, 하고 싶어할 것이라고 가정해서는 안 된다.

- 코칭을 시작하고 5분 또는 10분이 지났는데도 목표를 설정하지 못했다면, 적절한 목표가 확실히 정해질 때까지 고객과 목표 세우기에 집중한다. 고객이 목표 설정에서 벗어나지 않도록 하며, 목표 설정 과정에서 어려움을 느낀다면 잠시 중단하고(p. 274 참조) 그 점을 고객에게 솔직하게 표현할 수 있어야 한다.
- 고객이 부정적인 문제를 제시할 경우 부정을 긍정으로 전환하려고 노력한다. 부정적인 것에 대해 작업할 수는 없다. 예를 들어, '테니스에서 지고 싶지 않다.'라는 목표는 적절하지 않다. 자신의 경기에서 이기고 싶다고 말하는 것이 목표가 되어야 한다. 그래서 만약 고객이 "내가 내 여동생과 말하려고 할 때마다 싸움이 나요."라고 말한다면 당신은 "그래서 당신은 양쪽 모두가 평온함을 유지하면서 여동생과 대화하는 방법을 배우고 싶어 하는 건가요?"라고 반응한다.
- 목표에 **'어떻게'**라는 문구가 포함되면 명료해진다.
- 문제가 딜레마라면 그 자리에서 반드시 해결책을 찾기보다는 문제가 무엇인지 명확히 파악하는 것이 목표일 수도 있고, 모든 대안을 검토하여 딜레마에 대한 결정을 내리는 것이 목표일 수도 있다. 고객이 "현재 직장에 계속 있어야 할지, 아니면 관리직을 찾아야 할지 모르겠어요."라고 말한다. "그럼 이 회기를 통해 현 직장에 남을지 아니면 관리직을 찾을지 명확히 결정하고 싶으신가요?"라고 질문한다.
- 고객이 지속적으로 코치의 제안이나 방향에 저항하는 경우, 다시 한 번 이 상황에 대한 코치의 불편함을 표현하고 "우리가 여기서 목표를 제대로 설정한 것인지 확신할 수 없습니다."라고 말할 수 있다. 다른 유용한 문구들은 다음과 같다.
  - 오늘의 코칭이 성공적이라고 가정할 때, 당신에게 어떤 변화가 있을까요?
  - 이 회기의 목표는 무엇인가요?
  - 여기서 이상적인 해결책은 무엇일까요?
  - 지금 이 문제에 대해서 제가 어떤 도움을 줄 수 있을까요?

- **전체 코칭**의 목표와 **각 회기**의 목표를 구분해야 한다. 예를 들어, 코칭 전체의 목표는 고객이 직업 선택 과정을 준비하는 것이지만, 회기의 목표는 일반적인 면접 질문에 어떻게 답하는지를 얻는 것일 수 있다.

목표 설정 방법 습득하기

목표 설정 과정이 지루하고 길게 느껴질 수도 있다. 하지만 코칭의 다른 많은 부분과 마찬가지로 목표 설정은 높은 수준의 자기 인식과 훈련, 경험이 풍부한 코치나 전문가의 피드백을 통해 습득할 수 있다. 목표 설정은 딱딱하고 기계적일 필요는 없다. 고객에게 연습하는 것처럼 어색하게 느껴져서는 안 되며, 공감과 선의가 담긴 대화에서 자연스럽게 나오는 것이어야 한다.

코칭 경험이 풍부한 고객은 올바른 목표의 중요성을 인식하고 있으며, 코칭을 바로 시작할 수 있도록 목표를 설정하기 시작한다. 얼마 전, 여러 직업을 거치며 몇 년 동안 함께 코칭한 한 고객이 방으로 뛰어 들어와 외투도 다 벗기도 전에 "회기의 목표가 무엇인지 물어보실 거라는 걸 알고 있고, 추상적인 목표는 허용하지 않으실 것도 알아요. 그래서 우선순위에 따라 코칭의 세 가지 목표를 준비했는데, 첫 45분은 첫 번째 목표에 집중하고 그 후에는 진행 상황을 봐서 하시죠."라고 먼저 제안하였다. 당연히 나는 유쾌하게 이 제안에 동의하였다.

업무 성과 및 변화 학습 목표

코칭에서는 두 가지 종류의 목표를 동시에 달성하는 경우도 있다. **업무** 또는 **성과 목표**는 고객이 달성하고자 하는 구체적인 작업이다. 이러한 목표는 종종 조직(또는 후원자)에서 코칭을 의뢰한 경우 나타나며 단기적인 성과에 중점을 둔다. 때로는 실패를 회피하거나 무능하게 보이지 않으려고 이런 종류의 목표를 이야기하는 경우도 있다. 예를 들면 다음과 같다.

- 체육관 등록 및 1주일에 두 번 운동하기
- 부서 회의 시간을 준수하며 진행하기
- 취업 면접에서 성공적으로 합격하기
- 새로운 마케팅 매니저 채용하기
- 다음 주 이사회에서 효과적인 프레젠테이션 발표하기
- 2월 말까지 모든 직원에 대한 평가 실시하기

이러한 목표가 잘못된 것은 아니다. 나는 항상 고객과 함께 이와 같은 목표를 달성하기 위해 노력한다.

그러나 **변화** 또는 **학습** 목표는 훨씬 더 강력한 힘을 가지고 있고 내재된 만족을 준다. 이러한 목표는 단기적인 과제를 달성하는 것보다는 내면에 초점을 맞추고 유사한 상황과 딜레마가 발생할 때마다 대처할 수 있는 역량을 키우는 것이다. 고객이 그러한 목표의 차이를 인식할 수 있도록 한두 번 정도 재구성하면 된다.

성과 목표	변화 목표
체육관 등록 및 1주일에 두 번 운동하기	체력 향상을 위해 내가 좋아하고 지속할 수 있는 것을 발견하고 실천한다.
취업 면접에서 성공적으로 합격하기	내가 주목의 대상이 되거나 다른 사람과 경쟁하는 어떤 상황에서도 영향력 있고 솔직하게 자신을 표현한다.
다음 주 이사회에서 효과적인 프레젠테이션 발표하기	프레젠테이션을 효과적으로 구성하는 것에 대한 인식을 높여 프레젠테이션을 해야 할 때마다 이를 적용한다.
2월 말까지 모든 직원에 대한 평가 실시하기	성과를 잘 관리하는 방법에 대한 이해를 높여 매번 이를 수행할 수 있는 기술을 개발한다.

기업 및 조직 내 코칭의 목표

기업 코칭에서 목표 설정 과정은 한편으로는 더 복잡하고, 다른 한편으로는 더 쉽다. 고려해야 할 요소들이 많기 때문에 더 복잡하지만 올바른 방법으로 접근한다면 고객의 실제 문제를 더 잘 이해할 수 있다. 기업 코칭은 본질적으로 고객과 코치가 협력하여 조직이라는 제3자의 이익을 위해 작업하는 비즈니스 제안이다. 조직에게 "이 고객이 코칭을 받는 것은 조직에 가치를 제공할 것입니다. 믿어 주세요." 라고 말하는 것만으로 충분하지 않다. 이렇게 한다면 코칭은 코치와 고객 사이의 비밀스러운 과정이 되어 버릴 수 있다. 그리고 조직이 코칭의 목적에 대해 알 수 없으므로 코칭의 초점에 대해 의심하게 되고, 투자 대비 효과를 평가할 방법도 없게 된다.

코치가 기업의 업무 절차에 익숙하지 않거나 고위 관리자로서의 경험이 없는 경우, 코칭은 개인적인 관계와 개인적 목표에 중점을 두는 라이프 코칭과 비슷해질 수 있다. 이는 조직이 필요로 하는 코칭이 아니다.

조직 상황이 조직원들에게 변화를 강제하는 상황도 발생한다. 조직은 고객이나 사용자, 경쟁자, 규제기관, 기술 발전 등 외부 환경의 압력을 받게 된다. 따라서 고객과 진행해야 할 또 하나의 중요 대화는 이러한 압력이 정확히 무엇인지를 파악하는 것이다. 어떤 개인이라도 혼자서는 성공할 수 없기 때문에, 팀의 행동과 태도도 중요한 부분을 차지한다. 팀이 협력하고 변화에 잘 적응할 수 있는 능력이 조직의 성공에 큰 영향을 미치기 때문이다.

기업 코칭에서 목표 설정에 대한 체계적 접근 방식을 [그림 7-1]과 같이 도표로 표현하는 것도 한 가지 방법이다.

기업 코칭은 리더의 행동이라고 표시된 원에만 집중하면 실패할 가능성이 높다. 코치와 고객이 목표 설정에 대한 체계적 접근법의 전체 시스템을 더 많이 포함할수록 코칭의 효과는 더 높아진다.

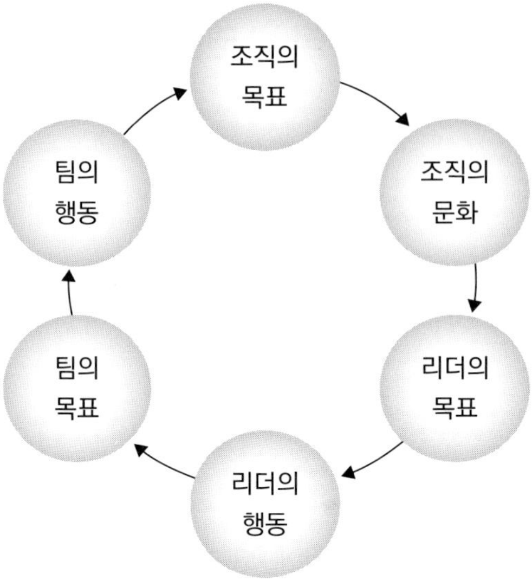

[그림 7-1] 목표 설정에 대한 체계적 접근법

3자 또는 4자 계약

가능하면 고객사의 상사와 3자 미팅 또는 전화 미팅을 요청하는 것을 표준 절차로 진행하는 것이 효율적이다. HR 전문가가 참여하는 경우에는 4자 미팅이 될 수도 있다. 이 미팅의 목적은 조직이 고객에 대한 코칭을 통해 달성하고자 하는 목표를 파악하는 것이다. 또한 이 대화를 통해 조직 문화에 대한 이해를 높이고, 중요한 관점을 얻을 수 있으며, 고객의 개인적인 이슈에 치우치게 되는 것을 방지할 수 있다. 다음은 이를 수행하는 방법이다.

회의 전

고객의 동의를 구한다. 진행하고자 하는 미팅의 이점에 대해 설명하고, 상사나 후원자에게 미팅을 잡아 달라고 요청한다. 전체적으로 2시간 정도 소요될 것이라 설명하고, 미팅 또는 통화를 예약한 후에 모든 사람에게 이메일을 보내 목적과 시간을 확인한다. 코치의 역할은 토론을 촉진하는 것이다. 고객이 전체 비용을 지불하는 회의일 경우도 있으나 고객을 코칭하는 것은 아니다. 코치의 목표는 조직의 요구 사항을 명확하게 알아보는 것이다.

1단계: 상사와 만나기

코치는 처음 30분 동안은 고객 없이 상사와 진솔한 대화로 둘만의 시간을 갖는다. 고객이 문제를 일으키는 직원이라면 상사는 종종 고객과의 대화보다 코치에게 훨씬 더 솔직하게 이야기하게 될 것이다. 하지만 '고객과 이 문제에 대해 얼마나 진솔하게 이야기해 보셨나요?'라는 질문으로 사실 여부를 확인할 필요는 있다. 대부분 솔직하게 이야기했을 경우는 드물다. 상사에게 물어볼 유용한 질문들은 고객이 목표를 설정할 때 사용할 기법과 밀접하게 연관되어 있다.

- (고객과의) 이 코칭이 성공적이라면 당신(상사)에게는 어떤 변화가 있을까요?
- 여기서 조직에게 중요한 것은 무엇일까요?
- 이 코칭 프로그램의 성공을 어떻게 평가할 것인가요?

2단계: 상사, 고객, 그리고 코치

1단계에서 상사와 나누었던 대화 방식으로 고객과 40분 동안 대화를 나눈다. 그리고 상사와 이야기를 나누었던 것처럼 조직의 필요성에 진솔하게 이야기하도록 격려한다. 또한 상사가 고객의 코칭 목표에 대한 피드백을 줄 수 있도록 고객에게 동의를 얻는다(예를 들어, 변화된 행동에 대한 피드백을 제공하는 것). 고객이 코칭 회기에서 일어나는 일에 대해 더 개방적일수록 목표가 투명하고 공개되어, 달성 가능성이 높아지므로 상사와의 협업을 통해 더 좋은 결과를 얻을 수 있다.

이 회의는 고객에 대한 소중한 정보를 얻을 수 있는 기회를 제공한다. 코치는 고객이 일반적으로 어떻게 행동하는지 직접 볼 수 있게 될 것이다. 나는 상사와의 토론 동안 불안으로 계속 떨고 있는 고객이나 상사의 모든 주장을 큰소리로 반박하는 고객까지 다양한 모습을 볼 수 있었다. 간혹 상사와 고객과의 관계 자체가 문제인 것으로 보이는 경우, 코칭의 대안 또는 보조적인 방법으로 두 사람을 위한 중재 미팅을 제안한다.

코치는 고객의 비현실적인 기대를 직면하고, 현실적인 대안을 찾도록 해야 한다.

3단계: 고객과 코치

40분 정도의 시간을 할애하여 고객이 코칭을 받을 준비가 되었는지 논의한다. 실제로 처음 만나는 경우에 상당히 중요하다. 마음이 내키지 않는 고객과는 효과적으로 코칭을 할 수 없으므로 다음과 같은 질문을 한다.

- 당신은 방금 들은 것(코칭의 목적, 기대, 성과 측정 등)에 대해 어떻게 느끼나요?(어떤 고객들은 충격을 받고 화를 낼 수도 있다.)
- 당신의 조직은 이 시간과 예산을 제공했지만, 이를 활용할지 여부는 당신에게 달려 있습니다. 진행하는 것에 대해 어떻게 생각하나요?
- 이 과정에 대해 어떤 걱정이 있나요?
- 당신은 후원자에게 진행 상황을 어떻게 보고할 것인가요?

4단계: 코칭이 끝난 후 검토

모든 회기의 코칭이 끝나면 상사나 후원자, 그리고 고객과의 리뷰 미팅이나 회의를 진행한다. 이 회의의 목적은 고객이 코칭을 통해 변화된 점, 배운 점, 그리고 이러한 학습을 일상 실천에 어떻게 접목할 것인지를 후원자에게 설명할 수 있도록 하는 것이다. 이 과정은 매우 중요한 부분이다. 상사들은 때때로 고객에 대해 고정된 생각을 갖고 있을 수 있으며, 그들이 변하지 않거나 변할 수 없다고 은 연중에 믿기도 한다. 이는 변화를 위해 분골쇄신한 고객에게는 깊은 실망을 주기도 한다. 이 회의에서는 코칭의 내용이나 과정에 대한 의견을 내지 않으며 고객이 믿는 변화된 점을 명확히 표현할 수 있도록 돕고 후원자들도 고객을 격려할 수 있도록 독려한다.

일부 고위급 경영진 고객 중에는 코칭에 대한 필요가 없음에도 자신이 예산에 대한 권한이 있기에 코칭 비용을 지불하고 코칭 프로그램을 시작하는 경우도 있다. 이렇게 코칭의 필요성을 느끼지 못하고 참여하는 경우에는 코칭이 무의미하게 보일 수 있기 때문에 무리하게 코칭을 진행하지 않는 편이 낫다.

개인적인 목표 확인하기

코칭 철학은 전인적인 관점을 분명하게 가지고 있다. 따라서 목표 설정 과정에는 개인적 측면과 직업적 측면이 모두 포함되어야만 한다. 그러면 코칭은 강력한 이중 초점을 갖게 된다.

Alastair

Alastair는 전임 병원장이 해고된 후 그 자리를 이어받아 병원을 운영하고 있다. 그는 큰 적자와 사기가 저하된 직원들을 떠맡게 되었고, 직원들은 병원이 부정적인 뉴스로 언론의 도마 위에 오른 것에 대해 매우 당황해하고 있다. 하지만 Alastair는 병원에서 근무한 지 얼마 지나지 않아 병원에 관리자를 적대시하는 의사들의 조직 문화와 소극적인 문화가 있다는 사실도 알게 되었다. Alastair가 이사회 의장과 코치와의 3자 회의에서 합의한 조직의 목표는 다음과 같다.

- 18개월 이내에 적자를 0으로 줄인다.
- 임원들의 자신감과 역량을 재건한다.

- 기존의 기능적 구조가 아닌 '환자 여정'을 기반으로 임상 구조를 재구성하고, 이 프로젝트는 선임 의사들이 주도한다.
- 정부의 모든 평가기준을 달성한다.
- 정부 감사기관으로부터 가능한 한 최고 등급을 달성한다.

이는 만만치 않은 목표를 담은 목록이다. 게다가 첫 회기 코칭에서 Alastair의 개인적인 목표도 여러 가지 있었다. 다음과 같은 것들이 포함되었다.

- 지속 가능한 체중 감량 방법 찾기
- 체력 및 에너지 증진
- 동료들에게 영향을 미치는 능력을 향상시켜서 이전 체제의 특징이었던 단순한 순응이 아닌 헌신을 이끌어 내기
- 더 효과적으로 위임하기
- 의장, 위원 및 보건부와 강력한 신뢰 관계를 구축하기

Alastair에게는 개인적 목표와 조직적 목표가 서로 긴밀하게 얽혀 있었다. 그는 자신이 병원의 **구원자**가 아니며 앞으로도 그럴 수 없다는 것을 알고 있었다. 코치 및 상사와의 세 차례에 걸친 대화를 통해 조용히 영감을 주는 리더십이 조직 회복의 기본임을 분명히 깨달았고, 코치와의 첫 번째 회기에서는 다른 모든 업무의 중요한 토대인 신체적 건강과 활력을 유지하는 문제에 집중하였다.

그는 적절한 위임과 코칭 방법을 배우고, 긍정적인 영향력을 발휘하는 기술을 사용하여 상향식 관계를 육성하며, 의사들과 강력한 관계를 구축하여 숙련된 성과 관리를 통해 팀을 개발하는 것은, 개인적인 목표가 해결되어야 조직의 목표도 달성할 수 있다는 것을 깨달았다.

코칭을 의뢰하는 조직은 대체로 직원의 행동과 역량에만 관심이 있는 것이 사실이다. 기업 코칭이 실제로는 가벼운 치유적 코칭이거나 라이프 코칭을 위장한 것에 불과하다는 의구심은 여전히 존재한다. 특히 고위직 고객은 그들의 역할이

노출되어 있고 사람들에게 주목을 받는다는 점에서 불안감과 상실감을 경험할 수 있으며 자신의 삶이 무의미하다고 호소한다. 일부는 장시간 근무와 능력에 대한 집착에서 벗어나고 싶어 하지만 어떻게 해야 할지 모르는 전형적인 '과도한 성과주의자(over achiever)'이다. 이러한 이유로 코치와 고객이 단순히 업무에서의 행동 방식이나 습관을 개선하는 데 그치지 않고 사생활 영역에 대해서도 함께 코칭할 수 있다면 더욱 효과적일 수 있다. 이러한 접근을 가능하게 하는 도구와 기법은 수백 가지가 있으며, 코치 각자가 좋아하는 도구와 기법이 있을 것이다. 여기서는 일관되게 유용하다고 생각한 몇 가지를 설명하려고 한다.

라이프 스캔 휠

라이프 스캔 휠은 간단하면서 강력하며 코치들이 많이 사용하는 도구이다. 때로는 균형 휠 또는 성취 휠로도 알려져 있으며, 이 도구는 현재 자신의 삶에 대한 만족도를 평가하여 원하는 모습과 비교하도록 한다. 휠의 중앙은 성취도 또는 만족도가 0을 나타내고, 바깥쪽 가장자리는 최대의 만족도를 나타낸다([그림 7-2] 참조).

이 도구를 사용하는 이유는 고객이 자신의 삶을 전체적으로 볼 수 있게 도움을 주기 때문이다. 이는 코치로서 고객의 직업적인 측면뿐 아니라 개인적인 측면까지 폭넓은 관심을 가지고 있다는 것을 보여 준다. 또한 고객이 현재 자신의 삶에서 무슨 일이 일어나고 있는지에 대해 이야기할 수 있는 수단이기도 하다.

[그림 7-2] 라이프 스캔 휠

* 지침: 이 연습에서는 현재 상태에 대한 만족도를 평가하라고 요청한다. 중앙은 0점의 만족도를 나타내며, 바깥쪽 가장자리는 10점의 만족을 나타낸다. 0~10점 척도를 사용하여 각 부분을 평가한 다음 각 부분을 연결하는 선을 그린다. 어떤 모양의 휠이 나타날까?

이 도구를 통해 고객들은 자신의 중요한 정보를 비교적 쉽고 편리하게 전달할 수 있다. 다음은 한 가지 예이다.

Richard

Richard: 저는 제 파트너인 Bernardo와의 관계가 정말 자랑스럽습니다. 우리는 15년 동안 함께해 왔습니다. 저는 사회적 지위가 있는 '커밍아웃한' 동성애 남성의 좋은 예로 여겨지고 싶지만, 커밍아웃이 제게는 문제가 될 수 있어요.

코치: 어떻게 문제가 되나요?

Richard: 회사에서 Bernardo가 비자를 받을 수 없는 국가로 저를 발령내려고 합니다. 저희는 서로 떨어질 수 없어요!

이 도구를 사용함으로써 Richard는 자신의 성적 취향이라는 중요한 문제를 신속하고 정확하게 표현할 수 있었으며, 코치에게 이러한 중요한 정보를 어떻게 전달해야 할지 고민하지 않게 만들었다.

휠 사용 방법

첫 번째 회기 전에 이 도구를 고객에게 보내고 어떻게 작성해야 하는지 설명한 뒤 코칭 회기에 가져오도록 한다. 코칭 진행 시 고객에게 각 부분을 어떻게 점수를 매겼는지 이유를 설명하도록 한다. 이 과정은 10분 정도 소요될 것이다. 이 도구를 사용하여 코칭 진행을 유도하는 것이 아니라, 코칭 목적을 설정하는 데 활용할 수 있다(첫 회기 진행 방법에 대한 방법은 부록 1 참조). 직접적으로 또는 간접적으로 특정 부분에 대해 이야기하고 싶지 않다고 말할 경우에는 강요하지 않는다. 그러나 추후 탐색의 가능성을 열어 놓고 기록한다. 고객에게 서로 다른 분야에 점수를 매긴 방식 사이에서 어떤 연결고리가 있는지 질문한다. 예를 들어, 일에 대한 만족도를 8점이나 9점으로 준 고객이 파트너 관계에 대해 1점이나 2점을 준 경우이다. 이런 경우에는 고객이 결혼 생활을 희생하면서 일에 모든 것을 집중했을 수 있다. 일은 즐겁고 보상적이므로 애정과 에너지를 투자하는 반면, 결혼 생활은 불만족스럽고 보상이 없어 회피하는 부정적인 순환이 반복되어 성취감과 보람이 더욱 줄어들게 된다. 이런 차이는 눈에 띄고 간단하고 명확해 보일 수 있지만 고객이 그동안 보지 못했던 부분일 수 있다.

만족도가 낮은 영역에서 고객이 해당 영역을 변화시키기 위한 의지가 얼마나 있는지 질문한다. 낮은 점수가 변화를 원하는 의지를 의미하는 것은 아니다. 또한 낮은 점수이지만 변화를 꺼리는 고객을 도전하게 만드는 것도 코치의 역할은 아니다. 그리고 마지막으로 만족도와 불만족 영역이 코칭을 위한 고객의 목표와 어떻게 연결되는지 확인한다.

휠의 대안

휠 대신 여러 가지 대안적인 접근법이 있다. 예를 들어, 고객에게 카테고리에 이름을 지정하고 만들도록 요청할 수 있다. 이를 위해서는 큰 종이가 필요하다. 고객에게 페이지의 중앙에 파이 차트를 그리도록 하고 고리를 추가할 수 있는 충분한 공간을 남겨 둔다. 안쪽 원은 고객이 현재 시간을 어떻게 보내는지를 나타내야 한다. 첫 번째 원 바깥쪽에 두 번째 원을 추가하고, 고객이 이상적으로 시간을 보내고 싶은 방식을 나타내는 비율로 원의 크기를 그리고, 그러한 변화가 가져올 수 있는 이점을 나열한다. 세 번째 원을 추가하고, 각 범주에 이러한 변화를 가져오기 위해 변화해야 할 사항을 적는다.

Kevin

Kevin은 석유 회사의 53세 선임 관리자였다. 그는 평생을 그곳에서 일했으나 열정을 잃어버렸다. Kevin은 자신의 강한 종교적 신념에 부합하는 제3세계 구호 활동에 시간을 할애하지 못한다는 것에 좌절하고 있었다. 그는 내부 원에 '조직 내에서의 관계', 팀 관리, 화학 공장 방문, 회의 참석, 해외 출장 등 업무에 대한 여러 가지 글을 적었다.

Kevin의 업무는 1년에 최소 80일 이상 해외 출장이 잦았고, 이로 인한 스트레스로 불만이 점점 커져 갔다. 반면, 그의 결혼 생활은 애정이 깊었으며 아내는 최근에 은퇴하였다. 연봉도 넉넉했고 회사 연금도 충분히 받을 수 있었기 때문에 돈은 문제가 되지 않았다.

두 번째 원에서는 극적인 대조를 보였는데, 업무의 비중이 줄어들고 여가 활동이 크게 늘어났다. 건강 개선, 휴식 시간, 스페인어 배우기, 결혼 생활의 즐거움 등의 유익한 점이 있었다. 세 번째 원에서 Kevin은 이상을 실현하기 위해 어떤 일이 일어나야 하는지 설명하였다. 즉, 고용주와 자발적 정리해고에 대해 이야기하고 컨설팅 역할로 전환하며 컨설팅 기술을 연마하고, 스페인어를 전문적으로 배우며 자신이 정말 좋아하는 일에 집중하는 것이었다.

2년 후, 이 모든 일은 이루어졌다. Kevin은 자신이 다니던 회사와 다른 여러 회사에서 프리랜서로 일하고 있으며, 그동안의 삶을 토대로 얻은 지혜로 자신이 좋아하는 자선단체에 무료 컨설팅을 제공하게 되었다.

삶의 모습 그리기

대부분의 고객은 자신의 상황을 끊임없이 분석한다. 그리고 무엇이 잘못되었는지 정확히 설명할 수 있지만, 여전히 상황은 변하지 않는다. 이런 고객들은 익숙하게 사용하던 논리적 말이나 이성적인 분석에서 벗어나 기존의 방법과는 다른 창의적인 방법을 활용하면 훨씬 더 좋은 반응을 이끌어 낼 수 있다. 다음과 같은 방법을 활용할 수 있다. 고객에게 큰 종이 한 장과 다양한 색상의 펜을 건네거나 태블릿 PC의 그림 그리기 앱을 사용하도록 한다. 고객은 두 가지의 그림을 그린다. 첫 번째는 자신의 현재 모습이고, 두 번째는 원하는 삶의 모습을 그리도록 한다. 그림을 잘 그려야 한다는 긴장감이 있을 수 있으므로 예술적 능력은 필요하지 않다고 설명하고 자유롭게 그리게 한다. 현재에서 원하는 미래로 나아가기 위해 어떤 일이 필요한지 물어보면서 결과를 함께 이야기한다.

이상적인 하루

고객에게 아침에 일어나서 잠자리에 들 때까지의 이상적인 하루의 이야기를 들려 달라고 한다. '어떤 상황이 펼쳐질까요? 구체적으로 무엇을 하고 있을까요?' 등 고객에게 현재 시제를 사용하여 실제로 일어나고 있는 것처럼 하루를 묘사하도록 요청한다. 직업과 생활 균형에 문제가 있는 고객들에게는 이상적인 1주일을 채워 넣을 수 있는 빈 다이어리를 건넨다. "현재 직장을 그만두었다고 상상해 보세요. 그리고 이 다이어리에 이상적인 1주일의 활동을 채워 넣어 주세요."라고 제시한다. 대부분의 고객은 이 활동에 흥미를 느낀다. 보통 회기 간에 이를 완성하도록 요청하는 것이 좋다. 추후 코칭에서의 논의는 이러한 주제들을 포함시킨다.

- 모든 시간을 채우는 게 얼마나 어려웠나요?(보통은 불가능합니다.)
- 이상적인 삶을 산다면 어떤 느낌일까요?
- 당신의 개인 생활을 업무에 맞추는 대신에 작성한 이상적인 삶을 기준으로 산다면 어떤 느낌일까요?

삶의 목적 파악하기

코칭을 하다 보면 '내 삶의 목적은 무엇인가?'라는 하나의 중요한 질문이 나타나게 된다. 이 질문의 밑바닥에는 사실상 우리 모두가 언젠가는 스스로에게 물어봐야 하는 질문이 있다. **'도대체 인생은 어떤 의미가 있을까요?'**이다. 종종 삶의 무의미함으로 코칭을 요청하기도 한다. 우리의 비현실적이거나 이상적인 믿음들이 삶의 무의미함을 더욱 강화시킨다. 가장 흔한 예는 다음과 같다.

비현실적이거나 이상적인 믿음	현실
내일은 천천히 일할 수 있을 것 같아요.	정신없이 바쁘게 일하는 것이 습관화되었기에 그렇게 될 가능성은 낮습니다.
지금 많은 시간을 일하면 나중에 여유가 생길 거예요.	더 많은 시간을 일할수록 다른 사람들은 그게 당신의 평상시 일하는 방식이라고 생각하게 되며, 그들은 당신이 그 시간까지 일하도록 업무를 줄 것입니다.
아이들에게 좋은 물건을 사 주면 아이들과 함께 보내지 못하는 시간을 만회할 수 있겠죠.	좋은 것을 사 준다 하더라도 부모와의 시간을 대체할 수는 없습니다.
내가 없으면 일을 처리할 수 없을 거예요.	당신이 회사를 떠나면 금방 잊힐 겁니다.

삶의 핵심 목적에 대해 묻는 것은 이 모든 것을 꿰뚫어 볼 뿐만 아니라 충격으로 다가오기도 한다. 그래서 갑작스러운 정리해고나 개인의 무능력으로 인한 해직 같은 현실적이고 명백한 트라우마 속에서도 고객은 에너지를 얻고 긍정적으로 느끼기도 하는 것이다. 삶의 목적이 명확해지면 중요한 결정을 내리는 것이 훨씬 쉬워진다. 어떤 인생의 중요한 결정이나 변화의 순간이 오더라도 삶의 목적을 기준으로 삼을 수 있다. 삶의 목적이라는 주제가 고객에게 다소 무겁게 느껴질 수 있다. 하지만 이 주제에 대해 다룰 때는 주저하지 말고 확신 있게 접근해야 한다.

삶의 목적을 찾는 몇 가지 방법

가장 간단한 방법은 직설적으로 질문하는 것이다. 이미 고객과 인생 전반에 대한 코칭을 진행한 적이 있는 경우, 이러한 질문은 그때 고객이 제공한 답변을 바탕으로 유용하게 활용할 수 있다.

- 다른 사람들이 당신에 대해 항상 칭찬하는 것은 무엇인가요?
- 돈이 문제가 되지 않는다면 무엇을 하시겠습니까?
- 현재 직업에서 가장 즐거운 점은 무엇인가요?
- 당신이 생각하지 않고도 쉽게 할 수 있는 기술이나 작업은 무엇인가요?
- 업무가 아닌 일상에서 가장 즐거운 것은 무엇인가요?
- 이루지 못한 목표가 있다면 무엇인가요?
- 당신의 삶을 아우르는 제목은 무엇인가요?
- 당신이 유산으로 남기고 싶은 것은 무엇인가요?
- 당신이 가장 너그럽고, 가장 사랑스럽고, 가장 진실한 모습을 보여 줄 때 당신은 어떤 사람인가요?

미래로부터 온 엽서

이것은 간단하지만 효과가 있는 방법이다. 고객에게 엽서를 제공한다. "미래의 어느 때인가를 상상해 보세요. 원하는 시간대를 선택하세요. 그리고 미래의 당신이 무엇을 하고 있는지에 대해 지금의 자신에게 엽서를 쓰세요. 그 일을 사랑하는 이유를 말하고, 그곳에 이르기 위해 당신이 한 일들을 설명하세요."라고 질문할 수 있다. 이 활동은 우리의 이상을 현실감 있게 만들어 준다. 일단 글로 적으면 그것이 손에 잡히는 느낌을 주며 구체화된다. 일부 코치들은 미래의 시간을 6개월로 설정하여 고객이 엽서를 작성하면 코치가 그것을 보관하고 있다가 6개월 후에 고객에게 우편으로 보내 주기도 한다.

받는 것이 아니라 주는 것

대부분의 고객은 진정한 삶의 목적이 무엇을 얻고자 하는 것보다 무엇을 주고자 하는가에 달려 있다는 사실을 금방 깨닫는다. 의미를 부여하는 것은 받는 것이 아니라 주는 것이다. 얻는 것에 집중하면 돈, 명예, 권력, 화려한 소유물, 집, 성적 욕망, 경쟁자를 이기는 쾌감 등 원하는 것이 무엇이든 결코 충분하지 않다는 것을 깨닫게 된다. 얻는다는 것은 다른 사람이 내 것을 훔치거나 손상시킬 수 있다는 점에서 항상 경계하게 된다. 이들은 당신의 직위를 쟁취하고자 하는 예의 없는 후배 동료일 수도 있고, 당신의 사랑을 방해하는 경쟁자, 당신의 소유물을 훔치려는 도둑일 수도 있다.

그렇기 때문에 고객과 함께 삶의 목적을 탐색하는 것은 진정한 자아를 찾기 위해 잃어버린 내면의 아이를 치유하거나, 인도를 여행하거나, 향을 피우거나, 특정 작가나 자칭 전문가가 권장하는 것처럼 보이는 영적 탐구에 빠지는 것과는 다르다.

때로는 간단하게 재구성이 필요한 경우도 있다. 이런 경우의 고객은 이미 적절한 분야에서 자신에게 맞는 종류의 일과 삶을 살고 있다. 놓치고 있는 것은 자신이 내린 선택의 중요성을 보는 것이다. 사람들이 파트너, 직업, 업무 분야를 선택하는 것은 결코 우연이 아니다. 코치로서 우리는 고객 안에 항상 존재했지만 부분적으로 숨겨져 있어 보지 못했던 것을 명시화하고 인식하게 해 주는 것이다.

Mark

Mark는 비영리 부문과 영리 부문의 사업을 모두 진행하는 비영리단체를 운영하고 있었다. 조직 내에는 비영리 부문의 사명에 집중하는 그룹과 영리 부문의 수익에 집중하는 그룹으로 나뉘어 있었다. 비영리 부문의 그룹 사람들은 영리 부문의 사람들을 기회주의자로 보았고, 영리 부문의 사람들은 비영리 부문의 사람들을 이상주의자로 보았다.

Mark는 두 그룹 사이를 불편하게 오가고 있었다. 그는 영국 웨스트 벨파스트의 대가족 가톨릭 가정에서 자랐고, 어렸을 때 '재미있고 흥미로워서' 폭동과 싸움에 가담한 적이 있었다. 그런 경험은 그에게 궁지에 몰리고 불리한 상황을 이해하는 통찰력을 주었다. Mark는 자신이 다른 사람을 대변하는 데 재능이 있다는 것을 알고 있었다. 그는 학생 토론 모임에서 이 재능을 발휘했고, 이를 바탕으로 영국 국회의원 밑에서 연구원으로 일한 경력도 있었다.

Mark는 삶의 목적에 대한 질문에 쉽게 대답하였다. '잘못된 것을 바로잡는 것'이었다. 그는 강력해 보이는 골리앗에 맞서는 두려움 없는 다윗처럼 행동할 때가 가장 행복했다고 이야기하였다. 그에게 스트레스를 주는 것은 그의 사회적 역할이 점점 그의 삶의 목적을 방해하고 있다는 것이었다.

선택은 간단해 보였다. 직업을 바꾸거나 하던 일에 다시 집중해 보는 것이다. 그는 현재 직무의 역할을 재구조화하기로 했으며, 그 기관의 핵심 목적은 그의 신념과 맞닿았기에 대외적인 홍보대사 역할에 집중하기로 하였다. 동시에 내부에서는 캠페인 기능과 상업 운영도 함께 책임질 새로운 이사를 임명함으로써 자신이 하던 일에 다시 집중하는 쪽을 선택하였다.

이제 이 기관의 상업 활동은 캠페인을 지원하는 데 중점을 두고 있으며, Mark는 매일 아침 침대에서 가볍고 기분 좋게 일어나 "내 삶의 목적대로 삶을 살고 있어요!"라고 말하게 되었다.

가치와 동기 파악하기

삶의 목적에 대해 질문하면 행동하는 자아가 아닌 존재하는 자아의 영역으로 들어가게 된다. 고객에게 "당신에게 정말 중요한 것은 무엇인가?"라고 묻는 것이다. 삶의 목적을 탐색함으로써 이 질문에 대한 답을 얻을 수도 있고, 고객의 가치와 동기를 파악하기 위해 다른 활동을 진행할 수도 있다. 이 접근 방식은 진로 고민이 있는 고객에게 특히 유용하다. 대부분의 고객은 '누가 나를 고용할 것인가?'를 먼저 생각하지만, 이 접근 방식에 따르면 '당신이 진정 원하는 것은 무엇인가?' '당신에게 중요한 것은 무엇인가?'라는 질문에 대한 답을 파악하는 것부터 시작하기 때문에 자신의 가치관이 무엇인지 아는 것도 목표를 강화하는 강력한 방법이다.

몰입

스포츠인들은 최고의 기량을 발휘하는 순간을 '몰입'이라고 표현한다. 즉, 승리하거나, 경기를 잘 치르거나, 그 어느 때보다 잘하거나 더 잘할 수 있다는 확신이 드는 순간을 말한다. 그리고 놀라운 점은 이러한 순간이 자연스럽게 느껴진다는 것이다. 같은 현상을 '흐름에 있다(being in flow)'라고도 한다. 수세기에 걸쳐 이러한 현상은 설명되어 왔으며 종종 정신적 인식과 관련이 있으나, 오늘날에는 현대 긍정 심리학 운동의 창시자 중 한 명인 Mihaly Csikszentmihalyi(2003)와 가장 관련이 깊다.

이러한 순간에는 시간이 빠르게 지나가는 것처럼 느껴진다. 시간 감각이 왜곡되며 몸과 마음이 매끄럽게 연결되고 의식적인 행복감, 유쾌함, 에너지가 넘친다. 확고한 개인적 가치관과 밀접하게 연결된 명확한 목표와 당면한 과제에 대한 고도의 집중력과 자신감이 생기며 자의식이나 당황스러움이 없다. 스스로의 피드백을 통해 자신의 행동이나 방법을 수정하거나 개선할 수 있게 되고 활동 자체에서 보람을 느끼게 되어 노력하지 않아도 몰입할 수 있다. 도전할 수 있을 정도로 무언가를 성취하고 있다고 느끼지만 그 도전이 부담스럽지 않으며 무엇이든 가능하다는 느낌을 받게 된다.

고객에게 '몰입'의 개념을 소개하고 자신의 인생에서 '몰입'의 경험을 찾아보도록 한다. 네 번 정도의 '몰입'의 순간을 떠올리는 것이 적당하며(시간과 여유가 있다면 더 많이 찾아보게 한다), 개인적 삶뿐만 아니라 직업적 삶의 순간, 그리고 여러 분야 또는 수십 년에 걸쳐 그러한 순간에 대해 찾아보도록 한다. 이러한 '최고의 순간'을 여러 개 물어보면 더 풍부한 그림을 만들 수 있다. 고객의 말을 편집하지 않고 말하는 그대로 핵심 단어를 모두 적는다. 대부분의 고객은 이 순간에 대해 자랑스럽게 이야기한다. 다음과 같은 추가 질문을 시도한다.

- 이 순간이나 시간이 특별했던 이유는 무엇인가요?
- 그때 누가 있었거나 또는 누가 함께했나요? 그들은 무엇을 하고 있었나요?
- 구체적으로 어떤 일을 했기에 그렇게 특별하게 생각되나요?
- 당신의 그때 감정은 무엇이었나요?
- 무엇을 성취하고, 무엇을 하고, 무엇을 배웠나요?
- 그 성과나 배움에 대해 어떻게 느끼나요?
- 어떤 가치와 신념을 가지고 있었나요?
- 그 순간 무엇이 필요했나요?

고객의 이야기가 끝나면 핵심 단어를 적은 종이와 형광펜을 건네주면서 눈에 띄는 단어를 표시하고 목록으로 정리하게 한다. 고객이 어려움을 느낀다면 가능한 테마와 주제를 제안하고(때로는 고객보다 코치에게 더 쉽게 보일 수도 있다), 떠오르는 가치와 동기를 나열한다. 이제 고객에게 그 의미를 생각해 보도록 질문한다. 여기서 필요한 질문은 다음과 같을 수 있다.

- 이런 가치와 동기를 나열하면서 그것들이 어떻게 보였나요?

- 그 가치들이 중요한 이유는 무엇인가요?
- 당신의 기대와 달리 리스트에 없어서 놀라운 가치는 무엇인가요?
- 현재 당신의 삶에서 이 가치들을 얼마나 충족하고 있나요?
- 이런 가치를 존중할 때 당신의 기분은 어떤가요?
- 이런 가치를 지키지 않을 때 당신의 기분은 어떤가요?
- 이제 이런 가치가 당신의 삶에서 진정한 동력이 되려면 어떤 변화가 필요한가요?
- 그런 변화를 만들기 위해 얼마나 준비되어 있나요?

이 작업은 긍정적인 면에만 집중하여 고객이 처음에 생각하는 것보다 더 많은 것을 알려 준다. 예를 들어, 코치 교육 과정에 참여한 어떤 참가자는 Edward Elgar의 유명한 오라토리오 〈Gerontius의 꿈(The Dream of Gerontius)〉에서 천사역을 맡아 지역 성당에서 노래할 기회를 얻었을 때를 최고의 순간으로 꼽았다. 천사는 Gerontius를 저승으로 인도하는 역할을 맡았다. 이 역할을 노래하면서 그녀는 노래에 대한 재능, 공연과 환호에 대한 욕구, 그리고 코치로서 다른 사람들에게 깊은 의미를 지닌 무언가를 해 주고 싶다는 욕구가 모두 충족되었다.

특히 커리어에 초점을 맞출 때 다양하게 활용할 수 있다. 예를 들어, 고객에게 현재의 직업이나 삶이 '몰입'으로 알게 된 기준과 어떻게 비교되는지 평가하도록 요청할 수 있다. 종종 일치하지 않는 경우가 있는데, 그럴 경우 고객은 빠르게 다른 일을 하기로 결심하기도 한다. 또는 고객이 새로운 직업을 제안받았지만 수락 여부에 대해 고민이 된다면 이 목록을 다시 살펴볼 가치가 있다. 그리고 고객이 딜레마에 빠졌을 때 '어떤 결정이 이 목록과 어떻게 비교되는지 보자'고 말할 수도 있다. 이렇게 하면 주저하는 시간을 상당히 줄일 수 있다.

목표는 고객과 코치에게 중요하지만, 목표를 모든 것의 전부로 받아들일 경우 커다란 문제가 초래될 수 있다. Eckhart Tolle는 그의 저서 『지금 이 순간을 살아라(The Power of Now)』(2001)에서 이 점을 강력하게 주장한다. 그는 우리의 삶 전체가 미래를 기다리는 데 집중될 수 있다고 언급하며, 현재에 사는 것이 주는 자유로움에 대해 이야기한다. Tolle는 '짧은 기다림'(버스 정류장이나 교통 정체에서)과 '긴 기다림'(더 나은 직장이나 더 많은 부유함을 기다리는 경우)을 대조한다. 특히 행동 없는 '긴 기다림'은 현재 삶의 질을 떨어뜨린다. 이러한 무의미한 기다림과 연관된 목표를 그는 '외부 목표'라고 부르며, 이러한 목표는 결국 실패로 끝난다고 하였다. 외부 목표는 결국 외부적 요인에 따라 영향을 받기 때문에 예측할 수 없다. 또한 외부 목표를 가진 사람은 현재를 거부하면서 미래만 바라는 마음으로 살기 때문에 이 책에서는 외부 목표를 경계하라고 말하고 있다. 목표를 설정하는 것도 중요하지만 우리는 지금의 삶을 느끼고, 누리고, 살아가야 한다. 이 책에서 제시하는 코칭 모델의 관점에서 그는 행동하는 자아가 존재하는 자아를 대신하는 것에 대해 경고한다.

> 인생의 여정에는 외부 목표와 내부 목표가 있다. 외부 목표는 목표 또는 목적지에 도달하는 것, 목표한 바를 달성하고, 여러 가지를 성취하는 것을 의미한다. 이는 물론 미래를 의미한다. 그러나 여러분의 목적지나 미래만 중요하고, 그 단계를 이루기 위해 노력하고 살아가는 현재는 중요하지 않다고 생각해서는 안 된다. 그러면 여러분은 여정의 내부 목표를 완전히 놓치게 된다. 이 내부 목표는 당신이 어디로 가는지나 무엇을 하는지와는 상관없지만, 모든 것을 '어떻게' 하는지와는 관련이 있다.
>
> (Tolle, 2001: 71)

너무 심각하게 받아들여지는 것을 막기 위해 이 책의 초판을 주의 깊게 읽은 독자인 Derek Adams가 나에게 보낸 Woody Allen의 농담을 덧붙여 본다.

> Q: 어떻게 하면 신을 웃게 할 수 있을까요?
>
> A: 당신의 계획을 그에게 이야기해 보세요.

제8장

변화를 겪는 고객 코칭하기

모든 변화는, 우리가 가장 원하는 변화일지라도 슬픔이 따릅니다. 변화되기 전의 우리의 모습도 우리 자신의 일부이기 때문입니다. 다른 삶으로 들어가기 위해서는 하나의 삶을 먼저 마감해야 합니다.

(Anatole France)

이 장에서는 변화를 이해하고 고객과 함께 작업하는 데 유용한 여러 가지 프레임워크를 설명하고 있다. 이러한 프레임워크는 각각의 장점이 있으며, 이론적이면서도 실용적으로 활용이 가능하다. 일부는 비슷하기도 하고, 일부는 이미 대중적인 것도 있으며, 어느 특정 고객에게 유용한 프레임워크도 있다. 이 중 선택하여 활용할 수 있다.

고객들이 코칭을 받으러 오는 이유는 삶에 변화를 원하기 때문이다. 그러나 변화를 갈망하는 것과 실제로 그 변화를 이루어 내는 것은 다르며, 대부분의 고객은 이미 변화에 대한 도전을 시도해 본 경험이 있다. 변화는 복잡하며 우리가 스스로 선택한 변화일지라도 그 과정에는 어떠한 손실이 동반될 수밖에 없다. 나는 코치로서의 새로운 삶을 꿈꾸며 런던 외곽의 엘스트리(Elstree)에 위치한 BBC를 떠났다. 내게 평안함을 줬던 BBC 주변의 풍경을 바라보며 다시 볼 수 없다는 사실에 마음이 아팠다. 그날 밤 동료들이 마련해 준 송별 파티가 마지막 만남이 될 것이라는 것을 깨달았다. 나는 이 변화(코치로서의 삶)를 꿈꿨고, 최선의 이유로 그것을 선택했다는 것을 알았으며, 이 결정을 철회할 수 없다는 것을 알았지만,

여전히 슬픔과 기쁨의 감정이 뒤섞였던 것을 기억한다.

그렇다면 강제로 주어진 상황을 받아들이는 것은 얼마나 어려울까? 해고, 좌천, 일자리를 위한 이사, 암 선고, 시험 낙방, 사별, 연인과의 이별 등의 변화들은 예측하거나 예방할 수 없었던 것들이며, 자신이 원인을 제공하지 않았고 통제할 수도 없으며 피할 수 없는 것들이다. 잠재적으로 이러한 변화들은 무력감과 분노의 감정으로 이어질 수 있다. 코칭 현장에서는 이러한 상황들에 대한 것들을 만나게 된다.

Kübler-Ross의 심리 단계

Kübler-Ross의 심리 단계는 스위스의 정신과 의사이자 교사인 Elisabeth Kübler-Ross의 저서인『죽음과 죽어 감(On Death and Dying)』(1997)에서 죽음에 대한 인식을 혁신적으로 변화시키며 잘 알려지게 되었다. 이 책은 애도 연구로 묘사되기도 하지만, 사실 그녀의 첫 번째 관심은 사람들이 자신에게 재앙으로 여겨지는 소식을 어떻게 받아들이는지였다. 초기에는 말기 환자에 초점을 맞췄지만, 그녀의 심리 단계는 확산되어 모든 종류의 상실이나 변화를 경험하는 사람들에게도 동일하게 유용하다고 여겨지게 되었다. 그녀의 심리 단계는 단순하다는 비판을 받기도 했지만 상당한 깊이가 있다고 생각한다. 이 심리 단계는 다음의 두 가지 방식으로 유용하다.

- 변화와 상실에 대한 심리학을 떠올리게 하며 우리와 많은 고객이 겪는 어려움을 이해하게 한다.
- 고객에게 자신의 심리 변화 과정을 더 잘 이해할 수 있도록 한다.

그녀의 심리 단계는 애도를 여섯 가지의 전형적인 단계로 구별하며, [그림 8-1]과 같이 변화 주기로 나타냈다.

예측된 상실

예측된 상실이란 무언가 영원히 변할 것임을 알지만, 아직 끝나지 않았고 한동안 끝나지 않을 것이라 여기는 것이다. 곧 잃게 될 것임을 알기에 압도적인 슬픔을 느끼지만 그러한 감정에 대해 죄책감을 느끼고, 자신이 지나치게 자기 연민에 빠졌다는 생각을 하기도 한다. 보통은 그 감정을 억누르게 되며 오히려 표현하는 것을 잘못되었다고 느낀다.

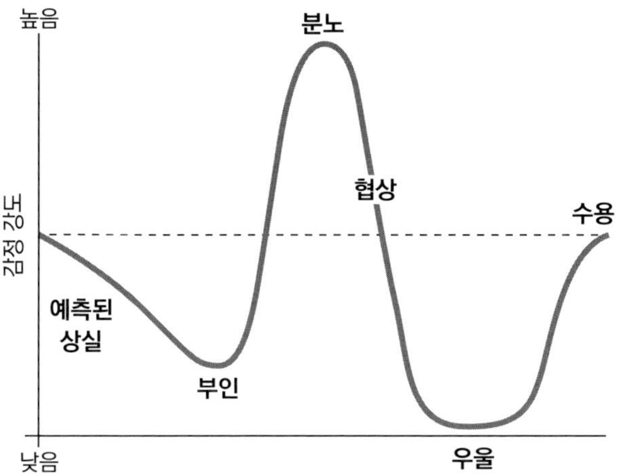

[그림 8-1] 심리 단계

Francis

Francis는 전문직에서 관리직으로의 전환을 준비하던 카리스마 있는 연극 전문가였다. 그는 코칭을 통해 존경받는 리더로 거듭나기 위해서는 험담을 하거나 편애하는 이전의 습관들을 버려야 한다는 것을 알고 있었다. 그는 자신의 결점을 기꺼이 인정하며 변화를 위해 노력했고, 강압에 의존하지 않고도 사람을 동기부여할 수 있는 검증된 방법이 존재한다는 사실에 놀라고 기뻐하였다. 우리가 라이프 스캔 휠 작업(p. 223 참조)을 할 때 그는 아내 Mia가 자궁내막암에 걸렸다는 사실을 알려 주었다. 세 번째 회기에서 그는 Mia

의 암이 간에 전이되었다고 말하였다. 그녀의 상태는 급속하게 악화되었고, 이제 휠체어가 필요해졌다고 하였다.

그는 말하였다. "지금까지는 어떻게든 대처했지만, 휠체어는 앞으로 다가올 일을 말해주고 있어요. 그녀가 회복할 수 없다는 걸 알지만……. 얼마 동안 더 살 수 있을지는 모르겠어요. 이미 그녀를 잃은 것 같아요. 아내이든 그 누구이든 저의 절망감을 보여 줄 수 없고, 특히 아이들에게는 더 보여 줄 수 없어요." 그의 우울한 품위는 인상적이었고, 나머지 회기는 그의 슬픔을 단순히 내면으로 돌리는 것보다 더 나은 대처 방법을 찾는 작업을 하였다.

부인

부인 단계에서 우리는 무감각해진다. 회사가 인수되고, 해고될 것이고, 배우자가 떠나갔고, 사랑하는 부모님이 돌아가셨다는 것 등의 변화를 이성적으로는 알고 있지만, 감정적으로는 받아들이지 못한다. 다른 사람들에게는 우리가 현실을 외면하고 있는 것으로 보일 수 있다.

Eira

Eira는 본인이 최고 경영자로 있던 회사가 다른 회사와 합병된 사실과 최고 경영자 후보에 자신이 배제되었다는 사실을 알게 되었다. 새 직장을 찾는 방법에 중점을 두고 진행한 코칭에서 Eira는 자신에게 아무 일도 일어나지 않은 것처럼 회사를 계속 운영하고 있다고 놀랍다는 듯이 말하였다. "나는 아직도 주간 회의를 진행하고 일상적인 루틴을 따르고 있어요. 이 엄청난 변화에 대한 감정을 느껴야 할 것 같지만 느낄 수가 없어요. 사실 내년을 위한 사업 계획을 아직 작성 중이에요. 이게 얼마나 이상한 일인가요?"

당연히 이러한 것은 이상한 일이 아니라, 변화에 대한 정상적인 보호 메커니즘이 작동하는 것일 뿐이었다. 인간은 현실을 받아들이기 어려운 상황에서 오히려 아무렇지 않다는 반응을 보이며, 이는 불안, 무감각 또는 혼란을 초래할 수 있다.

분노

분노 단계에서는 누군가를 비난하려고 한다. 직면하게 된 커다란 사건은 누군가의 잘못이므로 이 사람은 처벌을 받거나 최소한 사과를 해야 한다. 우리는 사람들을 중간이 없는 것처럼 선인과 악인으로 나누려는 경향이 있다. 이것은 분노를 정당화한다. 어떤 기업의 행동은 잔인하고 비겁하여 분노를 일으킨다. 분노는 자기 자신에게 적용될 때도 있다. 어떤 고객들은 일어난 일에 대한 책임을 스스로 떠안고 죄책감에 고통스러워한다. 고객의 과거 행동에 어느 정도 책임이 있을 수는 있다. 그렇다면 그들에게 그 죄책감을 표현하도록 격려하고 동시에 그 상황을 이해하도록 도와주는 것이 중요하다. 고객이 과거에 그러한 행동을 한 것은 그 당시에는 최선의 선택을 한 것이며, 실수는 인간이기 때문에 불가피하고, 어떤 비난도 자신 혼자만의 것일 가능성은 적다는 것을 상기시켜 주어야 한다. 고객에게 유사한 상황에 적용할 수 있는 교훈을 물어보는 것도 실패에 대한 책임을 받아들이는 강력한 방법 중 하나이다.

때로 고객은 분노를 이겨 내지 못하고 위험한 결정을 할 수 있다. 예를 들어, 가능성이 없는 소송을 제기하거나 상사를 스토킹하는 경우이다. 코치로서 고객의 결정이 위험하다는 것을 알 수 있다면, 혹은 법에 어긋나는 것을 인지한 경우에는 솔직한 대화를 나눌 필요가 있다. 코칭 대화를 통해 넓은 관점을 제공함으로써 고객이 위험한 결정에서 벗어나도록 도울 수 있다.

심리치료 초기에는 분노를 표현하는 것이 해결의 방법으로 여겨졌었다. 그래서 고객들은 쿠션을 때리거나 소리 지르면서 격렬하게 분노를 표현하도록 권장되었다. 그러나 지금은 이것이 도움이 되는지에 대해 부정적인 의견이 많다. 분노를 표현하는 것은 오히려 고객이 늘 분노의 상태에 머무르게 할지도 모른다. 분노는 중독성이 있으며, 분노하고 있는 내가 정의로운 것이라고 인식될 수 있다. 실제로 그것은 흑백 사고의 잘못된 논리가 신념이 될 가능성을 높인다. 고객은 '공정함'이나 '정의'라고 주장할 수 있지만, 대부분의 분노는 **나의 욕구**와 **다른 사람의 욕구**의 갈등에서 기인한 것이다. 감정적으로 고조된 사람들은 코칭을 받을 만큼 차분하지 않다. 격정적인 분노일수록 논리적 사고를 하는 전두엽의 활동을 방해할 가능성이 높다. 분노를 표출하는 대신 분노를 어떻게 다룰지에 대해 고민하는 것이 더 도움이 될 수 있다.

대부분의 경우 고객이 변화 과정에서 분노의 단계에 있다면, 고객이 분노를 인정하게 하고 변화의 과정 중 자연스러운 현상이라고 설명하는 것이 효과가 있다. 다음의 질문은 유용하다.

- 당신은 누구에게 분노하고 있나요?
- 만약 그들이 여기에 있다면, 그들에게 무엇을 말하고 싶나요?
- 이 분노에서 벗어나려면 무엇이 필요할까요?

수용

분노 단계의 비난이 점차 가라앉을 때 코치는 고객의 수치심, 비난, 죄책감, 그리고 개인적인 책임을 구분할 수 있도록 도와주어야 한다. 감정이 구분되면 고객은 변화에 대한 자신의 책임을 객관적으로 바라볼 수 있다. 이는 고객 자신이 변화에 기여한 부분을 인정하고 수용하는 데 도움을 주고, 이러한 과정은 고객의 학습과 성장, 그리고 변화에 필수적이다.

Hilary

Hilary는 호텔 가맹사업에서 학습 및 개발 전문가로 12년간 일해 왔으며, 자신만의 교육 과정에 대한 긍정적인 평가를 받았다. 그리고 스스로 회사에서 중요한 역할을 하고 있다고 믿었다. 그러나 그녀는 자신의 역할이 불필요하다는 소식을 듣자, 그것을 조직의 변화로 받아들이지 않고 자신이 회사에서 거절당했다고 받아들였다. 4개월이 지난 후에도 그녀의 분노는 사그라들지 않았다. 그녀의 두 번째 코칭에서 우리는 회사에서 왜 이런 결정을 내렸는지 함께 살펴보았다. 그 결과 그녀가 아이들을 학교에서 픽업할 시간에 맞출 수 있는 그 업무를 오랫동안 유지했지만, 실제로는 흥미가 없었음을 인정하게 되었다. 또한 그녀는 자신의 업무 성과를 상사들에게 알리지 않았다. 그녀는 조용히 자신의 역량을 발휘하고 성과를 내면 그 성과가 모두에게 자연스럽게 공유될 거라 믿었다. 이러한 사실들을 다른 이들에게 알리지 않은 것이 현재 상황에 어떻게 영향을 미쳤는지 이해하는 것이 변화의 열쇠였다.

협상

협상은 그 순간에는 그렇게 보이지 않을 수 있지만 좋은 신호이다. 협상은 변화가 일어날 것을 일부분 받아들인 것을 의미한다. 이것은 죽음을 앞둔 환자가 신과 협상하려는 모습에서 관찰되었다. "내가 진심으로 기도하고 순수한 삶을 살겠다고 신에게 약속하면 살 수도 있을 거예요." 코칭에서는 고객이 변화나 어려움을 받아들이기 어려워 절박한 협상을 하는 경우가 있다. 예를 들어, 아내가 다른 남자와 함께 떠난 한 고객은 그녀가 돌아오면 이사를 가겠다고 말하였다. 이는 고객이 아내의 외도를 받아들일 수 없어서 그녀가 돌아오면 멀리 떠나겠다는 말이지만, 한편으로는 그 변화의 일부를 받아들였다는 사실은 긍정적이다.

회사에서 해고당한 고객은 계약 종료 통지서의 발송을 막기 위해 이의신청을 하였다. 다른 고객은 원하는 직책을 얻지 못해 크게 실망하여 경쟁자의 부하 직원을 자처하였다. 협상은 지속적인 안정적 해결책일 가능성이 낮기 때문에, 코치의 역할은 다음과 같은 질문을 통해 현실 검증을 제공하는 것이다.

- 이것은 근본적인 문제를 얼마나 해결할 수 있을까요?
- 이것의 긍정적인 측면과 부정적인 측면은 무엇일까요?
- 1년 후 이 해결책 내에서 살아가는 것을 상상해 보십시오. 어떤 느낌인가요?
- 이 해결책이 효과를 발휘하려면 무엇이 필요한가요?

우울

이 단계에서는 마비된 듯한 느낌을 받는다. 우리는 결정을 내리지 못한다. 분노는 가라앉았지만 무력감이 남아 있다. 이는 고객뿐만 아니라 코치에게도 어려운 단계이다. 고객들은 이 감정 때문에 회기를 취소할 수 있으며, 무력감과 감정적 소진의 이유를 알고 있음에도 코치에게 설명하기 힘들 수 있다. 그들은 코칭에 흥미를 잃은 것처럼 보일 수 있다. 이러한 상황이 발생하고 있다면 고객에게 적극적으로 연락하여 코칭을 지속적으로 진행하도록 해야 하며, 응답이 없을 경우 더 많은 연락을 취해야 한다. 나는 우울에 빠져 있던 한 고객에게 다음과 같은 간단한 다섯 가지 항목의 내용에서 선택하도록 메일을 보내고 회신을 요청하였다.

- 나는 괜찮고 더 이상 코칭이 필요하지 않지만, 지금까지 받은 도움에 감사함을 느낀다.
- 나는 지금은 괜찮지만 나중에 코칭이 필요할 수도 있다.
- 나는 지금 당장 연락하기에 너무 비참하다.
- 나는 우울하지만 코칭을 받을 수 있을 것 같다. 하지만 지금은 아니다.
- 나는 우울해서 코칭이 도움이 될 것 같다. 나의 비서가 일정을 조율하고 코치님에게 연락한다면 유용할 것이다.

이메일에 대해 다음과 같은 회신을 받았다.

> 정말 멋진 일이었어요. 얼어붙은 제 슬픔의 벽을 깨뜨렸어요. 왜 내가 이렇게 나 자신에게 갇혀 있는 걸까 생각했죠. 그리고 누군가 관심을 가져주고 있다는 것을 느끼자마자, 바로 제 비서에게 연락하고 코칭을 예약했습니다.

우울의 단계에서 근본적인 원인은 우리가 상실한 것을 완전히 깨달은 후, 이로 인해 우리가 어떤 일을 해도 그것을 스스로 긍정적으로 받아들이지 않는다는 것이다. 이는 특히 자신의 정체성이 일과 깊이 연관되어 있는데 갑자기 해고당한 고객이나, 사랑하는 사람의 죽음으로 인해 자신의 인생이 사라진 듯한 상실감을 느끼는 고객에게 해당된다. 고객이 코칭에 참석했을 때, 그들이 생기 없이 우울해 보일 수 있다. 이런 상황을 보게 되면 그 상황을 공유한다. 이성적인 접근보다는 감정적인 부분에 집중하고, 코칭을 어떻게 진행하면 좋을지 실질적으로 무엇이 도움이 될지 고객에게 질문한다. 보통 고객은 치유와 회복을 원한다. 단순한 슬픔이 아니라 심각한 정신건강 문제가 있다고 판단되면 의료적인 도움을 받도록 권장하는 것이 중요하다(제11장 참조).

수용

수용과 적응은 밀접하게 연결되어 있다. 이 단계로 들어서면 변화는 이미 일어났거나 곧 일어나게 될 것이다. 새로운 행동을 시도해 본다. 다소 조심스럽지만 즐거움도 느껴지고, 이미 일어난 일을 받아들이며 삶을 긍정적으로 해석하기 시작한다. 자신감을 찾아 코칭은 다시 활기를 찾는다.

이 변화 과정은 정해진 순서대로 진행되지는 않는다. 순서가 바뀐 단계로 진행되거나 아예 건너뛸 수도 있다. 또한 이 과정은 반복되기도 한다. 수용 단계에 도달한 것처럼 보이는 고객도 분노, 타협 또는 우울로 다시 돌아갈 수 있다. 이러한 단계들은 코칭에 대한 이해를 얻기 위한 유용한 도구일 뿐이다.

코치로서 당신은 주기의 어떤 한 지점에 멈춰 있는 고객을 주의 깊게 살펴야 한다. 이는 대부분 부인 또는 분노 단계에서 **'만약'**과 **'그랬더라면'**의 후회를 반복하는 경우이다.

전환 모델: William Bridges의 단계

작가 William Bridges는 변화를 이해하는 유용한 단계를 제시한다. 그는 『전환 관리(Managing Transitions)』(1991)라는 책에서 이를 설명하며 조직 내에서의 변화에 중점을 둔다. 이는 Kübler-Ross의 단계와 상당히 일치한다. 그는 공식적인 변화 과정과 그에 대한 심리적 적응은 다른 현상이라고 제안한다.[1] 이는 공식적 변화는 이미 이루어졌지만 심리적으로는 아직 받아들여지지 않는 경우가 있기 때문이다. 예를 들어, 직장에서 해고된 고객이 '우리'라는 단어를 사용하며 여전히 이전 직장에 있는 것처럼 무의식적으로 이야기하는 경우이다.

William Bridges는 전환을 세 가지 단계로 설명하였으며, 각 단계의 경계는 복잡하고 서로 겹쳐지므로 이는 변화에 적응이 지연되는 원인이 된다고 말한다.

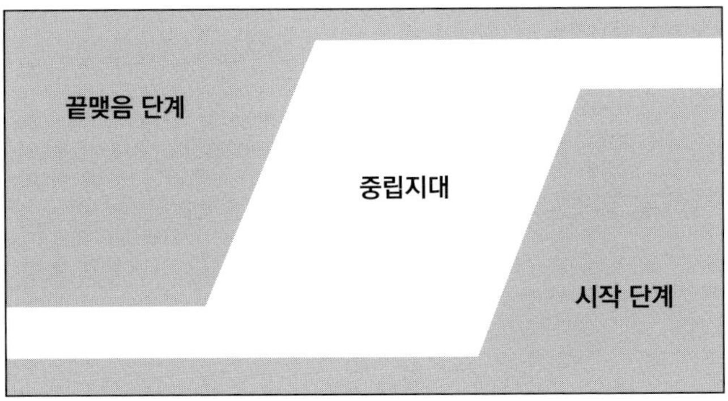

[그림 8-2] 전환 모델

1단계: 끝맺음

단순히 물리적 수준에서 그치는 것이 아니라 심리적 수준의 전환까지 이루어 내기 위해서는 이전의 것들을 내려놓아야 한다. 이것이 우리의 발목을 잡는다. 과거의 상실을 인정하지 않으면 새로운 변화의 장점을 아무리 설명해도 받아들이기 어렵다. 우리는 예전의 익숙한 방식의 일, 지위, 건강, 신념 또는 기대치와 같은 것을 상실하게 될 수 있다. 이러한 상실이 일어났을 때 자신에게 초점을 맞

1) 역자주: William Bridges는 '변화'와 '전환'의 의미를 구분하여 정의하였다. '변화'는 새로운 외부의 상황이 발생하는 현상이며, '전환'은 이러한 변화의 상황을 받아들여 내면화하는 심리적 과정이다.

추기 위해서 다음과 같은 질문을 할 수 있다.

- 지금 삶을 주도하는 것은 누구인가요?
- 의사결정은 어떻게 이루어지고 있나요?
- 기존 규칙 중 여전히 적용되는 규칙은 무엇이며, 새로운 규칙은 무엇인가요?

끝맺음을 위한 코칭

새로운 현실에 적응할 수 있도록 돕는 다양한 전략이 있다. 먼저, 무엇이 변했고 무엇이 유지되고 있는지 고객이 구분할 수 있도록 한다. 고객이 전환의 과정에 적극적으로 참여하지 않고, 그저 관찰자처럼 수동적인 태도를 취하게 되면 변화가 외부에서 강제로 가해지는 것처럼 느껴질 수 있다. 다시 말해, 변화가 자신과 무관하게 일어나고 자신은 그 변화에 휩쓸려 가는 듯한 느낌을 받을 수 있다. 이런 상황에서는 변화에 대한 불안감이나 거부감이 커질 수 있기 때문에 고객이 적극적으로 전환의 과정에 참여하도록 독려해야 한다. 고객에게 어떻게 전환에 적극적으로 참여할 수 있을지 질문하고, 변화나 상실에 대해 슬퍼하고 애도를 허용할 수 있도록 한다. 예를 들어, '가장 그리워질 것은 무엇일까요?'라고 질문을 하거나 이별을 기념하는 것도 도움이 된다. 장례 절차가 남은 사람들에게 사랑하는 사람이 정말로 죽었음을 깨닫게 하는 것처럼, 어떤 것이 돌이킬 수 없이 끝났다면 그것을 축하하는 파티나 의식도 도움이 될 수 있다. 사람들이 조직을 떠나게 되거나 관계를 끝내게 된 경우 이를 기념하는 것도 도움이 될 수 있다.

다음은 끝맺음 단계를 교과서처럼 훌륭하게 해낸 고객 Rose의 한 예이다.

Rose

Rose는 제약 회사의 고위직 승진에서 아쉽게 떨어졌다. Rose는 코칭에서 고위직 남성 동료들이 겉으로는 위로하는 척하지만 속으로는 여성이 그 자리를 얻지 못해 기뻐하는 모습을 상상하며 분노를 드러냈다.

Bridges의 유용한 단계를 떠올리며 "이곳에서 정말 끝난 것은 무엇인가요?"라고 질문하였다.

"이 회사에서의 내 경력이 끝났어요. 이제 정말 다른 회사로 떠나야 해요."라고 그녀는 바로 대답하였다. 우리는 그녀가 어떻게 헤드헌터에게 연락하고 인맥을 활용할 것인지에 대해 이야기를 나눴다. 몇 달 후 Rose는 새로운 직장에서 제안을 받았고 이를 받아들이기로 결정하였다. 이제 그녀의 질문은 어떻게 떠날 것인가에 관한 것이었다. 그녀는 늘 그랬듯이 조용히 회사를 떠나고 싶어 하였다. Rose에게 이 끝맺음 단계에서 무엇이 도움이 될 수 있을지 물어보았다.

"음, 내가 원치 않더라도 송별회가 열릴 거예요. 난 지루한 연설과 행사를 싫어하지만 나뿐만 아니라 다른 사람들을 위해서라도 송별회는 해야 해요."

"네, 그런 것 같아요. 그리고 그것을 중요한 이벤트로 여겨야 해요."

나는 기꺼이 공식적이고 화려한 파티의 초대를 받아들이고 Rose가 나와 함께 연습한 연설을 하는 모습을 지켜봤다. 그녀는 연설에서 회사의 강점을 부각시키면서도 자신의 미래를 향한 확신을 자신 있게 드러냈다.

모든 고객의 끝맺음 단계가 이렇게 아름답지는 않다. 그들은 복수하고자 하는 욕망에 빠지거나 실망감을 폭력으로 표출하곤 한다. 어느 송별회에서 퇴사자는 접착식 메모지를 붙일 수 있는 벽을 만들고 그의 손님들을 초대하여 자신을 퇴사하게 한 관리자에게 보내는 부정적인 메시지를 채우도록 하는 것을 보았다. 사람들은 자신이 배신당했다고 느낄 때, 그 분노를 무모하게 표출하는 경우가 있다. 그러나 이렇게 공개적으로 분노를 표출하면 화를 낸 자신에게도 즉각적으로 부정적인 영향이 미친다는 것을 인지해야 한다. 고객이 이러한 분노를 표현할 때 일반적으로 "다른 사람이 당신에게 이렇게 분노를 표출했을 때 기분이 어땠나요?"라고 질문해 볼 수 있다. 그 대답은 어색함, 연민, 반감 등일 것이다. 이러한 질문을 통해 고객은 자신의 선택이 현명한 것이 아니라는 것을 알게 된다.

2단계: 중립지대

이 단계는 Kübler-Ross의 우울 단계와 공통점이 있다. Bridges는 이를 계속되는 급류 속에 있는 것처럼 느끼는 상태로 묘사한다. 우리 안의 에너지가 사라지고 소극적이 되며, 자기 자신의 내면에만 몰두하게 된다. 이로 인해 질병이나 사고에 더 취약해진다. 무엇이 끝났는지 불확실하고, 새로운 시작이 실제로 시작되었는지도 불확실하다. 이 단계에서는 자신의 취약점들이 드러난다. 중립지대의 진수(essence)는 모호성이다. 그러나 바로 이러한 모호성 덕분에 창의성이 발휘되고 다시 반추할 수 있게 만든다. 이 단계에서는 명확한 답을 갈망하게 되기 때문에 종종 고객과 코치가 처음 접촉하게 되는 지점인 경우가 많다.

Kees

Kees는 네덜란드 회사가 영국 경쟁사를 인수하면서 런던을 고향처럼 생각하며 지냈다. 그러나 또 다른 회사로 인수되면서 일자리가 없어지게 되었다. 이러한 상황의 표면적인 이유는 직무 이동의 필요성이었으나 그 이면에는 받아들이기 힘든 진실이 숨어 있었다. Kees는 인기가 많고 호감 가는 사람이었지만 문제를 일으키는 동료이기도 하였다. 모든 일을 혼자서 하려는 그의 고집 때문에 직원들이 중요한 의사결정을 내리는 데 어려움을 겪었다. 또한 숲을 보지 못하고 나무에만 집중하는 그의 업무 스타일 때문에 잘못된 전략적 판단을 하게 되는 경우가 발생하였다. Kees는 한 회사에서 25년 동안 근무했기 때문에 자신의 변화에 불만을 느끼거나 새로운 시작의 두려움을 느낄 수 있었음에도 그러지 않았다. 그는 퇴직 통보를 받은 후 코칭을 받으러 왔고, 중립지대를 수용하며 360도 피드백의 불편한 메시지를 용기 있게 받아들였다.

"저는 지금이 다시 배우는 시간이 될 것이라고 생각합니다." 그는 환하게 웃으며 말하였다. "한곳에 너무 오래 있어서 지루해졌어요. 사람들이 저 때문에 힘들어했던 문제들을 이제 해결할 수 있어요. 그리고 저는 정말로 더 나은 방법을 배우고 싶고, 변하고 싶어요. 그것을 위한 마음의 준비가 완벽하게 되어 있어요! 저는 이런 기회를 가지게 되어 정말 운이 좋은 사람이에요."

Kees와 나는 그가 '**삼중 트랙**(triple track)'이라고 설명한 작업을 진행하였다. 트랙 1은 그의 전체 인생을 평가하는 것이었고, 그 결과 그는 가족과 친구에게 더 신경 써야 한다는 깨달음에 이르렀다. 트랙 2는 구직 활동으로 5개 유럽 언어에 능통하지만 잘 활용되지 않았던 자신의 강점을 파악하는 것에서 시작되었다. 이러한 언어 능력은 유럽 시민이 되는 것이 중요하다는 그의 확고한 가치관과도 밀접하게 연결되어 있었다. 트랙 3은 리더가 되는 방법을 다시 배우고, 과거의 딜레마를 되짚어 보면서 기사와 책을 열심히 읽었다. 또한 나는 그의 제안에 따라 배움을 얻을 수 있는 다른 코칭 고객들과 미팅을 주선해 주었다. 이러한 과정에서 Kees는 항상 배움을 얻고자 하였다. Kees에게서 온 많은 이메일의 마지막에는 항상 스마일 이모티콘이 포함되어 있었다. 그가 취리히에서 구직에 성공했다는 소식을 전하는 이메일을 보냈을 때, 거기에는 '각각의 트랙에 하나씩'이라는 의미로 3개의 스마일 이모티콘이 붙어 있었다.

고객과 중립지대에서 코칭하기

중립지대의 가치를 고객에게 설명하면서 그로 인해 겪었던 부정적인 경험을 긍정적인 학습기회로 재구성한다. '할 일이 없다'거나 심지어 '할 일이 너무 많다'는 불만은 중립지대에서 흔하게 발생하는 생각임을 고객에게 알려 준다. 평소처럼 업무를 진행하기는 어렵겠지만 이제는 시간을 내어 미래를 준비하는 데 집중하는 것이 코칭의 주제가 된다. 예를 들어, 새로운 교육을 받거나 구직 활동을 준비할 수 있다.

고객에게 자신을 위한 중립지대를 만드는 것은 필요하다. 대체적으로 어떤 일이 끝나자마자 바로 새로운 일을 시작하려는 조급한 마음이 들 수 있다. 하지만 며칠간의 휴가를 보내는 것만으로도 짧지만 소중한 중립지대를 만들 수 있다. 중립지대에서는 고립감을 느끼지 않도록 다른 사람들과의 관계를 유지하고 새로운 사람들과 교류하는 것이 중요하다. 이를 통해 고객은 혼자가 아니라는 느낌을 받을 수 있고, 중립지대에서 오는 불안감이나 외로움을 덜 수 있다.

3단계: 시작 단계

공식적인 시작과 심리적인 시작은 서로 다른 과정이다. 비록 시작을 간절히 원했더라도 막상 시작하게 되면 부담스럽게 느껴질 수 있다. 새로운 시작이 '진짜'인지에 대한 의구심이 들 수 있다. 공식적으로는 시작이 맞지만 심리적으로는 완전히 받아들이지 못했을 수 있다. 중립지대에는 여유와 스트레스, 그리고 편안함이 있었다. 늦게 일어나고 스스로 원하는 일을 하며 일상의 압박에서 벗어난 자유를 느끼게 되므로, 시작을 위한 계약서 같은 모든 공식적인 절차가 완료되었더라도 새로운 단계로 나아가는 결정을 심리적으로 받아들이지 못할 수 있다. 시작하는 새로운 영역에 대한 경험이 없기 때문에 어떤 노력을 미리 해야 할지 모른다. 이 단계에서 자신의 능력과 역량에 대해 의구심을 느끼는 것은 당연하다. 또한 새로운 상황이 다가옴에 따라 자신감이 점차 감소하는 것도 정상적인 방법이다.

고객과 함께 시작 단계에서 작업하기

고객이 계획을 세우도록 격려한다. 정보 수집, 상상, 심상화, 생각하기, 준비하기 등 모든 것이 곧 시작될 변화에 적응하는 데 도움이 된다. 고객에게 새로운 조직에서의 성공적인 하루를 상상해 보라고 한다. 어떤 일이 일어나고 있을지, 고객에게 새로운 시작을 위해 어떤 역량이 필요할 것이라고 생각하는지 질문한다. 그리고 이러한 역량 중 얼마나 많은 것을 이미 갖추고 있는지, 부족한 역량은 어떻게 습득할 수 있을지, 이미 가지고 있는 역량은 어떻게 향상시킬 수 있을지 이야기 나눈다.

처음 몇 주 동안은 무엇을 해야 할지를 배우는 것이 중요하며, 실제로 그 일을 하는 것이 아님을 알려 준다.

전환 관리의 다른 모든 측면과 마찬가지로, 전환에 적극적으로 참여하면 변화에 대한 두려움이나 불안을 줄이고 더 긍정적으로 변화에 적응할 수 있다. 고객에게 이렇게 질문한다. **"이 새로운 삶의 모든 측면에 전적으로 참여하려면 어떻게 할 수 있을까요?"** 또한 초기의 작은 성공은 새로운 시작이 이루어지고 있음을 보여 줄 뿐만 아니라 무엇이 변했고, 이제 무엇이 시작되었는지를 명확히 할 수 있는 기회를 제공하므로 초기의 작은 성공의 중요성을 설명한다.

자기 제한적 신념

변화는 버거울 수 있다. 어떤 부분에서는 지금의 상황이 불편하더라도 그 불편함이 익숙해져서 현재 상태를 유지하고 싶어 한다. 이 때문에 우리는 자신을 변화시키고 싶다고 말하면서도 자기 제한적 신념에 집착한다.

자기 제한적 신념은 여러 가지 다른 이름으로 불린다. Timothy Gallwey(2000)는 이를 'Self 1'이라고 부르며, 자신감 있고 잠재력과 능력이 가득한 'Self 2'와 구별한다. Self 1은 모든 것을 알고 있다고 생각하며 Self 2를 신뢰하지 않는다. Self 1의 목소리는 항상 자기 비난, 실패 예측, 그리고 다른 사람과의 비교로 인한 우울로 가득 차 있다. Self 2가 Self 1을 침묵시킬 수 있을 때, 잠재력은 성취와 성장으로 바뀔 수 있다. Richard Carson(1987)은 성공을 방해하려는 끊임없는 비판적인 내면의 목소리를 '그렘린(Gremlin)'이라고 칭하였다.

우리에게는 누구나 이러한 내면의 목소리가 있다. 이 목소리들은 성장 과정의 일부이며 감정적이고 본능적인 반응에서 나오는 것이기 때문에 단순히 논리적으로 접근해서 코칭할 수 없다. 대신, 목소리들을 드러내고 이름을 붙이며 유머를 사용해 이러한 목소리들을 이해하고 인식하며 관리하는 것이 필요하다.

자기 파괴적 발언

다음은 자기 파괴적 발언의 예이다.

- 나는 겨우(조금 밖에 못해……).
- 난 그게 잘 안 돼…… 다른 사람들이 더 똑똑해…….

- 내게 주목하지 마세요…….
- 나 같은 사람은 절대 할 수 없어…….
- 적당한 때가 올 때까지 기다려야지…….
- 나는 더 (나아져야 해, 강해져야 해, 친절해져야 해……).
- 나는 그렇게 (어리석거나, 의존적이어서는) 안 돼…….
- 나는 절대 안 돼(성공하거나 유명인이 되는 건 다른 사람에게나 해당되는 거니까……).

이러한 표현들을 주의 깊게 들어 본다. 보통 이 표현들은 어린 시절에 형성된 것이며, 고객의 자전적 이야기를 물어볼 때 파악하게 될 것이다(제6장 참조). 나는 고객에게 이러한 표현들은 어린 시절에 부모나 보호자가 긍정적인 의도로 우리를 안전하게 지키거나 올바른 길을 가도록 하기 위해 전달한 믿음에서 기인한 것임을 말해 준다. 그러나 어린 시절에는 이러한 믿음들이 실제로 도움이 되었을 수 있지만 성인이 된 지금은 오히려 방해가 되는 경우가 더 많다.

Michael

저는 권위에 대한 두려움을 느끼는 노동자 계층의 환경에서 자랐습니다. 부모님은 선생님, 시의회, 경찰 등에게 순종하는 법을 알려 주었으며, 문제를 일으키지 않는 것이 중요했습니다. 항상 **고개를 숙이고, 눈에 띄지 않게 하고, 우리 같은 사람들은 잘난 척하면 안 된다는** 말을 들었습니다. 저는 이런 메시지를 마음에 새겼고, 그 덕분에 정말로 고개를 숙이고 열심히 일하고 공부해서 좋은 대학에 진학할 수 있었습니다. 코칭의 주요 이점 중 하나는 어렸을 때 도움이 되었던 것이 성인이 되어서는 해로울 수 있다는 것을 알게 된 것이었습니다. 내가 말을 조심하는 것이 동료들에게는 '거리를 두는' 혹은 '냉정한' 사람으로 보이게 만든다는 것을 깨달았습니다. 또한 상사들의 결정에 이의를 제기하지 않는 것이 저를 무시하게 만든다는 것도 알게 되었습니다. 코칭을 통해 저는 젊었을 때 배우지 못했던 것들을 배우게 되었습니다.

잘못된 사고 패턴을 발견하기

많은 고객은 이미 자신에게 도움이 되지 않는 행동 패턴을 알고 있다. 하지만 자신만의 전형적인 사고 패턴을 파악하는 데 능숙한 사람은 거의 없다. 이런 사고 패턴은 왜곡되어 있을 가능성이 크다. 이러한 왜곡이 바로 불행이나 비효율적인 행동을 초래하는 원인이 된다. 이러한 사고 패턴을 주의 깊게 살펴보아야 하며, 변화로 인한 스트레스가 있을 때는 사고의 왜곡이 크게 확대될 수 있다는 것을 유념해야 한다. 다음은 일반적으로 자주 발견되는 패턴들이다.

- **비관주의자**: 끔찍한 사건이 발생할 수 있으며, 인간은 이를 막을 수 없다. 위험이나 잠재적 위험 이야기를 듣게 되면 나 혹은 내 가족에게 일어날 것이라고 생각하게 된다. 테러 공격, 핵전쟁……. 이러한 일이 가능하다는 것을 알게 되면, 일어나게 될 것이라고 믿는다. 좋은 일은 일시적인 것이고 나쁜 일은 영원하다.
- **모두 내 잘못이야**: 무언가 잘못되면, 그것은 전적으로 나 때문이라고 생각한다. 다른 사람들은 책임이 없으며 내 환경도 원인이 아니다. 주변 사람들의 건강과 행복까지도 모두 내 책임이라고 느낀다.
- **다른 사람들이 나를 행복하게 하거나 슬프게 한다**: 나는 비관적인 일이 일어나거나 불행하면 다른 사람들을 비난한다. 그들이 나에게 준 고통을 이해해 주면 좋겠지만, 그들은 그것을 알지 못한다.
- **나의 과거가 나를 정의한다**: 내 삶에 슬픔, 비극 또는 불편한 사건이 있었다면 나는 그것을 결코 극복할 수 없다. 과거는 나와 항상 함께 있을 것이며, 나는 나의 과거에 압도당했기 때문이다. 나는 과거의 그 사건으로 정의되는 사람이 된다: 학대받은 아이, 젊은 미망인, 강도 피해자.
- **슈퍼맨**: 내가 하는 모든 일, 직장이든 개인 생활이든 나는 매우 유능해야 한다. 내가 유능하지 않다는 것을 받아들일 수 없다. 실패는 상상도 할 수 없

다. 나라는 존재는 나의 역할 그 자체이다. 내가 일을 처음부터 끝까지 다 해야 완벽하다. 내가 완벽함을 유지하려고 노력하는 이유는 다른 사람들이 나의 진짜 모습을 보고 실망하거나, 실제로는 부족함이 많다는 사실을 알게 될까 봐 두렵기 때문이다.

- **이분법론자**: 모든 것은 완벽하거나 엉망이고, 흑과 백으로 나뉘어 회색지대란 없다. 옳거나 그른 것뿐이다. 나는 훌륭하거나 형편없고, 다른 사람들도 마찬가지이다.
- **불평주의자**: 나는 모든 것이 공정할 것이라고 기대하지만, 그렇지 않다. 다른 사람들은 해서는 안 될 일들을 저지르고도 처벌받지 않는다. 항상 누군가는 책임을 져야 한다.
- **구원자 콤플렉스**: 나는 사람들을 변화시키거나 구할 수 있다고 믿는다. 나는 그들이 자신의 잘못을 인식하고, 내가 원하는 대로 행동하고, 내 필요를 더 진지하게 받아들이게 하기 위해 할 수 있는 모든 것을 시도한다. 나는 그들에게 조언을 해 주지만 그들이 따르지 않는 것이 답답하다.
- **엄격한 완벽주의자**: 나의 언어에는 '**반드시 해야 한다, 그래야 한다**'는 말로 가득 차 있다. 나는 무엇을 해야 하는지에 대한 일련의 엄격한 규칙에 따라 움직인다. 내 조직에 규칙이 있는 경우, 다른 사람들은 무시하더라도 나는 그 규칙을 준수해야 한다. 모두가(나 자신을 포함해서) 삶에 대해 규칙적으로 행동한다면, 모든 문제가 해결될 것이라고 생각한다. 나는 누군가가 기준에 미치지 못할 때 엄격하게 판단한다.
- **자기 희생자/강박적인 돌봄 제공자**: 나는 항상 다른 사람을 우선으로 생각하며 도덕적으로 행동해야 한다고 믿는다. 삶은 봉사하는 것이어야 한다. 내가 원하는 것은 다른 사람들이 나에게 봉사로 보답하는 것이다. 만약 다른 사람들이 나에게 보답하지 않더라도 나는 실망하거나 화내지 말아야 한다고 생각한다.
- **갈등회피자**: 갈등은 무섭고 항상 파괴적이다. 나는 평화를 유지하기 위해 할 수 있는 모든 것을 해야 한다. 갈등을 드러내면 다시는 평온을 찾을 수 없을

것이다. 아무 조치도 취하지 않으면 위험 징후가 사라질 수 있으므로 무시하는 것이 좋다.

- **투쟁자**: 인생은 힘들다. 나는 강인해져야 하고, 스스로를 돌봐야 한다. 그렇지 않으면 다른 사람이 이득을 취하기 때문에 내가 먼저 공격하는 것이 더 낫다. 인간의 삶에서 경쟁은 피할 수 없고 건강한 모습이다. 약점이나 연약함을 드러내는 것은 곧 약점을 드러내는 것이며 이는 치명적인 것이다.
- **나르시시스트**: 세상은 나의 욕구를 충족시키기 위해 존재한다. 내가 세상의 중심이고 특별하며 관심, 성공, 존경을 받을 자격이 있다. 나는 다른 사람의 감정에 그다지 관심이 없다. 내면적으로 나의 자아는 취약하지만, 세상에 매우 자신감 있는 모습으로 보여야 하기 때문에 이를 숨긴다.

코치로서 우리가 할 수 있는 일은 고객의 패턴을 파악하고, 파악한 것에 대해 존중하며 이야기 나누는 것이다. 그런 다음, 그 패턴을 명명하거나 그 패턴에 대해 물어본다.

- 오늘 대화에서 다양한 선택안을 고려하기보다는 '이것 아니면 저것'으로만 선택하려는 것 같습니다(듣고 관찰한 것을 설명한다).

혹은:

- 여기에 어떤 '원칙(rule)'을 적용하고 계신가요?(보통 원인과 결과에 관한 것이다: '내가 **이렇게** 하면 **저것**이 따라오게 된다…….').

고객에게 자신의 패턴을 인식하는지 물어본다.

이것이 당신에게 일반적인 패턴인지 궁금합니다. 다른 예가 생각나시나요?

고객의 패턴 속에 숨어 있는 일반화에 대한 대안을 생각해 본다.

문제를 해결하기 위한 다른 대안은 어떤 것이 있을지 함께 생각해 봅시다.

Ed

Ed는 상사와의 관계에 대해 나에게 코칭을 받고 있으며, 급여 인상 문제를 어떻게 언급할지 연습하고 있다. Ed는 자신이 원하는 것에 대해 거의 모든 진술 앞에 “이미 충분한 보수를 받고 있지만, 이제 더 책임감 있는 일을 하고 있기 때문에 적어도 10%는 더 받아야 한다고 생각합니다.”와 같은 자기 비하적인 수식어를 붙이는 것을 보았다.

코칭 중에 발견한 Ed의 기본적인 ‘원칙’은 겸손하면 원하는 것을 얻을 가능성이 더 높아진다는 것이었다. 그의 자기 파괴적인 목소리는 어린 시절에 자신을 혹독하게 대했던 아버지로부터 배운 것으로, 자신을 스스로 칭찬하는 모습을 보여 주면 사람들이 조롱할 것이라는 것이었다. 어릴 때 Ed의 ‘원칙’은 자만의 위험으로부터 안전하게 지켜 준 것처럼 보였고, 실제로 그는 매력적인 겸손함을 갖추고 있었다. 그러나 그런 사고 패턴은 갈등을 피하기 위해 항상 평화를 유지하여야 하는 것이 되었다. 또 다른 믿음은 겸손함과 자기주장은 함께일 수 없다는 것이다. 이러한 패턴으로 인해 상대방이 자신의 요청에 진지하지 않거나 쉽게 무시될 수 있는 인물로 보이게 되었다.

내가 관찰한 것을 Ed에게 말해 주었다. 그리고 현재 충분한 보수를 받는 것에 대해 인정하면서, 동시에 더 많은 돈을 요구하는 이중적인 메시지가 다른 사람에게 어떻게 들릴지에 대해 이야기를 나누었다. 그리고 첫 번째 회기에서 이야기했던 그의 어린 시절로 돌아가 이런 믿음들이 현재 얼마나 가치 있는지 다시 생각할 시간을 갖게 하였다.

매번 Ed가 이런 식으로 말할 때마다 나는 놓치지 않고 그것을 피드백하거나 Ed 스스로가 피드백해 보기를 요청하였다. 예를 들어, 사람들에게 어떤 일을 맡겼을 때 이중 메시지로 인해 종종 그들이 그 일을 제대로 수행하지 못하는 이유를 알게 된 Ed는 리더십 역할에서 당황스러웠던 많은 부분이 명확해졌다는 사실을 깨닫기 시작하였다.

이러한 코칭 과정이 쉬워 보일 수 있지만 실제로는 그렇지 않다. 첫째, 코치는 도전할 용기가 필요하다. 둘째, 고객은 자신이 믿었던 합리적인 진실이 사실은 비합리적인 생각의 한 부분이라는 것을 인식할 수 있어야 한다. 고객에게 다음과 같은 질문도 해 볼 수 있다.

- 그것이 **항상** 맞다고 확신하나요? **항상**?
- 증거는 무엇인가요?
- 이 가정과 모순되는 점은 무엇인가요?
- 다른 어떤 설명이 있을 수 있을까요?
- 그 반대의 경우라면 어떨까요?
- 어떤 믿음을 갖고 싶나요?

서로 다른 세계관에 대해 논쟁할 위험에도 주의해야 한다. 코치의 생각도 고객의 생각만큼이나 불안정할 수 있다. 앞의 목록을 살펴보면서 코치의 실제 또는 잠재적인 약점을 찾아보는 것도 좋다.

변화에 대한 저항: '무시'

무시(discounting)의 개념은 교류분석(Transactional Analysis)에서 비롯되었다. 이는 우리가 현실을 부정하고 변화에 저항하는 다양한 방법을 명료하게 정리한 것이다. 우리는 자신에 대한 믿음, 주변 사람들에 대한 믿음, 또는 우리가 살고 일하는 환경에 대한 믿음을 위협받고 있다는 증거를 **무시**할 수 있다. '무시'는 왜곡된 인식을 나타내며, 이는 의식적인 상태에서 발생하는 것은 아니다. 우리가 '무시'를 지키고자 하는 강도는 인식된 위협의 강도와 직접적으로 관련이 있다. 이렇게 하여 우리는 현실에서 생길 수 있는 혼란과 두려움으로부터 자신을 보호한다. '무시'는 네 가지 수준에서 발생할 수 있다.

1단계: 문제의 존재 무시

흡연자는 흡연이 건강에 해롭다는 사실을 무시하며 해롭지 않다고 계속 믿을 수 있다. 여기서 80년간의 연구로 확립된 사실들을 부정하게 되는데, 이는 흡연의 유해성을 인정하면 자신의 건강에 큰 불안과 걱정이 초래되기 때문이다.

예를 들어, 코칭 고객이 이러한 '무시'의 단계일 때는 자신의 직업이 위협받고 있다는 명백한 증거가 있음에도 불구하고 이를 부인할 수 있다. 그들은 자신의 성과에 문제가 있다거나 자신의 삶에서 중요한 관계가 위험에 처해 있다는 확실한 증거를 무시할 수 있다. 외모를 청결하지 않게 관리하는 고객은 사람들이 자신을 어떻게 보는지, 그들이 어떤 부정적인 추측을 하는지 알지 못할 수 있다. 이성과 결혼한 동성애자 고객은 자신의 진정한 성적 취향을 무시하고 남자와의 만남을 사소한 일탈로 치부할 수 있다. 고객이 '무시'하고 있다는 신호는 명백한 위협에도 불구하고 기존의 행동을 계속하는 것이다. 이때 좋은 코칭 질문은 다음과 같다.

- 알려진 사실은 무엇인가요?
- 이것이 문제라는 증거는 어떤 것이 있나요? 얼마나 자주, 얼마나 많이, 얼마나 강렬하게 발생하나요?
- 그 증거는 얼마나 신뢰할 수 있나요?
- 누가 이를 확인하거나 부인할 수 있을까요?
- 정보가 부족한 부분이 있다면, 어떻게 채울 수 있을까요?

2단계: 문제의 중요성 무시

흡연자는 흡연이 해롭다는 것을 인정할 수 있지만, 자신의 좋은 유전적 특성이 어떤 식으로든 자신을 보호해 줄 것이라고 믿을 수 있다. 이런 믿음을 뒷받침하기 위해 하루에 60개비의 담배를 피우고도 매우 장수한 인물을 예로 들 수 있다.

고객은 불편한 360도 피드백을 받으면 다른 사람의 의견이나 피드백의 방법이 잘못됐다고 탓할 수 있다. 또는 피드백을 준 사람들이 자신의 삶에 중요하지 않다고 그들의 의견을 무시할 수도 있다. 예를 들어, 브랜드 매니저는 판매가 줄어드는 것을 단지 시장의 자연스러운 변동이라고 치부할 수 있다. 이러한 무시는 두려움, 실망, 상실, 분노, 불안감 같은 감정들이 드러날 때까지 계속된다. 우리는 너무 강한 감정이 드러날까 두려워서 이성적인 이유를 만들고 그 뒤에 숨는다. 여기서 유용한 질문은 다음과 같다.

- 이것이 사실이라면 어떤 영향을 미칠까요?
- 이것을 처음 들었을 때 어떤 기분이었나요?
- 이것이 다른 메시지/증거와 어떻게 일치하나요/일치하지 않나요?
- 이것이 얼마나 중요한지 어떻게 확인할 수 있을까요?

3단계: 문제의 해결 가능성 무시

흡연자는 흡연이 자신의 건강을 심각하게 해칠 수 있다는 것을 인정하지만, 니코틴 패치, 충동적인 금연, 최면요법과 같은 일반적인 해결책들은 자신에게 효과가 없을 것이라고 믿는다.

코칭 고객은 상황이 그들의 통제 범위를 벗어났기에 무력하다고 말할 수 있다. 그들은 피해자가 되어 겉보기에 안전해 보이는 '무시'라는 안전한 은신처로 피신할 수 있다. '저는 할 수 없어요.'라든가 '저는 항상…….'과 같은 이분법적 사고의 말들은 주의 깊게 들어봐야 한다. 여기서 도움이 될 만한 질문들은 다음과 같다.

- 이전에 이런 상황을 겪은 적이 있다면 어떤 방법으로 해결했나요?

- 다른 사람들이 이러한 상황에 잘 대처하는 것을 보았을 때 어떤 점이 도움이 되었던 것 같나요?
- 누가 유용한 도움을 줄 수 있을까요?
- 여기서 활용할 수 있는 당신의 역량은 무엇인가요?
- 해결책을 찾기 위해 어떤 기준을 사용할 수 있을까요?
- 이 상황에서 완벽하지 않더라도 받아들일 수 있는 해결책은 무엇인가요?

4단계: 변화할 수 있는 능력 무시

흡연자는 모든 일반적인 해결책이 자신에게 효과가 있을 것임을 알지만, 자신이 담배 없이 살 수 있다는 것을 무시한다.

여기서 고객은 사실을 받아들이고, 그 중요성을 이해하며, 해결책이 있다는 것을 알면서도 자신의 능력으로는 변화를 감당할 수 없다고 생각한다. 비즈니스 코칭 고객은 "이게 나야, 나는 달라질 수 없어." 또는 "다른 사람들에게는 좋겠지만, 그들은 나보다 젊어."(또는 다른 사람들은 적응력이 더 좋거나 고용 가능성이 더 높은)와 같은 말을 할 수 있다.

이 단계에서의 효과적인 코칭 전략은 보통 목표의 중요성(제7장 참조)과 그에 따른 비전을 다시 확립하는 것이다. 여기서 효과가 있는 기법은 그림 그리기, 비전 설정, 긍정적인 미래의 하루를 상상하기, 문제보다는 긍정적인 결과에 집중하는 것 등이다. 다음은 좋은 질문들의 예시이다.

- 여기서 전반적인 전략은 무엇인가요?
- 이를 달성함으로써 얻게 될 혜택은 무엇인가요? 누가 도와줄 수 있나요?
- 목표를 향한 첫 작은 단계는 무엇이 될 수 있나요? 대처할 수 있다고 상상해 보세요. 무슨 일이 일어나고 있나요?
- 새로운 것을 습득할 때, 가장 효과적인 방법은 무엇이었나요?

고착 상태에서 얻는 이익 파악하기

우리가 문제에 고착되어 있음에도 머무를 수 있는 이유 중 하나는 그렇게 함으로써 얻는 이득이 있기 때문이다. 이것이 무엇인지는 파악해 볼 만한 가치가 있다.

고객들이 문제에 고착되어 불행한 고통 속에 갇혀 있더라도 항상 어떠한 이점은 존재한다. 고통의 감옥은 끔찍할 수 있지만, 적어도 그 고통은 익숙하다. 고객에게 이러한 보상이 어떻게 작용하는지 확인하게 하는 것은 큰 깨달음을 주는 순간이 될 수 있다. “문제에 고착되어 있는 것이 당신에게 어떤 이점을 주고 있나요?”라고 질문한다. 이점이 될 수 있는 것들은 주변 사람들이 나의 상태를 보며 죄책감을 갖게 하여 내가 원하는 대로 통제하는 것, 이 문제를 핑계로 개인적인 공간과 휴식을 확보하여 자신에게 ‘보상’을 주는 것, 또는 나의 문제로 인해 주변 사람들에게 동정과 관심을 받는 것들이 있다. 이로 인해 자신이 특별한 존재라고 느끼며 즐거움을 느낄 수도 있다. 또한 시도했다면 성공할 수 있었을 것이라고 말할 수 있기 때문에 변화 시도를 포기함으로써 실패에 대한 책임을 지지 않을 수 있다. 〈Simpson〉의 주인공 중 하나인 Homer Simpson이 말했듯이 “최선을 다했지만 비참하게 실패했어. 여기서 교훈은, 절대 시도하지 마.”와 같은 것이다. 또 다른 보상으로는 다른 사람에게 책임을 떠넘기는 것으로, 일이 잘못되어도 자신을 탓할 필요가 없도록 하는 것이 있다. 이 모든 보상의 공통점은 실제 약점을 직면하지 않고 피할 수 있다는 것이다.

변화에 대한 면역 접근법

코칭은 모든 것이 변화에 관한 것이다. 우리 고객들은 변화를 원하고, 우리는 그들이 원하는 변화를 이룰 수 있도록 함께 노력한다. 하지만 솔직히 말해서 코치로서 고객과의 코칭을 단순히 일로서 대하고 있는 것은 아닌지, 우리가 하는 일이 표면적인 행동 수준에서만 머무르고 본질에 도달하지 못하고 있는 것은 아닌지 의문을 가진 적이 몇 번이나 있는가? 예를 들면 다음과 같다.

- 고객 A는 업무를 동료에게 넘겨주겠다고 다짐하지만, 여전히 팀의 일을 대신하고 있다.
- 고객 B는 자신의 체중에 대해 부끄러워하고 줄여야 한다는 것을 알고 있지만 여전히 비만이다.
- 고객 C의 삶은 일만 하고 사생활이 없다. 이로 인해 그의 결혼은 위기에 처해 있지만 여전히 사무실에서 12시간을 보낸다.

코칭 덕분에 약간의 변화가 있을 수도 있지만, 주요 문제는 여전히 해결되지 않았을 수 있다.

1. 약속: 개선 목표: 긍정적으로 설정	**2. 무엇을 하거나 하지 않아서 목표를 달성하지 못하는가?(실제 행동들)**	**3. 당신의 행동이나 습관을 바꾸려 할 때, 그 변화를 방해하는 이유는 무엇인가? 2번의 문제를 극복하고자 할 때, 어떤 두려움이 드는가?**	**4. 3번에서 언급된 두려움에 대해 당신은 스스로나 세상에 대해 어떤 생각/신념을 가지고 있는가?**
내가 원하는 것은…….	내 목표를 완전히 실현하기 위해 실제로 내가 하는 일은…….	내가 걱정이 되는 것은…….	나의 생각/신념은 ……이다.
개선 목표는 어떤 약속을 의미하는가?	내가 하지 않는 것은…….	자기 파괴적인 행동을 통해 어떤 불안스러운 결과를 피하려고 하는가?	

이 문제를 해결하기 위한 한 가지 방법은 Robert Kegan과 Lisa Lahey가 출판한 책 『변화면역(Immunity to Change)』(2009)에서 제안되었다. Kegan과 Lahey는 우리가 능숙하게 자신만의 '변화에 대한 면역 시스템'을 만들어 스스로를 방해한다고 주장한다.

변화면역의 해결책으로 네 단계의 계획을 제안한다. 코치 먼저 스스로 시도해 본다.

칼럼 채우기

칼럼 1: 개선에 대한 약속

이것은 근본적으로 당신의 개인적 성장에 관한 것이다. 당신의 삶을 변화시킬 수 있는 **가장 중요한 한 가지**를 찾아본다. 그것은 당신에게 중요해야 하며, 당신의 삶에 근본적인 개선을 가져올 영향력이 있고, 당신에게 중요한 다른 사람들에게도 의미가 있어야 한다. 개선해야 할 부분은 바로 자신이다. 그것은 기술이나 특정 능력 같은 것이 아니며, 성격의 완전한 변화도 아니다. 본래의 자신을 그대로 유지하며 발전해야 한다. 목표는 포기하거나 멈추고 싶은 것을 표현하는 부정적 방식이 아니라 이루고 싶은 것을 중심으로 긍정적으로 설정해야 한다.

칼럼 2: 목표 달성 대신 하고 있거나, 하지 않고 있는 행동들

태도나 신념, 마음 상태가 아닌 실제 행동으로 솔직하게 작성한다. 목표 달성에 방해가 되는 모든 행동을 적고, 왜 그런 행동을 하는지 또는 그 행동을 중단하는 것에 대해 판단하거나 걱정하지 않는다. 부끄러운 행동도 있는 그대로 적는다.

칼럼 3: 변화를 방해하는 이유

이 부분은 걱정 영역이다. 이는 무의식 등으로 인한 숨겨진 역동, 변화에 대한 저항, 그리고 서로 충돌하는 목표나 신념을 알게 해 준다. 이 칸을 채우기 위해 칼럼 2에 적은 항목들을 하나씩 살펴보며 스스로에게 질문해 본다. **"이 행동의 반대를 시도한다고 상상해 보면, 가장 걱정되거나 무섭거나 불편한 생각은 무엇인가?"** 이 생각은 '으악!' 하는 느낌을 줄 정도로 강렬해야 한다. 이 느낌의 강렬함을 그대로 경험한다. 그런 느낌을 경험하지 못한다면 아직 제대로 접근하지 못한 것이다. 어떤 식으로든 위험을 느껴야 한다. 사람들은 종종 '지루함'이나 '초조함'

'조급함' 등 부정적인 감정을 느낀다. 이것은 정답이 아니다. 더 깊이 파헤쳐 보아야 한다. 그 밑에 있는 끔찍한 느낌은 무엇인지 위험은 무엇인지 찾아보아야 한다.

일반적인 두려움에는 무능력, 굴욕, 무력감, 사랑받지 못함 또는 우리가 아끼는 누군가를 다치게 할지도 모른다는 것이 포함된다.

칼럼 2의 행동은 불안을 멀리하고 우리를 보호하는 방식이다. 이것이 우리를 고착하게 만들고 목표에 대한 진전을 막는 원인이다.

'나는 ……이 될까 봐 걱정된다.' 표의 맨 위에 두려움을 적고, 그 아래에 '나는 ……이 될까 봐 걱정된다.'라고 적는다. '그래서 나는 ……에 전념하고 있다.'(예: 창피를 당하지 않기, 통제 불능이 되지 않기)라고 적는다.

칼럼 4: 나의 생각/신념

단순히 '하지 않으려고 노력'하는 것만으로는 칼럼 2에 있는 행동을 극복할 수 없다. 대신, 나의 생각/신념을 찾아내면 극복하는 데 도움이 될 수 있다. 이를 위해서는 칼럼 3의 항목들을 살펴보아야 한다. 칼럼 2의 행동에 대한 나의 모든 생각/신념에 대해 브레인스토밍을 시도해 본다. 내가 이러한 생각/신념을 얼마나 일반화하고 있는 것은 아닌지, 상황에 관계없이 항상 사실이라고 믿고 있는 것은 아닌지 스스로에게 질문을 해 본다. 그리고 이러한 생각/신념이 자신에게 얼마나 강하게 영향을 미치는지 생각한다. 이 생각/신념은 어디서 왔을까? 무슨 일이 있었을까? 중요한 전환점은 무엇이었을까? 이러한 것들을 '나의 생각/신념은 ……이다.'라고 항목 아래에 적는다.

나의 생각/신념에 대한 시험 설계하기

Kegan과 Lahey는 이러한 큰 가정들이 하룻밤 사이에 사라지지 않는다고 강조한다. 대부분의 사람은 자기 자신을 가장 깊이 제한하는 생각/신념을 절대적인 진리로 믿고 있다. 이는 이러한 생각/신념들이 우리를 보호해 준다고 믿기 때문이다. 이러한 생각/신념은 신중한 실험을 통해 단계적으로 해체하는 것이 좋다.

이를 위해 '어떤 행동 변화를 시도할 수 있을까? 시도한 행동 변화를 통해 추가적으로 알게 된 사실이 있는가?'와 같은 질문을 해 볼 수 있다.

이제 생각/신념이 타당한지 작은 테스트를 해 보기 위해 다음과 같은 옵션을 시행한다.

- 칼럼 2의 행동 중 하나를 시도하기
- 칼럼 3의 나의 생각/신념에 반대되는 행동 시도하기
- 칼럼 4의 믿음/신념이 타당한지 재고해 보기

다른 행동 평가하기

- 당신은 무엇을 했는가?
- 무슨 일이 일어났는가? 다른 사람들은 어떻게 반응했는가?
- 이것이 어떻게 당신의 생각/신념을 바꿀 수 있는가?

접근법을 고객과 함께 사용하기

고객에게 변화 체계를 보여 주고 함께 작업할 수 있다. 아니면 코치가 먼저 익히고 고객에게 과정을 설명할 수도 있다. '면역성'이라는 본질적인 개념과 우리가 스스로를 방해하는 방식에 대해 설명하는 것도 도움이 된다. 새로운 행동을 설계하는 것은 코칭 과정의 실행/책임 부분에 해당되며, 고객과 충분히 긴 시간 동안 작업하여 꾸준한 변화를 만들어 낼 수 있다는 것을 전제로 한다.

Sandra

Sandra는 프레젠테이션을 잘하기 위해 코칭을 신청하였다. 그녀는 식품 회사의 고위직에 있었다. 인사 담당자는 Sandra가 프레젠테이션을 할 때마다 '긴장하고 불안해 보인다'고 피드백했고, 프레젠테이션은 그녀의 업무에 필수적이었다. 많은 비용을 들여 프

레젠테이션 기술 교육 과정을 수강했지만 눈에 띄는 변화는 없었다. 행동 중심의 코칭 접근법은 일대일 훈련을 제공하고, 연습과 피드백을 위해 비디오카메라를 사용하여 도움을 줄 수도 있다. 하지만 우리는 Sandra가 프레젠테이션을 더 잘하고 싶어 하는 절박한 필요와 욕구가 있고, 이미 무엇을 해야 하는지 정확히 알고 있으면서도 익숙한 자기 방해로 인해 이를 달성하지 못하고 있는 모순을 알 수 있었다.

변화면역 접근법을 사용하여 그녀가 바꾸고 싶어 하는 행동을 명확히 식별하였다. 이것은 자신만의 자신감 있고 생동감 넘치는 프레젠테이션 스타일을 개발하는 것이었다. 칼럼 2에서 그녀의 회피 패턴이 드러났다. 원하지 않는 발표를 하게 될 때는 중얼거리며 발표하거나, 전혀 준비를 하지 않거나, 복잡한 내용의 파워포인트를 준비한 후, 발표 내내 그것만 쳐다보며 가능한 한 짧게 마치는 방식이었다. 칼럼 3에서는 그녀의 생각/신념들이 드러났다. 그녀는 자신의 억양이 사람들에게 비웃음거리가 된다고 생각하고 있었다. 더 깊은 내면에는 다른 사람들이 자신의 말을 듣고 싶어 하지 않는다는 생각이 있었다. 이는 어린 시절, 여섯 명 중 막내이자 유일한 여자아이로서 '뚱뚱한 돼지'라고 불리며 가족 모임에서 '네 말에 누가 관심을 갖겠냐'며 항상 조용히 하라는 말을 듣던 경험에서 비롯된 것이었다. 그녀는 문자 그대로 침묵을 강요당했던 것이다. 칼럼 4에서는 그녀의 가장 깊은 두려움이 드러났다. 그것은 자신이 받았던 어린 시절의 놀림이 이유 없는 놀림이 아니라 사실일 수도 있다는 두려움이었다. 즉, 뛰어난 학업 성취와 직업적 성공에도 불구하고 자신이 무능하다고 여기는 두려움이었다. 우리는 이러한 파괴적인 생각/신념을 변화시킬 수 있는 실험을 설계했고, 다음 몇 회기에 걸쳐 천천히 다른 '현실'을 구성하기 시작하였다. 사람들은 그녀의 억양에 전혀 신경 쓰지 않았다. 그녀는 자신의 분야에서 깊이 있는 전문 지식을 가지고 있었다. 그녀는 동료들보다 더 뛰어날 필요가 없었고, 단지 충분한 전문성만 가지고 있으면 되었다. 그녀는 이미 뛰어난 이야기꾼이었고, 이 재능을 프레젠테이션 작업에 유익하게 활용할 수 있었다.

Prochaska와 DiClemente의 변화 단계 모형

초보 코치였을 때는 고객이 자신의 삶을 바꾸고 싶다고 하면 바로 바뀔 준비가 되었다는 것을 의미한다고 생각했었다. 하지만 나 자신의 삶을 살펴보았다면 상황이 그렇게 간단하지 않다는 것을 바로 알 수 있을 것이다. 우리는 어떤 개인적인 습관(게으름, 미루기, 운동 부족, 과음) 등 좋지 않다고 여기는 것에 대하여 변화를 의도하고 있을 수 있다. 그러나 실제로 변화하기 위한 행동은 미루게 된다.

James Prochaska와 그의 동료 Carlo DiClemente(2007)는 사람들의 알코올 문제를 해결하기 위한 모형을 개발하였다([그림 8-3] 참조). 이 모형은 변화하는 데 시간이 걸릴 수 있다는 현실을 인정하고 변화 도중에 재발하는 것이 정상이라는 것을 인정한다. 그러나 재발하더라도 초기 단계의 상태로 되돌아가는 경우는 드물다. 여섯 가지 단계로 구성되어 있으며, 이 단계들은 변화에 대해 전혀 인식하지 못하고 준비되지 않은 상태인 '사전 단계(전숙고)'부터 시작하여 문제 행동이 더 이상 문제가 되지 않는 '종결 단계'로 이어진다.

Prochaska와 DiClemente 모형은 변화 과정에는 자연스러운 리듬과 시간적 흐름이 있으며, 코치의 조언과 질문이 각 단계마다 다르게 작용한다는 점을 상기시켜 준다. 예를 들어, 고객이 더 많은 운동을 하려는 관심을 표명했을 때 많은 코치는 이미 그들이 '행동 단계'에 있다고 생각한다. 그러나 실제적으로 고객은 '계획(숙고) 단계'에 있을 수 있다. 상황에 따라 고객에게 이 모델을 보여 주고 "그렇다면 지금 이 순간, 당신은 이 스펙트럼의 어느 지점에 있나요?"라고 물어보는 것이 유용할 수 있다.

두려움

궁극적으로 우리는 두려움 때문에 변화를 주저하게 된다. 이 두려움은 우리가 통제력을 잃는 것과 알 수 없는 상황을 감당하지 못할 것에 대한 것이다. 두려움

	단계	전형적인 고객의 견해	코치가 도울 수 있는 부분
1	사전(전숙고): 기간-몇 년	나하고는 상관없어. 문제가 아니야, 무시해. 왜 사람들은 그만 얘기하지 않을까?	고객이 이 선택을 할 권리를 인정해 준다. 도전하지만 능숙하게. 고객 스스로 변화로 인한 혜택이 있을 수 있다고 말했다는 것에 대한 인식을 높여 준다.
2	계획(숙고): 기간-6개월	생각은 하고 있어. 뭔가 할 거야. 하지만 아직 아니야.	준비가 되면 언제든 도울 수 있도록 고객의 생각을 인정하고 격려한다.
3	준비: 기간-한 달	문제가 되기 시작했어. 대안을 찾아볼 거야.	격려와 지원을 제공하고 이용 가능한 실질적인 도움에 대해 설명하며, 변화의 시작이 될 수 있는 작은 단계에 대해 논의한다.
4	행동: 기간- 몇 주/며칠	결심했어, 할 거야.	코치는 서두르지 않고 고객의 선택을 확인하고, 고객이 계속 실행하는 것의 이점을 구체적으로 말하게 한다. 주변의 지지자들이 누구인지와 그들과 함께할 수 있는 대체 활동에 대해 논의한다.
5	유지: 기간-6개월	일시적인 성공도 있었지만, 아쉽게도 원래대로 몇 번 돌아갔어.	재발은 변화를 위한 과정의 일부임을 인정하고 유혹과 관련된 상황이나 사람을 피하는 방법에 대해 논의한다.
6	종결	더 이상 문제가 되지 않아. 생각조차 하지 않아.	고객이 이루어 낸 노력과 성취를 수평적인 관계에서 인정·지지해 준다.

[그림 8-3] Prochaska와 DiClemente의 변화 단계 모형

은 코칭에서 진정한 장애물이다. 두려움은 우리의 가장 연약한 부분을 무자비하게 공격하며 희미한 의심으로 시작해 빠르게 무서운 크기로 성장한다. 신경심리학이 입증하듯이 논리적 사고는 도움이 되지 않는다. 두려움이 논리적 사고를 압도하여 빠르게 불안과 공포로 변한다.

코칭에서 우리가 하는 일은 고객의 동의하에 합리적으로 보이는 문제의 이유나 설명을 벗겨 내고 비합리적인 방어로 보호되고 있는 깊은 감정을 드러내는 것이다. 두려움을 명확히 하고, 그 두려움을 지탱하는 생각/신념을 직면하며 도전하고 지원하고 대안을 제시하여 새로운 기술을 구축하고 작은 단계로 실행하며, 인간 변화의 심리에 주의를 기울여 고객의 삶이 원하는 모습이 될 수 있다고 믿

음을 보여 주는 것, 이것이 변화를 만드는 요소이다. 코치로서 성공하기 위해서는 개방적이고, 따뜻하며, 호기심 많고, 정직해야 한다. 이러한 자질은 특히 고객과 함께 변화를 이루어 내기 위해서 더욱 필요하다. 또한 코치가 두려움을 가지지 않는 것도 필요하다. 이는 다음 제9장에서 다루는 주제이다.

제9장

친절로 충분하지 않다

지지와 도전을 더하라

코치로서의 경력을 선택하는 사람들은 주로 자신이 관용적이고, 믿음직스러우며 인간 행동에 대해 호기심이 많은 사람이라고 생각한다. 우리는 인류에 대해 긍정적인 시각을 가지고 있기 때문에 코칭에 매력을 느낀다. 또한 우리는 다른 사람을 돕고자 하는 욕구가 강하다. 코칭 교육을 받기 전에도 우리는 주위에 좋은 관계를 많이 형성했을 것이다. 초보 코치일 때는 왜 관계를 완벽하게 유지하는 것이 어려운지, 왜 관계가 흔들리는지 이해하기 어려울 수 있지만 관계를 형성하는 기본 원칙(경청, 공감 등)은 잘 알고 있다. 하지만 그보다 훨씬 더 어려운 것은 고객에게 도전적인 질문을 던지거나 피드백을 제공하는 방법, 그리고 그 시점을 알아내는 것이다. 이 장에서는 왜 **친절하게** 대하는 것만으로는 충분하지 않으며, 어떻게 고객과의 관계를 잘 유지하면서 인식 확장을 위한 도전적인 질문으로 고객을 지원할 수 있는지에 대해 다룬다.

코칭이 특별한 종류의 대화라고 할 수 있는 이유 중 하나는 판단이나 편견 없이 존중과 라포의 틀 안에서 높은 수준의 지지와 도전이 가능하다는 점이다([그림 9-1] 참조). 이는 특별한 경험이다. 친한 친구와 문제를 논의할 때 친구는 진심으로 지지해 줄 것이다. 불편한 분쟁 상황에 있을 때는 친구가 당신이 옳다고 확신시켜 주기도 할 것이다. 하지만 친구와의 관계가 악화되거나 친분이 있던 상사가 당신을 싫어하게 된 상황에서는 그 친구와 상사의 말이 적의나 악의 또는 무례로 느껴질 수 있다.

고객이 자신의 인생에서 중대한 변화를 원하고 필요로 할 때 지지와 도전을 결

도전 ↕ (낮음 → 높음)	지지: 낮음	지지: 높음
높음	**높은 도전, 낮은 지지** 고객은 무시당하고 있다고 느끼며, 분노하고 방어적인 태도를 취할 수 있다; 코칭은 조기에 끝날 가능성이 크다.	**높은 도전, 높은 지지** 고객은 코치를 신뢰하고 좋아한다; 불편함 속에서도 배울 수 있다. 관계는 오래 지속되고 생산적일 수 있다.
낮음	**낮은 도전, 낮은 지지** 영향력이 낮은 코칭, 친절한 대화만 하는 코칭은 금방 지루해질 가능성이 높다.	**높은 지지, 낮은 도전** 코치가 고객과의 관계에만 집중하면, 고객은 학습할 기회를 놓치게 된다. 장기적으로는 코칭이 지속되기 어렵다.

[그림 9-1] 도전과 지지의 결합

합해야 할 필요가 있다. 여기서 중요한 키워드는 '**결합**'이다. 만약 코치가 도전만 한다면 그것이 친절한 의도로 이루어진다 해도 공격하고 훼손하는 사람으로 분류될 것이다. 대부분의 사람은 이미 삶 속에 그런 사람들이 있다. 이럴 경우 대부분의 고객은 코칭을 중단할 것이다. 내가 코칭을 받았을 때 이런 경험을 한 적이 있다. 코치는 매우 유쾌한 사람이었지만 항상 새로운 모델이나 이론을 제시하면서 이런 것들은 이미 알고 있어야 하는 것처럼 말하였다. 또한 그는 고위 경영자로서의 경험이 없음에도 내 부서의 성과에 대해 **어려운 질문**을 하기도 하였다. 나는 끊임없이 책망받는 기분이 들어서 코칭을 중단했었다.

지지와 도전이 모두 없다면 코칭의 영향력은 없을 것이다. 단순히 고객이 지인과 나누는 무의미한 대화에 불과할 것이다.

당신이 코치로서 코칭 대부분의 시간에 고객의 말에 동의하며 미소 짓고, 몸을 앞으로 기울여 고객의 이야기를 얼마나 진지하게 듣고 있는지만 보여 준다면 코칭은 실패할 가능성이 높다. 이런 코치의 반응은 고객은 잘못이 없고 온전히 다른 사람의 잘못 때문에 문제가 발생했다는 피해자 사고방식을 갖게 한다. 문제를 일으킨 원인이 무엇이든 대부분 우리는 자신의 문제에 일정 부분 책임이 있다.

따라서 코치가 '고객은 온전한 피해자이다.'라는 말에 동의할 때, 코치는 고객과의 관계에만 집중하여 학습의 기회를 제공하지 못하게 된다. 피해자라는 사실에 동의하는 것은 고객이 이미 느끼고 있는 무력감을 강화시킨다. 즉, '**고객님은 불공평하게 대우받았고 당신이 할 수 있는 것은 아무것도 없어요!**'라는 것과 같다. 고객이 성과 문제를 가지고 있을 때, 코치의 역할은 그들의 문제는 무엇인지 또는 무엇이 문제일 수 있는지를 보고, 더 잘하기 위해 그들과 함께 작업하는 것이다. 만약 코치가 고객이 항상 옳다고만 동의한다면 조직에서 코칭을 의뢰하였거나 후원자가 제3자인 기업 코칭에서는 코칭이 변화된 행동을 제공하지 못했다고 실망할 가능성이 높다.

물론 고객도 실망할 수 있다. 첫 회기에서 사람들이 어떤 코칭을 받고 싶은지 물어보면 가장 흔한 대답 중 하나는 '나에게 도전을 주는 코칭을 받고 싶다.'는 것이다. 대부분의 고객은 코칭의 가장 가치 있는 기능 중 하나가 사고를 확장하고, 선입견을 깨면서 다른 관점을 추가하는 것임을 알고 있다. 하지만 코치가 하는 일이 고객의 의견에 동의하는 것뿐이라면 이런 변화는 일어나지 않을 것이다.

이런 성공적인 코칭을 위한 유일한 방법은 고객에게 높은 수준의 지지를 보내는 동시에 도전을 경험하게 하는 것이다. 내가 고객이었을 때의 경험으로는 코칭이 어떤 방향으로 흘러갈지 예측할 수 없었을 때 성공적인 코칭을 경험할 수 있었다. 그 코칭에서는 고객인 내가 코치에게 어떤 모습을 보여 주더라도 나에 대한 코치의 믿음과 지지가 굳건할 것이라고 믿었다.

핵심에 다가가기

'**핵심에 다가가기**'는 고객이 문제의 본질을 명확히 하도록 도움을 주는 기술을 말한다. 비판 없이 경청하는 상대방과 대화할 수 있다는 안도감 때문에 고객은 종종 장황하게 이야기를 시작한다. 이 경우 고객이 동일한 내용을 여러 다른 방식으로 말하며, 코치는 고객의 문제를 이미 반복해서 들었기 때문에 지루함을 느끼게 된다. 이러한 긴 이야기는 고객이 주요 문제를 회피하는 한 방법일 수 있다. 고객이 자신의 이야기를 과거 역사에서 시작해 지나치게 세부적인 사항에 빠져들어 이야기하는 경우 이러한 상황을 인지해야 한다: "내가 어디까지 이야기했죠? 지금 흐름을 놓치고 있는 것 같아요."

고객이 이야기의 모든 세부 사항을 일일이 말하게 하는 것은 올바른 코칭이 아니다. 핵심에 다가가는 것은 코치와 고객이 진짜 문제가 무엇인지 명확히 하는 것이다. 예를 들어, 고객이 팀원의 교묘한 행동에 대한 분노를 오랫동안 이야기할 수 있다. 결국 고객은 다른 사람들 앞에서 자신이 어리석다고 느꼈다. 이런 상황은 이번이 처음이 아니다. 코칭 대화가 반복적인 양상을 띠기 시작하였다. 코치가 개입하여 "그래서 핵심은 이런 행동에 화가 나고 지쳐서 뭔가 조치를 취하고 싶다는 것이군요?"라고 말한다. 진짜 문제에 명명을 하게 되면 고객은 문제의 핵심을 파악하고 그에 대해 어떻게 해야 할지 결정할 수 있다.

고객의 이야기 중단시키기

우리 사회에서 다른 사람의 말을 끊는 것은 일반적으로 무례한 행동으로 여겨진다. 어린 시절부터 타인의 말을 끊지 않는 법을 배우며 사회화된다. 그래서 미디어에서 정치인이나 진행자가 타인의 말을 끊는 모습에 유쾌함을 느끼는 것이다. 그들은 이러한 사회적 금기를 깨는 존재로 인식되기도 한다.

코칭에서도 우리는 이 금기를 깨야 한다. 고객은 문제의 핵심에 다가가기 위해 우리에게 비용을 지불하며, 코칭 시간은 제한적이다. 또한 고객은 이미 친구들과 같은 문제를 몇 번이고 반복하여 논의했을 것이다.

고객의 이야기를 중단시킬 때는 신중하게 결정해야 한다. 고려해야 할 주의 사항이 있다. 고객이 머릿속 이야기를 정리하기 위해 세부적으로 이야기해야 할 수도 있다. 고객은 길게 이야기함으로써 카타르시스를 느낄 수 있고, 코치가 들어야 할 세부적인 내용이 있을 수 있다. 그러나 고객은 핵심을 회피하기 위해 길게 이야기하는 경우도 있다. 길게 말하는 것은 의식적이든 무의식적이든 코치를 멀리하는 하나의 전략일 수 있다. 이러한 고객은 코치의 주의를 돌릴 만한 주제를 이야기할 수 있다. 이는 고객이 변화를 위한 중요한 지점에 다다랐다는 의미이다.

한 영국 정치인은 자신이 코치에게 이러한 회피 전략을 사용했다고 고백하였다.

> 제가 한계에 도달하고 압박을 받을 때, 그의 관심을 돌리기 위해 흥미로운 소소한 이야기를 꺼내거나 코치의 삶과 개인사에 대한 질문을 하곤 합니다.

이러한 회피 전략을 사용한 고객은 코칭을 마치고 "코칭은 무의미한 시간낭비였다."고 말할 수도 있다. 또 어떤 고객들은 문제에 대해 얼마나 길게 이야기해야 하는지 모를 수 있어 코치의 도움이 필요할 수 있다. 어떤 사람들은 긴장할 때 말을 많이 한다. 그럴 경우에는 이야기를 중단시키는 것이 그들을 안심시킬 수 있다. 습관적으로 지나치게 길게 말하는 고객들은 너무 오래 말하고 있다는 것을 스스로 잘 알 수도 있지만 코치의 도움 없이는 멈출 수가 없다.

효과적인 코칭을 위해 모든 세부 사항을 다 알 필요는 없다. 실제로 일부의 정보만으로도 충분히 코칭을 진행할 수 있음에도 고객은 코치가 모든 배경을 많이 알고 있어야 한다고 생각할 수 있다. 일상적인 내용으로 코칭이 오래 지속되면 고객과 코치 모두 불만을 갖게 될 가능성이 높다. 코칭에서 이야기를 중단시키는 것은 사적인 대화에서의 무례한 '말 끊기'와는 다르다. 그 목적이 다르다. 사적인 대화에서 사람들은 주로 지루하거나 말을 하고 싶어서 상대방의 말을 끊는다. 이렇게 이야기를 중단시키는 것은 직설적이고 무례하게 들릴 수 있으며 '이제 내 이야기로 넘어가자.'라고 느낄 수 있다. 하지만 코치는 고객과의 코칭 관계에서 고객의 이익을 위해 중단한다.

고객의 이야기를 중단시키는 방법

- 지금이 고객의 이야기를 중단시켜야 할 시간이라는 직관을 믿어야 한다.
- 고객이 싫어할까 봐 걱정하는 마음을 내려놓는다. 오히려 코치를 더 존경하게 될 가능성이 크다. 코칭은 친구와의 사적인 대화와는 다르다.
- 허락을 구한다: "여기서 잠시 이야기를 정리해도 될까요?"
- 비언어적 메시지인 몸짓을 사용한다(예: 교통경찰처럼 손바닥을 들어 보이기 등).
- 중단시키고 난 후 바로 그 이유에 대한 설명을 한다. 예를 들면 다음과 같다. "이야기의 초점이 흐려지는 것 같습니다." "제가 모든 세부 사항을 알아야 할까요?" "방금 흥미로운 단어를 사용하셨는데 더 이야기해 주실 수 있나요?"

지금 이 순간

코칭에서 변화의 진정한 촉매제는 코치와 고객의 상호 관계에 있다. 고객은 당신과 함께하는 말과 행동을 다른 모든 상황에서도 그대로 나타내고 있을 것이다. 고객에 대한 가장 중요한 정보는 고객이 코칭에서 보여 주는 모습이다. 이것은 많은 코치가 간과하고 있는 정보이며, 이는 고객 주변의 대부분의 사람도 알고는 있지만 직접 말하기 꺼리는 경향이 있다. 고객이 코치에게 두려움을 느끼게 하는가? 이 고객은 직장에서도 그렇게 행동할 것이다. 이 고객이 자신의 팀에 무슨 일이 일어나고 있는지에 대한 장황한 설명으로 코치와의 대화에서 맥락을 잃게 하는가? 이 고객은 다른 사람들과 의사소통도 원활하지 않을 것이다. 고객이 코치에게 지나치게 공손히 대하는가? 고객이 코치와의 대화에서 부적절하게 통제를 시도하는가? 아마도 그 고객의 주변 사람들도 같은 경험을 할 것이다.

이 정보는 고객이 경험한 사건이나 사람들에 대해 말하는 것만큼 중요하다. 코치나 고객이 내면의 동기에 대해 발견하고 분석하는 것보다 훨씬 더 중요하기

에 이 정보를 간과하면 안 된다. '지금 이 순간 그들은 당신에게 어떤 영향을 미치고 있는가?'

피드백 제공하기

이 정보를 활용하려면 피드백에 능숙해져야 한다. 이것은 코칭 대화와 일반적 대화와의 가장 두드러진 차이일 것이다. 고객의 직속 상사와는 달리 우리는 고객에게 영향을 미칠 인사권이 없다. 고객의 연인과는 달리 우리는 서로 사랑하거나 헤어질 의도가 없다. 고객의 친구들과 달리 솔직하게 말한다고 해서 우정이 흔들릴 거라고 느낄 필요도 없다. 코칭은 타인의 즉각적인 행동과 그 영향에 대해 의견을 제시하도록 허락되어 있으며, 심지어 그것이 권장되기도 한다. 때때로 고객이 자신도 모르는 어떤 것, 그들을 가로막고 있는 것, 주변 사람들 모두가 알고 있지만 아무도 선뜻 말하려 하지 않는 것을 들을 수 있는 유일할 기회일지도 모른다. 이는 매우 개인적인 문제일 수 있으며, 불쾌한 체취나 입 냄새, 부적절한 옷차림일 수도 있다. 자기를 드러내지 않고 온전히 고객이 배움을 얻을 수 있도록 제공되는 피드백은 엄청난 힘을 가지고 있지만 코치와 고객이 이 피드백을 통해 발생할 수 있는 불편함이나 당혹감을 함께 극복하겠다는 의지가 필요하다.

Anthony

Anthony는 재능 있는 IT 전문가로 현재 이직을 준비하고 있지만 최종 면접을 통과하지 못하고 있었다. 나는 그가 웃지도 않고 손으로 입을 자주 가리는 것을 바로 알아차렸다. 누구나 알 수 있듯이 Anthony의 치아는 매우 변색되었고 금방이라도 부서질 것 같이 보였다.

"Anthony, 듣기 어려운 말일 수도 있지만 피드백을 해도 괜찮겠어요?" Anthony는 걱정스러운 표정을 지었다. "음, 네⋯⋯ 괜찮아요." "손으로 입을 가리는 모습이 보니, 치아에 문제가 있는 것처럼 보이네요."

잠시 망설인 후, Anthony는 말을 쏟아 내기 시작하였다. 그는 심각한 치과 공포증을 가지고 있어서 30년 이상 치과에 가 본 적이 없으며, 치아 문제로 오랜 불편함을 느끼고 있었다. 입에 대한 수치심 때문에 친밀한 관계를 피했고, 그래서 늘 외로웠다. 그는 미소를 짓지 않거나 손으로 입을 가리는 것이 문제를 숨길 수 있다고 믿고 있었다. 그는 입 안의 충치와 잇몸질환이 건강에 심각한 위협이 될 수 있다는 사실도 인식하지 못하였다. 나의 피드백은 그의 문제를 다른 사람도 인식하고 있으며, 그가 건강을 소홀히 하는 사람으로 보일 수 있고, 실제로 건강에 다른 문제가 있을 수도 있다는 가능성을 제기하였다. 이 문제에 대한 두려움이 컸던 그는 치과 치료를 무통으로 받을 수 있다는 사실조차 알지 못하였다. 우리는 함께 인터넷 검색을 하고 두 회기를 이 주제에 할애하였다. 몇 개월 후 다시 만났을 때, Anthony에게 극적인 변화가 일어난 것을 확인할 수 있었다. Anthony는 여자 친구가 생겼으며, 이직에 성공하여 급여도 2배 가까이 인상되었다.

피드백은 **비판**과 동의어가 아니다. 비판은 받는 사람에게 큰 충격을 준다.

- 나를 나쁜 아이처럼 느끼게 만들었어요…….
- 내 경력이 위태로운 건지 정말 두려웠어요…….
- 너무 불공평하다고 생각해서 그 말 뒤에 숨어 있는 내용을 들을 수 없었어요…….
- 너무 큰 충격에 그가 말하는 동안에도 복수를 계획하고 있었어요.

비판은 대상에 대해 일반화된 판단을 내림으로써 사람을 공격한다. 비판은 보통 '**당신은**…… [부정적인]**입니다.**'라는 자신의 생각을 표현한 것이다. 이는 일반적으로 상처를 주는 내용을 포함하므로 앞에서 설명했듯이 방어적이고 공격적인 반응을 불러일으킨다. '당신은 의사소통을 잘 못해요.' '당신은 부주의합니다.' '모든 사람은…… [부정적인 내용]입니다.'와 같은 비판은 사람들을 힘들게 하고 뇌의 편도체(p. 118 참조)를 활성화시켜 사고 과정을 닫아 버리기 때문에 비판을 통해 사고를 확장하거나 변화에 도전할 가능성은 거의 없다. 반대로 피드백은 긍정적일 수도 있고 부정적일 수도 있다. 부정적인 피드백은 단호하게 들리겠지만 진정한 피드백은 받아들일 준비가 된 상대방의 발전을 돕기 위해 제공된다. 또한 피드백은 우리가 변화할 수 있는 것에 관한 것이어야 한다. 예를 들어, 누군가의 키, 인종과 같이 변화할 수 없는 것에 대한 피드백을 주는 것은 무의미하다. 비판은 상처를 주는 경우가 많으며, 대개 비판하는 사람이 자신의 분노를 해소하기 위한 수단으로 활용된다.

긍정적인 피드백은 **칭찬**과 다르다. 대체로 칭찬은 과도하게 단순화되었으며 모호하다. 예를 들어, '**당신은 정말 똑똑해.**' 또는 '**당신은 회의를 잘 처리했어.**' 등이 이에 속한다.

피드백을 제공할 때:

- 매번 허락을 구한다: "제가 지금 피드백을 제공해도 될까요?"
- 사실적으로 묘사한다: '저는 ……을 알아차렸습니다.' '저는 ……을 보았습니다.' '저는 ……을 관찰하였습니다.' '저는 ……을 들었습니다.'
  - X에 대해 이야기할 때 당신이 정말 생생하고 활기차다는 걸 알아차렸어요.
  - 당신은 몸을 숙이고 서류를 탁 치며 두드렸습니다.
  - 당신이 X에게 해야 할 일에 대해 간단하게 설명을 해 주는 것을 들었는데, X의 얼굴이 바로 편안해지는 것을 볼 수 있었어요.
- 해석하지 않는다: 코치가 해석하거나 이유를 추측하지 않고 보인 것을 그대로 묘사한다. 다음과 같이 말하는 것은 피해야 한다.
  - 그래서 나는 당신이 X에게 화가 나 있다는 걸 알았어요.
  - 나는 당신이 바로 방을 떠나고 싶어 했다는 걸 눈치챘어요.

  대신, '저는 ……이 궁금합니다.' 같은 구문을 사용하여 질문한다. 이는 코치가 추측하는 것이 아니라 고객에게 그 이유를 묻는 것이다. '그 순간 당신

에게 무슨 일이 일어나고 있었는지 궁금합니다.'

- 코치의 감정을 설명한다: 코치에게 미친 영향에 대해 설명한다.
  - 당신이 그렇게 앞으로 몸을 기울일 때 저는 잠깐 놀랐어요. 나에게 화가 난 것은 아닌가 궁금했어요.
  - 당신은 이야기를 시작했고, 저는 완전히 몰입해서 그다음 이야기가 궁금했습니다.
  - 말하는 동안 자주 얼굴을 만지는 것이 보여서, 당신이 말하는 내용이 정말 자신감이 있는 건지 궁금해졌어요.
- '이것이 어떻게 ……과 연관되는지 궁금합니다.'와 같은 문구를 사용하여 고객의 목표와 연관시킨다.
- 고객에게 당신이 피드백한 것에 대한 의견을 물어본다.
- 이 사건에서 발생한 일들에 대해 어떻게 처리할 것인지 논의한다.
- 고객이 큰 진전이나 발전을 보일 때 긍정적인 피드백을 제공할 기회를 찾는다.
- 단어 선택을 신중하게 한다. '당신이 위협적일 것 같았다'고 말하는 것보다 '다음에 무엇을 할지 조금 걱정되었다'고 말하는 것이 좋다. 고객이 당신에게 미친 영향을 피드백하는 것과 개인적으로 느낀 것을 피드백하는 것에는 미세한 차이가 있다. 피드백의 본질은 개인적인 감정을 배제하고 고객의 행동이 당신에게 어떤 영향을 주었는지 설명하는 것이다.

다음은 그 예시이다.

Candice

Candice는 생산관리 분야 경력에 자부심이 있었고, MBA를 취득한 후 치열한 경쟁을 뚫고 입사에 성공하였다. 그러나 Candice의 상사는 그녀가 대화의 기술이 부족해서 의

사소통에 문제가 있다며 그녀를 채용한 것을 후회하였다. Candice는 상사의 이런 비난에 상처를 받았다. 그녀는 자신은 문제가 없고 다른 사람들이 자신의 말을 이해하지 못하는 것이라며 다른 사람들에게 문제가 있다고 생각하였다.

Candice와 코치는 그녀가 일자리를 잃을 수도 있다는 것을 알고 있었다. Candice가 코치에게 복잡한 문장을 사용하기 시작했을 때, 코치는 그녀 회사의 동료들처럼 혼란스러워졌다. 코치는 이해하는 척하지 않고 그때마다 그녀에게 이야기를 멈추게 하였다.

> "Candice, 여기서 잠깐 멈출까요? 너무 긴 단어와 문장을 많이 사용하시는 것 같아요. 방금 당신은 생산 유연성 분석과 칸반 시스템, JIT 시스템, 경제 가치 추가 등에 대해 설명했는데, 그 뒤로 많은 내용이 이어졌고 저는 무슨 말인지 전혀 이해하지 못했어요. 그러다 보니 제가 어리석다고 느껴졌고, 어떻게든 이해해야 한다는 생각이 들었어요. 혹시 이게 동료들에게 미치는 영향의 예가 아닐까요?"

비슷한 상황이 반복되자 Candice는 코치도 비전문가인 동료들과 다르지 않으며, '비전문가가 여기서 정말로 이해해야 할 것이 무엇인지, 그리고 매우 간단한 용어는 무엇인지'를 한 발 물러서서 생각해 보면 동료들과의 의사소통이 개선될 수 있다는 사실을 깨닫기 시작하였다. 다른 어떤 누구도 이렇게 세밀하고 직접적으로 그녀에게 말하지 않았기에 Candice는 '부인(denial)'이라는 너무도 인간적인 방어기제를 사용하게 된 것이다. Candice에게는 전문가가 되는 것이 무엇보다 중요했기 때문에 기술 전문 용어에 지나치게 의존한 것이다.

이 접근 방식을 사용하려면 고객이 코치에게 인사하는 방식, 코칭룸에 들어올 때의 행동이나 모습, 처음 몇 분 동안 하는 말, 코치를 대하는 태도, 사용하는 언어, 코칭 내내 고객이 코치에게 불러일으키게 하는 감정 등 모든 것을 살펴보아야 한다. 또한 이러한 정보를 인식하고, 이 정보 중 코치가 개인적인 경험으로 인해 생성된 정보인지 고객에 의해 만들어진 정보인지 그 차이를 인식할 수 있어야 한다.

피드백을 주지 말아야 할 때를 아는 것은 피드백을 주어야 할 때를 아는 것만큼 중요하다. 첫 만남에서 한 여성 고객이 머리부터 발끝까지 남장을 하고 와서 놀랐던 기억이 있다. '실제로 트랜스젠더였을까? 아니면 생물학적으로는 여성이지만 남성의 옷을 입고 나타난 것일까? 아니면 단지 전통적인 여성 복장을 거부한 레즈비언일까?' 이 고객은 입사 최종 면접에서 항상 떨어졌기 때문에 이 문제를 다루는 것은 중요하였다. 처음 만나는 면접관들도 나와 똑같은 느낌을 받았을 것이고, 이로 인해 생긴 혼란 때문에 그녀는 일자리를 얻지 못했을 거라 생각된다. 당시에는 그녀의 이런 극단적인 외형이 그녀의 정체성과 너무 밀접하게 연관되어 있어 피드백을 하는 것이 적절하지 않다고 생각했지만, 지금 생각해 보면 내가 용기가 부족했던 것이라고 생각한다. 고객이 상처받을 것을 걱정한다면 아무런 피드백을 줄 수 없다. 여기서 주요 질문은 다음과 같다.

- 고객이 이 문제에 대해 할 수 있는 일이 있는가?
- 고객이 이 문제를 해결할 준비가 되었는가?

이 두 질문에 대한 답변이 '아니요'라면, 코치는 피드백을 하면 안 된다. 하지만 만약 '예'라면 코치는 적절한 피드백을 해야 한다.

자극과 유머치료

코칭의 장소가 마치 예배당처럼 성스러운 침묵에 휩싸인 곳이 되어야 한다는 생각에 나는 전적으로 반대한다. 초기의 인간중심치료(Person-Centred Therapy)에서는 고객이 긴 이야기를 하는 동안 치료자는 다양한 감정을 느끼지만, 이를 드러내지 않고 억누르는 듯하였다. (이건 내 주관적인 관점이다.)

처음 코칭에 자극과 유머를 도입했을 때 나는 스스로를 괴짜라고 생각하였다. 이러한 시도는 다른 코치들이 불쾌하게 받아들일 수도 있어서 밖으로 드러내지는 않았다. 하지만 Farrelly와 Brandsma의 책『도발적 치료(Provocative Therapy)』(1974)를 읽었을 때, 내가 하는 유머가 고객에게 자극을 상대적으로 가볍게 사용하는 것이었고 효과가 있다는 것을 깨달았다. Farrelly는 고객에게 농담을 하거나 가볍게 놀리는 듯한 말을 한다. 때로는 무례하게 느껴질 수도 있고 성적으로 민감한 주제도 포함되지만, 이런 모든 말은 거리에서 흔히 들을 수 있는 일상적인 표현을 사용한 것이다. 그는 고객이 가진 두려움을 극단적으로 과장해서 말해 고객이 웃음을 터뜨리며 그 두려움에 대해 스스로 반박하게 만든다. 또한 고객의 행동을 비현실적이고 터무니없는 방식으로 해석하기도 한다. 그러나 이러한 모든 접근은 고객에 대한 진심 어린 배려와 따뜻함에서 나오는 것이며, 도발적 치료 웹사이트(provocativetherapy.com)에서 Graham Dawes가 언급한 것처럼 매우 긍정적인 결과를 가져온다.

> 심리치료의 고정관념이 깨져 가고 있다. Farrelly는 고객이 문제를 설명할 기회도 주기 전에 입을 열어서, 우리가 고객에게 절대 하지 말아야 한다고 배운 모든 말을 쏟아 낸다. 그는 심지어 고객의 비정상적인 행동을 부추기며, 그런 행동이 고객에게 가져다줄 모든 종류의 이점을 제시하고(비록 그 이점들이 고객의 행동보다 비정상적인 것이지만), 고객에게 그들의 행동을 정당화할 수 있는 다양한 이유를 제공하고(비록 그 이유들이 고객이 생각해 낸 어떤 것보다 더 터무니없지만), 그들이 중단하고 싶다고 말한 행동을 계속하도록 격려한다(물론 계속할 경우 고객이 가장 불안해하는 결과가 나타날 것이 명백하다).

간혹 나는 비슷한 유형의 접근 방식을 사용하기도 한다. 이 접근 방식에 대한 두 가지 가설은 다음과 같다. 첫째, 유머와 통찰력을 이용해 **고객의 내적 기준에 맞춰 자극하면** 고객은 일반적으로 반대 방향으로 움직이려고 할 것이다. 실제로 이는 방식에 차이가 있을 뿐 코치와 고객 모두에게 이익이 된다. 둘째, 고객에게 명백히 부정적 행동을 계속하도록 촉진시키면 고객은 보다 긍정적인 대안 쪽으로 움직이려고 한다. 이 접근 방식의 어조는 유쾌하고 가벼우며 활력 있는 어조를 활용한다.

예시 1

최고 경영자였던 다음 고객은 성과가 조금만 떨어져도 자신의 경력이 끝날 것이라고 생각하며 점점 우울에 빠져 갔다. 나는 그와 오랜 시간 함께 코칭을 해 왔기 때문에 그의 내면 대화를 잘 이해하고 있었다.

코치: 음, 맞아요, 동의해요 [고객의 우울해하는 모습을 과장되게 따라 하며] 당신 인생은 끝난 것으로 보이네요. Kim(아내)이 오전 5시에 일어나서 그 맥주 냄새 나는 동네 펍 바닥을 닦으러 가고 있고요. 당신의 아이들은 문 앞에 서서 울면서 전학가기 싫다고 말하고 당신은 위층에 숨어서 모든 게 당신 탓이라고 느끼며 기분이 엉망이겠죠.

고객: [의자에 앉아 웃음을 참으며] 정말 재치 있네요. 당연히 그렇게 나쁘지는 않을 거예요. [이제 실제로 웃으며] 적어도 Kim(아내)은 7시에 일어나서 사무실 바닥을 닦으러 가기 전에 침대에서 뒹굴고 있는 저에게 차 한 잔을 만들어 줄 수 있을 거예요!

결과: 과장된 표현이 고객으로 하여금 자기 자신을 교정하게 만들었다. 우울함은 사라졌고, 더 이상 코칭은 필요하지 않게 되었다.

예시 2

한 고위 외교관은 직원에게 일을 맡기는 것을 두려워하고 위임하는 방법을 모른다. 그 결과 하루 16시간 근무에 찌든 삶, 불만을 품은 직원들, 그런 남편을 보며 아내는 화를 낸다. 이 고객은 직원에게 일을 맡기는 것이 '불가능'한 이유에 대한 변명을 늘어놓으며 자신의 속마음을 드러냈다.

코치: [과장된 정의감으로] 정말이지요. 이 직원들은 형편없어요. 이 사람들을 누가 뽑았죠? [고객을 가리키며] 당신의 일뿐만 아니라 그들의 일까지 당신이 다 해야 맞는 거예요. [크게] 당신은 이렇게 자신을 희생하는 성자예요! 건강과 결혼을 위험에 빠뜨리는 건

훌륭한 일이에요! 오직 당신만이 그 업무를 해낼 수 있어요. 조직은 감사해할 거예요. 당신은 다음 생일에 훈장을 받을지도 몰라요…….

고객: [중단시키고, 혼란스럽고 놀란 표정이지만 미소를 짓기 시작하며] 지금 좀 과하게 이야기하시는데 진심이세요?

코치: [지나치게 엄숙한 표정으로] 물론 진심이에요. 장관이 당신의 특별한 헌신을 칭찬할 거예요. 그리고 시간이 더 지나면 국무총리가 직접 감사를 표할 거예요.

고객: [자기도 모르게 웃음을 터뜨리며] 알았어요, 알았어요. 그들은 절대 나에게 감사하지 않을 거예요. 나는 훈장을 받지 못할 거고, 만약 받았다면 그때쯤엔 이미 이혼했을지도 몰라요. 저에게 희망이 있다고 생각하신다면, 제가 무엇을 해야 하는지 말씀해 주세요.

결과: 웃음이 지속되었다. 코칭은 그 웃음을 유지하면서 직원들에게 일을 어떻게 맡길 수 있을지에 대한 초점으로 재개되었다. 고객은 나중에 '내가 캐릭터로 나오는 초현실적인 코미디'가 코칭의 일부가 될 줄은 몰랐다고 언급하였다.

심지어 Sigmund Freud도 자극과 유머치료를 사용했을 가능성이 있다. 그는 다른 사람들에게 권장했던 엄격한 반응 금지 규칙을 자신에게는 적용하지 않았던 것 같다. 1932년 Freud의 환자였던 Roy Grinker 박사는 Freud가 그의 차우차우 개 Yofi를 방에 두는 것을 허락한 일화를 전하였다. 개가 나가고 싶어서 문을 긁을 때, Freud는 "보세요, 저 개도 당신 이야기에 지루해하고 있어요."라고 말하였다. 개가 다시 들어오고 싶어서 문을 긁자 Freud는 "Yofi가 당신에게 두 번째 기회를 주기로 했으니 나도 그렇게 해야겠군요."라고 말하였다.

단호한 말하기와 직면

단호하고 솔직한 말하기가 유용할 수 있는 상황은 여러 가지가 있다. 첫째, 고객이 말하는 가치와 실제 행동 사이에 불일치가 있을 때이다. 예를 들어, 평등한 기회를 믿는다고 말하면서 실제로는 고정관념이나 옛 인맥에 의존해 사람을 채용하는 고객이 있을 수 있다. 둘째, 고객이 변화의 필요성을 인정하지만 실제로 그 변화를 미룰 때이다. 현재 역할에 지쳐서 떠나고 싶다고 말하면서도 실제로 다른 일을 찾으려는 시도를 하지 않는 경우의 예가 있을 수 있다. 셋째, 고객이 제안한 행동 방침이 바람직하지 않다고 판단될 때도 있다. 상사의 행동에 분노하여 다음 날 상사의 사무실로 쳐들어가겠다고 결심한 고객이 있을 수 있다. 이런 경우, 그가 원하는 결과를 얻지 못할 것이라는 확신이 든다.

고객이 직면해야 한다고 느낄 때는 주제를 솔직하게 표현하고 고객이 원하는 결과와 연결 지어 설명한다. 고객이 듣기 어려울 수 있는 말을 하게 될 가능성을 미리 알리면서도 고객을 얼마나 소중히 여기고 지지하고 있는지 강조한다. 당신이 말하는 내용은 정보에 근거하고, 묘사적이고, 비판적이지 않게 유지해야 한다. '어떻게 해야 한다'가 아니라 '현재 어떤 상태인지'에 대해 이야기한 후, 고객의 의견을 묻는다. 상황이 변화하지 않으면 어떻게 될 것인지 묻고 해결책을 논의한다. 변화할지 말지는 고객의 선택이다.

고객과의 직면이 성공하려면 코치의 동기가 진심으로 도움을 주고자 하는 마음이어야 한다. 만약 고객에게 뭔가를 갚아 주거나, 교훈을 주고 싶다는 감정이 조금이라도 있다면 해서는 안 된다.

고객이 실수할 때

고위 경영진은 큰 책임을 지고 있다. 그들도 인간이기 때문에 경력 중 어느 시점에 실수할 가능성이 있다. 이러한 실수는 잘못된 전략 선택이나 개인 관리에서의 오류일 수 있다. 이런 경우, 죄책감에 짓눌리지 않고 책임을 받아들이는 것은 매우 성숙한 사람만이 할 수 있는 일이다. 이때 고객들은 당신에게 도움을 요청할 수 있다.

> Fenton은 사기 사건을 알린 내부 고발자의 말을 충분히 주의 깊게 듣지 않았다. 내부 고발자가 옳았다는 것이 밝혀졌을 때 Fenton은 자신의 은폐에 거짓말을 하였다.

> Emma는 대규모 IT 프로젝트를 승인한 결재권자 중 한 명이었는데, 그녀는 계약이 체결될 때 공급업체와 프로젝트의 실행 가능성에 대해 강한 개인적 의구심을 가지고 있었다. 하지만 그녀는 이에 대해 말하지 않았다. 그 프로젝트는 심각하게 통제 불능 상태에 빠졌고, 회사는 감사원으로부터 조사를 받았다.

코치는 이러한 상황에서 매우 세심하게 균형을 유지해야 한다. 실제로 도움이 되지 않는 방식으로 도움을 주려고 하는 경우가 많다. "모든 사람이 실수를 한다."라는 진부한 표현은 고객에게 위로가 되지 않을 것이다. 또한 당신이 고객의 잘못이 없다고 믿는다는 것을 전달하더라도 고객이 진심으로 그것을 받아들일 것이라고 생각하기는 어렵다.

당신이 고객의 행동에 대해 판단을 할 수 있을 만큼 사건에 대해 알고 있을 가능성은 더 적다. 그러나 고객이 잘못을 인정하는 것은 그들이 옳은 일을 했다고 안심시키는 것만큼이나 중요하다. 예를 들어, 큰 소리로 비아냥거리는 태도 뒤에 취약성을 숨기고 있던 한 고객이 마침내 용기를 내어 물었다. "내가 괴롭히는 사람이라고 생각하세요?" 나는 그가 일하는 모습을 본 적이 없었기 때문에 정확한 답을 알 수는 없었지만, 내가 그의 부하 직원이었다면 그의 비아냥거리는 행동에 겁먹었을 거라고 대답하였다. 또 다른 고객은 떨리는 목소리로 물었다. "내가 이 조직에서 떠날 때가 된 것 같나요?" 그녀는 회의와 이메일에서 배제되었고, 매우 낮은 인사고과를 받았다고 설명하였다. 그녀의 상사의 마음을 읽거나 질문에 대한 답을 알 수는 없었지만, 이러한 사건들이 보통 해고의 전조라는 것을 알고 있었기 때문에 그녀에게 거짓으로 안심시켜 줄 수 없었고, 이 점을 전달하는 것은 나의 의무라고 생각하였다.

가톨릭에서 사제가 비밀을 지켜 주는 고해성사는 우리가 심각한 실수를 저지른 고객과 어떻게 코칭해야 하는지에 대해 힌트를 주고 있다. 고해성사는 자발적인 행동이며 매우 개인적인 일이다. 가톨릭은 죄와 죄인을 동일시하지 않는다. 고객이 다른 사람들이 비난할 만한 일을 이야기하고 싶어 한다는 것이 분명할 때 이를 무시하거나 지나치고 엄격하게 비난하는 것은 고객에게 도움이 되지 않는다. 고객은 역설적이게도 자신의 편에 서서 "네, 당신이 스스로 정한 기준을 배반했지만, 그렇다고 해서 당신이 평생 도덕적으로 실패한 사람이라는 의미는 아닙니다."라고 동의해 주는 사람이 있다는 것에 안도감을 느낄 수 있다. 고객이 자신에게 필요한 것이 무엇인지 알고 있다고 믿고 다음과 같은 질문을 한다. **이에 대해 어떤 도움이 필요하신가요?**

답변에 따라 코칭은 종종 자신을 용서하고 도덕적 평정심을 회복하는 방법에 대한 논의가 되기도 하고, 가능한 경우 속죄를 하는 경우도 있다.

남 탓만 할 때

어떤 고객들은 자신이 늘 피해자라고 말한다. 이런 고객과 코칭을 진행하는 것은 매우 어렵다. 내가 피해자라면 나의 변화보다는 다른 사람들의 변화가 우선이기 때문에 자신이 먼저 변할 의무가 없고 다른 사람의 변화를 기다리면 된다고 생각한다. 자신의 실망을 다른 사람 탓으로 돌리는 고객과 함께 코칭을 하는 것은 내가 가장 힘들어하는 코칭 중 하나이다. 치료를 권하는 것도 한 가지 방법이지만 많은 고객이 그렇게 심각한 상태는 아니라서 이 방법이 항상 맞지는 않는다.

Carys

우리가 코칭을 시작했을 때 Carys는 실망한 상태였다. 그녀는 선임 회계사로서 자신이 조직의 재무이사 직책을 맡게 될 것이라고 기대하였다. 그러나 그녀가 좋아하는 동료이지만, 자신보다는 덜 유능하다고 생각한 동료가 그 직책을 맡게 되었다. 코칭 초반부에는 조직에 남아 있는 것이 너무 굴욕적일 것 같았기에 이직에 초점을 맞췄다.

Carys에게 헤드헌터와 연락하고, 자신의 지인들에게 이직 의사를 알리도록 격려하였다. 곧 그녀는 두 회사에서 제안을 받게 되었고, 두 직업 모두 그녀가 놓친 직업과 거의 동일한 급여를 제공하였다. Carys는 이 두 직업 중 하나를 선택했지만, 새로운 직장에서도 '불공평하다'는 감정이 여전히 그녀의 삶을 괴롭혔다. 그녀는 새로운 직장에 대해 불평하였다. 외로웠으며, 사무실은 답답할 정도로 더웠고, 최고 경영자는 그녀를 인정하지 않았다. 코칭을 거듭할수록 그녀가 이전 조직에서 재무이사 자리를 얻지 못한 것에 대한 불공평함으로 되돌아가는 것 같았다. 심지어 1년이 지난 후에도 말이다.

Carys와 같은 고객을 위해 무엇을 할 수 있을까?

가능한 몇 가지 접근법

먼저 패턴을 인식해야 한다. 이런 고객이 코칭에 오는 것은 다른 사람을 변화시키는 방법을 찾으려 하고, 고객 자신은 그 상황에 책임이 없다고 말하고 있는 것이다. 당신은 그들 내면 안에 많은 문장이 다음과 같이 시작되는 것을 알아차릴 수 있을 것이다.

- 만약 그들이 ……만 했다면…….
- 만약 그것이 그렇게 되지 않았더라면…….
- 만약 다른 사람들이 나를 내버려 뒀다면 내 삶은 괜찮을 텐데…….

또한 '그들은 항상…….' '그들은 결코…….' 등 고객 주변에 있는 대부분의 다른 사람이 일을 잘못하고 있다는 일반화가 있을 수 있으며, 지속적인 피로감과 실망감도 느낄 수 있다. 아무리 좋은 일이 일어나고 있는 것 같아도 그 어떤 것도 충분하지 않다.

다음은 **고객에게 피드백을 제공한 내용**이다.

> Carys, 이번 코칭에서도 그렇고 이전의 많은 코칭에서도 그렇듯이 우리는 다시 그 오래된 재무이사의 문제로 되돌아가고 있음을 느꼈습니다. 이번에도 두 번이나 그것을 언급했고, 지난번 코칭에서도 그랬습니다. 지금 무슨 일이 일어나고 있는 건가요?

그녀는 한 발 앞서 답하였다. "나는 항상 다른 사람을 탓하는 고객이라서 정말 성가신 고객일 겁니다, 그렇죠?" Carys는 그녀의 딜레마를 머리로는 인식하고 있었지만 여전히 나아지지는 못하였다.

일부 고객은 자신은 아무런 잘못을 하지 않았다고 말한다. 치료자이자 작가인 Irvin Yalom은 이렇게 제안한다. "좋아요, 이것의 99%가 다른 사람의 잘못이라고 받아들입시다. 그럼 당신의 1%를 함께 다뤄 볼까요?" 이와 함께 지나간 과거를 위해 시간과 에너지를 쏟는 것은 무의미한 일인 것을 알리는 것도 도움이 된다. 과거는 이미 지나갔고 결코 바뀔 수 없다. 지금만이 존재한다.

대부분의 고객에게는 여기서 설명하는 접근법 중 하나 혹은 모든 방법이 효과가 있을 것이다. 만약 그렇지 않다면 마지막으로 시도할 전략이 있다. 그것은 고객에게 그들을 돕는 방법에 대한 코치의 딜레마를 공개하는 것이다. 그래서 Carys와 같이 모든 전략이 아무런 성과가 없을 때 이렇게 말할 수 있다.

> Carys, 저는 지금 한계에 부딪혔습니다. 정말 당신의 코칭이 성공하기를 원하지만 제가 돕지 못하는 것에 대해 좌절감을 느끼고 있어요. 우리는 여러 가지를 시도해 보았지만, 당신이 여전히 당신이 얻지 못한 그 꿈의 직무에 집착하는 것 같아요. 당신이라면 저에게 무엇을 조언하겠어요?

여기서 문제가 될 수 있는 점은 내가 질문을 통해 괴롭히고 있다고 느끼며 자신을 거부하거나 버릴 것이라고 생각할 수 있다는 것이다. 나는 그녀에게 지속적인 지원을 제공하는 동시에 우리 관계의 50% 책임은 본인에게 있다는 것을 알려줄 것이다. 이런 유형의 사람들은 자신감과 확신에 찬 것으로 보여도 실제로는 매우 취약한 경우가 많아 자신이 피해자가 아니라는 말로 도전받는 순간, 코칭을 더 이상 진행할 수 없다고 느끼게 될 수도 있다.

공격당하기

매우 드물게 고객이 대화로 인해 깊이 상처를 받고 코치를 공격하는 상황을 마주할 수도 있다. 이는 아직 훈련 중인 코치인 Jon에게 발생한 일이다. 그는 고객을 위해 맞춤형 360도 피드백을 실시하였다(p. 190 참조). Jon은 이미 그녀의 상사로부터 그녀가 새로운 직책에서 팀의 신임을 얻지 못하고 있다는 이야기를 들었다. 평가 보고서는 어떻게 그런 일이 일어나는지에 대해 최대한 정중하게 설명되어 있었다.

고객은 보고서를 읽고 화를 내며 소리쳤다. 그녀는 Jon의 방법론이 잘못되었다고 비난하고 그의 조심스러운 표현을 비웃었다('어떤 사람은 이렇게 생각하고, 어떤 사람은 저렇게 생각한다는 게 도대체 무슨 뜻이죠?'). Jon은 슈퍼비전을 통해 그녀가 공격하는 것이 자신은 아니라는 것을 빠르게 이해했고, 그러한 도발에도 불구하고 차분함을 유지할 수 있었다고 말하였다. 그리고 맞춤형 360도 평가를 사용한 이유와 그 방법에 대해서 설명하였다. 그는 사람이 수행했기 때문에 방법론에 결함이 있다는 그녀의 말에 동의하면서도 보고서가 유효함을 믿는다고 말하였다. 그리고 그녀에게 이를 어떻게 확인하고 싶은지 확인하였다. 그는 다른 코치가 같은 평가를 다시 수행하도록 제안하였다.

그는 그 이후에 발생한 일을 이렇게 묘사한다.

> "잠깐의 침묵이 흘렀습니다. 그런 다음 저는 말했습니다, 당신이 이런 식으로 느끼는 동안에는 우리가 함께 코칭을 계속할 수 없다고 생각합니다. 저는 공격을 받고 있는 것 같고, 그것이 부당하다는 느낌을 받습니다."

회기는 갑자기 중단되었다.

그러나 놀랍게도 이 고객은 한 달 후에 다시 Jon에게 연락을 하였다. 용감하게도 그녀는 그 보고서를 그녀의 상사에게 보여 주었고, Jon에게 사과를 하였다. 그녀와 상사는 그녀에게 맞지 않는 직책에 있었다는 것을 인지하고 팀 운영보다는 기존 직책인 기술 전문가로 돌아가는 것에 합의하였다.

책임

책임은 까다로운 개념이다. 잘못된 방식으로 접근하면 교사와 학생, 또는 상사와 부하의 관계처럼 보일 수 있다. 고객이 약속을 지키지 않았다고 지적하는 것을 의미하는 것이 아니다. 나는 코치가 금연 시도의 일환으로 약속했던 '숙제'를 하지 않았다는 이유로 화를 내며 코칭을 종결했다는 말을 듣고 충격을 받았던 적이 있다. 또 다른 고객은 예전 코치가 '숙제를 하지 않으면 매우 불쾌할 것입니다.'라고 보낸 이메일을 보여 주기도 하였다. 물론 이러한 코칭은 중단되었다.

코칭에서의 책임은 상사와 부하, 교사와 학생, 부모와 자녀 간의 책임과는 전혀 다르다. 코치는 고객이 **변화를 위해 하기로 한 일들에 대해 책임을 지도록 돕는 역할을** 한다. 이 과정에서 고객이 원하는 변화와 목표가 중심이 되며 구체적인 책임 항목과 책임을 지는 방법은 고객이 결정한다. 코치로서 고객이 과제나 숙제를 수행했는지에 대해 개인적인 관계로 받아들이지 않는다. 고객이 코치를 기쁘게 하기 위해 무언가를 하는 것은 코치 개인과는 관련이 없다. 어떤 상황에서도 가치 판단이나 비난은 없어야 한다. 무슨 일이 일어나든 그 속에는 배울 점이 있다. 고객이 계속해서 약속을 지키지 않는다면 그 이유를 존중하면서도 성숙된 방식으로 논의해야 한다.

후속 조치

나는 회기 사이에 고객과 연락을 유지하는 것을 좋아하는데, 전화, 문자, 이메일을 통해 연락하는 것을 권장한다. 이는 코치와 고객이 변화를 위한 새로운 행동을 시도하고자 할 때 특히 유용할 수 있다. 만약 코치와 고객이 이런 연락을 원하지 않는다면 다음 코칭에서 "지난번에 우리가 합의한 것들은 어떻게 되었나요?"라고 확인 질문을 해야 한다. 고객이 모든 것을 달성했다면 따뜻하게 축하하고 그것을 이루기 위해 노력한 점을 인정하고 지지한다.

고객이 달성하지 못했다면 다음과 같은 질문을 할 수 있다.

- 무엇이 방해가 되었나요?
- 다음에는 어떤 방식으로 무엇을 할 수 있을까요?
- 그것들을 하지 않음으로써 무엇을 배웠나요?
- 앞으로 그것들을 달성하는 데 무엇이 도움이 될까요?

고객과의 관계 유지

코칭 관계는 아주 민감하다. 고객에게 너무 많은 압력을 주면 그 관계가 깨질 수 있다. 반면에 너무 미비하면 코칭 효과가 없어 보일 수 있다. 언제 강하게 촉진시키며 언제 기다려야 하는지를 아는 것은 아주 미묘하며 순간적 판단이 필요하다.

Robert

Robert는 광부의 아들로, 16세에 학교를 그만두고 변호사 사무실에서 일하면서 법률 원리를 스스로 공부하기 시작하였다. 마흔이 되어서는 경험 많은 변호사로서 매우 탁월한 성과를 거두어 지방자치단체의 법률 서비스 책임자가 되었다. 우리의 코칭 초기 목표는 그의 업무 방식을 개선하는 것이었는데, 이는 매우 일반적이고 무난한 주제였다.

하지만 곧 그의 깊은 자신감 결여와 사회적 고립이 근본적인 문제임을 인식하였다. 그는 직장에 친구가 없었고 사회생활도 거의 없었다. 그는 19세라는 어린 나이에 결혼했고, 아내는 가정적이었지만 자녀가 생기지 않았다. 그들의 관계는 상호 의존적이었지만, Robert가 코칭을 시작한 시점에서는 아내가 만들어 낸 답답한 삶의 방식에서 벗어나고 싶다는 강한 바람을 표현하였다.

> "주말에 나가서 축구도 보고 사람들도 더 만나고 싶어요. 하지만 만약 그렇게 하면 그녀는 불안해할 거예요. 그녀는 저에게 정원을 가꾸고, 비디오를 보면서 단둘이 같이 있는 걸 원해요."

코치로서 우리가 갈림길에 섰다고 느껴졌다.

> JR(코치): 당신이 정말 원하는 것은 무엇인가요?
>
> Robert: 저는 저와 그녀만의 이 굴레를 벗어난 더 나은 사회생활을 갖고 싶어요.

Robert는 "이상적인 삶을 살 수 있다면 무슨 일이 일어날까요?"라는 질문에 그러한 삶이 어떻게 보이고 들리며 무엇이 느껴질지 묘사하였다.

> JR(코치): 그렇다면 이런 삶으로 가기 위해 막는 장애물은 무엇인가요?

약 12초 동안 긴 침묵이 흘렀다. Robert는 나를 쳐다보면서 긴장한 표정으로 손을 감싸며 발을 내려다보았다. 그러고는 "저는 이 상황을 해결할 수 없어요. 제가 이 문제를 아내와 상의하려 하면 당황할 거예요. 아내와의 관계에 대한 모든 문제가 드러나게 될 텐데 그럴 수는 없죠."라고 말하였다.

고객이 분명하게 원하는 것을 말하면서도 행동을 하지 못하는 상황에서 코치는 무엇을 해야 할까? 도전을 제안해야 할까? 작은 시도를 제안해야 할까? 아니면 그냥 포기를 해야 할까? 잠시 다시 침묵이 흐른 뒤 나는 Robert에게 아무것도 하지 않는 것에 대해 어떻게 생각하는지 물어보았다. 그는 "지금은 괜찮아요."라고 답하였다.

나중에 이 대화에 대해 오랫동안 곰곰이 생각해 보았다. 더 강하게 밀어붙였어야 했는지 고민했지만, 결국에는 그렇게 하지 않은 것이 옳았다는 것을 알게 되었다. 8주 후 Robert는 망연자실한 목소리로 전화를 걸어 갑자기 아내가 치사량의 약을 삼키고 자살했다고 전하였다. 그는 아내가 말기 암이 아님에도 말기 암에 걸렸다고 스스로 믿고 있었다는 것을 알게 되었다. Robert는 아내가 불안장애인 광장공포증 진단을 받을 정도로 정신적으로 매우 취약했지만 코칭에서 이 사실을 말하지 않았다. 그는 아내와의 문제에 대해 이야기를 나눴을 때 자신은 감당할 수 있을 거라고 생각했지만 아내의 감정이 그렇게까지 폭발할 줄은 예상하지 못했던 것이다.

그 후 새로운 코치를 교육하면서 나는 코치가 돕고자 하는 열의가 얼마나 쉽게 지나친 간섭으로 변질될 수 있는지, 또 그만하기를 바라는 고객의 경고 신호를 얼마나 무시할 수 있는지를 교육하였다. 이런 일이 발생하면 고객의 에너지는 학습과 변화보다는 코치의 간섭을 막는 데 사용된다. 고객이 직설적으로 그만두라고 말하면 즉시 멈추어야 한다. 고객이 인상을 쓰거나, 발을 두드리거나, 고개를 돌리는 등의 비언어적 표현에도 주의를 기울여야 한다. 이런 상황에서는 코칭을 계속 진행할 수 없다. 멈추거나 저항하는 것이 오히려 중요한 코칭 주제가 된다. "우리가 잠시 멈춘 것 같은데, 무슨 일인가요?"라고 질문하고 함께 해결책을 찾아보아야 한다.

도전은 좋은 코칭의 필수 요건이다. 이는 다음 장의 주제인 정보 및 조언 제공과 밀접한 관련이 있다.

제10장

정보 및 조언 제공

코칭 스타일 진행

코칭에는 절대적 규칙은 없다. 고객에게 조언을 절대 하면 안 된다는 규칙도 없고, 고객에게 유용한 정보를 제공하면 안 된다는 규칙도 없다. 중요한 것은 언제, 그리고 어떻게 조언을 제공할 수 있는지 아는 것이며, 이는 이번 장의 주제이다.

Anwar는 충격을 받아 말이 나오지 않았다. 그의 회사에 새로운 CEO가 취임했고, Anwar는 해고 통보를 받았다. 다음 날 책상을 비우고 떠나야 했고, 회사와 퇴직금 문제에 대해 협상해야 했다. Anwar가 충격에 빠진 그날 코칭은 예약되어 있었다. 그는 평소에는 스트레스를 잘 이겨 냈지만 이번 충격은 이전과 비교할 수 없었다. 계획되었던 코칭 주제는 포기하고 그가 할 수 있는 조치들에 대해 논의하였다. 코치는 약 1시간 정도 코칭을 진행한 후 차분하고 단호하며 매우 직접적으로 그에게 고용 관련 법률 전문가에게 전화를 걸어야 한다고 말하였다. 그는 멍하니 코치를 바라보다 말하였다.

"왜 고용 관련 법률 전문가가 필요한가요?"

"회사는 당신에게 퇴직금 등을 적게 주기 위해 노력할 것이기 때문에 당신에게는 전문가의 도움과 협상 대리인이 필요할 겁니다."

"대신 전화를 걸어 주실 전문가가 있을까요?"

"당연히 가능하죠. 가능한 한 빨리 약속을 잡아 달라고 부탁할게요."

다행히도 변호사와 약속이 잡혔고, 코치는 Anwar와 함께 변호사를 만났다.

변호사의 도움으로 Anwar는 회사가 최초로 제안한 금액에서 25% 인상된 금액을 퇴직

금으로 받을 수 있었다. 회사는 그의 변호사 비용도 지불하였다. 한 달 후 그는 "그날 저는 무기력했어요. 저를 도와주셔서 감사합니다."라는 메일을 보내왔다.

Ruth는 캐나다인으로 런던에서 일하고 있다. 그녀는 같은 실수를 세 번이나 반복한 팀원에게 화를 냈고, 여전히 화가 나 있는 상태에서 코칭을 시작하였다. "사무실에 돌아가자마자 팀원에게 해고를 통보하겠어요."라고 그녀는 말하였다. 코치는 Ruth가 영국에서는 중대하고 명백한 과실이 아닌 이상 즉각적인 해고를 금지한다는 것을 모를 수도 있다는 것을 깨달았다. "팀 구성원의 실수는 중대한 과실에 해당하지 않습니다." Ruth의 코치는 인내심을 가지고 그녀가 계획하는 방식대로 직원을 해고하면 분쟁으로 이어질 것이며, Ruth의 회사가 패소할 것이라고 설명하였다.

Gemma는 의사이자 코치이다. 어느 무더운 여름날, 그녀는 고객의 팔에 검고 평평한 점에 염증이 생기고 가장자리가 불규칙해지는 것을 발견하였다. 코치는 그가 건강을 별로 신경 쓰지 않는다는 것을 알고 있었다. 그는 "어차피 우리는 모두 언젠가 죽으니, 검진 같은 건 필요 없어요."라고 말하는 사람이었다.

"Jamie, 당신은 병원 검진이 병에 대한 신경증이 있는 사람들만 가는 곳이라고 생각하는 것 같은데, 팔에 있는 그 점은 확인해 봐야 하지 않을까요?"라고 Gemma는 말하였다. "그냥 조금 가려운 거지 별거 아니에요."라며 Jamie는 어깨를 으쓱하였다.

Gemma는 Jamie의 팔을 잡고 더 가까이 살펴본 후, 직설적인 표현이 필요하다고 생각하였다. "즉시 주치의에게 가셔야 해요. 아무 일이 아닐 수도 있지만, 무엇이든지 간에 확인이 필요해요. 멜라노마일 가능성도 있는데, 만약 그렇다면 조기에 치료해야 합니다."

"저는 코칭을 받으러 왔지, 의학적 조언을 들으러 온 게 아니에요."라고 말하며 미소를 지었지만 적대감을 드러냈다. "알고 있어요. 하지만 저는 당신에게 책임이 있어요. 이 일을 가볍게 넘기지 마세요. 제가 노트북으로 멜라노마 사례를 보여 드릴까요?" 그녀는 재빠르게 몇 글자를 입력하고 조용히 노트북을 Jamie에게 보여 주었다. 1년 후 Jamie는 피부암을 이겨 낸 생존자가 되었고, 자신이 살 수 있었던 것은 코치 덕분이라고 하였다.

이 세 가지 예시는 코칭 접근법이 적절하지 않았던 전형적인 경우들이다. 이러한 상황에서는 직접적인 조언이 필요하다.

고객이 조언을 요청하면 어떻게 해야 할까

대부분의 경우 효과가 없기 때문에 일반적으로 코칭에서는 조언을 피하는 것이 좋다(제2장 참조). 코칭 고객은 대개 성숙하고 성공한 사람들이다. 그들은 조언을 받는 데 익숙하며, 그것을 상황에 맞게 적용하거나 필요시 거부할 수도 있다. 그렇지만 그들도 다른 사람들과 마찬가지로 강압적이거나 부적절하게 혹은 코치가 습관적으로 조언한다면 저항하기 쉽다. 하지만 때때로 고객이 명확한 조언을 요청하는 경우도 있다.

- 코치님은 어떻게 생각하십니까?
- 코치인 당신이라면 어떻게 하실 건가요?

상황에 따라 어떻게 대응할지는 달라진다. 고객과 코치 모두 고객 스스로 답을 찾을수 있다는 것을 알고 하는 질문으로 고객에게 정중하게 이렇게 물어볼 수 있다. "저의 판단이 고객님에게 어떤 도움이 될까요?" 이는 답이 자신 안에 있다는 것보다 외부에 있다고 믿는 고객에게 생각을 도전하게 만든다. 또는 "제가 어떻게 할 것인지를 말씀드릴 수도 있지만, 고객님과 저는 매우 다른 사람이라 도움이 될지 확신할 수 없습니다. 고객님이 스스로 찾아낸 답이 고객님께 가장 잘 맞는 답일 것입니다."라며 부드럽게 웃으며 답할 수도 있다. 다른 방법으로는 "제가 답을 말씀드리겠습니다만, 먼저 고객님이 어떤 아이디어를 가지고 있는지 알아보는 것이 어떨까요?"라고 말한다. 대개의 경우 이러한 질문은 고객이 코치의 조언을 듣고 싶어 하던 관심을 잃게 만든다.

조언에 대한 지침

때로는 조언이 필요한 경우가 있다. 다음은 조언을 제공하기 전에 고려해야 하는 몇 가지 조건이다. 의문이 들 때는 이 지침 중 어떤 것이 적용될 수 있는지 스스로 점검해 보아야 한다.

〈표 10-1〉 조언을 제공하는 것에 대한 지침

	예	아니요
• 고객이 묻는 질문에 명확한 옳고 그름의 대답이 있는 경우: 법적, 의료적 또는 재정적 위치에 대한 것 등 • 위기 상황이며 빠른 조치가 필요한 경우 • 조언이 없으면 고객이 신체적, 재정적 또는 정신적 건강이 위험에 처할 경우: 이 경우 코치에게는 고객을 보호할 의무가 있다. • 다른 사람에게 신체적, 재정적 또는 도덕적 위험이 있는 경우: 이 또한 코치는 보호의 의무가 있다. • 고객이 자신의 결정을 내릴 위치에 있지 않은 경우 • 코치가 제공하는 내용이 의견이 아닌 사실인 경우 • 고객이 정보를 요청하면서 정보를 어떻게 사용할지 본인이 판단할 것이라고 명확히 한 경우: 이 주제는 너무 복잡해서 고객이 이해하려면 전문가의 도움이 필요하다. • 고객이 조언을 구하는 영역에서 당신이 전문가인 경우 • 조언으로 인해 의존성이 생길 수 있거나, 굴욕감을 줄 수 있거나, 부적절한 긍정주의를 장려하게 될 가능성이 없는 경우 • 코치의 동기에 다음 중 어떤 것도 포함되어 있지 않은 경우 -감명을 주고 자랑하려는 욕구 -통제하고 싶어 하는 욕구 -코칭 기술을 사용하기 귀찮은 경우 -고객에게 무언가 앙갚음을 하고자 하는 마음		

미묘하고 복잡한 질문을 다룰 때는 먼저 실제적인 사실에 대해 생각해 보아야 한다. 사실은 종종 겉으로 보이는 것보다 모호한 경우가 많다. 자신의 강한 감정, 필요, 걱정에 쉽게 휘말릴 수 있다.

Kirsty

Kirsty는 어릴 때 성적 학대를 받은 경험이 있는 코치이다. 가해자는 기소되어 오랜 기간 감옥에서 복역하였다. Kirsty는 여가 시간에 아동학대, 방임, 성적 학대 등을 포함한 다양한 아동 문제에 대한 상담 봉사를 하며 가해자에 대한 공개 처벌의 중요성을 주장하고 있다. 최근 유명인들이 아동과의 부적절한 성행위로 수년 후에 기소된 사건으로 세간의 이목을 집중시킨 가운데, Kirsty의 한 고객이 그런 유명 인사 중 한 명에게 성폭행을 당했으며 어떻게 해야 할지 모르겠다고 털어놓았다.

Kirsty는 자신의 즉각적인 반응이 도움이 되지 않음을 인식하고 몇 분 동안 마음을 가다듬었다. 몇 가지 근거 있는 질문을 통해 고객이 날짜, 시간, 장소 등 세부적인 사항에 대해 모호하게 이야기한다는 사실을 발견하게 되었다. 이는 고소 가능 여부에 대해 상당히 달라질 수 있는 부분이었다. Kirsty는 자신의 경험과 자원봉사 활동에 대해 간략히 설명하는 동안 차분해지면서 고소 제기 과정에서 어떤 일들이 있을 수 있는지 조언할 수 있게 되었고, 또한 고객이 결정을 내리는 데 도움을 줄 수 있는 전문 상담자를 소개할 수 있었다.

때로는 코치와 고객이 문제를 들여다보기 시작하면 처음에는 단순해 보였던 문제 안에 많은 모호함과 복잡함이 숨어 있음을 발견하게 된다. 여기에는 명백하게 옳은 해결책이 있는 **단순한** 문제와 어떤 행동 방침을 선택하더라도 큰 단점이 따르는 **복잡한** 문제가 있을 수 있다. 때때로 이러한 상황이 발생하면 코치의 강한 개인적 의견을 조언하고 싶어질 때도 있다. 다음과 같은 상황이 이에 속한다.

Liz(고객)와 John(코치)

Liz는 예산 삭감으로 인해 지방정부의 최고 책임자 직책을 잃었다. 그녀의 코치인 John은 그 충격을 극복하도록 도와주었다. Liz는 공공 부문에서 일하는 것에 강한 의지를 가지고 있었지만 대안을 고려할 준비도 되어 있었다. John과 Liz는 그녀의 이력서를 새롭게 작성하고 면접 코칭도 진행하였다. 그 결과 이전의 전문 분야와 관련된 사기업에서 일자리를 제안받았다. 이 일자리는 그녀의 상처받은 자존감을 회복시키는 데 큰 도움이 되었지만 그녀는 여전히 공공 부문에서 일하고 싶다는 마음과 다시 최고 책임자가 되고 싶다는 마음이 있었다. 그녀는 이 새로운 일자리를 원하는 것일까? 코칭 회기에서 Liz와 John은 이 직장을 수락하거나 거절하는 것의 장단점을 살펴보았다. 특히 예산 삭감이 빈번한 지방 정부에서 최고 책임자 직책을 맡는 것은 쉽지 않았다. 그러나 그녀는 여전히 그 직장을 수락할지 말지에 대해 명확한 결정을 내리지 못하였다.

다음 날 그녀는 1시간가량 통화를 하며 고민하였다. "제가 뭘 해야 할지 말해 주세요." 그녀가 간절히 부탁하였다. John은 그녀가 결정해야 하기 때문에 자신이 말해 줄 수 없다고 하며 결정의 장단점을 다시 한 번 살펴보자고 제안하였다. John은 현재 시장 상황과 그녀의 경력을 감안했을 때 사기업에서의 일자리가 최선의 선택이라고 생각했기 때문에 개인적으로는 그녀가 받아들이는 것이 최선의 방법이라고 생각하고 있었지만, 그녀는 그 직업을 거절하였다.

6개월 후에도 그녀는 정규직을 구하지 못했고, 낮은 임금을 받으며 여러 단기 프로젝트를 힘들게 수행하고 있었다. 그녀는 사기업의 일자리를 거절한 것을 크게 후회하였다.

John은 사기업의 제안을 받아들이라고 조언을 했어야 할까? 그 역시 이 문제로 고민했지만 원칙을 지킨 것이 옳았다는 결론에 도달하였다. 첫째로, Liz가 그의 조언을 들었을지 알 수 없다. 만약 Liz가 그 일을 수락했다면 공공 부문을 떠난 것에 대해 불행하고 후회했을 가능성이 높다. 코칭을 하면서 Liz와 John은 그녀가 진정으로 원하는 다른 지방정부의 일자리를 제안받을 가능성 등을 포함하여 모든 옵션을 검토하였다. 그것은 그녀의 선택이었고, 그녀의 인생이었으며, 그녀는 스스로 선택하였다.

이 경우에도 모든 훌륭한 코칭이 그러하듯 John은 고객에게 책임이 있는 것이지 코치가 고객을 대신해 책임지지는 않는다는 점을 분명히 하였다.

정보 제공

코칭 회기에서는 고객에게 도움이 될 수 있는 정보를 제공할 수 있는 많은 상황이 있다. 예를 들면, 특정 분야의 직업에 대한 유용한 데이터, 고객이 면접을 성공적으로 통과할 가능성을 높일 수 있는 특정 기술에 대한 깊은 지식, 관리와 리더십의 차이점에 대해 더 알고 싶어 하는 고객의 질문에 대한 답변, Myers-Briggs 유형 지표와 같은 심리 측정 도구의 이론적 구조 설명, 고객에게 반복적으로 그 가치가 입증된 단계 및 모델에 대한 친숙함 등이 있다.

이러한 정보를 고객에게 전달할 때는 자존감을 낮추거나, 지루하다거나, 과도한 정보 제공으로 혼란스럽게 하거나, 이미 알고 있는 내용이나 원치 않는 내용을 말하지 않도록 주의해야 한다. 특히 자신이 고객과 항상 공유하고 싶은 선호하는 이론이 있다면 조심해야 한다. 예를 들어, 좋아하는 리더십 스타일 분석이나 특정한 스트레스 해소 방법 등에 대해서 언급할 때는 더욱 조심해야 한다.

Lis Paice 교수는 자신의 책 『새로운 코치(New Coach)』(2013)에서 이러한 상황이 얼마나 쉽게 발생했는지를 유머러스하게 묘사하고 있다. Lis는 저명한 의사이자, 큰 규모의 의과 대학원을 운영한 후, 코칭을 포함한 다양한 포트폴리오 경력을 쌓기 시작하였다. 그녀는 동료가 함께 교육 과정을 꼭 듣고 싶어 하여 어쩔 수 없이 코치 교육 과정을 수강했다고 설명한다. 처음에는 자신이 이미 코칭 방법을 알고 있다고 생각했기 때문에 첫 수업이 끝난 후 '아프다는' 핑계로 듣지 않을 계획이었다. 하지만 그녀는 자신이 생각했던 것보다 훨씬 많이 모르고 있다는 사실을 깨닫게 되었고, 코칭에 매료되어 그 힘에 깊은 인상을 받았다. 그녀는 초보 코치로서 고객이 요청하지 않거나 필요하지 않더라도 자신의 경험을 전달하고 있었다. 그녀는 "코칭을 시작하기 전까지 내가 이렇게 설교하려는 성향이 있는지 전혀 몰랐다."라고 하며 자신의 코칭을 회상한다. 일례로 그녀는 의학 교육 전문가로서 열정적으로 고객에게 전문 시험을 통과하는 데 유용한 팁을 제공했으며, 고객의 동의도 없이 이것을 코칭 목표라고 가정하였다.

저는 이 일에 많은 에너지와 개인적인 경험을 쏟아 붓고 있다는 것을 의식하고 있었지만, 고객도 저와 같은 생각인 줄 알았습니다. 우리가 할 수 있는 만큼 최선을 다했다고 느낀 후, 저는 그녀에게 시험을 단번에 끝낼 수 있는 학습 계획을 세우는 과제를 주었습니다.

고객은 다음 회기 코칭에 행복하고 흥분된 상태로 나타났다. Lis는 고객이 자신의 꿈이었던 작가로서 드디어 연극을 무대에 올렸다는 사실을 알게 되었다. 그러나 이전 코칭에서는 이러한 꿈이 있다는 사실을 알지 못했으며, 이는 자신이 전문가로서 확신을 가지고 있는 주제에 대해 조언을 주고 싶어 했기 때문이라는 것을 알게 되었다. 고객은 시험에 대한 걱정을 무시하고 결국 시험을 보지 않았다.

코칭에서 정보 제공을 위한 프로토콜

이 간단한 프로토콜에는 각 단계마다 확인 절차가 포함되어 있으며, 흔히 발생할 수 있는 문제들을 해결하는 방법을 안내할 것이다.

1단계: 허락 구하기

이것은 간단하고 어쩌면 당연한 형식처럼 보일 수 있지만 많은 차이를 만들어 낸다. 예의 있게 접근하는 방식이며 고객이 거절할 수 있는 가능성을 열어 주는 것이다.

저에게는 도움이 될 만한 몇 가지 아이디어가 있어요. 제가 설명해도 될까요?

고객에게 허락을 구하고, 고객이 코치의 말을 듣는 것을 거절할 기회를 제공함으로써 고객과 협력적인 관계를 유지할 수 있다. 또한 코치의 전문성을 알리는 것이 도움이 될 수 있다.

저는 이 문제에 대해 여러 해 동안 고객들과 만나 왔고, 이 문제를 가진 고객들이 알아두면 도움이 된다고 느낀 몇 가지가 있습니다. 공유해도 괜찮으실까요?

2단계: 고객이 이미 알고 있는 것을 묻기

나의 고객 중 한 명은 세계적으로 유명한 영양학과 식이요법 분야의 권위자로, 은퇴를 준비하면서 시간제로 일하고 있었다. 그는 자신의 전문성을 자랑처럼 드러내지 않았다. 갑작스러운 골절 후에 골밀도검사를 받았고, 자신이 골다공증의 전 단계인 골감소증을 앓고 있다는 것을 알 수 있었다. 진단을 위해 평범한 옷을 입고 그는 상급 병원 의사와의 첫 상담을 가졌다. 묻지도 않았는데 의사는 그에게 식이요법과 골다공증에 대한 설명을 강의하듯 안내하였다. 진료를 받고 난 후, 그는 이렇게 말하였다. "제가 의사보다 이 주제에 대해 더 많이 알고 있었고, 그녀의 조언은 평범하고 약간 시대에 맞지 않았지만 중단을 요청하거나 바로잡고 싶지 않았습니다."

대부분의 고객은 주제에 대해 어느 정도는 알고 있다. 이것을 확인할 수 있는 여기 몇 가지 유용한 표현이 있다.

- 이미 이 주제에 대해 많이 알고 계실 거라고 여깁니다. 어떠신가요?
- 이미 알고 있는 내용을 이야기하는 것은 의미 없을 것 같습니다. 이 주제에 대한 고객님의 가정, 지식, 경험에 대해 간단히 설명해 주시겠어요?
- 인터넷으로 많은 정보를 알아보셨을 텐데, 현재 이 주제에 대해 어떻게 생각하시나요?
- 어떤 부분에 대해 더 알고 싶으신가요?

3단계: 고객이 정보를 어떻게 얻고 싶어 하는지 묻기

어떤 사람들은 처음부터 끝까지 단계별로 설명해 주기를 원한다. 또 어떤 사람들은 주요 내용을 먼저 듣는 것을 선호한다. 어떤 사람들은 주요 내용만 원하고 세부 사항은 지루해한다. 반면에 어떤 사람들은 세부 사항에 집중하는 것을 좋아한다. 고객이 어떤 방식을 선호하는지 확인해야 한다.

4단계: Drawing out and then Adding 접근법(고객에게 맞추어 추가하기)

코치들은 전문적으로 말하는 직업을 가졌던 경험이 있는 경우가 종종 있다. 예를 들어, 경영 트레이너, 컨설턴트 혹은 강사 등이다. 이런 직업일 경우 사람들 앞에서 주목받는 것을 즐기고, 유창하게 설명할 때 느끼는 성취감을 잘 알고 있을 것이다. 한 번 말을 시작하면 멈추기가 어렵다. 이는 고객과의 대화에서도 같은 방식으로 나타날 수 있다. 고객에게 말할 기회를 주지 않고 형식적인 응답만을 강요하게 되는 상황을 만들 수 있다.

코치: (몇 분 동안 끊임없이 말하고 있음) 지금까지 제가 한 이야기가 이해되셨을까요?

고객: 네. (이렇게 대답할 것을 코치가 미리 예상함)

코치: (다시 몇 분 동안 끊임없이 말을 이어 감)

고객: (말없이 끄덕임) (귀담아 듣지 않고 생각 없이 있을 가능성이 높고, 휴대폰을 확인하고 싶어지며, 빨리 코칭이 끝났으면 하고 바라게 됨)

이런 대화 방식 대신 앞에서 설명한 것처럼 고객에게 그들이 이미 알고 있는 것이 무엇인지 물어보고, 그중에서 어떤 부분을 더 자세히 듣고 싶은지 확인한다. 확인한 사항을 바탕으로 고객에게 적합하게 해당 부분에 대해 설명하고 고객이 질문이나 의견을 말할 수 있도록 잠시 멈춘다. 이후에 고객이 추가적으로 궁금해하는 부분에 초점을 맞춰 대화를 이어 간다.

다음은 이 접근법이 얼마나 효과적일 수 있는지에 대한 예이다.

Joanne(고객)과 Morgan(코치)

Joanne은 기술 전문가로서 최근 고위 관리직으로 전환하였다. 많은 사람이 이 위치에서 겪는 것처럼 그녀도 팀원들에게 일을 맡기지 못하고 많은 일을 직접 처리하면서 고위 관리직으로서 생각하고 계획할 시간을 갖지 못하고 있었다. 코치인 Morgan은 지금까지의 상황을 파악하는 데 큰 흥미를 느꼈고, 문제의 핵심이 Joanne의 업무 위임 능력 부족임을 깨달았다.

Morgan은 'Drawing out and then Adding' 접근법[1]을 사용하여 Joanne이 업무 위임의 일반적인 원칙을 알고 있으며 그녀에게 보고하는 유능한 사람들이 있다는 것을 확인한다.

"그렇다면 부하 직원 중 한 명이 문제를 가지고 당신에게 올 때는 어떻게 하나요?"라고 질문한다.

Joanne은 팀원이 그녀를 칭찬하며 "Joanne, 당신은 전문가니까 이 문제의 답을 알고 있겠지만, 저는 모르겠어요."라고 말한 상황을 묘사한다. Joanne은 문제에 대한 팀원의 아이디어를 묻는 대신 "저한테 맡기세요."라는 말로 대답을 하곤 한다. 결과적으로 그녀는 실질적인 팀원의 역할을 수행하게 되고 의사결정은 지연된다. 이제는 Joanne이 팀원에게 진행 상황을 보고해야 하는 상황이 되어 버린다.

Morgan은 말한다. "Joanne, 이건 매우 익숙한 문제네요." 그는 그녀가 한 말을 요약하며 말을 마친다. "이와 관련된 유명한 『하버드 비즈니스 리뷰』 기사가 있어요. 「시간 경영: 누가 원숭이를 가지고 있나?(Management Time: Who's Got the Monkey?)」[2]라는 제목이죠. 매우 재미있고 유용한 내용이에요. 알고 있나요?"

Comment: 지금까지 Joanne은 자신이 이미 알고 있고, 실천하고 있는 것을 설명했고, Morgan은 그녀의 이야기를 집중해서 들었다. 그는 그녀가 그 기사를 이미 읽었는지 확인한다. 그녀가 읽지 않았고 관심이 있다면 그는 그것을 설명할 것이다.

---

1) 역자주: 먼저 고객의 정보를 확인하고, 새로운 정보를 추가해서 고객의 성장을 도모하는 접근법

2) 1999년 11월/12월호 『하버드 비즈니스 리뷰』에 재게재됨. 저자는 William Oncken과 Donald Wass이다.

그녀는 읽어 본 적 없다고 대답하였다. Morgan은 이제 기사의 첫 부분을 아주 간단히 요약한 다음 멈추고 말한다. “이 장면이 얼마나 익숙한가요?”

Joanne은 웃고 있는 동시에 불편해하며 말한다. “그거예요! 그들이 저한테 원숭이를 가져다줘요(‘원숭이’는 어떤 프로젝트에서 다음 단계나 과제를 뜻하는 은유임). 그러고 나서 그 원숭이를 제게 맡기죠. 제가 아무것도 할 수 없는 것도 당연하죠. 제 사무실은 다른 사람들의 원숭이들로 가득 차 있거든요!”

Morgan은 말한다. “그럼 원숭이를 가지고 있는 대신에 어떻게 할지 설명해 드릴까요?”

Joanne은 여전히 웃으며 고개를 끄덕이고, Morgan은 짧은 설명을 덧붙이며 마무리한다. “이게 저자들의 조언인데, 당신은 어떻게 생각하나요?”

Comment: 이 대화는 고객의 이해도를 단계별로 신중하게 평가하며 상호 협의를 통해 진행되었다. 고객이 얼마나 알고 있는지, 다음으로 무엇을 알면 도움이 될지, 그리고 그녀가 들은 아이디어에 어떻게 반응하는지도 세심하게 살폈다. 이는 단순한 강의보다는 대화의 춤처럼 느껴진다. Morgan은 코칭 후에 Joanne에게 관련 기사 링크를 이메일로 보내며 같은 주제와 관련된 기사들도 함께 전송할 것이다. 그리고 다음 코칭에서 “보내드린 기사들을 읽어 보니 어떤 생각이 드시나요?”와“그 아이디어들을 본인의 일에 어떻게 적용할 수 있나요?”라고 물으며 그 주제를 다시 다룰 것이다. 이러한 접근 방식은 Joanne이 느낄 수 있는 저항감을 해소할 것이다. Joanne은 무시당하지 않았으며, 자신의 결론을 스스로 내릴 수 있는 수평적인 관계로 대우받았다. 동시에 Morgan은 그녀에게 문제 해결에 큰 도움이 될 수 있는 아이디어를 소개하는 자신의 의무를 충실히 이행하였다.

5단계: 고객의 의견 차이와 자율성 인정하기

이론과 모델은 단순한 아이디어일 뿐이다. 그러나 누구나 자신이 좋아하는 이론에 집착할 수 있으며, 그렇게 될 경우 그 이론이 절대진리인 것처럼 여길 위험성도 있다. 즉, 반대되는 증거나 다른 이론은 무시하고 우리가 사실이라고 말하기 때문에 사실인 것으로 간주한다.

이러한 위험을 방지하기 위해 고객이 자신의 생각을 자유롭게 말할 수 있도록 하고, 대화 중에 고객이 충분히 응답할 수 있는 공간을 만들어야 한다.

- 제가 이 아이디어/매트릭스/책/심리검사를 흥미롭고 유용하다고 생각하는 이유가 여기에 있습니다. 당신은 어떻게 느끼시나요?
- 이것은 단지 하나의 모델입니다. 당신은 이 모델에서 어떤 부분이 미흡하다고 보시나요?
- 이 내용이 당신에게 얼마나 설득력 있게 다가오나요?

특히 리더십처럼 수많은 이론이 있는 주제에 대한 글의 링크를 보낼 때는 반드시 여러 개의 링크를 보내는 것을 원칙으로 한다.

6단계: 다른 고객의 해결 예시를 여러 개 제공하기

이야기는 인간의 뇌에 매우 강력한 영향을 미친다. 우리는 이야기 형식을 좋아하고, 단순한 사실을 듣는 것보다 훨씬 더 설득력 있게 다가온다. 고객들은 자신의 행동을 어떻게 바꿔야 할지 어려움을 겪을 수 있다. 예를 들어, 분노 조절 방법, 상사와의 관계 관리 방법, 생활에 재미와 여가를 충분히 포함시키는 방법 등이다. 다른 고객들이 같은 문제를 성공적으로 해결한 여러 간단한 예시를 제공하는 방법도 있다. 물론, 다른 고객들의 개인정보는 철저히 보호되어야 한다. 이를 통해 공통된 문제에 대한 다양한 해결 방법이 존재한다는 것을 알 수 있으며, 특정한 방법만이 유일한 해결책이 아님을 보여 줄 수 있다.

Paula

Paula는 당뇨병 전단계 진단을 받은 환자들을 지도하는 전문 간호사이다. 그녀는 환자들이 생활 습관 변화로 큰 차이를 만들 수 있다는 것을 이해하는 것이 얼마나 중요한지 잘 알고 있으며, 쇼핑, 요리, 식사, 운동 등의 습관을 바꾸는 것이 얼마나 어려운지도 잘 알고 있다. 그녀는 이렇게 말한다.

> 제가 다른 환자분들 이야기를 해 드리겠습니다. 한 분은 67세의 남성으로, 혈당 수치가 높았지만 만보계를 구입해서 운동으로 혈당 수치를 개선할 수 있었습니다. 몇 주 동안 꾸준히 걸음 목표를 늘려 지금은 하루에 만 보를 쉽게 걸을 수 있습니다. 또 다른 환자는 50대 여성으로, 체중 감량에 집중하고 있습니다. 그녀는 탄수화물을 엄격히 줄이는 것을 우선시하고 있었습니다. 예를 들어, 케이크나 과자 구입을 중단하여 유혹을 줄이는 방식으로 체중을 줄이고 있습니다. 그리고 훨씬 젊은 고객도 있는데, 그는 혈당 모니터링 과정을 철저히 따르고 있으며, 음식 종류와 운동 종류에 따라 어떤 차이가 나는지 스스로 알아내어 매우 좋은 성과를 거두고 있습니다. 하지만 그것은 그들의 이야기입니다. 모두 각기 다릅니다. 당신에게는 어떤 방법이 효과적일 것 같습니까?

Paula는 이렇게 말을 정리하였다. "저는 경험을 통해 습관들을 바꾸는 데는 여러 가지 방법이 있다는 것을 알고 있습니다. 환자들에게 실제로 혈당 수치를 개선하거나 안정화한 사람들의 실제 사례를 제시함으로써 그 방법들이 자신에게 맞는 방법이 아닐지라도 무언가 영감을 얻는 경우가 있습니다. 그게 바로 핵심입니다. 이러한 이야기 방식은 사람들이 종종 기운이 없고 걱정이 많은 시기에 긍정적인 마음을 가질 수 있도록 희망을 줍니다."

의견 차이 관리하기

대부분의 코칭 대화는 우호적이고 예의 바르게 진행된다. 유머러스하거나 진지한 순간이 있을 수 있지만, 분명한 의견 차이는 드물고 직설적인 논쟁은 더욱 드물다. 하지만 코칭이 다양한 전문 분야로 확장됨에 따라 고객이 코치의 전문성을 믿고 선택하는 경우가 점점 더 많아지고 있으며, 이로 인해 컨설팅과 코칭의 경계가 모호해질 수도 있다(p. 48 참조). 이런 상황에서는 코치와 고객 간의 큰 의견 차이가 발생할 수 있다. 가장 흔한 상황은 코치가 고객의 중요한 신념에 문제를 제기할 때 발생한다. 이는 고객의 신념이 건강, 재정, 경력 등 고객의 중요한 문제와 관련이 있어 코치로서 이 불편한 주제를 제기해야 한다고 생각하기 때문이다. 나는 수백 명의 의사를 코치로 훈련시켜 왔고, 이들은 다른 임상의나 환자들을 코칭하게 될 것이다.

> 저는 종양학 의사로서 자주 화학요법을 두려워하고 다양한 비과학적 치료법이 더 나은 선택이라고 믿는 환자들을 만납니다. 이들의 치료법을 뒷받침할 과학적 근거는 전혀 찾을 수 없습니다. 하지만 이런 사실을 고객에게 전달할 때 어떻게 하면 무례하거나 무시하는 것처럼 들리지 않게, 그리고 희망을 꺾지 않으면서 전달할 수 있을까요?

이것은 쉽게 실수할 수 있는 부분이다. 몇 년 전, 고위직 투자은행가인 한 고객에게 이런 실수를 하였다. 그녀는 현재 자신의 역할에 매우 불만을 느끼고 있었고, 소수의 고위직 여성으로서 주목받는 것에 대한 부담을 느끼며 나에게 코칭을 요청하였다. 마지막 코칭에서 그녀는 다른 조직의 면접을 준비하고 있었고, 면접에서 무엇을 입어야 할지 나에게 조언을 구하였다. 그 당시 나는 색상과 스타일링에 대한 교육을 받은 상태였고, 사람들을 네 가지 카테고리(퍼스널컬러)로 분류하는 간단하고 매력적인 이론을 배웠다. 이 이론은 우리의 눈, 피부, 머리카락에 맞는 색상 팔레트를 선택하면 건강해 보이며 기분이 좋아지고 쇼핑하기도 쉽다는 것이다. 우리는 이 주제에 대해 코칭 시간을 할애하기로 합의하였다. 나는 그녀가 항상 엄격한 검은색 정장과 검은색 스웨터만 입는다는 것을 이미 알아차렸다. 개인적으로는 그녀의 창백한 피부, 옅은 눈동자, 밝은 갈색 머리와 어울리지 않아 그녀를 아파 보이게 하고, 장의사처럼 보이게 한다고 생각하였다. 그래서 은연중에 나의 의도를 고객에게 내비치며 다른 색상을 추천하였다. 코칭이 끝난 후, 그녀는 정중하게 감사 인사를 전한 뒤 말하였다. "이 새로운 색깔들은 모두 저에게는 거부감이 들어요. 감사합니다만, 저는 이 색깔의 옷은 앞으로도 입지 않을 것 같아요."

1년 후에 행사장에서 우연히 그녀를 만났다. 그녀는 친절하고 상냥했으며, 나의 도움으로 새로운 직장에서 일하고 있다며 감사를 표하였다. 하지만 우리 둘 다 그녀가 여전히 검은색 옷만 입고 있다는 사실은 언급하지 않았다. 지금 돌이켜보면 제안한 색상들에 대해 별로 흥미를 보이지 않았다는 것을 알아차리지 못한 것 같다. 색상 진단 분석 방법은 코치의 능력과 경험에 따라 달라질 수 있다. 그리고 내가 그 분야에 경험이 부족해서 진단이 틀렸을 수도 있다.

의견 차이를 제시하는 방법

뛰어난 협상가와 중재자들의 경험에서 많은 것을 배울 수 있다. 이들의 공통된 행동 중 하나는 말하는 것보다 더 많이 듣는다는 점이다. 그들은 자신이 좋아하지 않거나 사실과 다른 의견을 들었을 때, 많은 사람이 하는 것처럼 감정적인 반응을 드러내며 상대방을 비난하지 않는다. 대신, 상대방이 예상하는 것에 반하는 행동을 한다. 그들은 상대방에게 더 이야기를 해 달라고 요청한다. 그렇게 함으로써 상대방의 생각을 더 잘 이해할 수 있을 뿐만 아니라 신뢰 관계를 유지할 수 있다.

Gary는 퇴직 예정자들에 대한 코칭을 전문으로 한다. 그는 또한 금융 자문가로서의 자격을 갖추고 있다. 그의 고객 Nigel은 56세의 독신 남성으로, 직장을 떠나 퇴직금을 받게 되었다. Nigel은 이 돈을 현금화된 연금과 함께 무이자 보통예금 계좌에 넣어 두겠다고 말한다.

Gary는 이것이 현명하지 않다는 것을 알고 있지만 직접적으로 말하기보다는 중립적으로 이렇게 말한다. "Nigel, 어떻게 그런 결정을 하게 되었나요?" Nigel은 주식 시장은 믿을 수 없고, 예금 계좌에서 직접 돈을 볼 수 있는 것이 좋다고 말하였다.

Gary는 좀 더 깊은 질문으로 그 돈을 어떻게 쓸 계획인지 물어본다. Nigel은 부모님 두 분 다 50대에 돌아가셨고 자신도 60세를 넘기지 못할 거라고 생각하며, 어차피 곧 알 수 없는 재앙이 지구상의 인간 생명을 끝낼 것이라고 믿고 있다고 털어놓으며 "그러니 저축할 필요가 뭐가 있겠어요?"라고 말한다.

다른 많은 기업 코칭의 고객과 달리, Leila의 임원 고객들은 직장 내에서 문제를 일으키는 사람들이다. 그녀의 고객 대부분은 직장 내 괴롭힘으로 문제가 됐던 남성들이다. Leila는 이들이 직장에서 사람의 행동 양식에 대해 어떤 생각을 가지고 있는지 신속하게 탐색한다. 거의 대부분 이러한 고객들의 경우 직원들이 감독 없이는 일하지 않고, 위협에만 순종하며, 오직 돈으로만 동기부여가 된다고 믿고 있다. Leila는 고객이 겪은 일을 이야기하는 것을 주의 깊게 듣는다. 종종 이 이야기들은 자신이 가해자가 아니라 피해자라고 느끼는 감정을 포함하고 있기 때문이다. 그녀는 다른 어떤 것을 하기 전에 먼저 이들의 견해를 능숙하게 요약한다.

두 코치 모두 단순히 고객의 행동에 대해 피드백하는 것을 넘어서서 고객에게 어떤 의미가 있는지 탐색하였다. Gary는 Nigel과 같은 고객들이 비합리적인 두려움에 사로잡혀 있으며, 타당하지 않은 걱정(예: 소행성 충돌, 갑작스러운 죽음)과 현실적인 걱정(예: 주식시장 붕괴)의 차이를 구분하지 못하고 있음을 이해한다. 비합리적인 두려움이 무엇인지 알기 전에는 그 두려움에 대처할 수 없다. Leila의 고객들은 대부분 자신이 위험하다고 생각하는 상황을 피하기 위해서 행동한다. 그들의 세계관은 종종 비관적이며, 옳고 그름에 대한 이분법적인 견해를 가지고 있고, 통제가 안 되는 자신의 충동이 두려워 다른 사람들에게 투영한다. 나의 투자은행 고객의 경우, 그녀가 검은색 옷을 입는 것이 성차별적인 발언을 피하고 남성적인 세계에서 몇 안 되는 고위직의 여성으로 눈에 띄지 않기 위한 보호막이라는 것을 이해하지 못했을 수도 있다.

서로의 의견이 공통된다는 것을 알리는 것은 강력한 효과를 발휘할 수 있다. 그래서 Gary는 Nigel에게 주식시장은 세계에서 가장 예측 불가능한 시스템 중 하나이며, 누구도 완전히 확신을 가지고 미래를 예측할 수 없으므로 투자를 할 때는 항상 위험이 따른다는 것에 동의한다. Leila는 고객들에게 일부 사람들이 실제로 돈을 목적으로 기계적인 방식으로 일터에 오며 상사에 대한 헌신이 없다는 것에 동의한다. 그녀는 리더가 되는 것은 스트레스를 받는 일이며, 종종 비판을 받을 수도 있는 결정을 내려야 한다는 공통된 의견을 공유한다.

그다음 단계는 상대방의 의견과 다른 의견을 제시하기 위해 허락을 구하는 것이다.

- 제가 당신이 말한 것을 주의 깊게 들었습니다. 다른 견해가 있는데 제시해도 괜찮을까요?
- 당신이 말한 많은 부분에 동의하지 않는다는 사실이 놀랍게 들릴 수도 있겠지만, 왜 그렇게 생각하는지, 그리고 어떻게 다른 견해를 가지게 되었는지 설명해 드리고 싶습니다. 괜찮으신가요?

고객 중 아무도 코치가 말하지 못하게 할 리가 없다. 코치는 고객에게 충분히 말할 수 있도록 하였고, 이제 고객도 같은 권한을 줄 것이다. 이것은 단순한 형식에 그치지 않는다. 우리가 공격받는 느낌을 받았을 때 자동으로 발생하는 저항을 해체한다.

Gary는 먼저 Nigel의 부모님이 어떻게 돌아가셨는지 알아본다. Nigel의 아버지는 수영사고로 돌아가셨고 어머니는 희귀암으로 돌아가셨다. Gary가 그 암이 유전적 요소를 가지고 있는지 물어보자, Nigel은 그렇지 않다고 대답한다. 또한 Gary가 지구 종말 같은 재앙이 일어날 가능성에 대해 현실적으로 얼마나 가능한지 묻자, Nigel은 그 가능성이 매우 낮다는 것을 알고 있다고 답한다. Gary는 Nigel에게 인플레이션을 반영하지 않는 현재 계좌에 돈을 넣는 것 외에 다른 대안을 보여 줘도 될지 허락을 구하자, Nigel은 기꺼이 동의한다. 많은 고객이 재무 데이터를 이해하기 어려워하기 때문에 Gary는 고객의 이해를 돕기 위해 화려한 별, 말풍선, 다이아몬드 포스트잇과 마커 펜을 사용해 여러 선택지에 대한 각각의 위험성과 보상에 대해 무엇을 의미하는지 설명한다.

Leila는 고객들의 태도와 신념을 바꾸는 것이 어렵다는 것을 경험을 통해 받아들였다. 대신에 그녀는 고객의 직업이 위태로운 상황에서 몇 가지 실용적인 대안을 제시한다. 그녀는 권위적인 리더십이 단기적인 순응을 얻을 수 있지만, 그 대가가 크다는 것을 보여 주는 여러 연구 프로젝트를 간략하게 안내한다. 그리고 고객들에게 그녀가 제안한 링크를 바탕으로 인터넷 조사를 해 보고, 다음 코칭 때 그들의 생각을 가져오도록 요청한다.

어떤 전략을 채택하든 고객이 동의하지 않을 권리를 강조하면 좋은 결과를 얻을 수 있다. 의심과 불확실성을 표현하는 것도 현명한 방법이다. 리더십 행동에 관해서는 실제로 일치된 의견이 없으며, 형성된 시기에 따라 의견이 달라졌다. 조직 행동에 대해서도 x 행동이 항상 y 결과로 이어진다고 확신할 수 있는 명확한 공식은 거의 없다. 인간의 행동은 그만큼 변수가 많기 때문이다. 이러한 점을 인정하는 것이 현명하다.

- 이 중 많은 부분이 모호하고, 사람마다 반응하는 방식이 다릅니다.
- 결국 무엇을 하기로 결정하든 그 결정을 가지고 살아가는 것은 당신입니다. 저는 당신이 결정을 내릴 수 있도록 몇 가지 아이디어를 제공할 수 있을 뿐입니다.
- 무엇이 당신에게 가장 좋은지 아는 사람은 바로 당신이지만, 저의 역할은 당신에게 도전 과제를 주고 다른 생각을 고려할 수 있게 돕는 것입니다.

코치는 관련된 사항에 따라서 제공하는 정보를 고객이 무시할 경우 어떤 종류의 위험에 처할 수 있다고 강하게 느낄 수 있다. 코치가 자신의 반응 강도를 알아차리면 자신의 아이디어에 지나치게 집착하여 그 결과 거부당할 가능성이 있다는 것을 알 수 있다. 대신에 코치의 우려를 표현하는 것은 합당하며, 동시에 고객이 동의하지 않을 권리를 계속해서 존중하는 것이 중요하다.

- 제가 정말로 당신을 돕고 싶고, 우리가 논의한 몇 가지 행동을 바꾸지 않으면 당신의 경력에 오점이 될까 봐 걱정됩니다. 하지만 결국 결정은 당신에게 달려 있습니다.
- 물론 선택은 당신의 몫이지만, 제 걱정은 1년쯤 후에 어려운 상황에 처할 수 있다는 것입니다. 저는 그런 일이 당신에게 일어나지 않았으면 좋겠습니다.

고객은 코칭과 함께 또는 연속적으로 다양한 종류의 전문가 도움과 조언을 받을 수 있다.

Lynne

Lynne은 최근 고위직으로 새롭게 임명되었다. 코칭 목표는 그녀의 새로운 역할에서 첫 100일 동안의 계획을 세우는 것이었지만, 그녀가 조직에서 '자신감 결여'라는 문제도 가지고 있다는 것이 드러났다. Lynne의 자신감 문제는 유명한 학교에서 저소득층 학생으로 무료교육을 받은 학생 중 하나로서 사회적 불이익을 느꼈던 어린 시절에서 비롯되었다. 그녀는 말을 웅얼거리거나 삼키고, 빠르게 내뱉는 습관이 있어 말을 빨리 끝내려는 듯 보였다. 나는 Lynne과 함께 첫 100일 전략을 효과적으로 세울 수 있었지만, 발음 문제에 대해서는 전문 코치에게 그녀를 추천하였다. 나의 동료는 배우이자 음성 전문가였는데, Lynne이 심리적 문제 외에도 혀와 호흡 조절과 관련된 신체적 문제를 포함한 복잡한 문제를 가지고 있음을 알게 되었다. 동료는 일련의 운동을 처방했고, 이를 철저히 실행한 결과 Lynne은 회의나 발표에서 상당한 개선을 이룰 수 있었다.

다른 종류의 전문가 도움으로는 고객의 결혼이나 파트너십에 문제가 있다고 판단될 때 부부 상담자 또는 관계 전문가를 추천하거나, 건강과 체중 감량 전문가, 은퇴를 앞둔 사람들을 위한 개인 재무 고문을 포함할 수 있다(심리치료가 필요한 경우는 p. 340 참조).

코칭 스타일로 고객에게 정보를 제공할 때는 대화의 흐름 속에서 경청을 우선해야 한다. 정보를 제공하는 것에 대한 그 시점과 방법을 이해하는 것은 대화를 더 원활하게 만들어 줄 수 있다. 겉보기에는 사소해 보이는 행동들이 큰 변화를 만들 수 있다. 정보를 제공하기 전에 허락을 구하는 것, 고객이 이미 알고 있는 것을 확인하는 것, 고객의 반응을 위해 잠시 멈추는 것, 동의하지 않는 부분에 대한 공유를 위해 허락을 구하는 것 등은 고객과 코치 모두에게 긍정적인 영향을 줄 수 있다.

제11장

눈물, 트라우마, 그리고 치료

고객이 격한 감정에 휩싸여 견디기 힘들어할 때 코치는 어떻게 해야 할까? 고객의 트라우마 치료를 위해 전문가의 도움이 필요한지, 정신적 치료가 필요한지 어떻게 알 수 있을까? 고객이 스스로 삶을 포기하려는 것처럼 보일 때는 어떻게 해야 할까? 이런 문제들은 종종 코칭에서도 만나게 되며, 이 장에서는 이러한 경우 어떻게 해야 하는지에 대해 살펴보기로 한다.

눈물

우리는 웃다가도 눈물을 흘릴 수 있고 슬픔에 빠져 울기도 한다. 기쁨에 차서 웃을 수도 있고 화가 나서 웃을 수도 있다. 울음은 인간이 느끼는 감정의 스펙트럼 중 작은 부분에 불과하며, 코칭에서는 사람의 전체적인 삶을 대하고 있기 때문에 종종 눈물을 만나게 될 수밖에 없다.

낯선 사람이 당신 앞에서 깊은 감정을 드러내는 것은 흔치 않은 일이기에 때때로 코치들은 고객이 울 때 당황하곤 한다. 또한 어른들은 어린아이처럼 우는 모습을 보이면 안 된다고 생각하거나, 자신이 통제 불능이거나 무능해서 우는 것같이 보일 수 있다고 생각한다. 운다는 것은 취약함을 드러내는 것이기도 하므로 일부 고객은 수치심을 느낄 수도 있다.

그러나 나의 경험에 따르면 울고 있는 고객에 대해 가장 걱정하는 사람은 코치일 가능성이 높다. 그 이유는 일상생활에서 걱정 없이 살아가는 것으로 보이던 사람이 무너지는 모습을 보고 당황스러워하거나, 고객이 눈물로 자신의 취약함을 드러낸 것을 후회할까 봐 염려하기 때문일 수 있다. 우리가 진정으로 다른 사람과 공감하고 있을 때 감정은 전염된다. 이러한 이유로 일부 코치들은 코치가 함께 울게 될 것에 대한 염려를 표현하기도 한다.

코치의 미숙한 코칭으로 고객이 눈물을 흘린 것은 아닌지 걱정할 수도 있다. '내가 고객을 울게 만들었다'는 표현은 코치의 책임이라는 의미를 내포한다. 하지만 울음은 고객이 코칭 중에 선택하는 다양한 표현 중 하나이다. 코치는 고객을 웃게 만들거나, 지루하게 만들거나, 울게 만들거나, 다른 감정을 느끼게 만들 수 없다. 고객은 무의식적으로라도 자신이 느낄 감정을 선택한다. 종종 코치가 자신의 고객이 그 감정에 대처할 수 있을지에 대해 걱정하는 것은 '내가 우는 고객을 대처할 수 있을까'라는 코치 자신의 걱정일 뿐이다.

눈물을 흘리는 고객을 마주한 코치에게 가장 큰 실수는 고객의 눈물을 멈추게 하는 것이 코치의 역할이라고 생각하는 것이다. 코치는 고객이 자신의 눈물이 적절하지 않다고 느낄 만한 어떤 행동도 피해야 한다. 그런 행동들이 고객에게 어떤 영향을 미칠지 자문해 보아야 한다. 고객은 눈물을 통해 자신에 대해 더 많이 이해할 수 있는 특별한 기회를 갖는다. '시간이 약입니다.' '울면 속이 시원해질 겁니다.' '유감입니다.' 등의 진부한 말은 어떠한 도움도 되지 않는다. 두 번째 함정은 고객과 함께 무력하게 눈물을 흘리는 것이다. 이것은 코치가 코칭을 효과적으로 진행할 수 없게 된다는 것을 의미한다. 애정 어린 따뜻한 공감은 필요하지만 동정심은 필요하지 않다.

가장 적절한 반응은 코치의 그 순간의 직관에 따라 달라진다.

- 지금 감정적으로 많이 힘드신 걸로 느껴지는데 계속해도 괜찮으실까요?
- 울어도 됩니다. 이곳은 울 수 있는 곳입니다.
- 울음이 필요하다면, 충분히 우셔도 됩니다.
- 그런 힘든 경험을 하셨으니 감정이 올라오는 것은 당연합니다.

- 그러한 큰 감정이 있으니 눈물이 날 수밖에 없습니다.
- 침묵: 때로는 아무 말도 하지 않고 조용히 세심하게 기다리거나, 휴지를 건네는 것만으로도 공감과 수용을 전달할 수 있다.

눈물을 참기 원하는 고객들은 이 시점에서 멈출 것이다. 그렇지 않은 고객들은 눈물을 쏟아 내며 "바로 이것이 내가 앞으로 나아가기 위해 꼭 필요했던 일이었다."라고 회고할 것이다.

Marie

Marie는 자신이 최고 경영자로 일했던 병원에서 큰 사건으로 인해 일자리를 잃었다. 이후 조사를 통해 그녀는 무혐의로 판명되었고, 코칭에서는 이력서 작성 방법, 면접 준비, 네트워크 형성 방법, 새로운 직장 적응 등을 다루었지만 첫 회기 코칭에서 그녀는 자신의 이야기를 하면서 계속해서 분노에 찬 뜨거운 눈물을 흘렸다. 그 코칭에서 여러 번 계속 진행할지 여부를 물었지만 그녀의 대답은 항상 '예'였다. 이후 그녀는 다음과 같이 회상하였다.

> 제가 울 수 있도록 배려해 준 것은 가장 놀라운 치유 방법이었습니다. 저는 그 방에서 다른 어디에서도 할 수 없는 방식으로 감정을 쏟아 냈습니다. 제가 가정의 생계를 책임지고 있기 때문에 남편에게도 얼마나 힘든지를 보여 줄 수 없었습니다. 저는 앞으로 나아가기 위해 그렇게 울어야만 한다는 것을 알고 있었지만 그러지 못했습니다. 저를 울 수 있도록 해 주신 것은 어떤 말보다도 제가 느끼는 감정이 정당하다는 것을 전달해 주었습니다. 코치님은 제가 괜찮다고 느끼게 해 주었고, 이 상황을 극복할 수 있을 것이라는 확신을 주셨습니다.

고객과 함께 그 순간을 충분히 가질 수 있도록 하는 것은 좋은 생각이다. 그 순간에 코치가 보일 수 있는 가장 좋은 반응은 "얼마든지 시간을 가져도 좋습니다. 준비될 때까지 기다리겠습니다."이다.

눈물이 코칭에 방해가 된다는 생각으로 코치와 고객 모두 아무 일도 없었다는 듯 가능한 한 빨리 눈물을 닦는 것은 적절하지 않다. 숙련된 코치는 눈물이 코칭에서 아주 중요한 정보이며 깊은 가치와 욕구를 드러내게 한다는 것을 인식하고 있다. 눈물은 코치나 고객 모두 예상하지 못한 순간에 불쑥 튀어나오는 경우가 많다. 다음은 이런 상황에서 사용할 수 있는 질문이다. "무엇이 눈물을 흘리게 하나요?"

이러한 질문에 대한 답변 중 일부는 다음과 같다.

- 사랑하던 할머니가 생각나서 눈물이 나요. 할머니는 제가 어렸을 때 조건 없이 사랑을 주신 유일한 분이셨고 지금도 할머니가 너무 보고 싶어요.
- 분노와 불공평함 때문에 눈물이 나요! 부모님은 제가 열여덟 살에 집을 떠나 독립해야 한다고 단호하게 말씀하셨어요. 그러면서 주신 생일 선물은 형편없는 저가의 여행 가방이었어요.
- 제 눈이 사시라고 괴롭힘을 당했던 소녀 시절, 제가 아이들과 맞섰을 때 얼마나 용감했는지를 생각하니 눈물이 나요.
- 후회와 죄책감 때문에 눈물이 나요. 동생을 더 많이 도와주지 못한 것에 대한 후회가 있어요. 동생은 다운 증후군을 앓다가 13세 때 세상을 떠났어요.

나에게 코칭을 받았던 고객 중 일부는 이러한 순간들이 전체 코칭 과정에서 가장 도움이 되었던 순간의 하나로 기억에 남았다고 말한다. 고객들은 과거 그 당시에는 자신의 눈물에 대한 감정의 깊이, 통찰 등에 대해서 다 이해하거나 표현할 수 없었지만 시간이 지나면서 그 이유를 더 깊이 깨닫게 되었다고 이야기한다.

Martyn

Martyn은 다양한 문제로 수년 동안 코칭을 받았다. 그는 코칭 중 예상치 못한 순간에 처음이자 마지막으로 울었던 순간을 기억한다.

갑자기 제 직업에 대한 애정이 사라지고 그에 대한 부담감을 느꼈어요. 제가 항상 최선을 다하는 모습을 코치님에게 보여 드리는 것이 중요하다고 생각했기 때문에 이 이야기를 꺼내는 것이 두려웠습니다. 불안을 명확히 표현할 수 있도록 격려해 주셨고 저는 감정을 드러내는 시도를 했어요. 저는 코치님을 믿었고, 때때로 실패해도 괜찮다는 것을 깨달았어요. 왜냐하면 코치님은 제가 스스로 실패자라고 생각하고 있었음에도 저를 지지해 주었기 때문이죠.

코치님은 무엇이 저를 자극했는지 물어보았습니다. 왜 그렇게 느꼈는지에 대해 이야기하고, 그것이 저에 대한 코치님의 시각에 전혀 영향을 미치지 않을 것이라는 말씀은 코칭을 받으면서 가장 좋았던 순간 중 하나였습니다. 제가 코치님뿐만 아니라 그 누구와도 항상 좋은 모습만 보여 주거나, 항상 긍정적일 필요가 없다는 것을 깨달았기 때문입니다. 그 당시 우리는 함께 제 깊은 마음속을 들여다보았던 것 같습니다. 이상하게도 눈물은 불안을 해소시켜 주었고, 바로 그 이후 상황을 더 객관적으로 볼 수 있게 되었습니다.

스트레스와 마음챙김

오늘날의 삶이 과거보다 더 스트레스가 많아졌는지 여부는 논란의 여지가 있지만, 새로운 형태의 스트레스 요인이 우리를 괴롭히고 있다는 것은 분명한 사실이다. 우리는 휴대폰과 이메일에 시달리며, 많은 사람은 고용불안에 시달리고, 개인적인 행동이 무분별하게 포착되어 SNS에 공개될 가능성도 높다. '스트레스를 받는다'는 것은 거의 모든 코치가 가장 자주 접하는 문제 중 하나이다. 마음챙김은 최소 2,500년, 아마도 그 이상 동안 인류에게 익숙한 개념이었지만 현재 다시 주목받고 있으며, 그 본질이 매우 단순하기 때문에 많은 유사한 강좌와 책이 쏟아져 나오고 있다.

마음챙김은 과거, 현재, 또는 미래에 대한 침투적인 부정적 생각으로부터 자신을 분리할 수 있는 관찰하는 자아를 의도적으로 만드는 것이다. 이는 판단을 유보하는 것이며, 지금 이 순간, 이 공간이나 자신에 대한 깊은 집중을 의미한다. 마음챙김을 통해 생각은 단지 생각일 뿐이라는 것을 깨닫게 된다. 생각은 단지 지나가는 것이며 '실재'하는 것이 아니다. 마음챙김을 연습하면 강한 '의지'나 노력을 사용하지 않고도 지나치게 많은 생각이 결정에 미치는 영향을 줄일 수 있다. 코치로서 먼저 스스로 마음챙김을 연습하고 배우는 것은 도움이 된다.

1분 마음챙김 운동

다음은 간단한 1분 마음챙김 방법이다.

- 조용한 장소를 선택합니다.
- 등받이가 있는 의자에 바르게 앉아 어깨를 편하게 하고, 두 발은 바닥에 닿게 하고, 손은 가볍게 무릎 위에 올려놓습니다.
- 눈은 뜨고 시선은 편하게 합니다.
- 평소처럼 자연스럽게 숨을 쉽니다. 일부러 느리거나 깊게 숨 쉬려고 하지 않습니다. 자신의 호흡을 관찰합니다. 무엇을 느끼시나요? 이는 코를 지나가는 숨결일 수도 있고, 들숨이 날숨보다 길 수도 있으며, 반대일 수도 있습니다.
- 몸의 다른 부분을 관찰해 봅니다. 발, 손, 가슴에서 어떤 느낌이 드나요?
- 다른 생각들이 떠오를 수도 있습니다. 그럴 때는 단순히 '음…… 흥미롭네.'라고 생각하면 됩니다.
- 다시 호흡에 집중합니다.

- 이제 시선을 방 안의 다른 곳으로 돌립니다.

마음챙김의 효과에 대한 인상적인 증거는 많다. 마음챙김은 심혈관 건강에 긍정적인 영향을 미치고, 우울증을 앓고 있는 사람들에게 도움을 주며 사람들의 회복탄력성을 향상시킨다. 뇌 영상 연구에 따르면 뇌에서 공감 능력을 담당하는 뇌섬엽에서 긍정적인 변화가 발생한다고 한다. 공감 능력을 높이는 것은 자신뿐만 아니라 타인에게도 더 많은 친절을 베풀게 된다. Mark Williams와 Danny Penman이 쓴 『바쁜 세상에서 평화를 찾기 위한 실용적인 가이드(A Practical Guide to Finding Peace in a Frantic World)』(2011)의 요약을 참고하면 쉽게 이해될 것이다.

마음챙김은 깊이 있는 이해와 실천이 필요한 중요한 기술이며, 단순히 여러 가지 기술 중 하나로 가볍게 다룰 수 있는 것이 아니다. 첫 번째 주제는 자신이어야 한다. 스스로 마음챙김을 시도해 보고 배우고 연습한 후에야 비로소 고객에게 소개할 수 있을지 판단해야 한다. 많은 사람은 여전히 마음챙김이 정신건강 문제를 가진 사람들을 위한 것이거나 '종교적'이거나 '영적인' 것, 혹은 '그저 또 다른 이완 기법'이라고 생각하며 저항할 것이다. 마음챙김을 배우고 적용하기 위해서는 노력, 연습, 그리고 규율이 필요하다. 그래서 마음챙김의 효과에 관한 대부분의 연구는 연구에 참여한 사람들이 오랜 시간 동안 많은 시간과 노력을 기울인 결과에서 나온 것이다. 이렇게 마음챙김의 효과는 단기간에 체험할 수 있는 것이 아니고 오랜 기간 많은 노력을 필요로 한다. Carole Pemberton의 책 『회복탄력성: 코칭을 위한 실용적인 가이드(Resilience: A Practical Guide for Coaches)』(2014)에서는 마음챙김을 설명하고 있으며, 고객과 함께 사용할 때의 시기와 방법에 대한 자세한 내용이 포함되어 있다.

마음챙김이 익숙해지면 고객과의 코칭에서도 마음챙김을 여러 가지로 활용할 수 있다. 고객에게 마음챙김이 어떻게 작동하는지 설명하고 코칭 중에 평온한 시간을 제공할 수도 있다.

Sathnam

Sathnam은 압도당하였다. 그는 스스로를 '사기꾼 신드롬'이라고 말하며 최근 승진이 '실수'가 아닌지, 앞으로의 직무 요구에 제대로 대응할 수 있을지 끊임없이 걱정하고 있었다. 우리는 간단히 마음챙김을 시도해 보았다. 나는 그의 움츠러든 어깨와 빠르고 얕은 호흡을 관찰하고 이를 피드백하였다. 나는 그와 함께 천천히 안정된 호흡을 하자고 제안하였다. 숨을 들이마실 때는 7초를 세고, 내쉴 때는 11초를 세는 것이다. 우리는 몇 분간 조용히 앉아 있었다. 그의 몸에서 어떤 것을 느끼는지 물어보았다. 그의 대답은 '가슴의 긴장감'이었다. 나는 그에게 손을 부드럽게 가슴 위에 올려놓고 긴장이 팔과 손을 통해 흘러나간다고 상상하며 호흡에 집중하라고 초대하였다. 그에게 자신의 생각을 관찰한 후 그것들을 그냥 놓아 버리라고 하였다. 생각을 말하지 말고 그 과정 자체에 집중하고 이 과정을 반복하라고 요청하였다. 이 과정은 약 10분 정도 걸렸다. Sathnam의 얼굴과 어깨는 점차 이완되었다. 그 후 우리는 그의 두려움이 근거가 있는 것인지, 새로운 역할에 대해 그가 가지고 있는 강점을 어떻게 더 활용할 수 있을지, 그리고 대부분의 새로 임명된 사람처럼 기술적인 부족이 있는지 탐색하였다.

Sathnam은 이 활동을 이후 코칭에서도 반복할 수 있는지 물어보았다. 그는 "그 몇 순간의 특별한 고요함이 정말 좋았습니다."라고 말하며, 더 많이 배우기 위해 마음챙김 과정에 등록하겠다고 하였다.

습관적인 눈물

최근 어느 축하 모임에 참석하였다. 우연히 두 명의 유아가 정원 바닥에 거의 동시에 넘어지는 것을 보았다. 여자아이는 울음을 터뜨렸고, 할머니가 달려와서 안아 주고 달래 주었다. 울음은 한동안 계속되었다. 남자아이도 울음을 터뜨렸고, 그의 할머니는 달려와서 그를 재빨리 들어 올리고 무릎을 살펴보며 "자, 용감하게 걸어 보자!"라고 말하였다. 그러자 그는 울음을 멈추었다. 하나의 관찰이 모든 것을 증명하는 것은 아니지만 사회에서는 주로 여자아이가 우는 것은 받아들여지고, 남자아이가 우는 것은 받아들여지지 않는다는 것은 분명하다. 여자아이들은 울음이 위험을 막고 동정심을 불러일으킨다는 것을 배울 수 있다. 반면에 남자아이들은 울음을 취약함으로 여겨서 경멸을 불러일으킨다는 것을 배우게 되어 필요한 감정을 억누를 수 있다.

국가가 연주되는 의식 행사 등에서 감정을 억제하기 어려워하는 외교관 고객을 만난 적이 있다. 감정을 공개적으로 조절하는 문제로 나를 찾아온 남성은 그가 유일하였다. 반면, 수많은 여성 고객은 이 문제에 대해 도움을 요청해 왔다. 여성들은 높은 직책으로 올라갈수록 감정을 관리하지 못하는 것이 커리어에 제한을 주기 때문이다.

이러한 여성들은 코칭 중에 쉽게, 그리고 자주 눈물을 흘린다. 크게 흐느껴 우는 것은 아니고 그저 눈에 눈물이 고이는 정도이다. 코치로서의 당신의 역할은 이러한 일이 얼마나 자주 일어나는지 주목하고, 고객의 동의를 얻어 그 원인을 탐구하고 고객의 삶에서 이 행동의 기능을 알아보는 것이다. 눈물이 문제가 되고 있다고 인식하여 도움을 요청할 때 그들에게 먼저 눈물이 언제, 어디서, 어떻게 발생하는지 모니터링하라고 요청한다. 보통 고객들은 개인적인 공격을 당하는 상황에서 눈물을 흘린다고 말하지만, 실제로 일어난 사실은 동료의 약간 부정적인 말에 불과하였다. 고객들은 눈물이 통제 불가능하다고 주장하지만 실제로 눈물은 선택이며, 자극(타인의 비판)과 반응(눈물 흘림) 사이에 항상 짧은 순간이 있다는 것을 배울 수 있다. 또한 눈물이 동정을 불러일으키기보다는 오히려 치명적인 결점으로 여겨질 수 있다는 것을 많은 이가 깨닫게 된다.

Beatrix

Beatrix는 독일 은행의 경영진이었다. 독일 출신인 그녀는 이렇게 말하였다. "영국인들이 감정을 억누르고 굳건히 견디는 태도를 가지고 있다고 생각할 수 있겠지만, 독일에서는 그 정도가 훨씬 더 심하며 여성에게는 더욱 힘든 일입니다." 그녀가 코칭을 시작하게 된 계기는 중요한 규제 당국과의 회의 도중 울음을 터뜨리고 방에서 뛰쳐나간 일이었다. 그녀의 상사는 충격을 받았고, 이것이 그러한 일련의 사건 중 가장 최근의 일일 뿐이라며 만약 그녀가 은행업계에서 견딜 수 없다면 경력을 재고해 보아야 할 것이라고 말하였다. Beatrix는 분개하며 말하였다. "제가 남자였다면 저를 그렇게 엄격하게 대하지 않았을 겁니다. 남성 중심 사회인 은행업계에서 여성으로서 이미 충분히 힘들고, 어디서든 2배로 잘해야 겨우 인정받을 수 있습니다."

Beatrix의 동료들로부터 피드백을 받았다. 그녀는 자신의 리더십에 대해 큰 존경을 받고 있지만, 대부분의 사람이 그녀의 울음은 당황스럽고 주의가 산만해지게 만들며 때로는 의도적인 것으로 오해하고 있다는 것을 알게 되었다. 그들은 Beatrix가 생각하는 것처럼 울음을 인간적인 면모의 표시이거나 약점으로 보지 않았다. 결국 그것이 부당하거나 성차별적이었는지 여부는 중요하지 않았으며, 어떻게 눈물을 통제할 수 있는지를 배우는 것이 더 중요해 보였다.

Beatrix는 다른 고객들과 마찬가지로 몇 가지 인지 접근법을 배우는 것부터 시작하였다. 감정에 휘둘리지 않고 자신이 무력하지 않다는 것을 합리적으로 이해하고, 다른 사람들의 말이 반드시 자신을 공격하는 것이 아니라는 것을 인식하는 것이 필요하였다. 설사 그 말이 자신을 공격한 것이라 할지라도 그 안에 가치 있는 피드백이 있을 수 있으며 탐구해 볼 만한 가치가 있다는 것을 이해하는 것이다. 이러한 순간을 관리하는 기술을 습득하는 것은 도움이 될 수 있다. 간단하게 깊이 숨을 들이쉬거나 주의 분산 기법을 배우는 것만으로도 충분할 때가 많다.

심리적 트라우마

우리가 합리적인 자신감을 가지고 삶을 살아가려면 세상이 안전하고 예측 가능한 곳이라고 가정해야 한다. 본질적으로 우리는 자신의 가치와 존재를 믿는다. 하지만 이러한 모든 것은 심리적 트라우마에서 뒤집히게 된다. 심리적 트라우마는 고객이 통제 불능 상태와 지속적인 불안을 경험하는 사건이나 일련의 사건을 의미한다. 이로 인해 정의, 개인의 안전, 건강 또는 인과 관계에 대한 기존의 가정은 배신감과 당혹감으로 혼란스럽게 대체된다. 그들은 피곤하고 무력하며 의지할 곳이 없는 느낌을 받는다. 본래 자신을 좋은 사람이라고 여기던 사람에게 나쁜 일이 일어나면 '내가 나쁜 사람이라 나에게 나쁜 일이 일어난다'는 생각이 들게 되고, 자신을 나쁜 사람이라고 여기게 될 수 있다. 결국 세상이 안전하고 예측 가능한 곳이라고 가정했던 심리적 약속이 깨지게 된다.

트라우마에 대해 코칭을 하기 전에 코치는 이 분야에 대해 충분한 자신감과 경험을 가지고 있으며 능력의 한계를 잘 인지하고 있을 때에만 접근해야 한다. 사실, 이 영역은 어떤 코치라도 신중하게 접근해야 한다. 고객이 심각한 고통을 겪고 있을 때 즉각적으로 당황하고 두려움을 느낄 수 있다. **'이건 너무 벅차다. 내 역량을 넘어선 문제이다.'**라고 생각할 수 있다. 고객이 성숙하게 그 감정을 수용할 때 고객에게 이 분야의 전문가와 상담을 받도록 추천해야 한다. 사실, 고객이 전문가의 도움을 찾을 수 있도록 코칭하는 것이 코치의 임무이다. 또한 필요한 기술과 인식을 갖추지 않고 단지 그 상황의 극적인 면에 이끌려 과도하게 개입하려는 태도 역시 경계해야 한다.

물론 다양한 함정이 있다. 코치 본인의 수준을 과대평가할 수 있다. 제대로 이해하지 못한 기술을 사용하려 할 수도 있다. 고객은 코치가 실제로는 가지고 있지 않은 기술과 지식을 가지고 있다고 착각할 수도 있다. 그러면 코칭을 실패할 수 있다.

하지만 두려움에 물러서지 않고 진행해야 할 경우도 있다. 고객이 과거 트라우마로 인해 압도당하지 않고 안정적으로 일상을 잘 영위하고 있을 수 있기 때문이다. 이는 실질적으로 비극적인 일이 일어났던 경우에도 마찬가지일 수 있다. 고객은 도움을 받을 수 있는 다른 곳은 없다고 생각할 수 있지만 그런 경우는 드물다(이런 경우 코치의 역할은 고객을 해당 전문가에게 소개하는 것일 수도 있다). 만약 고객이 당신을 자신의 코치로 선택했다면 고객에게 도움을 줄 수 있는 환경이 만들어진 것이다. 고객이 이런 선택을 한 이유는 당신과 오랜 기간 동안 함께했으며 높은 신뢰와 친밀감을 가지고 있기 때문일 수 있다. 이런 상황은 특히 트라우마 사건이 코칭 중에 발생했을 때 적합하며, 코치가 고객이 가져오는 문제를 다룰 수 있을 만큼 충분한 교육과 경험을 갖추고 있다면 잘 대처할 수 있다.

경험을 쌓아 가다 보면 이러한 상황들이 예상보다 자주 발생한다는 것을 알 수 있다. 나의 코칭 경험에서 예를 들자면, 해외여행 중에 대규모 자연재해가 발생해 그곳에 있던 자국의 생존자들에게 영사 서비스를 제공하게 된 외교관, 정치 스캔들 후 자신의 회계법인이 공식적으로 조사받으면서 스트레스 수준이 통제 불능 상태가 된 고객, 그리고 병원에서 발생한 위기 상황으로 명성에 금이 간 병원장이 있었다. 또한 합병 등의 이유로 갑작스럽게 일자리를 잃은 고객들도 많다. 여기에 언급된 사례들은 명백한 위기와 트라우마의 예시이지만 동일한 현상의 경미한 변이를 더 자주 접하게 될 것이다. 갑작스러운 주요 건강 문제의 발견, 갑자기 떠난 배우자, 약물 문제를 겪게 된 아들 등이 있다.

주의해야 할 증상은 다음과 같다.

- **회귀(Flashbacks)**: 사건을 다시 경험하는 것처럼 느끼는 것. 이는 종종 다른 사람의 무심코 한 말이나 신문에서 본 한 단어로 인해 촉발될 수 있다.
- **악몽과 수면 부족**: 예를 들어, 이른 시간에 깨어나 다시 잠들기 어려운 경우이다.
- **무감각과 회피**: 자신의 집 근처에서 강도에게 공격당한 고객은 자신이 '텅 빈' 느낌을 받았다고 말하였다. 또 다른 고객은 자신이 영화 속에서 전체적인 사건에서 떨어져 있는 것처럼 경험과 분리되어 있는 느낌을 받았다고 설명하였다. TV 뉴스에서 자신을 보는 것이 이 느낌을 더하였다.
- **침습적인 부정적 사고**: 재앙을 상상하고, 최악의 상황에 대해 반복해서 생각하는 것. 예를 들어, 한 의사 고객은 치욕적인 장면을 상상하였다. 그가 병원에서 물건이 담긴 쓰레기봉투와 함께 쫓겨나고, 의사 명부에서 제외되며 연금도 거부당하고 그에 관한 적대적인 기사가 모든 신문에 실리는 장면을 상상하였다.

- **생존자의 죄책감**: 다른 사람들이 직업을 잃거나, 부상을 당하거나, 사망한 사건에서 고객이 살아남았을 때 느끼는 죄책감. 초기에는 생존자라는 기쁨을 느끼지만 이후에는 왜 나만 살아남았는가? 그 상황에서 내가 할 수 있는 것이 더 있지 않았을까? 이기적이었던 것인가? 나는 겁쟁이인가? 등의 감정이 들 수 있다.
- **'만약에'와 '만약 ……했더라면'에 대한 집착**: 평판이 위험에 처한 한 회계사 고객은 위기 상황으로 이어진 사건을 반복적으로 되새기며 특정한 행동이나 말을 하지 않았더라면 어떻게 되었을까를 되뇌었다.
- **높은 각성 수준**: 불안, 분노, 과도한 경계심, 빠른 심장박동, 발한 등이 포함된다.

이런 현상들은 다루기 어렵다. 가장 극단적인 경우에는 PTSD(외상후 스트레스 장애)로 설명된다. 고객들이 불안과 우울, 식욕 감소를 보고하는 것은 흔한 일이며 고통을 줄이기 위해 알코올, 성적 문란, 담배 또는 약물을 사용하는 경우도 많다.

심리적 트라우마 전문가들이 모여 있는 위기심리학센터(Centre for Crisis Psychology)에서 제공한 신뢰할 수 있는 지침은 Peter Hodgkinson과 Michael Stewart의 고전적인 저서(1998)에서 확인할 수 있다. 본질적으로 이는 공감적이지만, 지시적이고 구조화된 접근 방식으로 일정 기간 지속되어야 효과가 있다는 것이다. 이러한 지시적 접근 방식은 고객들이 경험하는 무력감에 의해 필요성이 뒷받침된다. 일시적으로 고객들은 코칭이 효과를 발휘할 수 있는 자원 상태에 있지 않다. 여기에는 교육적 요소가 포함되며, 이때 코치는 고객과의 관계에서 선생님의 역할을 하게 된다. 고객에게 이러한 경험을 하게 될 것이라고 설명하고 이에 대한 동의를 구한다(제10장 참조).

효과적인 전략

나의 고객들이 트라우마를 겪는 상황에 처했을 때 몇 가지 표준 코칭 방법을 사용해 왔다. 그들이 나에게 무엇을 필요로 하는지 확인하고, 신중하게 구성된 코칭 질문을 하고, 공감적으로 답변을 듣는 등의 방법이다. 이러한 방법들은 적절한 상황에서 효과를 발휘할 수 있다.

고객이 자신의 반응을 정상적인 것으로 받아들이도록 돕는 것은 유용하다. 예를 들어, 정서의 변화 주기를 설명하는 것이다([그림 8-1] 참조). 다른 문제에서와 마찬가지로 책이나 인터넷의 도움이 되는 자료를 참고하도록 고객에게 권할 수 있다. 이 경우, 옥스퍼드 인지치료센터(Oxford Cognitive Therapy Centre)의 Martina Mueller가 작성한 PTSD에 관한 소책자(2007)가 도움이 된다.

고객과 함께 전체 이야기를 재구성하는 것이 효과적이다. 우선 사실적인 측면에 집중하고, 이로 인해 생길 수 있는 강한 감정을 받아들이고 수용할 수 있는 환경을 조성하는 것이 중요하다. 코치가 고객에게 "나는 당신의 상황을 이해한다." 라고 확언하는 것은 주의해야 한다. 당신은 그 경험을 하지 않았기 때문에 '이해한다'고 할 수 없으며, 진실하게 말할 수 있는 것은 그들의 이야기가 당신에게 어떤 영향을 미치고 있는지이다. 예를 들어, 회계사 고객과 코칭을 할 때 조사관들이 무슨 내용을 찾아낼지 두렵고 인터뷰 중에 창피를 당할까 봐 무서워하는 것을 설명할 때, 나는 "이것이 정말 어려운 일로 들립니다. 이로 인해 상처받고 스트레스를 받고 계신 것이 보여요. 당신의 이야기를 듣고 있는 저도 그 긴장감과 불안을 조금 느끼고 있습니다."라고 말하였다.

고객이 자신의 두려움을 직면하는 것을 피하고 있다고 느낄 때, 두려움으로 인하여 왜곡된 기억을 수정해 주는 것이 도움이 될 수 있다. 예를 들어, 강도를 당했던 고객은 가해자가 몇 주 동안 자신을 따라다니며 공격할 목표로 삼았다고 생각했던 경우가 있다. 그러나 법정 기록을 읽으면서 실제로 그 사건은 계획된 것이 아니라 우연히 발생한 범죄였다는 것을 알게 되었고, 이것은 그녀의 회복에 큰 도움을 주었다.

호흡 기법이나 근육이완 기법과 같은 긴장 감소 기술을 가르치는 것은 매우 효과적이며, 고객이 부정적인 생각을 중단할 수 있도록 하는 기법을 가르치는 것도 마찬가지이다. 고객의 논리적 오류를 발견했을 때는 존중하면서도 단호하게 질문할 수 있다. 아들이 익사한 고객이 '나와 가까운 사람은 모두 위험에 처할 수 있다'고 믿게 된 경우가 있었다. 그는 '나와 가까이 있으면 불운이 따를 것이므로 모든 사람을 멀리해야 한다'고 생각하게 되었다. 이러한 잘못된 일반화를 개선하는 것은 고객의 적응에 매우 도움이 되었다(이러한 패턴을 식별하는 방법에 대해 더 알아보려면 p. 254 참조). 매일 간단한 신체 활동을 포함한 자가 설계 프로그램을 개발하는 것에서 많은 효과를 볼 수도 있다. 또 다른 유용한 방법은 편안하게 잠드는 데 도움이 되는 음악파일을 보내 주거나 매일 일어나는 긍정적인 측면, 예를 들어 그들이 다른 사람들로부터 받고 있는 지원 및 공감을 점수로 기록하는 일기 쓰기 같은 것을 제안하는 것이다.

트라우마가 너무 심각해 보일 때는 고객에게 의사와 상담하여 단기적으로 약물치료를 받아 보라고 권하는 것이 좋다. 공포를 느끼는 상황에 조금씩 익숙해지도록 도와주는 트라우마 전문의를 소개할 수도 있다.

이것은 일회성의 개입이 아니다. 만약 당신이 이런 상황에 처하게 된다면 고객과 합의하여 고객이 필요한 만큼 전화와 이메일로 함께 소통하고 체계적인 과정을 통해 필요한 후속 조치를 취한다. 하지만 이 모든 것은 코치가 충분한 경험이 있고 자신의 능력이 충분할 때만 가능하다.

발달장애

코치로서의 25년 동안, 자폐 스펙트럼에 속하는 고객이 최소한 열다섯 명 정도는 있었던 걸로 기억한다. 이 고객들은 처음에는 자폐와 관련된 증상을 밝히지 않았고, 나중에야 이들의 증상을 보고 자폐를 추측할 수 있었다. 한 명을 제외하고는 모두 남성이었으며, 비슷한 문제를 나타냈고, 대부분 회사에서 대규모의 조직 변화가 이루어지면서 이 변화에 적응하지 못한 사람들이었다. 최근 자폐에 대한 부정적인 시각이 줄어들면서 스스로 자폐 스펙트럼에 속한다고 말하는 고객이 많아졌다. 특히 한 고객은 자신의 자폐가 유전이라고 말하였다.

고객이 아스퍼거 증후군과 같은 경미한 자폐 스펙트럼 장애를 가지고 있을 가능성이 있는 몇 가지 징후는 다음과 같다. 눈 맞춤을 힘들어하며 과도하게 형식적인 말투를 사용하는 경우 등이 있다. 예를 들어, 수동태와 같은 복잡한 문장을 사용한다거나 스스로 조절하지 못하는 반복적인 신체 움직임을 한다. 손가락을 가볍게 흔들거나 발을 두드리는 동작이 포함될 수 있다. 또한 동료들과의 관계 형성이나 감정적 교류에 어려움을 겪고 괴짜라는 별명을 얻는 경우도 있다. 신체적인 서투름도 문제일 수 있다. 한 고객은 방에 들어올 때 반복적으로 걸려 넘어졌고, 나갈 때는 현관문에 머리를 부딪히기도 하였다. 또 다른 고객은 회기마다 커피를 쏟았다. 시간 관리에 대한 융통성이 부족한 경우도 있을 수 있다. 예를 들어, 특정한 루틴을 고집하는 경우이다. 고객이 특정한 활동에만 집중하고, 변화를 극도로 싫어하며, 한 가지 취미에 과도하게 열중하는 경향이 있을 수 있다. 취미는 주로 숫자를 세거나 수집하는 것과 관련이 있다. 예를 들어, 한 고객은 본인이 속한 축구 클럽에 지나치게 몰두해서 직장, 건강, 아내와 자녀를 돌보는 것을 소홀히 했던 기억이 있다.

이러한 행동들의 원인은 다양할 수 있지만 반복적으로 나타난다면 자폐 스펙트럼을 의심해 봐야 한다. 내가 만난 고객 중 이 범주에 속하는 분들은 모두 지적이고, 언변이 뛰어나며, 조직 내에서 고위직에 있던 분들이었다. 대부분은 가정생활을 잘 유지하며 자녀도 있었다. 이들은 주로 IT나 재무와 같은 전문 직무를 유지하다가 어떤 변화로 인해 자리를 잃게 되었다. 코칭의 효과는 제한적이었을 것이다. 대부분 고객의 문제에 대한 구체적인 피드백을 제공했고, 사회적 상호작용에 대한 교육도 함께 진행하였다. 예를 들어, 눈 맞춤의 중요성이나 다른 사람에게 사회적 질문을 하고 이를 통해 대화를 효과적으로 이어 가는 방법을 배우는 것이 포함되었다.

고객의 발달적 특징에 맞게 코칭의 방식과 속도를 조정해야 한다. 코칭에서 달성할 수 있는 고객과 조직의 목표에 대해 현실적으로 인식하는 것도 중요하다. 최근 아스퍼거 증후군과 같은 발달적 특징에 대한 인식이 긍정적으로 변화하였기 때문에 고객과 그들의 조직이 코치에게 더 많은 정보를 제공해 주고 있고, 이를 통해 코치는 고객의 상황을 더 잘 이해하고 적절하게 대응할 수 있게 된다.

심리치료와 정신질환에 대한 이해

코치로서 일반적인 심리적 및 정신적 문제에 대한 기본적인 이해는 필요하다. 기분 변화가 심한 여러 고객을 만난 적이 있는데 이들은 경미한 양극성장애를 겪고 있었을 수 있다. 한 최고 경영자는 감정기복이 심했고, 조직을 위한 큰 계획을 세웠지만 그 계획이 실제로 가능할지에 대해서는 전혀 신경 쓰지 않았다. 결국 이러한 이유로 해임되었다. 사람들이 그녀의 행동을 너무 위험하다고 판단했을 가능성이 크다.

때로는 고객이 심리적인 문제로 인해 전문가의 도움이 필요할 수 있다. 그러나 모든 고객이 이러한 문제를 바로 받아들이고 싶어 하지 않을 수 있다. 이럴 때 코치는 고객의 감정을 고려하여, 바로 전문가의 도움을 언급하지 않고 신뢰 관계를 형성한 후 적절한 시점에 이를 제안할 수 있다.

Kamila

Kamila는 완벽주의와 자신감 부족, 그리고 이와 관련된 일상적인 문제들을 겪고 있는 고객이었다. 코칭을 시작할 때 그녀는 자신의 아파트를 깨끗하게 정리하는 것이 목표 중 하나라고 말하였다. 그녀의 문제 목록 대부분을 성공적으로 해결한 후 나는 그녀가 아파트 정리라는 주제를 피하고 있다는 것을 조심스럽게 언급하였다. 그러자 Kamila는 수천 장의 신문을 쌓아 두고 있어 집에 누구도 초대할 수 없는 상태라고 털어놓았다. 이는 그녀가 호소했던 사회적 고립을 설명하는 데 많은 도움이 되었다. 이러한 과도한 물건 쌓아 두기가 강박장애(OCD)의 전형적인 증상이라는 것, 그것이 Kamila가 말한 완벽주의와 자신감 부족을 동반하는 경우가 많다는 것, 그리고 강박장애(OCD)를 겪는 사람들이 치료를 받으려 하지 않는 경우가 많다는 것을 알았기에 더 이상 그 문제를 언급하지 않았다.

강박장애(OCD)와 관련하여 많은 고객이 자신이나 다른 사람을 '조금 강박적인 사람'으로 가볍게 표현하는 것을 종종 보게 된다. 보통 이런 표현은 그 사람이 꼼꼼하고 세부적인 사항과 일상을 철저하게 관리하는 것을 좋아한다는 의미이다. 그러나 실제로 여러 강박장애 환자가 겪는 고통은 끔찍하다. 그래서 나는 이 표현에 대해 문제를 제기한다.

일부 고객이 심각한 정신건강 문제를 가진 파트너를 두고 있다는 사실은 드문 일이 아니다. 예를 들어, 한 고객은 자신의 남편이 직장까지 미행하면서 그녀가 회사 매니저인 척하지만 영국 정보국 M15에서 일하는 것으로 확신한다고 하였다. 또 다른 고객은 편집증적인 집착을 가지고 있는데, TV가 개인적인 메시지를 전달하고 자신의 아파트에 공급되는 물로 독살당하고 있다고 믿고 있었다. 나이 든 부모의 치매 문제와 그로 인한 불안정한 행동도 매우 흔하게 발생하는 문제이다.

이러한 상황이 사랑하는 사람들에게 주는 고통은 말로 표현할 수 없을 정도로 극심하며, 이와 같은 고통은 비밀이 보장되는 코칭을 제외하고는 어디서도 공개하기가 어렵다. 여기서 당신의 역할은 고객이 자신의 감정을 탐색하고 필요한 경우 어떤 조치를 취해야 할지 고려할 수 있도록 돕는 것이다. 또한 전문적인 조언을 제공할 수 있는 자원을 제안할 수도 있다. 나는 고객의 남편이 장기간의 정신병적 문제로 매우 고통스러웠지만, 치료를 거부하고 있는 상황에서 정신과 의사인 다른 코치와 상담을 예약하도록 제안하였다. 이 코치는 고객의 남편을 실제로 만나지 않고는 치료를 할 수 없다는 조건하에 이 일을 맡았다. 그러나 그 코치는 의학적인 치료 대신 고객과 남편과의 상호작용을 관리하는 방법을 논의하고 도움을 줄 수 있었다. 즉, 고객이 남편과 어떻게 소통하고 대처할 수 있을지에 대한 전략을 제시해 주었다.

정신질환에 대해 다룰 때는 더 신중해야 한다. 이 분야는 곳곳에 장애물이 많기 때문이다. 정신질환을 분류하고 특정하는 것은 정신질환을 다루는 전문가들 사이에서도 논란이 많다. 임상심리학 교수인 Richard P. Bentall은 『마음 치료하기: 정신과 치료가 실패하는 이유(Doctoring the Mind: Why Psychiatric Treatments Fail)』(2010)라는 저서에서 제약산업이 정신질환은 신체적 원인에서 비롯된다는 잘못된 믿음을 바탕으로 치료 방법을 주도하고 있다고 비판한다. 그는 다음과 같이 표현하였다.

> 저는 대부분의 정신과 진단이 별자리와 비슷하다고 생각합니다. 별자리도 사람들을 설명하고 그들의 미래를 예측하는 데 사용되지만, 그것이 효과가 없다는 과학적 증명에도 불구하고 여전히 많은 사람이 믿고 따르고 있습니다.
>
> (Beutall, 2010: 110)

우리는 지금까지 정신질환에 대해 잘못된 치료법이나 접근 방식이 문제를 악화시키거나 부작용을 초래했음을 인식하고 앞으로는 보다 적절하고 신중한 치료를 받아야 한다.

자살

몇 년 전 일요일 오후, 코칭 경력에서 가장 힘든 순간이 있었다. 나는 평상시 고객들에게 나의 번호를 주고 예측 가능한 상황에서 연락을 주고받았으며, 주말에 전화를 받을 때는 긴급 상황일 경우였다. 어느 날 고객이 나의 휴대폰으로 전화를 걸어 왔다. 그 고객은 밝은 목소리로 자신이 마지막이라고 생각했던 잠에서 깨어났다고 전하였다. 그는 자살을 시도하기 위해 많은 양의 진통제를 복용했지만 결국 살아났다고 하였다. 나는 충격에 빠졌다. 멍한 상태였고 말도 제대로 나오지 않았다. 이 훌륭한 남성은 분명히 불행에 대해 이야기했지만, 자살을 할 만큼의 절망감은 아니었다고 생각했었다. 나중에 나는 그가 자살을 암시한 절망감을 너무 미묘하게 표현해서 어쩌면 암호처럼 표현했을 수도 있다는 것을 깨달았다. 나는 그 통화 이후 적절한 조치를 취하였다. 그가 말한 것처럼 아무도 그를 그리워하지 않을 것이라고 말한 것은 잘못된 생각이라고 확실하게 말하며, 나 또한 그를 그리워할 많은 사람 중 하나라고 하였다. 그리고 그가 다음 날 아침 8시까지 의사에게 긴급 정신과 상담을 예약하도록 약속하였다(그는 약속을 지켰다). 남아 있는 약은 모두 버리게 했고, 시간과 장소에 구애받지 말고 언제든 연락하라고 말하였다. 또한 자살을 생각하는 사람들을 위한 무료 상담 서비스 전화번호를 문자로 보내 주었다.

나는 이 사건에서 큰 충격을 받았다. 매력적이고 성공적이며 사교적이고 잘 적응한다고 생각했던 고객에게서 이런 일이 일어났기 때문이다. 그 이후에 나는 자선단체에서 자살 예방 교육을 받았고, 이 교육을 통해 자살에 대한 나의 많은 생각이 잘못되었다는 것을 알게 되었으며, 자살이 얼마나 흔하고 많은 사람의 삶에 영향을 미치는지 깨달았다. 코치로서 경력을 쌓아 갈수록 고객이 가진 직접적인 문제로 또는 고객의 가족이나 친구의 문제로 자살을 하거나 자살 충동을 느끼는 등 자살을 접할 가능성이 크다는 것을 알게 되었다.

이제 나는 잠재적인 자살에 관한 언어에 주의를 기울이고 있다. 고객이 직접적으로 말하는 경우도 있으며, 고객의 가까운 사람에 대한 이야기를 할 때도 마찬가지이다. '내 삶은 의미가 없는 것 같다.' '가끔 죽고 싶다는 생각이 든다.' '세상은 이렇게 잔인하고 절망적인데, 인생의 의미가 무엇인가?'와 같은 표현이 이에 속한다. 자살을 언급하는 것이 자살을 더 가능성 높게 만들 것이라고 생각하고 회피하거나 무시하는 대신에 '자살을 언급하는 것이 실제 자살을 더 부추기지는 않는다'는 연구 결과를 믿는다. 이제 자살을 '이기적'이라고 비난하는 것은 자살을 하는 사람의 심리적 상태와 그들이 느끼는 고통의 깊이를 제대로 이해하지 못한 평가일 수 있다는 점을 이해하게 되었다. 자살을 시도하거나 실제로 자살하는 사람들은 그 행동이 친구나 가족에게 미칠 영향에 대해 인식하지 못하는 심각하게 왜곡된 인식을 갖고 있다는 것도 이해하고 있다.

사람들이 자살 의도를 암시할 때 잠시 멈추어 이를 탐색한다. 그들의 이러한 발언이 무엇을 의미하는지, 그 발언 뒤에 어떤 감정이 숨어 있는지를 탐색한다. 직접적으로 "어떻게 아프신가요?"와 "제가 어떻게 도와드릴 수 있을까요?"라고 질문한다. 배운 바에 따르면 사람들이 자살의 의사를 표현할 때 실제로 죽음을 원하기보다는 견딜 수 없는 고통을 끝내고 싶어 하는 경우가 많다고 한다. 하지만 "얼마나 죽고 싶다고 느끼시나요? 자주 죽고 싶은 생각이 드시나요, 때때로 그런 기분이 드시나요?"와 같은 질문을 하거나 사람들이 실제로 자살 계획을 세웠는지를 알아보는 것은 매우 어려웠다.

자살에 관한 몇 가지 오해가 있다. 그중 하나는 자살 시도가 실패하면 **단순히 도움을 청하는 것**에 불과하고 심각하지 않으며, 단지 관심을 끌기 위한 사소한 시도에 불과하다는 것이다. 그러나 그 어떤 자살 시도도 심각하게 받아들여야 하며, 이는 **고통의 외침**으로 보아야 한다. 사람들이 자신의 문제를 드러내기 위해 자살 시도를 했는지 여부는 중요하지 않다. 그들이 극단적인 조치를 취한 것은 사실이다. 이로 인해 실제로 사망할 수도 있었던 상황이다. 첫 번째 시도가 있으면 이후에 또 다시 시도가 있을 가능성은 높다. 또한 자살을 예방할 수 없다는 것은 사실이 아니다. 어떤 자살은 매우 치밀하게 계획되고 비밀리에 이루어지기 때문에 주변 사람들에게 전혀 징후를 보이지 않기도 하지만, 많은 자살은 상황에 따라 우발적으로 발생하며 적절한 개입으로 예방할 수 있는 경우가 많다.

자살의 후유증으로 어려움을 겪고 있는 고객을 코칭하게 될 수도 있다. 성인이 되어서야 부모의 사망이 자살이라는 것을 알게 된 고객들도 있었다. 한 고객은 이러한 충격을 '끝없이 몰아치는 눈보라'에 비유하였다. 또한 가족 내에서 자살이 발생한 사례도 수없이 많았다. 이런 상황에서 분노와 배신감, 그리고 결코 답을 얻을 수 없는 '왜?'라는 끊임없는 질문 등이 슬픔을 더한다. Margaret Atwood는 그녀의 소설 『눈먼 암살자(The Blind Assassin)』(2000)에서 이러한 감정을 완벽하게 묘사하고 있다.

> 사랑, 슬픔, 절망, 증오, 호기심 같은 감정들이 우리를 움직이게 합니다. 그래서 우리가 사랑하는 사람을 잃거나 상실을 경험하면, 그 사람과 관련된 모든 것을 찾으려는 욕구가 생깁니다. 우리는 죽은 사람들에 대해 집요하게 조사할 것입니다. 그들의 편지를 열어 보고, 일기를 읽고, 쓰레기통을 뒤져 가며 힌트나 마지막 말, 설명을 찾으려 할 것입니다. 우리가 버려졌다는 느낌을 받을 때, 즉 우리가 예상했던 것보다 훨씬 공허함을 느낄 때 우리는 이렇게 행동합니다.

'**자살 후유증**'을 검색하면 도움이 되는 웹사이트가 많이 나올 것이다. 이 주제에 대해 더 알고 싶다면, Mark Williams 교수의 『고통의 외침, 자살과 자살에 대한 이해(Cry of Pain: Understanding Suicide and the Suicidal Mind)』(2014)를 읽어 보기를 권한다. 이 책은 자살과 자살적 사고의 심리를 깊이 있게 탐구하며 섬세하고 읽기 쉬운 동시에 깊은 연민을 담고 있다.

고객에게 심리치료가 필요할 경우는 언제인가

코칭 고객에게 심리치료가 필요할 때를 정확히 알 수 있는 방법은 없다. 그러나 고객의 반응 강도가 자극에 비해 지나치게 과도해 보일 때, 심각한 심리적 어려움이 있을 가능성이 높다.

심리치료가 도움이 될 수 있는 몇 가지 공통된 패턴이 있다. 가장 눈에 띄는 경우 중 하나는 고객이 자주, 강하게, 그리고 멈출 수 없는 눈물을 흘리는 경우이다. 또는 고객이 부모나 부모와 같은 존재, 또는 형제자매와 같은 관계의 이야기로 반복적으로 돌아가는 경우이다. 특히 상실을 인정하고 애도 과정이 해결되지 않은 경우에 이런 일이 자주 발생할 수 있다. 때로는 고객의 삶을 지배하는 주된 두려움이 있을 수 있다. 버림받을 것에 대한 두려움, 재앙에 대한 공포, 거절, 통제 상실, 건강염려증 등이 있을 수 있다.

고객이 자신의 인생 이야기를 들려줄 때 주요한 트라우마가 포함되어 있는지 주의 깊게 살펴보아야 한다. 나의 경험에 따르면 집에 큰 화재가 났다거나 형제나 자매의 사망 원인이 자신이라고 느끼는 경험, 고아로서의 어린 시절, 재혼을 하며 아이들을 떠난 어머니, 어린 시절의 학대, 어린 시절에 암을 앓았던 경험과 회복 과정, 긴 결혼 생활 후 예상치 못한 이혼, 동료에게 박사 학위 논문을 빼앗긴 경우 등이 있다. 고객이 특정 사건에서 벗어나지 못하고 계속 그 사건을 중심으로 모든 것을 바라본다면 결국 그 사건이 모든 것에 큰 영향을 미치고 있다는 것을 알 수 있다. 이러한 사건은 일반적으로 어떤 형태로든 상실을 포함하고 있다.

이러한 상황에서는 고객이 종종 '만약 ……이었다면'이라는 표현을 사용하는 것을 발견할 수 있다.

- 그 사람이 만약 변했다면
- 그 일이 만약 일어나지 않았다면
- 내가 만약 그렇게 하지 않았다면
- 내가 만약 이런 사람이 아니었다면
- 내가 만약 이런 모습이 아니었다면

기업 내 경영진 코칭 고객이 더 심각한 문제를 보이는 경우는 드물지만 발생할 수 있다. 코칭이 비밀 유지가 됨을 알고 있음에도 자신의 부끄러운 비밀이 드러날까 봐 걱정하여 문제를 숨기는 경우도 있다. 고객은 코치는 치료자가 아니며, 따라서 그 문제를 효과적으로 다룰 수 없다는 것을 잘 알고 있다. 고객이 일상생활에 크게 영향을 미치는 빈번한 정신적 기능장애의 증상을 설명할 때는 치료가 더 필요할 수 있다. 우울증, 불안, 공황 발작, 광장공포증 또는 강박장애(OCD)와 같은 증상이나 음주, 식사 문제, 약물 남용과 같은 물질 남용이 있을 수 있다. 드물게는 도박, 통제할 수 없는 위험 감수, 성적 충동 조절의 어려움과 같은 다른 종류의 중독을 가진 고객을 만날 수도 있다.

이러한 상황을 기억하는 데 도움이 될 수 있는 'PIPO'라는 약어가 있다.

- Persistent distress(지속적인 고통): 고객이 멈추지 않고 계속 울거나 끝없는 슬픔을 느끼는 경우
- Intrusive impact(삶에 대한 침투적인 영향): 문제로 인해 일상생활에 큰 영향을 미치는 경우
- Physical symptoms(신체적 증상): 두근거림, 발한, 식욕 문제와 같은 신체적 증상
- Out of control emotion(통제되지 않는 감정): 자해 또는 타해 위협과 같은 통

제되지 않는 감정

이러한 행동에는 다른 이유가 있을 수 있으며, 많은 사람은 간혹 이런 증상이 나타나더라도 자신은 아무 문제 없다고 생각할 수 있다. 하지만 고객에게 이러한 증상이 많고 그 증상이 오래 지속될수록 치료가 필요한 상황일 가능성은 높아진다. 전반적으로 가장 중요한 지표는 **자신이 상황을 제대로 다루지 못하고 있거나 뭔가 잘못된 느낌이 드는 것**이다. 이러한 느낌을 믿고 걱정에 귀 기울이되, 조급하게 반응하지 않도록 유의한다. 나는 치료와의 명확한 경계를 설정하려는 시도를 멈춰야 한다고 생각한다. 치료는 본질적으로 회색지대에 있으며, 경험과 자신감, 기술이 쌓일수록 그 회색지대는 더 넓어질 것이다. 코치 자신의 감정과 판단을 믿는 것과 함께 고객에 대한 신뢰도 중요하다. 만약 고객이 코치를 믿고 도움을 받을 수 있다고 믿는다면, 그 신뢰가 그것을 가능하게 할 것이다.

심리치료 전문가 추천

코치로서 우리는 고객이 치료를 선택할 가능성이 적다는 것을 받아들여야 한다. 비록 고객이 스스로도 그 치료가 도움이 될 것이라고 느낄 수 있지만, 실제로 치료를 받는 것은 쉽지 않을 수 있다. 적절한 심리치료 전문가를 찾는 어려움, 치료가 필요한 것에 대한 부끄러움, 문제들이 저절로 해결되기를 바라는 희망, 변화에 대한 두려움, 비용, 그리고 치료에 대한 부정적 평판 등이 치료를 방해할 수 있다. 이러한 이유에도 불구하고 고객에게 적절하다고 느낄 때 추천을 하는 것은 중요하다. 영국에서는 정신건강 문제에 대해 의사와 상담하는 것이 가장 좋은 방법이라고 여긴다. 따라서 코칭에서는 고객이 전문적인 도움을 찾을 수 있도록 돕는 데 초점을 맞추는 것이며, 직접적으로 치료 문제를 다루는 것은 아니다.

고객에게 이 문제가 코치의 역량 밖이라는 것을 전달할 때 중요한 점은 문제를 고객의 탓으로 돌리는 듯한 인상을 주지 않아야 한다. 고객을 존중하고 도움을 주고자 하는 마음을 강조해야 한다. 심리치료와 코칭은 접근 방식이 서로 다르다. 심리치료는 감정적이거나 심리적인 문제를 다루며, 정신적 어려움을 치료하고 회복하는 데 중점을 둔다. 반면에 코칭은 고객의 목표를 달성하고 능력을 향상시키는 데 중점을 두며 주로 개인의 성장과 발전을 지원한다. 심리치료를 '정신이 온전치 않다'는 뜻으로 받아들일 필요가 없다. 교육을 통해 지식을 얻는 것처럼 심리치료를 통해 자신의 내면을 이해하고 성장할 수 있다. 이제 고객의 반응을 살펴보아야 한다. 심리치료를 제안했을 때, 일부 고객은 이 제안에 거부감을 느낄 수도 있고 일부는 긍정적으로 받아들일 수도 있다. 고객이 심리치료를 고려하는 경우, 적합한 심리치료 전문가를 추천하거나 심리치료 전문가를 찾는 방법에 대해 안내할 수 있다. 마지막으로, 코칭 관계를 반드시 종결할 필요는 없다. 심리치료와 코칭을 병행할 수 있으며, 또는 심리치료를 받은 후 코칭을 재개할 수도 있다. 고객에게 가장 유익한 방향으로 계속 지원할 수 있는 방법을 함께 고민해야 한다.

코칭 고객들은 다양한 심리적 고통을 겪고 있을 수 있다. 중요한 것은 자신이 사용할 수 있는 여러 개입 기법을 습득하는 동시에 고객을 다른 전문가에게 추천해야 하는 상황을 정확히 이해하는 것이다.

제12장

코칭에 활력과 흥미를 더하기

코칭을 녹음으로 들으며 슈퍼비전을 할 때, 코칭의 두 당사자와는 달리 슈퍼바이저는 다른 역할과 목적을 갖게 된다. 일부 코칭의 경우 대화가 단조롭고 지루하게 느껴질 때가 있다. 나는 때때로 변화를 원하고 속도를 원하며 드라마틱한 전개를 원한다. 나의 경험상, 이러한 경우가 코칭을 더 효과적으로 만들었다. 코칭 시간 동안 같은 질문과 답변만 반복되는 것은 매우 지루하다. 때로는 코치와 고객이 최면 상태에 빠져 있는 것처럼 보이고 대화에서 생동감이 사라진 것처럼 느껴질 때도 있다. 나의 코칭에서도 물론 이런 느낌을 가졌던 적이 있다. 적절한 상황에서는 다양한 기법이 배움을 가속화하고 변화 속도를 높일 수 있다. 이들 대부분은 행동이나 관점을 의도적으로 변화시키거나 비언어적인 기법을 활용하는 것이다.

엄격한 시간 관리

고객에게 시간 관리의 원칙을 명확히 하는 것은 코칭에 도움이 된다. 나는 항상 고객의 오른쪽 어깨 위에 나의 시선이 닿는 곳에 시계를 두고 시간을 확인한다. 또한 고객이 차고 있는 시계를 보며 거꾸로 시간을 읽는 데에도 능숙하다. 고객의 시선이 닿는 곳에도 시계를 볼 수 있도록 배치한다. 그럼에도 불구하고 때로는 시간 관리의 효과를 높이기 위해 특정한 동작을 사용하기도 한다. 팔꿈치를 걷어 올려 시계를 확인하거나, "이제 남은 시간이 얼마인가요?"라고 말한 후 시계를 확인하는 방법이 있다. 코칭 시작 시 고객이 다루고자 하는 주제나 문제에 대해 대략적인 일정을 정하는 것도 도움이 된다. 또한 "우리가 오랜 시간 동안 진지하고 무거운 주제에 대해 이야기를 나누었으니 이제는 조금 더 가벼운 주제 이야기로 넘어가 볼까요?"와 같이 제안함으로써 변화의 속도의 필요성에 대해 주의를 환기시킬 수도 있다.

2시간 진행의 코칭 회기라면 보통 90분이 지나면 집중력이 떨어질 수 있다. 이럴 때는 "이제 30분 남았습니다. 남은 시간 동안 어떤 방식으로 진행하는 것이 가장 좋을까요?"라고 질문할 수 있다. 만약 집중력이 떨어져서 더 이상 코칭을 진행하기 힘든 상태가 되었다면 정해진 시간에 맞추기 위해 무리하게 시간을 끌지 않는다. 차라리 일찍 마치거나 남은 시간을 소소한 대화로 보내는 것이 좋다.

첫 회기 코칭(부록 1 참조)에서는 계약에 관해 대화를 나누며 고객에게 코칭 시간은 얼마나 진행되면 좋을지에 대해 물어보는 것이 좋다. 어떤 사람들에게는 2시간 동안 가만히 앉아 있는 것이 고통스러울 수 있다. 운동선수로서 스트레스를 다루는 방법에 대해 상담을 진행한 젊은 고객인 Ed는 첫 15분 동안 계속 발을 흔들고 있었다. 대화 중 잠시 멈추고, "Ed, 오른발이 혼자서 움직이는 것 같은데, 이게 어떤 의미인가요?"라고 물었다. 그의 대답은 "지금 불안하고, 계속 움직이지 않고 가만히 있는 것이 힘드네요. 예의를 차리려고 노력하는 중입니다."였다. 이 대화를 계기로 우리는 코칭을 어떻게 진행할지에 대해 생산적인 이야기를 하게 되었고, 휴식을 포함시키거나 코칭 시간 중 일부는 산책으로 진행하며 90분 단위로 진행하기로 하였다.

신체적 행동 변화

때로는 가장 간단한 방법이 가장 효과적이다. 코칭 중간에 잠시 멈추고 차 한 잔을 권하는 것만으로도 정체된 듯한 코칭에 다시 활력을 주는 데 도움이 될 수 있다. 잠시 일어나서 몸을 스트레칭하는 것도 도움이 될 수 있다.

산책은 코칭에 변화를 주고 속도를 더하는 방법이 될 수 있다. 나는 한 고객과 장기 코칭을 진행 중이었다. 그 고객의 목표는 자신의 분야에서 자영업 컨설턴트로 자리 잡는 것이었다. 코칭 당시, 그는 샌프란시스코에서 런던으로 막 돌아온 상태였다. 그날은 밝고 뜨거운 7월의 날이었다. 코칭이 시작된 지 약 10분쯤 지나 그는 갑자기 말하였다. "Jenny, 저는 집중이 안 돼요. 더 이상 안 되겠어요. 너무 덥고 시차적응도 안 되고 정신이 산만해요." 순간적으로 우리는 사무실을 나와 런던 중심부에 있던 사무실에서 몇 분 거리에 있는 고풍스러운 법원 건물과 주변 정원을 산책하기로 하였다. 우리는 원형 코스를 따라 약 90분 동안 걸었다. 어쩌면 이날의 코칭이 가장 좋은 코칭 중 하나였던 것 같다. 얼굴을 맞대고 대화하는 것보다 나란히 걸으면서 대화하는 것이 더 솔직하고 개방적인 대화를 이끌어 낼 수 있는 경우가 많다. 특히 쾌적한 야외에서 대화하면 눈 맞춤의 강박에서 벗어날 수 있기 때문이다.

브레인스토밍

코칭을 진행하다 보면 때로는 고객들이 '막혀 있다'는 느낌을 표현한다. 이 '막힘'은 오랫동안 해결하지 못한 문제에 대해 고객이 이미 생각해 본 해결책들보다 더 만족스러운 해결책을 찾지 못해서 생긴다. 이럴 때 고객은 목표는 명확하게 알고 있지만 그 목표에 도달하는 방법을 찾지 못하는 상황이다. 일반적으로 고객은 맞다고 느끼는 답을 찾지 못한 채 같은 생각만 되풀이한다.

- 저의 체중 증가가 통제할 수 없을 정도로 심해졌습니다. 그런데 운동을 싫어하고, 다이어트를 하더라도 관리하지 못하면 장기적으로는 더 체중이 증가한다는 것을 알고 있습니다.
- 저희는 회사 사무실을 옮길 형편이 안 되지만, 지금 사무실은 접근성도 안

좋고 건물도 너무 낡아 불만족스럽습니다.

브레인스토밍은 아이디어를 생성하는 방법으로 간단하지만 강력하다. 새로운 아이디어가 필요할 때 적합한 방법이지만 몇 가지 규칙을 준수해야 한다. 가장 중요한 규칙은 아이디어를 생성하는 단계에서는 어떤 평가도 하지 않는다는 점이다. 눈썹을 찡그리거나, 한숨을 쉬거나, '이건 바보 같은 생각이니까 말하지 않을 거야.'라는 식의 자기 비판적 사고를 해서는 안 된다. 이 규칙은 코치와 고객 모두에게 동일하게 적용된다. 브레인스토밍은 생각나는 대로 말할 때에 효과가 있다.

브레인스토밍 하는 방법

먼저, 다음과 같이 고객의 동의를 구한다. "브레인스토밍이 효과가 있을 것 같습니다. 괜찮을까요?"

그다음 질문은 간단하고 명확하게 만들어야 한다. 보통 "어떻게 하면 ……할 수 있을까요?" 또는 "……할 수 있는 방법은 무엇일까요?"와 같은 질문으로 시작한다.

다음은 규칙에 대한 설명이다. 많은 사람이 브레인스토밍이 무엇인지 알고 있다고 생각하지만 실제로는 아이디어를 내자마자 평가를 시작하는 경우가 많다. 이것은 브레인스토밍을 방해하고 악화시키는 행동이다. 이 단계에서는 어떠한 아이디어라도 설령 그것이 어리석거나 가능성이 없어 보이더라도 환영해야 한다. 그리고 그 모든 아이디어는 기록되어야 한다. 일어서서 브레인스토밍을 하면 앉아서 대화하는 것과는 또 다른 분위기와 환경을 만들어 주기 때문에 도움이 된다. 유머, 자유로움, 그리고 예상 밖의 독특함을 권장한다. 이것은 조언이 아닌 아이디어를 발전시키는 것이라고 설명한다.

아이디어가 충분히 나왔다고 판단되면 새로운 종이를 꺼내 고객에게 아이디어를 평가하는 데 어떤 기준을 선택할 것인지 물어본다. 이제 다시 철저히 코치 모드로 돌아가는 것이다. 이러한 기준은 일반적으로 실용성, 비용, 고객의 핵심 가치, 시간, 현실성, 관계에 미칠 수 있는 영향 등과 같은 영역을 다룬다.

두 장의 종이를 나란히 놓고 고객에게 다른 색깔의 펜을 건네어 브레인스토밍한 아이디어 중에서 더 깊이 살펴볼 만한 흥미로운 것들을 표시해 달라고 요청한다. 그런 다음 이 아이디어들을 기준 목록과 비교하고 실행으로 옮긴다.

Alan

Alan은 좋은 음식과 와인을 즐긴다. 운동을 싫어해 학창 시절 '뚱뚱한 아이'로 놀림을 받았는데, 그 상황을 웃음으로 넘기기 위해 자신이 뚱뚱한 것을 이용해 장난스럽게 행동했다고 한다. 그는 또한 뚱뚱한 자신을 혐오하며 최근에는 살이 더 쪘다. "옷가게에 가서 정장을 사려 했는데, 초대형 사이즈는 없더군요."라고 말하였다. 리더십 스타일과 관련된 여러 목표와 함께 Alan의 코칭 목표 중 하나는 30파운드(약 13.6kg)를 감량하는 것이었다. 그는 회사 대표로서 미디어에 종종 노출되는데, "제 모습이 우리 회사의 이미지에 악영향을 미칠까 두려워요."라며 자신의 뚱뚱한 모습이 너무 부끄럽다고 표현하였다. 또한 건강에 대한 근본적인 불안감을 가지고 있었다. 그의 아버지는 젊은 나이에 심장병으로 돌아가셨고 자신도 젊은 나이에 사망할 수 있다는 걱정을 끊임없이 가지고 있었다.

그의 목표는 라이프 스타일에 변화를 주어 체력 향상과 체중 감량을 영구적으로 유지할 수 있는 방법을 찾는 것이다. "이름만 대면 다 알 정도로 모든 다이어트를 해 봤어요." 그는 많은 다이어트 방법을 알고 있었다. 또한 장기적으로 성공적인 체중 감량은 꾸준하고 극적인 변화 없이 천천히 체중을 줄이는 것이며, 이는 식단조절과 운동으로만 해결 가능하다는 것도 알고 있었다.

그의 코치는 브레인스토밍을 제안하였다. "어떤 운동이 체중 감량과 체력 유지에 도움이 될까요?"라는 질문이었다.

Alan과 그의 코치가 함께 생각해 낸 아이디어는 스쿠버 다이빙, 재즈 댄스, 런던 마라톤 참가, 매일 걸어서 출근하기, 자전거 타기, 수영, 아파트에서 엘리베이터 대신 계단 이용하기, 헬스장 등록하기, 개인 트레이너 고용하기, 필라테스, 집에 러닝머신 구입하기 등이었다. 그렇다면 Alan은 이러한 아이디어들을 어떻게 평가할까? Alan의 기준은 분명하였다. 다른 사람들과 함께할 수 있는 활동이어야 하며, '남성적인' 활동이어야 한다. 경쟁적인 요소가 있어야 하고, 자기가 주도할 수 있어야 하고, 달리기가 포함되어야 한다.

그 이유는 학교 다닐 때 유일하게 즐겼던 스포츠가 크로스컨트리 레이스(cross-country race)였기 때문이다. 잠시 후 Alan은 뭔가 깨달은 듯하였다. 브레인스토밍을 통해 나온 어떤 아이디어도 딱 맞지는 않았지만 깨달음을 얻었다. 이제 정확히 무엇을 해야 할지 알게 되었다.

그는 '러닝 클럽'을 직장 동료들과 함께 조직하였다. 점심시간에 런던 공원에서 다른 동료들과 함께 주당 20마일을 달리는 것은 그에게 잘 맞았다. 아마도 다른 방식의 대화로도 이 목표에 도달할 수 있었겠지만 많은 고객이 그렇듯이 브레인스토밍의 속도와 재미가 그의 사고를 더 폭넓게 발전하도록 해 주었다.

빈 의자 기법

빈 의자 기법은 전통적인 심리치료 기법이며, 게슈탈트 학파의 Fritz Perls와 관련이 깊다. 그러나 코칭에서도 매우 유용하게 사용할 수 있다.

기본적으로 이 기법은 관점을 물리적으로 바꾸고 다른 각도에서 사물을 바라보면 가치 있는 통찰력을 얻을 수 있으며, 행동의 변화를 이끌어 낼 수 있다는 원리로 작동한다. 고객이 앉아 있는 의자와 동일한 빈 의자를 준비한다. 그런 다음 고객에게 자리에서 일어나 그 빈 의자에 앉고, 자신을 외부에서 바라보는 것처럼 본래 앉아 있던 의자의 자신을 다른 시각에서 상상해 보라고 요청한다. 즉, 자신의 입장이 아닌 제3자의 입장에서 자신을 바라보며 새로운 통찰을 얻도록 돕는 방법이다.

메타 미러(Meta Mirror)

빈 의자 작업은 관계에 어려움이 있을 때 많은 도움이 된다. 반드시 위기에 처한 관계일 필요는 없으며, 이미 건강한 관계이지만 더 나아가기 위한 경우에도 포함된다. 더 중요한 것은 그 관계의 현재와 미래의 상태가 고객에게 중요한 의미를 가져야 한다는 점이다. 일반적으로 코치는 고객에게 상대방이 되어 상대방의 감정을 상상하고 상대방의 눈을 통해 자신을 바라보도록 요청한다.

빈 의자 작업의 하나는 메타 미러이다. 이 연습에서는 2개의 빈 의자를 놓고 고객이 4단계를 거치도록 한다.

- **1단계:** 고객에게 '자신'이 되어 스스로의 감정과 생각을 느끼게 한 후 다른 의자를 바라보며 그 자리에 앉아 있는 사람을 상상하게 한다. 고객에게 이렇게 질문한다. "이 사람에 대해 어떻게 느껴집니까?"
  이 단계에서 고객은 자신과 그 사람 사이의 관계를 더 잘 이해할 수 있다.[1)]
- **2단계:** 고객에게 의자를 바꿔 앉으라고 요청한다. "이제 당신은 다른 사람이 되어 반대편 의자에 앉아 있는 당신을 상상해 보세요."라고 질문한 뒤 "[자신의 이름]에 대해 어떻게 생각하십니까?"라고 묻는다. 고객이 관계를 맺고 있는 그 사람의 입장에서 답변하도록 격려한다.
  이 단계에서 고객이 자신의 시각에서 벗어나 다른 사람의 입장에서 상황을 재평가할 수 있도록 도와준다. 이를 통해 새로운 통찰을 얻고, 관계를 더욱 명확히 이해할 수 있게 되는 것이다.[2)]
- **3단계:** 이제 고객에게 몇 미터 떨어져 서서 2개의 빈 의자를 바라보며 고객과 상대방이 앉아 있는 모습을 상상하도록 요청한다. 코치는 고객에게 "이제 당신은 가장 자신감 있고 능력이 있는 최고의 상태입니다(자원이 풍부한 상태의 모습)."라고 말한다. 이는 고객이 자신의 문제를 해결할 수 있는 최상의 상태에 있다는 자신감을 심어 주기 위한 표현이다. 고객에게 이렇게 묻는다. "이제 이 관계를 바라보니 무엇이 눈에 띕니까?"
  이 단계는 고객이 관계를 더 넓은 시각에서 바라보고, 자신의 내면의 자원을 최대한 활용하여 새로운 통찰을 얻을 수 있도록 하는 과정이다.[3)]

---

1)~3): 역자주이다.

- **4단계**: 이 상황을 더 객관적으로 보기 위해 더 멀리 이동하거나, 첫 감정과 생각들을 떠올리기 위해 처음 위치로 돌아가면서 새로 떠오른 내용에 대해 코칭을 진행한다.
  이 단계에서는 고객이 발견한 새로운 통찰이나 감정들을 기반으로 대화를 이어 가며, 그들의 이해를 돕고 더 나은 해결책을 모색하는 데 집중한다.[4)]

메타 미러는 고객이 다른 사람의 감정을 최대한 이해하고 공감하도록 유도한다. 고객이 물리적으로 움직이면서 신체적 · 정신적 역동성에 변화를 일으키게 하여 새로운 통찰력과 에너지를 얻을 수 있다. 이러한 작업을 통해 고객은 중요한 관계를 다양한 시각에서 바라볼 수 있게 되며, 문자 그대로 다른 관점에서 그들을 볼 수 있게 된다.[5)]

의자에 앉아 있는 상상 속의 다른 사람이 느끼는 감정을 정확하게 확인할 방법은 없다. 나중에 그들에게 확인하는 방법이 있긴 하지만 사실 확인이 중요한 것은 아니다. 다른 의자에 앉은 사람의 관점에서 얻는 통찰이 중요하다. 대부분의 사람은 상황과 시간이 주어진다면 다른 사람들이 자신에 대해 느끼는 감정을 파악할 수 있다. 이것이 바로 빈 의자 활동이 제공할 수 있는 것이다. 아마도 가장 큰 가치는 우리가 관계에서 문제를 어떻게 일으키고 있는지 이해하고 경험하게 해 준다는 점일 것이다.

빈 의자 기법에는 여러 가지 변형이 있다. 이러한 기법들은 간단하고 즉흥적으로 사용할 수 있으며 시간이 많이 걸리지도 않는다. 다음은 몇 가지 예시이다.

---

4): 역자주이다.

5) 이 기법에 대한 자세한 설명은 Phil Hayes의 책 『NLP 코칭(NLP Coaching)』(2006)에 있다. 검색 엔진에서 'Meta Mirror Demonstration'을 검색하면 몇 가지 녹화된 예시도 찾을 수 있다. 그러나 내가 본 대부분의 예시는 인상적이지 않았다.

Sonia

Sonia는 회의에서 어떻게 더 자신감 있고 신속하게 발언할 수 있을지 고민하고 있다. 그녀의 코치는 2개의 의자를 준비하고 절차를 설명한 후 말한다. "회의에서 자신감 있고 외향적인 모습인 자신이 저 의자에 앉아 있는 모습을 상상해 보세요. 이제 지금의 자리에서 일어나 자신감 있는 Sonia의 의자에 앉아 보세요. 지금 기분이 어떠신가요?" [이후] "자신감 없는 Sonia에게 다르게 할 수 있는 일에 대해 어떤 조언을 해 주고 싶으신가요?"

Brian

Brian은 어떤 진로를 선택할지 고민 중이다. 그는 2개의 좋은 제안을 받았지만, 결정을 내려야 한다는 큰 부담감에 주저하고 있다. 그의 코치는 Brian에게 각각의 직업에 대해 상상하면서 하나의 의자에 앉아 그 각각에 직업으로 근무하는 모습을 상상하고 느낌을 탐색해 보라고 제안한다.

고객이 생활 속에서 다른 사람의 행동 때문에 혼란스럽거나 걱정하는 경우 더 간단한 방법을 사용할 수 있다. 항상 그렇듯이 고객에게 다른 사람을 변화시킬 수는 없고 오직 고객 자신만을 변화시킬 수 있음을 상기시킨다. 고객에게 일어나서 빈 의자를 바라보도록 요청한다. "자신이 그 다른 사람이라고 상상하고 자신을 바라본다면 무엇을 보겠습니까?" 대부분의 고객은 이렇게 함으로써 자신이 다른 사람에게 어떤 영향을 미치는지에 대한 통찰을 어느 정도 얻게 될 것이다.

물리적 관점을 바꾸는 더 간단한 방법도 있다. 내 코칭룸에는 3개의 동일한 의자와 작은 원형 테이블이 있다. 많은 고객이 매번 같은 의자에 앉는다는 것을 알아차리기 시작하였다. 그러한 상황이 반복되던 중 한 고객에게 다른 의자에 앉아 보는 것을 제안하였다. 이 고객은 항상 친절하고 예의 바른 사람으로, 매 코칭 후에 작은 감사 이메일을 보냈다. 이 코칭 후 받은 이메일에는 이렇게 적혀 있었다.

"이번 코칭도 감사합니다. 관점의 전환으로 도움이 많이 되었습니다. 제 딸이 백혈병 환자라는 고정관념에서 벗어나게 해 주셨습니다!"

지난 코칭 중 두 번째 회기에서 그는 자신의 어린 딸이 백혈병 진단을 받았다는 충격적인 이야기를 하며, 엄청난 분노와 불공평함을 느꼈으며 딸이 겪어야 할 치료 과정에 대한 고통과 재정적인 부담에 깊이 괴로워하였다. 의자를 바꾸는 것은 물리적인 관점을 변화시켰고, 이것이 정신적인 재구성에도 도움이 되었다. 그 이후로 나는 코칭에서 자주 나의 자리를 바꾼다. 코치도 고객처럼 하나의 관점에 갇힐 수 있기 때문이다. 여름에는 고객을 보통 사용하던 방이 아닌 나무가 우거진 테라스로 초대해 다른 시각을 경험하게 할 때도 있다.

조약돌

관계 문제를 해결하는 또 다른 방법은 고객에게 그들이 문제 상황을 물리적 사물들로 표현하여 객관화하도록 하는 것이다. 나의 코칭룸의 선반에는 다양한 모양과 크기의 조약돌들이 담긴 그릇이 있다. 이 조약돌들은 특별한 것이 아니며 광택을 내거나 특별할 것 없는 일반 조약돌이다.

다음은 수행하는 방법이다. 고객에게 자신과 다른 중요한 사람들을 나타내는 조약돌을 선택하도록 한다. 근처의 테이블을 사용하거나 고객이 원한다면 바닥을 사용할 수도 있다. 이 작업의 목적은 조약돌을 배치하여 관계의 본질을 시각적으로 나타내는 것이다. 일반적으로 고객들은 조약돌을 만져 보며 사람들을 상징하는 크기와 색상을 고르는 과정을 흥미로워한다. 다음과 같이 질문해 본다.

- 어느 조약돌이 누구를 나타내나요?
- 각 사람을 나타내기 위해 선택한 조약돌에 대해 설명해 주시기 바랍니다 (예: 크기, 색상, 모양의 차이 등).
- 그들 사이의 거리가 당신에게 어떤 의미로 다가오나요?

- 이 사람들이 서로를 보고 있습니까, 아니면 등을 돌리고 있습니까?
- 당신이 위치해 있는 곳에 대한 생각을 말씀해 주세요.
- 이들의 배치를 보고 있으면 어떤 느낌이 드나요?
- 당신 자신을 나타내는 조약돌과 관련해서 그 느낌은 어떻습니까?

조약돌을 고객이 편안하게 느껴지는 배치로 다시 배열하도록 권유하고 그 후에 전체 과정을 다시 설명하도록 요청한다.

이어서 다음 질문을 한다. "이렇게 편안한 배치를 현실로 만들기 위해 무엇이 필요한가요?"

Tiffany

Tiffany는 최고 경영자로서 새로운 시작을 하였다. 그녀는 이 일에 대해 아무런 준비도 없이 험한 산을 오르는 느낌이라고 표현하였다. 우리는 명료한 언어(p. 169 참조)를 통해 그녀가 이 경험을 어떻게 받아들이고 있는지 탐구하였다. 그 접근법을 통해 새 직장에서 일하기 위해 이민을 왔으며, 가까운 친구들과 이웃을 잃게 되었고, 엄격하고 예민한 상사와 관계를 맺어야 했으며, 임원들의 능력이 예상보다 부족하다는 것을 알게 되었다. 게다가 팀원 중 한 명은 그녀의 취임과 동시에 병가를 냈고, 또 다른 한 명은 그녀에게 불만을 제기하였다. 또한 남편은 집을 매매하느라 떨어져 지냈기 때문에 홀로 지내야 하였다. 그녀는 자신을 나타내는 조그맣고 둥근 조약돌을 선택하여 테이블 중앙에서 약간 벗어난 위치에 놓았다. 팀원들을 나타내는 조약돌을 배치하면서 여섯 명 중 두 명은 그녀를 등지게 하였다. 그녀의 엄격한 상사는 가장 큰 조약돌로 그녀와 가장 가까운 위치에 놓였다. 남편과 예전 친구들은 가장자리에 배치되었는데, 남편은 그녀를 향하게 놓았으며 친구들은 등을 돌린 채로 놓였다. 이 작업을 하고 그녀는 다음과 같이 말하였다.

> 이 작업을 하는 것은 굉장히 충격적이었고, 그 어떤 것보다도 제가 사회적 · 직업적으로 고립되어 있다는 사실을 깨닫게 해 주었습니다. 그 조그맣고 둥근 나의 조약돌이 너무 불쌍하게 느껴졌습니다. 저는 태도를 바꾸지 않으면 무능력함과 문제에 대한 제

감정이 점점 더 악화될 것이라는 것을 깨달았습니다. 당신이 조약돌들을 더 만족스러운 배열로 재배치해 보라고 했을 때 기분이 나아졌습니다. 기억하시겠지만, 저는 몇 개의 새로운 조약돌을 추가했는데 그중 하나는 개인 비서를 상징하는 조약돌이었습니다. 당시에는 이 중요한 역할이 비어 있었고 저는 그 공석을 방치하고 있었습니다. 또한 저는 유럽 전역의 최고 경영진들이 모인 '아카데미'[6]에 초대받은 것임을 깨달았고, 이를 통해 동료들로부터 지원과 도전을 받을 수 있을 것이라는 점을 알게 되었습니다. 저는 제 주변에 새로운 친구들을 나타내는 조약돌들을 더 배치했는데 이 친구들은 제 업무와 관련이 없는 사람들이었고, 또 하나는 아직 알지 못하는 개인 트레이너를 상징하는 조약돌이었습니다. 이 트레이너는 제가 다시 운동을 시작할 수 있도록 도와줄 사람이었습니다. 이 모든 것은 저에게 훌륭한 통찰력을 주었고, 저는 마음이 가벼워졌으며, 완전히 새로운 업무 방식을 계획하는 시작이었습니다.

이 작업은 '치유'를 하는 것은 아니다. 다만, 문제를 명확히 드러내고 변화를 위한 동기를 부여하게 한다. Tiffany의 경우 우리가 몇 개월 동안 계속해 온 코칭의 중요한 전환점이 되었다.

심상화

인간 두뇌의 많은 놀라운 측면 중 하나는 상상력을 사용할 수 있다는 것이다. 두뇌는 상상과 현실을 쉽게 구별하지 못한다. 우리가 두려움에 집착할 때는 이것이 단점으로 작용되지만 긍정적인 대안을 상상할 때는 장점이 된다. 이는 두뇌가 새로운 신경 회로를 만들어 우리의 신념과 행동에 변화를 줄 수 있기 때문이다.

6) 역자주: 단순한 학교를 의미하는 것이 아닌, 상호 학습과 네트워킹을 위한 프로그램이나 흐름을 의미한다.

이 접근 방식에 흥미를 느낀다면 자신만의 스크립트를 개발하고 싶겠지만 이러한 스크립트의 다양한 변형은 모두 동일한 핵심 요소를 가지고 있다.

고객에게 허락을 구하고 이점을 간단히 설명한다. 만약 고객이 불안해하거나 망설이면 강요하지 않는다. 이 방법이 모든 사람에게 적합한 것은 아니기 때문이다. 고객에게 가벼운 트랜스 상태에 들어가도록 요청한다. 일부 코치는 '트랜스 상태'에 대한 부정적인 인식이 있기 때문에 '**트랜스**'라는 말을 듣고 거부감을 가질 것 같다면 그렇게 부르지 않아도 된다. 나는 트랜스가 일상적인 인간 경험임을 설명하기 때문에 그렇게 부른다. 우리는 모두 자발적으로 트랜스 상태에 들어갈 수 있으며 종종 무의식적으로 들어간다. 예를 들어, 단조로운 고속도로를 운전하거나 긴 조깅을 할 때이다. 이 상태는 시간이 흐르는 것을 인지하지 못하거나 물리적 환경의 방해를 받지 않는 특징이 있다. 교회 신자들은 기도나 명상을 통해 이 상태에 들어가고, 콘서트에서도 비슷한 상태를 경험할 수 있다. 이론적으로 가벼운 트랜스 상태에서는 마음이 더 개방되어 있으며 뇌에 대한 모든 연구가 이를 증명한다. 고객에게 자신이 모든 상황을 통제하고 있음을 알려 안심시키고, 신체적 이완과 눈을 감는 것을 통해 이 상태에 들어가도록 한다. 이는 마음의 평온을 가져온다. 당신의 목소리는 낮고 부드러우며 간결해야 한다. 차분하고 일관된 소리로 말하는 것을 목표로 한다. 천천히 말하고 '**그리고……**' '**그래서……**'와 같은 연결어를 사용한다. 긍정적인 암시만 사용한다. '긴장하지 않습니다.'라고 말하는 대신 '편안합니다.'라고 말한다. (마음이 집중하는 곳에서 확장이 일어나기 때문에 '긴장'이라는 단어를 사용하면 '긴장'에 집중되어 오히려 긴장을 초래하게 된다.) 적절한 질문을 사용해 고객이 필요로 하는 것을 이해한다. 그 정보를 이용해 고객에게 실질적으로 도움이 되는 구체적인 내용을 작성한다.

모든 작업은 고객이 편안한 상태로 마음을 가라앉히고 눈을 감는 것에서 시작한다.

스크립트 예시

- 의자에 편안하게 앉아 보세요. 다리나 발, 팔을 꼬지 않은 상태로 앉으세요. 쿠션을 사용하고 싶으면 그렇게 하셔도 됩니다.
- 먼저 편안하고 안정된 호흡을 유지하도록 합니다. 허리 아래쪽에서부터 깊게 숨을 들이쉬고, 폐가 가득 차고 팽창하며 바깥쪽으로 밀려 나가는 느낌을 느껴 보세요. 몇 초 동안 숨을 멈췄다가 이제 숨을 내쉬면서 가슴이 다시 들어가는 것을 느껴 보세요. 내쉬는 숨은 들이쉬는 숨보다 훨씬 길게 하도록 합니다. 들이쉴 때는 입을 다물고, 입을 열어 천천히 고르게 숨을 내쉽니다. (고객과 함께 이러한 호흡을 여러 번 반복하면서 각 숨마다 천천히 숫자를 세어 준다.)
- 눈을 감고 몸을 편안하게 합니다.
- 먼저 발을 편하게 하세요. 완전히 자유로워진 느낌을 가지도록 하세요. 발가락에 긴장이 느껴진다면 천천히 움직이며 완전히 이완되도록 합니다.
- 이제 다리도 똑같이 해 보세요. 무릎을 편안하게 풀어 주고 허벅지도 이완시킵니다. 다리가 느슨해지고 편안해지도록 하세요. 다리가 무겁게 느껴질 수 있는데, 괜찮습니다. 약간 저리거나 따뜻하게 느껴질 수도 있습니다.
- 이제 손을 편하게 놓으세요. 손가락을 살짝 흔들어 풀어 주고 느슨하게 만들어서 축 처진 느낌을 느껴 보세요. 이제 근육이 이완되고 긴장이 풀리면서 손이 점점 무거워지는 것을 느껴 보세요. 손이 무거워지면서 편안해지는 것을 느껴 보세요. 그리고 팔도 마찬가지로 무거워지고 아주 편안하게 만드세요.
- 호흡을 천천히 고르게 유지하면서, 숨을 들이마시고…… 내쉬세요……. 들이마시고…… 내쉽니다. (고객의 호흡과 시간을 맞추어 코치의 호흡과 일치시킨다.)
- 그리고 이제 어깨입니다. 근육이 부드럽고 힘없이 늘어지도록 어깨를 내려놓으세요. 그리고 이제 목에 있는 모든 긴장을 풀어 주세요. 이제 가슴과 배도 마찬가지로 합니다. 몸의 중심부가 편안해지도록 하세요. 부드럽고 따뜻한 느낌이 온몸으로 퍼져 나가는 것을 느껴 보세요.

- 이제 얼굴입니다. 얼굴 근육이 이완되어 피부가 부드러워지는 것을 느껴 보세요. 입 주변의 근육을 부드럽고 느슨하게 만드세요. 이마의 근육도 동일하게 이완시킵니다.
- 온몸이 이완되고 호흡이 느려지며 심장박동이 조용하고 안정된 상태로 고르게 유지되는 것을 느껴 보세요. 그리고 온전히 편안하고, 안정되고, 이완된 상태를 느껴 보세요.
- 이제 당신이 기분 좋게 느껴지는 장소를 상상해 보시기 바랍니다. 이 장소는 실제로 당신에게 특별한 장소일 수도 있고 상상의 장소일 수도 있습니다. 이 장소가 어떤 느낌을 주는지, 몸에 어떤 감각을 불러일으키는지 떠올려 보세요……. 그곳에서 들리는 소리들을 기억하거나 상상해 보시고…… 눈앞에 펼쳐지는 장면들을 떠올려 보세요. 이 모든 감각을 즐기며…… 더 깊이 이완하고…… 그곳에 있는 자신을 느껴 보세요…….

고객이 이루고자 하는 목표에 따라 다음 단계가 결정된다. 나는 개인적으로 여러 방식으로 이를 사용해 왔으며, 또한 동료 코치들로부터 다음과 같은 예시들을 모았다.

고객의 상황	코치의 반응
취업 면접 전에 항상 긴장한다.	고객에게 면접 방에 앉아 있는 자신을 상상해 보도록 제안한다. 이때 고객은 차분하고 면접에 잘 대응하며 잘 해내고 있다. 면접관들이 긍정적으로 반응하는 모습을 보고 들을 수 있다.
신체적 · 정신적으로 학대하던 남편과 이혼했지만 여전히 그에 대한 두려움에 시달리고 있다.	코치는 고객에게 전 남편의 모습을 상상해 보라고 요청하였다. 고객은 전 남편이 마치 큰 도깨비 같다고 대답하였다. 코치는 그를 정원에 사는 요정 크기로 줄여 보자고 제안하였다. 그런 다음 코치는 고객에게 그를 어떻게 하고 싶은지 물었다. 고객의 대답은 "그를 정원의 구석 뒤쪽에 숨겨서 아무도 찾지 못하게 하고 싶습니다."였다.
큰 회의에서 발언하는 것이 두렵다.	고객에게 회의실을 상상해 보도록 제안한다. 회의 주재자의 눈에 잘 띌 수 있는 최적의 위치에 자신을 배치하고, 자신이 빛나고 자신감 있게 행동하는 모습을 떠올리도록 한다.

고객의 상황	코치의 반응
치과에서 치과의사의 실수로 인한 사고로 만성적인 안면 통증을 겪고 있다. 이 통증은 알려진 어떤 방법으로도 치료할 수 없다.	코치는 치과 문제의 전문가가 아니다. 여덟 번의 코칭 동안 코치는 고객에게 통증이 어떻게 느껴지는지 이야기해 보라고 한다. 고객은 "거대한 게의 집게가 바깥쪽에서 뺨에 박혀 있는 것 같아요."라고 대답한다. 코치는 그 게를 작게 만들고 집게의 힘을 줄여 보자고 제안한다. 코칭을 거듭할수록 통증은 점차 관리 가능한 수준으로 줄어들게 된다.
미래를 두려워하며, 삶의 목적을 찾지 못하고 혼란스러워하고 있다.	고객에게 5년 후의 자신의 삶을 상상하도록 하였다. 친절하고 자신감 넘치는 모습을 한 미래의 자신이 다가오는 모습을 떠올리고, 그 미래의 자신이 현재의 자신에게 어떤 말을 하는지 들어 보도록 한다.
금연을 위해 패치를 사용해 보기도 했고, 갑자기 끊어 보기도 했으며, 의지만으로도 시도해 보았다.	고객이 평소에 담배를 피우던 모든 상황에 노출되도록 하고, 그 상황에서 담배에 유혹되지 않고 행복하게 지내는 자신을 보고 경험하도록 설정한다.
머릿속이 '복잡한 생각들'로 가득 차서 쉽게 잠들지 못한다.	코치와 고객은 수면 준비에 대한 전략에 대해 논의하였다. 여기에는 자극제 피하기, 침실 온도를 낮추기, 즐거운 책 읽기 등이 포함되었다. 코치는 고객에게 먼저 점진적 이완 기법을 가르쳤으며, 여기에는 호흡 조절 방법이 포함되었다. 그런 다음 심상화 기법을 실시하였다.

Stephen

저는 코칭에서 아주 평범한 문제를 꺼냈습니다. 제 상사이자 최고 경영자인 분에게 어떻게 영향력을 미칠 수 있는지, 그리고 그의 보좌관 역할을 맡고 있는 제 일을 어떻게 더 잘 해낼 수 있는지 알고 싶다는 것이었습니다. 상사는 자신을 보좌해 주고, 연설문을 작성하며, 비행 일정을 챙기고, 언론과의 소통을 처리해 줄 누군가가 필요했습니다. 제가 이 심상화 작업을 했을 때 5년 후의 제 모습을 매우 뚜렷하게 보았습니다. 그곳에는 저와 함께 아내와 어린 자녀들도 있었습니다.

코칭을 받을 당시 저는 여자 친구만 있었고 아내와 자녀는 없었습니다. 심상화를 통해 미래의 제가 어떤 일을 하며 생계를 이어 가고 있는지도 살펴볼 수 있었습니다. 저는 조직의 주요 부서를 담당하고 있었고, 저만의 리더십으로 관리하고 있는 제 모습을 보았습니다. 그 방식은 제가 매일 마주하던 권위적인 리더십 스타일과는 완전히 달랐습니다. 그것은 큰 깨달음을 얻는 순간이었습니다. 저는 현재 고액의 연봉을 받지만 의미 없는 단순한 일에 시간을 낭비하고, 싱글을 즐기는 독신 생활에 에너지를 낭비하고 있다는 것을 갑자기 깨달았습니다. 그리고 이것은 제가 원하는 삶이 아니었습니다. 미래의 제 자신으로부터의 조언은 이랬습니다. "현실을 직시해, 친구!"

그 시점 이후로 코칭의 방향이 완전히 달라졌습니다. 5년 후, 저는 그 고위직을 향해 가고 있었습니다. 저는 당시 여자 친구를 얼마나 사랑했는지, 그녀를 잃으면 얼마나 슬플지 깨달았습니다. 우리는 다음 해에 결혼했고, 심상화에서 본 두 명의 아이 중 한 명은 태어났고 나머지 한 명은 곧 태어날 예정입니다. 저는 12시간 근무를 거부합니다. 올바른 일과 삶의 균형을 유지하는 것이 중요하며, 다시는 그 균형을 위태롭게 하지 않을 것입니다.

이 활동들은 매우 효과적이다. 적절한 상황은 고객에게 그 어떤 것보다 더 잘 작동할 수 있다. 한 번의 실행만으로 충분하지 않을 경우도 있다. 예를 들어, 얼굴 통증을 다루는 의사 겸 코치는 고객과 만날 때마다 심상화를 사용하였다. 작업과정을 녹음한 후 고객에게 이메일로 보내서 원하는 만큼 반복해서 들을 수 있도록 할 수도 있다.

첨단기술 활용

기술의 발달로 인해 코칭에서 다양한 도구를 쉽게 사용할 수 있게 되었다. 나는 항상 코칭에서 아이패드를 사용하여 다양한 앱을 통해 수많은 유용한 아이디어를 얻고 있다. 그림을 그리거나 메모를 작성할 수 있는 앱을 사용하여 고객이 직접 그림을 그리거나 메모를 작성하게 한 후, 이를 자신에게 이메일로 보내도록 하여 필요할 때 언제든 확인할 수 있게 한다. 또한 콘퍼런스나 이사회에서 연설하는 데 도움이 필요한 고객에게는 TED.com을 활용하여 지루한 발표 기술을 개선할 수 있게 한다. 고객의 목소리를 녹음하고 이를 텍스트로 변환해 주는 앱들도 많이 있어서 고객이 원한다면 목소리로 실험해 볼 수 있다. 나는 또한 3D Brain 앱을 사용하여 고객에게 뇌 기능을 설명하는데, 이 앱은 매우 유용하다 (p. 120 참조). 이와 같이 다양한 기술 도구는 코칭 과정에서 고객에게 큰 도움을 줄 수 있다.

동료 코치인 Amy Iversen 박사는 고객과의 코칭에서 비디오 녹화를 어떻게 사용하는지에 대해 다음과 같이 설명한다.

> 코치로서 고객들이 '메타인지'를 해 보는 것이 매우 유용하다는 것을 발견하였다. 고객이 자신을 다른 사람들이 보는 시각으로 볼 수 있도록 하는 것이다. 이를 통해 고객들은 자신이 실제로 어떻게 보이는지(옷차림, 메이크업, 얼굴 표정, 자세와 걸음걸이), 어떻게 말하는지(목소리, 억양, 어조, 어휘), 그리고 어떻게 사람들에게 인식되는지(인사, 악수, 전반적인 태도)를 스스로 발견할 수 있다.
>
> '메타인지'는 두 가지 면에서 강력하게 작용한다고 생각한다. 첫째로, 고객 자신이 미처 인식하지 못한 중요한 점을 깨닫게 도와주고, 이후에 이를 해결할 수 있도록 한다(예: 눈을 피하는 경향이나 상대방의 말을 끊는 습관 등). 이는 면접 준비, 시험, 혹은 리더십을 발휘해야 하는 고객에게 매우 유용하게 쓰일 수 있다.
>
> 고객의 모습이 담긴 동영상을 함께 시청하고 소크라테스 질문(깊은 생각을 유도하는 질문)을 사용하는 것만으로도 강력한 메타인지를 이끌어 낼 수 있다. 고객에게 제3자의 입장에서 이 동영상을 보도록 제안하는 것이 더욱 효과적이다(예: "이 여성에 대해 무엇을 알아차리셨습니까?").
>
> 두 번째는 고객이 자신의 외모나 행동에 대해 과도하게 걱정하거나 집착하는 경우, 이 특징이 다른 사람들에게 실제로 얼마나 중요한지 실시간 피드백을 받을 수 있도록 돕는 것이다. 이 경우 고객과 짧은 동영상과 사진을 제작하고, 고객이 다른 사람들에게 묻고 싶은 질문들을 설문지로 작성한다. 최근에는 항우울제를 복용하기 시작한 후 '약에 취한 것 같다'고 걱정하며 누군가의 앞에서 말하는 것을 거부하는 고객을 코칭하였다. 고객의 동의를 구하고, 100명의 자원봉사자에게 그가 말하는 짧은 동영상 클립을 이메일로 보내 목소리와 얼굴에서 이상한 점을 발견했는지에 대해 피드백을 요청하였다. 단 한 명도 이상한 점을 발견

하지 못했다는 피드백은 고객에게 큰 도움이 되었고, 그는 자신감을 얻어 앞으로 나아갈 수 있었다.

역할극

역할극은 학습을 가속화하고 대화의 분위기를 전환하는 데 매우 유용한 방법이다. 일부 사람들은 역할극이 인위적이라며 강한 거부감을 가지는데, 이는 주로 연기 경험이 없는 사람들이 무대에 서서 인위적인 상황을 연출해야 하는 경우에 발생한다. 이러한 이유로 역할극이라는 용어를 사용하지 않고 그냥 자연스럽게 진행하는 것이 더 자연스러울 수 있다.

역할극은 고객이 중요한 대화를 연습하거나 다시 떠올려서 재현하는 것을 의미한다. 일반적으로 고객은 자신을 '연기'하고, 코치인 당신이 다른 사람의 역할을 '연기'한다. 그러나 역할을 바꿔 당신이 고객의 역할을 연기할 수도 있다.

일부 고객은 자신의 습관적인 행동 방식을 넘어서는 데 어려움을 겪는다. 이들은 다른 사람들이 자신을 어떻게 보는지 잘 알지 못할 때가 많다. 역할극은 이러한 상황을 안전하게 실험해 볼 수 있는 방법이다. 여러분이 고객과 신뢰를 쌓은 상태라면 고객들은 실수하더라도 체면을 잃을 걱정 없이 자신을 충분히 노출시킬 수 있다. 또한 이는 코치가 고객에게 피드백을 제공할 수 있는 기회를 준다. 역할극은 고객들이 다가오는 중요한 대화를 준비하는 데 큰 도움이 된다. 또한 최근에 있었던 힘들었던 대화를 다시 돌아보는 강력한 방법이기도 하다. 여러 사람이 자신에게 특정적인 같은 방식으로 대한다고 느끼는 고객들에게 역할극은 매우 효과적이다. 이러한 경우 역할극은 우리가 받은 대우가 우리 자신의 행동과도 관련이 있다는 점을 인식하게 도와준다. 같은 이유로 다른 사람을 변화시키기를 바라며 코칭을 받는 고객들에게도 역할극은 유용하다. 역할극은 다른 사람을 변화시키는 유일한 방법이 먼저 우리 자신을 변화시키는 것임을 깨닫게 해 준다. **"행동은 행동을 낳습니다."**라는 오래된 격언과 상통한다.

역할극을 하는 방법

역할극이 성공적으로 이루어지기 위해서 특별한 연기력은 필요하지 않다. 하지만 그 역할 속 인물의 말투나 행동 방식을 조금이라도 따라 할 수 있다면 더욱 도움이 된다.

역할극에 대한 설명 요청하기:

- 상황을 설명하게 합니다.
- 이 사람은 어떤 사람인가요?
- 그들은 어떻게 보이나요? 몇 살인가요?
- x나 y의 상황이 일어났을 때 그들은 보통 어떻게 반응하나요?
- 어려움이 있었던 상황에 대해 이야기해 주세요. 1분이나 2분 정도로 간략하게 대화 내용을 이야기해 주세요.

이 설명은 1~2분이면 충분하다.

이제 이렇게 말한다. "좋아요. 제가 상대방이라 가정하고 당신(고객)은 그 상황에 있는 겁니다. 그래서 당신(고객)은 뭐라고 이야기하나요?"

그러고 나서 코치는 그 사람(상대방)이 일반적으로 반응했던 방식으로 고객에게 응답한다. 대화는 몇 분간 또는 필요하다고 생각되는 시간 동안 계속 진행한다. 보통 3분이면 충분하다.

피드백

역할극은 피드백 없이 그 목적을 달성하기 어렵다. 고객에게 피드백을 제공해도 되는지 허락을 구한다.

- 먼저 고객의 의견을 물어본다. 고객의 자기 인식이 얼마나 정확한지 기록하

고, 지나치게 겸손하거나 비현실적인 자기 평가가 있다면 나중에 탐구한다.

- 역할극이 실제 생활과 얼마나 비슷했는지 확인한다. 보통 고객들은 역할극이 실제 사건과 같았거나 그렇게 될 수 있었다고 말할 것이다. 그들은 종종 "코치님은 그 사람을 아는 것 같아요. 정말 그 사람 같았어요!"라고 말할 것이다. 이 관찰을 통해 얻을 수 있는 학습은 고객이 자신의 일반적인 행동 방식이 다른 사람들로부터 어떤 반응을 이끌어 내는지 알 수 있다는 것이다.
- 고객의 스타일이 상대방의 입장이었을 때 어떻게 느껴졌는지 말해 준다. 여기서는 분석을 하는 것이 아니라 코치 자신의 감정적 반응을 관찰하고 신뢰하는 것이다.
- 매우 구체적으로 피드백을 제공하는 것이 좋다. 여기서는 역할극이 진행되는 동안 미시적 및 거시적 관찰, 객관적 및 주관적 인상을 피드백하기 위해 기록해야 한다. 사소해 보이는 것도 모두 관찰하고 피드백할 수 있다. 객관적 인상은 자세, 목소리, 얼굴 표정, 언어 등을 포함할 수 있다.

프로젝트가 위험에 처해 있다고 말하면서 몸을 앞으로 기울이고 목소리를 높였습니다. 그때는 정말 권위적이라는 느낌을 받았지만, 잠시 후에는 목소리가 낮아지고 손을 살짝 입 위에 올려놓는 것을 보았습니다.

- 다른 사람이 어떤 행동을 했을 때, 그 행동이 나에게 어떤 영향을 미쳤는지에 대한 개인적인 느낌이나 생각을 표현하는 것은 주관적인 인상이다. 이를 위해서는 그 사람의 입장에서 생각해 봐야 한다. 항상 '나'를 사용하여 표현한다. 예를 들어, '당신이 이렇게/저렇게 했을 때, 그것이 저에게 미친 영향은…….'으로 피드백하면 된다.

처음에 당신이 권위적인 태도를 보였을 때, 저는 약간 경계심이 들었습니다. 그러나 그 이후에 당신의 목소리가 낮아지고 손을 입에 대었을 때, 당신이 물러날 것이라는 확신이 들었습니다. 그로 인해 제가 느낀 것은 계속해서 버티면 내가 원하는 대로 동의하게 만들 수 있을 것이라는 것이었습니다.

- 고객에게 그 상황에서 무엇을 변화시키거나 시도해 보고 싶은지 물어본다.

역할극이 잘 진행되지 않았을 경우에는 다시 시도하여 고객이 성공을 경험할 기회를 주는 것이 매우 중요하다. 고객이 다른 방식으로 행동하는 법을 배우기 시작했음을 알려 주는 작은 성과와 큰 성과를 모두 찾아본다.

역할극을 통한 실제 상황 연습

역할극은 몇 분 만에 끝날 수도 있고, 별다른 설명 없이 간단하게 시작할 수도 있다. 그러나 역할 연습을 유용하게 확장할 수 있는 상황도 있다. 예를 들어, 취업 면접 준비, 언론과의 대면 준비, 발표 능력 향상 등을 들 수 있다.

Gareth

Gareth는 최고 경영자의 후보 목록에 네 번이나 올랐지만 결국 실패하였다. 그 후 그는 도움이 필요하다는 것을 깨달았다. 처음에 면접하는 방식에 대해 코칭했을 때, 그의 억양은 학문적인 시험을 보는 것처럼 면접에 임하고 있다는 것을 알 수 있었다.

JR: 면접은 어떤 느낌인가요?

Gareth: 제가 박사 학위를 받기 위해 겪어야 했던 구술시험을 떠올리게 해요.

JR: 그럼 면접을 자신의 지식을 보여 주는 자리로 여기시나요?

Gareth는 이 면접이 학문적인 절차가 아니라 사회적인 절차라는 것을 인지할 필요가 있었다. 면접관들은 그의 학문적 지식을 이미 인정하고 있을 가능성이 크다. 지시적인 면만 과하게 어필하는 것은 면접관들이 항상 궁금해하는 주요 질문, 즉 '이 후보자와 함께 일하는 것은 어떤 느낌일까?'에 대한 답이 아니었다.

우리는 면접을 위해 새로운 주제로 탐색하였다. 이번에는 면접 상황의 사회적 측면과 함께 그의 리더십 경험과 기술, 직무에 대한 동기 등 여러 가지에 집중하였다. 면접에서 물어볼 수 있는 핵심 질문은 약 8개 정도로, 이 모든 질문에 어떻게 답변할 수 있을지 연습하기로 하였다. 5분 단위로 나누어 나는 면접관 역할을 맡고, 그는 답변을 연습하였다. 그런 다음 나의 피드백과 함께 답변을 분석하였다. 때로는 비디오 녹화를 이용하여 진행하였다. 이렇게 해서 Gareth는 자신의 모습이 어떻게 비치는지 직접 확인할 수 있었으며, 카메라를 통해 보는 자신의 객관적인 피드백은 정말 중요하였다. 이것을 통해 '너무 자만해 보인다.'거나 '앉아서 대답할 때 더 자신감 있어 보인다.' '질문에 간결하고 직접적으로 대답할 때 더 설득력 있다.' '미소를 지을 때 더 좋은 사람처럼 보인다.' 등을 알 수 있었다. 두 달이 되지 않아 Gareth는 원하던 최고 경영자 직을 얻었고, 다시 성공적으로 경로를 변경하여 현재는 자신의 분야에서 저명한 인물이 되었다.

Gareth와 같은 이미 높은 직급에 있는 고객들은 도움을 받기 위해 자신의 약점을 드러내는 데 용기가 필요할 수 있다. 하지만 단순히 **이야기를 하는 것**도 유용할 수 있지만, 실질적인 연습을 통해서만 어떤 장애물이 있는지, 그리고 그것들을 어떻게 극복할 수 있을지 파악할 수 있다.

마찬가지로 의외로 많은 고객이 사회적 자신감 부족으로 어려움을 겪고 있다고 이야기한다. 조직 내부나 통제할 수 있는 구조화된 상황에서는 모든 것이 괜찮다고 느낀다. 그러나 역할과 지위라는 방어막이 없는 낯선 사람들 속에 놓이게 되면 움츠러든다. 여기서도 관찰을 통해 사회적으로 자신감 있는 사람들이 이런 상황에서 어떻게 행동하는지를 파악하고, 이후에는 작은 단계의 연습과 피드백을 통해 개선해 나가는 것이 시작점이 된다.

쉐도잉(Shadowing)

고객을 최소한 한 번은 그의 집 근처에서 만나 보는 것이 좋다. 이 만남은 고객이 코칭에서 언급한 인물들을 만날 수 있는 거의 유일한 방법일 것이다.

쉐도잉은 고객이 하루나 반나절 동안 당신을 자신의 삶에 동참시켜 함께 시간을 보내는 것을 의미한다. 이때 당신은 고객과 함께 있지만 그들의 일상에 방해가 되지 않도록 조심해야 한다. 이 방법의 핵심은 고객이 평소에 일하는 장소에서 어떤 방식으로 행동하는지를 직접 보는 것이다. 이를 통해 고객이 다른 사람들과 상호작용하는 방식과 동시에 조직의 문화를 직접 경험할 수 있다. 고객은 조직에 새로 들어갔을 때의 낯선 느낌을 점차 잊게 되고, 시간이 지나면서 그 조직의 특유의 문화에 적응하기 때문이다. 그러나 코치는 그 점을 주목해야 한다. 이러한 관찰 사항들을 공유하고 피드백을 제공하는 것은 고객의 성장에 큰 도움이 될 수 있다. 이런 과정을 진행하는 데에는 코치에게 용기가 필요하지만, 많은 고객은 이를 적극적으로 받아들이기도 한다.

고객에게 쉐도잉의 이점에 대해 설명한다. 그리고 고객이 코치의 역할이나 코치와의 관계를 다른 사람들에게 어떻게 설명하고 알릴지 이야기한다. 고객이 피드백을 받아들이고 성장하기 위해서는 자신의 모든 것을 솔직하게 드러내고 피드백을 기꺼이 받아들여야 한다. 고객 대부분은 자신이 높은 수준의 피드백을 기꺼이 받아들이는 모습은 조직에 주요한 본보기가 된다는 사실을 이해한다. 이렇게 하면 '약하다'는 인상 대신 오히려 강하고 자신감 있는 모습으로 비칠 것이다.

고객과 다른 사람들에게 코치의 역할은 관찰자라는 점을 명확히 해야 한다. 그리고 고객의 동료들에게 코치가 그들과 함께하는 것에 대한 동의와 조직의 비밀유지에 대해 협의한다. 또한 동료들은 코치의 평가 대상이 아니므로 걱정하지 않아도 된다는 점과 코치는 고객에게만 집중함을 알린다. 고객에게는 이 작업을 통해 특히 어떤 부분에 대한 피드백을 필요로 하는지 논의한다. 일반적으로 업무위임 방법 및 브리핑 대화, 회의 진행, 비서와의 상호작용, 시간 관리, 의사결정 등이 있다. 쉐도잉이 끝난 후 피드백을 위한 충분한 시간(일반적으로 반나절)을 확보한다.

고객의 문제에 따라 일반 코칭에서도 쉐도잉을 구성할 수 있다. 다음은 한 코치의 예시이다. 이 코치는 순간을 재치 있게 활용하여 독특한 즉흥적 쉐도잉을 진행하였다(p. 282 참조).

Ravi

Ravi는 대가족에서 자랐지만 자신을 내성적이고 자신감이 없는 사람이라고 표현하였다. 가족이나 친한 친구가 아닌 사람들과 있을 때는 항상 자신이 어떻게 보일지 걱정하였다. Ravi는 외적인 장점이 있음에도 대화를 시작하는 것을 힘들어하였다. 그래서 회사에서 중요한 회의에 참석할 때마다 구석진 자리에 어색하게 서 있었다. Ravi는 자신 있게 사람들과 교류할 수 있는 능력을 기르고 싶어 하였다. 이를 위해 그는 처음 만나는 사람들과 자연스럽게 대화를 시작하는 방법을 배우고자 하였다.

Ravi의 코치는 코칭센터가 샌드위치 가게들로 둘러싸인 지역에 있다는 것을 활용하여 그 순간을 포착하였다. 점심시간이 다가오고 있었다. Ravi의 도전 과제는 다음과 같았다.

Coach: Ravi, 제가 드리는 과제는 사무실에 있는 다른 사람들에게 점심 주문을 받고 6개의 다른 샌드위치 가게로 가서 각각의 가게에서 완전히 모르는 사람과 대화를 시작하는 것입니다. 대화의 주제는 날씨, 음식, 샌드위치 가게 등 그 어떤 것도 상관없습니다. 제가 당신 곁에서 각 대화를 살펴보고 격려와 피드백을 드리겠습니다. 가벼운 농담을 주고받으세요.

Ravi: (깜짝 놀라며) 저한테는 무리한 요구이네요. 우리 회사가 이런 일에 비용을 지불하고 있는 건가요?

Coach: (어깨를 으쓱이며) 네, 정말 어이없죠. 이건 우리만의 비밀로 해요.

Ravi: 제 아내가 알면 뭐라고 할까요?

Coach: 회사에서 이상한 여자를 고용해서 당신이 다른 여자들과 가벼운 대화를 나누도록 시켰다고 말하세요.

Ravi: (어이없어 웃으며) 알겠습니다, 그렇게 말할게요.

Ravi는 약간의 충격적인 제안을 받아들였고, 어리둥절해하는 사무실 직원들로부터 점심 주문을 받아 코치와 함께 출발하였다. 각 단계에서 그의 코치는 격려와 피드백을 제공하였다. 예를 들어, 눈맞춤, 미소, 그리고 질문 등에 대한 피드백이었다. 그 효과는 놀라웠다. 그 미션을 수행한 지 20분이 지나자 Ravi는 자신을 평생토록 괴롭혔던 습관을 극복할 수 있을 뿐만 아니라 사람들의 반응을 자신이 즐기고 있다는 것을 발견하였다.

관찰

고객의 사무실을 방문할 때는 사소한 모든 것을 관찰할 필요가 있다. 건물 상태, 벽에 걸린 장식품들, 화장실, 식당의 음식 종류와 배치 등을 유심히 관찰한다. 사무실에서 방문자를 맞이하는 태도도 주의 깊게 살펴보고, 어떠한 점이 놀랍거나 인상적인지 주목한다. 이러한 것들로 나는 서비스 교육기관을 방문했을 때 고객이 어떤 사고방식과 행동 패턴을 가질지 더 많이 이해하게 되었다.

이 교육기관은 푸르른 시골 한가운데에 있었지만 제복을 입은 경비원이 맞아주었다. 교육기관에는 많은 사람, 특히 성인 남성들이 많았으며 모두 정장과 모자를 착용한 상태였다. 시끄러운 구내식당에는 긴 식탁이 배치되어 있었고, 한쪽 테이블에는 다른 테이블과 달리 고급스러운 린넨 냅킨이 놓여 있었다. 음식은 영양가가 높고 푸짐했으며 학교 급식 스타일이었다. 이 기관의 모든 사람은 나에게 정중한 예우를 해 주면서 귀한 손님으로 대접해 주었다. 이 조직에는 동료애가 있었고, 시간을 함께 보내는 것을 즐기는 동료들의 매우 끈끈한 네트워크가 형성되어 있었다. 계층 구조, 역할에 대한 명확성, 규칙, 그리고 깔끔한 외모도 중요한 요소였다. 상위 직급으로 갈수록 중요한 책임을 감당해야 했기 때문에 업무와 복지가 더 편안해지는 경향이 있었고, 이는 명확하고 눈에 띄는 보상으로 확인할 수 있었다. 이 조직에서의 동료애는 매우 중요한 것으로서 이에 갈등을 일으키게 할 수 있는 것은 매우 힘들고 고통스러운 일이라는 것을 이해할 수 있었다. 나의 고객 중 한 명이 동료를 조사해야 하는 상황이 발생했을 때 그가 이를 감당하기 위해 얼마나 많은 용기와 강한 의지가 필요할지를 바로 알 수 있었다.

나의 코칭은 과거 프로듀서로서의 경험에 많은 영향을 받았다. 어떤 프로그램에서든 프로듀서는 시청자의 관심을 끌 수 있는 무언가로 시작하는 것이 중요하다는 것을 알고 있다. 그다음에는 프로그램 전반에 걸쳐 미묘하거나 명확한 속도의 변화를 주어야 한다. 빠른 부분과 느린 부분, 웃음이 나오는 지점과 슬픔이나 깊은 생각을 할 수 있는 공간, 밝음과 어두움, 긴 시퀀스 뒤에 짧은 시퀀스가 있어야 한다. 심지어 가장 단순한 DJ 주도의 라디오 쇼조차도 빠른 음악과 느린 음악, 달콤한 발라드와 경쾌한 음악을 번갈아 가며 방송한다. 이러한 원칙이 코칭에도 동일하게 적용된다는 것을 이해하면 고객과 당신에게 큰 도움이 될 것이다.

제13장

전문적으로 연습하기

코치는 각광받는 새로운 직업이다. 이 장에서는 전문 코치가 고려해야 할 문제들과 그 문제들을 어떻게 해결할 수 있는지에 대해 살펴보겠다.

윤리

코칭을 하다 보면 여러 가지 딜레마에 직면하게 된다. 이러한 문제들은 쉽고 명확한 해결책이 보이지 않는 경우가 많다. 때로는 정답이 없을 수도 있다.

딜레마에 빠졌다는 것을 어떻게 알 수 있을까? 무언가가 마음 한구석에서 자신을 불편하게 만들고 있다는 것을 직감을 통해 알 수 있다. 만약 그 문제를 다른 사람들이 알게 되면 곤란하고 변명하기 어려울 것이라는 느낌이 들거나 도덕적인 삶이 신념인 사람에게 상황을 설명할 때 불편함을 느낄 수도 있다. 또한 고객이 제안한 행동이 법에 어긋난다는 것을 알게 되었거나 자신의 신념과 대립할 수 있다는 것을 알게 되었을 때 등이 있다.

딜레마는 우선순위에 관한 문제일 수 있다. '진실'과 '민감성', 개인의 필요와 조직의 필요, 조직과 지역사회, 비즈니스와 환경, 단기 영향과 장기 영향, 재정과 고객의 필요 사이의 갈등 등이 있다. 또한 종교적, 문화적 또는 정치적 신념에 기반한 행동을 제안하는 고객과 함께 일할 때 이러한 신념이 본인의 신념과 크게 다를 경우에도 딜레마가 발생할 수 있다.

실제 상황에서의 딜레마

- 비즈니스를 확장하고자 하는 회사의 최고 경영자가 그의 팀원 중 한 명을 위해 코칭 프로그램을 요청하였다. 그는 코치가 직접 그에게 피드백을 줄 수 없다는 것을 이해한다. 그러나 그는 팀원이 코칭을 중단하거나 코칭에 참석하지 않을 경우 이를 알려 달라고 요청한다.
- 코칭을 진행하면서 360도 피드백을 시행했고, 고객이 지명한 열 명의 사람에게 그 고객에 대한 피드백을 요청하였다. 이 사람들과의 집중적이고 구조화된 인터뷰를 통해 피드백을 받는 과정에서 고객의 동료들이 그에 대해 매우 비판적인 입장을 가지고 있음을 발견하게 된다. 긍정적인 특성과 행동에 대해 더 자세히 물어볼수록 동료들이 그를 얼마나 낮게 평가하고 있는지에 대한 부정적인 세부 사항이 늘어난다.
- 당신은 한 회사에서 이사들과 경영 전략으로 코칭 프로그램을 계획하고 있다. 그런데 그 회사의 가장 큰 경쟁사가 동일한 경영 전략을 위한 코칭 프로그램을 제공해 달라고 요청한다.
- 각기 다른 회사에서 일하던 두 명의 고객이 한 명만 뽑는 회사에 동시에 지원하였다.
- 고객의 상사가 전화를 걸어와 기밀 정보라고 말하며 고객이 빠른 변화를 보이지 않는다고 하면서 고객이 해고될 위기에 처해 있다고 말한다. 이 정보를 고객에게 말해야 하는가? 기밀 정보이기 때문에 보안을 유지해야 하는가?
- 고객을 맡는 것에 대해 불편함을 느끼고 있다. 그의 직업, 나이, 배경 또는 그가 해결하고자 하는 문제를 가진 사람들을 코칭하는 것을 그다지 좋아하지 않지만, 돈이 필요하고 그의 회사와 함께 일하면 나의 인지도가 올라갈 것이다.
- 고객이 불법적인 행위나 범죄에 관한 개인적인 정보를 고백한다.
- 고객이 자신이나 타인에게 해를 가하겠다고 위협한다.

이러한 딜레마에 대해 각기 다른 코치들이 다르게 대응하더라도 모두 적절하고 유효한 방법일 수 있다.

조직에서 고객의 코칭 진행 상황 보고서를 요구할 때는 이를 거부하는 것이 현명한 선택이다. 그러한 진행 상황 보고서는 가치가 없다. 왜냐하면 진정한 변화의 증거는 고객이 실제로 일하는 방식에서 나타나기 때문이다. 코치로서 우리는 이를 실제로 볼 수 없기 때문에 고객의 성과를 어떻게 평가할 수 있을까? 이와 마찬가지로 고객이 평가를 위해 코칭을 받는다고 생각하게 되면 고객과의 신뢰를 형성하는 것은 불가능하다. 평가 과정은 전혀 다른 것이다. 고객의 상사가 고객의 출석 여부를 확인해 달라는 겉으로는 평범해 보이는 요청조차도 부드러운 형태의 강압일 수 있다. 하지만 상사의 고객에 대한 정보 요구는 이해할 수 있는 부분이기 때문에 고객과 상사가 함께 이 요구를 어떻게 충족할지 의논하는 것이 좋다.

직접적인 경쟁 관계에 있는 조직에서 동시에 일하는 것은 어렵다. 코칭 과정에서 상업적으로 민감한 정보가 포함될 수밖에 없기 때문에 이해 충돌의 가능성이 있다. 만약 두 경쟁 축구팀을 동시에 코칭할 수 없다면 같은 직업을 두고 경쟁하는 두 후보를 코칭하는 것도 어렵다. 최근 예상치 못하게 이런 딜레마에 직면했고, 나는 두 고객과 상의하였다. 물론 상대방의 이름은 밝히지 않았다. 한 후보자는 "결국 더 능력이 있는 사람이 그 자리를 얻을 것입니다."라고 말하였다. 다른 후보자는 믿기 힘들다는 표정으로 "어떤 결정을 내리든 따르겠습니다."라고 말하였다. 나는 첫 번째 후보자에게는 동료 코치를 추천하고, 두 번째 후보자와 계속 코칭을 진행하기로 결정하였다. 나중에 이 상황을 이야기하면서 고객들은 '만약 코치님이 두 사람을 모두 코칭하기로 했다면 매우 실망했을 것'이라고 고백하였다.

코치가 고객을 위해 직접 동료들의 피드백을 수집했는데 고객을 얼마나 불편해하는지 명확하게 보여 준다면 그 내용을 고객에게 전달할 의무가 있다. 고객이 그러한 피드백을 감당하지 못할 것이라고 가정하는 것은 오히려 고객을 무시하는 태도이다. 중요한 것은 그 메시지의 본질을 왜곡하지 않으면서도 고객이 받아들일 수 있도록 글을 작성하고 설명하는 기술이다.

문화 간 협력

코칭은 빠른 속도로 성장하고 있고 세계로 뻗어 나가고 있다. 코치로서 당신은 다른 나라의 해외 거주자들을 코칭할 기회가 생길 수 있다. 당신 자신이 해외 거주자일 수도 있으며, 이 경우 그 나라의 언어가 모국어인 사람과 코칭을 하게 될 수도 있지만 그 나라의 언어가 모국어가 아닌 사람들과도 코칭을 진행하게 될 수 있다. 이러한 상황에서는 당신이 **다문화** 코칭을 진행하게 된다.

국가별 문화가 크게 다르다는 것은 이미 인지하고 있겠지만 실제로 이러한 차이점을 접하면 여전히 놀랄 수 있다. 미국인 코치인 Bobbie는 두바이에 있는 미국 기업에서 일하면서 사우디 고객 중 일부가 그녀와 악수를 하지 않으려 한다는 사실에 충격을 받았다. 또 다른 미국인 코치인 Brookes는 상하이에서 비즈니스 코칭을 가르치고 있었는데, 그들이 코칭과 멘토링의 차이를 구분하지 못하는 것이 가장 큰 어려움이었다. 그들이 멘토링을 예의 바르게 조언을 제공하는 것이라고 생각하는 것을 알게 되었다. 또한 Brookes 자신이 '전문가'로서 학생들에게 과도한 존경을 받고 있어 코칭을 통해 스스로 독립적인 사고를 하고 문제를 해결하는 능력을 기르는 데 방해가 된다고 느꼈다. 나 역시 영국 대사들과의 작업에서 그들이 모두 경험이 풍부한 외교관이지만 이웃한 유럽 국가들에서 현지 직원들의 문화적 특성에 따른 태도 차이에 놀라는 경우가 있다는 것을 알게 되었다. 주말에 비상 상황으로 일을 하거나 일요일 저녁에 출장을 가야 한다는 요청을 받으면 직원들은 이를 개인 생활에 대한 침해로 받아들여 불만을 가질 수 있다는 점들에 놀라기도 하였다.

같은 언어를 사용해도 미묘한 뉘앙스의 차이가 발생할 수 있다. 예를 들어, 'very' 'remarkably' 'fantastically [something]'와 'quite' 'rather [something]' 같은 단어들은 영어권 국가마다 다른 의미를 가질 수 있다. 마찬가지로 영국 코치가 독일, 덴마크 또는 네덜란드 고객과 코칭을 진행할 때는 영국식의 완곡한 표현과

우회적인 말투가 직접적 의사소통을 하는 일반적인 국가에서는 오해를 불러일으킬 수 있다는 점을 기억해야 한다. 런던에서 일하는 한 독일인 고객이 피드백 대화가 양쪽 모두에서 어떻게 오해될 수 있는지에 대한 예시를 준 적이 있다.

영국인 상사의 말	실제 의미	독일인 팀원의 해석
제대로 설명하지 않은 제 잘못일 거예요.	네 잘못이야. 예의 있게 돌려서 말하는 거야.	잘됐네요! 제 잘못이 아니네요.
약간의 작업이 필요하다.	전면적인 수정이 필요하다.	괜찮아요. 약간의 수정만 하면 됩니다.

영국과 미국 간의 코칭도 위와 같은 오해에 취약할 수 있다. '같은 언어를 사용하지만 다른 두 나라'라는 오래된 격언은 정말 맞는 말이다. 만약 당신이 영국인 코치로서 미국인 고객과 코칭하거나 반대로 미국인 코치로서 영국인 고객과 코칭한다면 어휘의 뜻을 보고 당황하지 않도록 주의해야 한다. 많은 단어가 근본적으로 다른 의미를 가질 수 있으며, 종종 성적인 의미를 포함하기도 한다. 다음은 그중 일부 예이다.

> bum, fag, fanny, shag, pants, period, spunk, slash, rubber, solicitor, knocked up, vest, restroom, bathroom, underwear;[1)]

다른 나라에서 온 코치를 지도하거나 멘토링할 때, 그들의 영어가 유창하더라도 내가 무심코 사용하는 영국식 영어의 관용구에 대한 이해가 제한적일 수밖에 없다는 것을 깨닫게 되었다.

코칭 프로세스의 진행도 나라에 따라 미묘하게 다를 수 있다. 그래서 일부 아프리카 국가에서는 목표 설정과 같은 주요한 프로세스를 코칭 초반에 진행하는

---

1) 역자주: 예를 들어, Bum은 영국에서는 엉덩이를, 미국에서는 노숙자나 게으른 사람을 의미할 수 있다. fag는 영국에서는 담배를, 미국에서는 고등학생이나 대학생을 지칭할 때 사용된다.

것에 대해 무례하다고 여길 수 있다. 이러한 국가들에서는 코칭의 시작 부분에서 가족과 건강에 대해 알아가는 데 상당한 시간을 할애하는 것을 기대한다. 반면에 다른 문화에서는 이러한 개인적인 주제들이 금기시되어 그것에 대해 묻는 것이 무례하고 부적절하다고 여겨질 수 있다. 일부 아시아 문화에서는 고위 경영자 코치가 고객에게 전문 지식과 조언을 제공하는 것을 기대할 수 있지만, 이는 유럽이나 북미의 코치들에게는 불편하게 느낄 수 있는 방식이다. 작가이자 코치인 Phillipe Rosinski는 문화적 이슈에 대한 설득력 있는 글을 썼다. 시간 관리에 대한 태도, 가족의 의무에 대한 인식, 개인의 책임감에 대한 감각 등 다양한 차이가 어떻게 나타날 수 있는지 경각심을 일깨워 주는 프레임워크를 제시하였으며 이에 대한 내용은 2011년 『국제 코칭 저널(International Journal of Coaching in Organizations)』에 실린 기사를 통해 간단하게 요약된 글을 접할 수 있다.

다문화 이슈

다문화 이슈는 간단한 문제가 아니다. 현재 글로벌 이민현상과 더불어 대부분의 서구 국가에서는 이미 정착한 이주민들로 인해 종종 부모 및 조부모의 출신 국가와 문화가 그들의 삶에 큰 영향을 미치는 고객들을 코칭하게 된다. 이는 고객이 코치의 나라에서 태어났을 때에도 마찬가지이다. 확실히 코치는 **다문화적 지능**이 필요하다. 자신의 문화적 조건에 대한 인식, 다른 문화에 대한 호기심, 그리고 민감한 언어적 인식 능력을 갖추어야 한다.

다문화주의는 다루기 어려운 주제처럼 보일 수 있다. 코치는 '인종차별자'로 보이는 것을 두려워하여 자신의 도덕적 기준에 어긋나는 문제에 대해 언급하는 것을 주저할 수 있다. 다문화주의는 서로 다른 문화 간의 차이를 명확히 드러낼 수 있다. 예를 들어, 코칭은 주로 서구 민주주의의 가치관을 바탕으로 하고 있고 세계의 많은 지역에서는 이러한 가치관을 당연하게 여기지 않을 수도 있다. 예전에 친하게 지내던 나이지리아 지인이 비공식적인 코칭을 요청한 적이 있다. 그는 동성애자인 동료들에게 지옥에 갈 것이라는 이야기를 어떻게 말해야 할지 고민하고 있었다. 내가 지도하던 한 여성 코치는 독실한 무슬림인 고객이 취직 제안을 받은 사우디아라비아로 영국인 아내를 데려가는 방법에 대해 코칭받고 싶어 할 때 어떻게 반응해야 할지 고민하였다. 아내를 사우디아라비아로 데려간다는 것은 그의 아내가 매우 제한된 삶을 살아야 함을 의미하였다. 예를 들어, 운전을 하다가 차가 고장 나면 차 정비사인 남성과 단둘이 있게 되는 상황이 발생하여 그녀는 운전조차 할 수 없기 때문이다. 그 코치는 덤덤하게 "그는 자신이 '독실한 무슬림'이라고 말하면서 여성 코치인 나와 단둘이 방에 있다는 사실을 인지하지 못한 것 같았습니다."라고 말하였다. 인터뷰 코칭을 요청한 한 프랑스 고객은 미국 헤지펀드의 고위 파산 전문가로서 매우 가난한 국가의 자산을 강제로 회수하는 것에 대한 코칭을 포함할 수도 있다고 하였다. 중국 본토 출신으로 현재 미국 회사에서 일하는 한 고객은 상사로부터 직원들과 미래에 관한 중요한 문제를 상의하라는 지시를 어떻게 피할 수 있을지에 대해 도움을 요청하였다. 중국에서는 상사의 지시를 따르는 것이 익숙하고 서로 협의하는 방식은 어색하기 때문이다. 다문화적 상황에서 코칭은 다양한 도전과 윤리적 딜레마를 마주하게 한다. 이러한 문제들을 해결하기 위해서는 각 문화의 특성을 이해하고 존중하는 자세가 필요하다.

우리가 다양한 문화적 배경을 가진 고객의 문제를 다룰 때, 우리가 망설이거나 거부하는 것이 그들의 문화나 가치를 이해하고 존중하지 않는 태도일까? 우리의 가치관만을 우월하게 여기는 태도일까? 우리가 편협한 사고를 하고 있는 것일까? 우리가 자신의 가치관에 부합하지 않는 문제에 대해 고객과 코칭을 진행할 수 있을까? 나의 대답은 '아니요'이다. 고객의 요청을 완곡하게 거절하고 그 이유를 정중히 설명하는 것이 유일한 선택인 것 같다. 여러분도 이러한 문제에 대해 자신만의 기준을 고려해 보길 바란다. 여러분의 결론은 나와 다를 수 있다.

비밀 유지의 한계

비밀 유지가 실제로 무엇을 의미하는지 탐구하는 것은 매우 중요하다. 특히 코칭 과정에서 고객의 상사가 개입하는 상황이 발생할 수 있다. 이럴 때 비밀 유지의 원칙이 어떻게 적용될지 명확히 이해하고 있어야 한다. 예를 들어, 고객의 상사가 코치에게만 개인적으로 조직의 미래가 위험에 처해 있다고 공유했을 때, 이 문제를 고객에게도 솔직하게 공유하는 것을 제안할 수 있다. 또한 코칭을 시작할 때 비밀 유지가 특정 상황에서는 적용되지 않을 수 있음을 고객에게 알려 주어야 한다. 고객이 불법적이거나 자신 또는 타인에게 위험한 것을 고백하는 일이 발생할 경우, 비밀 유지 규칙이 적용되지 않을 것이라고 미리 경고한다. 내 규칙은 항상 고객이 스스로 적절한 조치를 취하도록 설득하려는 것이다. 그러나 고객이 거부하더라도 나는 옳다고 생각하는 조치를 위해 전문가나 당국에 알릴 것이며, 이 과정에서 고객이 불쾌감을 느끼지 않도록 최선을 다할 것이다. 이러한 원칙을 적용해야 했던 경우는 매우 드물지만, 그런 상황은 항상 불편하였다. 자신에게 질문해 본다. **이것이 법에 위배되는가? 내가 행동하지 않으면 누군가가 피해를 입을 가능성이 있는가?**

코칭 콘퍼런스에서 한 코치는 아프리카 출신으로, 현재 영국 보건 서비스 고위직에서 일하고 있는 여성 고객에 대해 이야기하였다. 그 고객의 딜레마는 남편이 긴 여름 방학 동안 두 딸을 고향으로 데려가 '할례'(여성 성기 절제, FGM)를 하겠다는 것이었다. 이는 그들이 결혼 준비를 할 때 '순결하다'고 여겨질 유일한 방법이라는 이유였다. FGM은 영국에서 불법이다. 이 코치는 이 문제를 언급하며 눈물을 흘리며 말하였다.

> 나의 고객 중 한 명은 자신도 어린 시절에 '할례'를 경험했다고 말하였다. 그녀는 자신이 살고 있는 강한 가족 관계 속에서 무력감을 느끼고 있었다. 내가 할 일은 명확하였다. 나는 아이들을 보호해야 했고, 사회복지 서비스에 이 내용을 즉시 알렸다. 내가 사회복지 서비스에 이 문제를 알리게 되면 고객이 코칭에서 처음 털어놓았기 때문에 고객이 노출될 수 있었고, 그렇게 되면 고객이 그녀의 가족에 의해 위험해질 수도 있다고 생각하였다. 그리고 사회복지 서비스와 경찰이 그녀를 얼마나 효과적으로 보호할지 알 수 없었다. 비록 올바른 일을 했다는 것을 알고 있었지만 여전히 고객을 배신한 것 같은 기분이 들었고, 물론 그녀와의 코

칭도 종결되었다. 코칭을 시작할 때 코치는 고객에게 비밀 유지가 절대적인 것이 아니라 법적 · 윤리적 이유로 비밀을 유지할 수 없는 상황이 발생할 수 있음을 미리 알렸어야 한다는 중요한 교훈을 얻었다.

고객이 다음과 같은 딜레마를 가져올 때 비밀 유지에 대한 지침은 모호할 수 있다.

Helen은 동료에게서 하루 종일 술냄새가 심하게 나고 업무에서 반복적 실수를 하고 있다는 것을 인지하였다. Helen은 그 동료를 좋아하고 오랜 기간 함께 일했으며 그의 업무는 공공 안전과 직접적인 영향이 있다. Helen은 그 동료가 결혼 문제로 어려움을 겪고 있다는 것을 알고 있었으며, 회사 내에서 술을 마신다는 증거는 없지만 그의 책상에 항상 있는 유리병에서 한 모금씩 마신다는 것을 알 수 있었다. 그녀는 그에게 이 문제에 대해 제기했지만 그는 자신에게 음주 문제가 없다며 유리병에 술이 들어 있지 않다고 부인하였다. Helen은 자신의 책임에 대해 혼란스러워하였다. 이 문제를 상사에게 제기하면 죄책감을 느낄 것 같지만 아무것도 하지 않고 지켜보는 것도 쉽지 않다는 것을 알고 있었다. Helen이 이 문제를 설명할 때, 그녀의 코치도 불길한 느낌을 받았다. Helen이 행동하지 않으면, 코치의 책임은 무엇일까?

코칭에서는 이와 같은 문제에 대하여 실제 증거가 무엇인지 식별하고, 고객이 겪고 있는 도덕적 및 개인적 딜레마가 무엇인지 정확히 점검해야 한다. 그 후에 그 문제의 어떤 부분이 고객의 개인적 책임일 수 있는지를 논의해야 한다. 도덕적 문제에 대해 강한 의견을 가질 수 있지만 코치로서 해야 할 일은 다른 문제이다. 중요한 것은 고객이 아무것도 하지 않았을 때 어떤 일이 발생할지 논의하고 다양한 선택지의 장단점을 파악한 다음 코치로서의 자신의 책임이 무엇인지 논의하는 것이다.

고객과의 비밀 유지도 중요하지만 상식적인 판단이 더 중요할 때가 있다. 다양한 사회적 · 법적 문제에 대해 무료로 상담과 조언을 제공하는 비영리단체

(Citizens Advice Bureau: CAB)에서 일하는 직원이 해고당하는 일이 있었다. 직원이 고객과의 상담 중 고객에게 치명적일 수 있는 약물 남용 사실을 인지한 후 비영리법인의 내부 절차를 따르지 않고 직접 의사에게 내용을 전달했다는 이유였다. 이 행동은 고객의 생명을 구했고, 이런 행동이 '잘못'이거나 '비윤리적'이라고 보기는 어렵다. 고용노동부에서는 이 해고에 대해 '무효'로 판단하였다.

윤리적 지침

윤리적 지침은 사람들이 일반적으로 생각하는 것들을 명확히 하고 지침을 공유하여 오해를 방지한다. 국제 코치 연맹(International Coach Federation: ICF), 전문 임원 코치 및 감독 협회(Association of Professional Executive Coaches and Supervisors: APECS), 유럽 멘토링 및 코칭 협의회(European Mentoring and Coaching Council: EMCC)와 같은 대부분의 국내외 코칭 단체는 코칭의 공공 이미지를 지키기 위해 노력하며 고객을 항상 존중하는 태도를 유지한다. 또한 고객의 비밀을 보호하고 코치와 고객 간의 관계에서 착취가 발생하지 않도록 주의한다. 이 외에도 직업적 경계를 철저히 지키고 지속적인 교육과 감독을 통해 코칭의 질을 높인다. 자세한 내용은 각 단체의 웹사이트(www.apecs.org)를 참고한다.

코칭과 관련된 법적 문제는 아직 명확하게 정해지지 않았으며, 현재로서는 법원의 판단도 없다. 그러나 여러 가능성이 존재한다. 고객이 코칭을 통해 긍정적인 변화가 일어나지 않았다고 환불을 주장하면 이를 위해 소송을 제기할 수 있다. 고객이 비밀을 누설했다고 주장하며 이로 인해 자신과 경력에 부정적인 영향을 미쳤다고 소송을 제기할 수도 있다. 영국 법에서는 '사전에 충분한 설명을 듣고 한 동의'의 개념이 인정되지 않으며 고객에 대한 '주의 의무' 또한 명확히 규정하기 어렵다. 어떤 기준을 충족해야 하고 누가 이를 정의할 것인지도 문제이다. 고객이 부당 해고로 노동위원회에서 회사를 고소할 때 회사는 고객을 해고하기 전 고객을 돕기 위해 코치를 고용했음을 증명하며 자신들의 입장을 방어할 수 있다. 하지만 해고당한 고객은 코칭이 도움이 되지 않았다고 주장할 수 있다. 이런 이유로 코칭 중에는 반드시 기록을 남겨야 한다. 법적 관점에서 기록이 없으면 그 코칭은 실제로 일어나지 않은 것으로 간주된다. 코칭에서의 비밀 유지는 법적으로 보호되지 않으며 기록은 법원으로 소환될 수 있다. 따라서 기록을 항상 정확하게 유지하는 것이 중요하다.

이 모든 것을 고려할 때 배상 책임 보험을 가입하는 것은 필수적이다. 대부분의 회원 조직은 담당하는 보험 관련 업체를 관리하고 있고 이 업체를 통해 보험을 가입하면 비용도 많이 들지 않는다.

이렇듯 코치로서 우리가 겪는 윤리적 딜레마가 존재하지만, 의학, 간호, 사회복지 분야에서 일하는 고객들이 겪는 딜레마와 비교하면 미미한 수준이다. 실제로 우리는 이들 직업 종사자들처럼 생명과 죽음이 걸린 문제를 다루는 일이 매우 드물다. 우리는 학습장애가 있는 젊은 여성이 부모의 바람과 달리 불임수술을 하지 않겠다고 스스로 결정할 수 있는지를 판단해야 하는 일을 하지 않는다. 우리는 말기 환자의 존엄사를 인정해야 할지 또는 수혈이 필요한 자녀에게 종교적인 이유로 수혈을 거부하는 부모를 어떻게 판단해야 할지의 문제를 다루는 일도 드물다.

슈퍼비전 및 코치-멘토링

슈퍼비전의 목적은 무엇인가

코치에 대한 윤리적 지침은 슈퍼비전이 얼마나 가치 있고 필요한지에 대해 강조하고 있다. 코치들은 슈퍼바이저가 필요한데, 이는 미국에서 종종 **멘토 코치**로 불리기도 한다. 그런데 슈퍼비전은 무엇을 **위한** 것일까? 코칭 문헌을 보면 두 가지 다른 목적이 설명되어 있으며 각각은 서로 다른 학문 분야에서 시작되었다.

첫 번째 목적은 슈퍼비전은 코치들이 자신의 현재 코칭 방식에 대해 **자기 인식을 키울** 수 있는 과정이다. 이는 거의 모든 유형의 치료에서 한 명의 치료자가 다른 상위 치료자를 슈퍼바이저로 두어야 하고, 때로는 함께 치료를 받는 치료 전통에서 비롯된 것이다. 두 번째 목적은 **코치의 고객을 보호하고 품질을 보장**하기 위한 것이다. 이 가정은 일부 사회복지 분야의 치료 유형에서 직접적으로 유래했으며 슈퍼비전에 큰 영향을 미쳤다.

사회복지 분야에서 관리자는 법적 범위 내에서 일하며, 실무 직원들과 슈퍼비전을 진행하여 사례를 관리하고 큰 문제가 생기기 전에 발견한다. 사회복지의 고객은 대개 여러 사회적 · 의료적 문제를 가진 취약한 사람들이다. 이는 코칭 상황과는 크게 다르다. 코칭은 대체적으로 성숙하고 안정된 고객과 함께 이루어진다. 코치들은 전통적인 의미의 상사를 두지 않고 독립적으로 소규모 회사에서 또는 협력자로 일하며, 코칭 외에도 워크숍과 교육 등 다른 방식으로 생계를 유지한다. 코칭에서 슈퍼비전은 코치가 필요성을 느낄 때 직접 신청하고 그 비용은 코치 자신이 지불한다.

사회복지 분야에서는 취약한 사람들을 보호하지 못할 경우 제재가 있으며 실무자와 함께 상급자도 책임을 진다. 하지만 코칭 슈퍼비전에서는 제재가 없다. 만약 슈퍼바이저가 어려운 질문을 하여 불만이 생기면 다른 슈퍼바이저로 바꾸면 된다. 코치가 좋은 성과를 내지 못했다고 조직이나 고객이 슈퍼바이저를 고소하는 상황도 없다. 이는 코칭에서 슈퍼바이저에게 도덕적 책임은 있지만 공식적인 권한이나 책임은 없기 때문이다.

나는 슈퍼바이저가 코칭의 질이나 고객의 보호를 **보장**할 수 있는 방법이 무엇인지 이해할 수 없다. 슈퍼바이저는 코치가 부적절하게 행동하고 있다는 사실을 어떻게 확실히 알 수 있을까? 그리고 만약 그렇게 알게 된다면 이를 누구에게 보고해야 할까? 슈퍼비전의 효과는 코치가 얼마나 정직하고 자기 인식이 있는지에 따라 달라진다. 정직하지 않거나 자기 인식이 부족한 코치가 슈퍼비전을 받는다면 이론적으로는 코치가 슈퍼바이저를 쉽게 속일 수 있다. 우리는 슈퍼바이저가 더 많은 지혜와 경험을 가지고 있다고 믿지만 항상 그렇지는 않기 때문이다.

Peter Hawkins의 논문(2006)은 영국 인적자원개발연구소(Chartered Institute of Personnel and Development: CIPD)를 위해 작성된 것으로, 코치들은 코칭을 통해 고객들이 깨달음을 얻기를 원하지만 고객들은 고객 보호, 품질 관리, 그리고 조직의 문제들이 코칭을 통해 해결될 것을 원한다고 보여 주었다. 이러한 서로 다른 목적의 혼란이 코칭에 존재한다.

슈퍼바이저가 코치의 자기 인식을 촉진하는 것은 중요하다. 하지만 고객을 보호하는 데 직접적인 도움이 되지 않는다는 점에서 고객의 입장에서는 그 효과를 보기 어려울 수 있다.

슈퍼비전의 작동 방식

슈퍼비전은 세 가지 과정이 일어나도록 한다.

첫째, 코칭은 우리의 코칭 패턴을 알아차릴 수 있게 해 준다. 코치로서 우리는 고객과 둘만의 고립된 환경에서 일하기 때문에 코칭 관계 내에서 무슨 일이 일어나고 있는지 객관적으로 보지 못하는 어려움이 있다. 이는 우리가 고객의 말을 제대로 이해하지 못하거나, 고객의 성공과 어려움에 우리가 어떤 영향을 미치고 있는지를 보지 못하게 한다.

둘째, 코칭은 코치-고객 간의 역동성을 깊이 이해할 수 있는 기회를 제공한다. 이는 코치-고객 간의 관계에서 일어나고 있는 일을 살펴보고 코치의 반응에 대한 자기 인식을 높이는 것이다.

마지막으로, 코칭은 필요한 지원을 제공할 수 있다. 코치들은 혼자 일한다. 코칭은 '감정적 노동'이며, 다른 감정적 노동과 마찬가지로 소모적이고 힘들며 때로는 흥분되는 일이다. 또한 코칭은 비전문가와 논의하기 어려운 많은 윤리적 딜레마를 야기한다. 슈퍼비전은 판단받거나 지시받을 걱정 없이 이러한 문제를 탐구할 수 있는 유일한 장소가 될 수 있다.

슈퍼비전에 관한 저서에서 Julie Hay(2007)는 경험 수준에 따라 세 가지 수준의 슈퍼비전을 정의하고 있다.

1. **규범적 슈퍼비전**: 초급 수준에서는 규범이 적용되며, 여기서 슈퍼바이저는 표준적인 기준을 제공함으로써 사실상 코치의 교육을 확장하는 역할을 한다. 슈퍼바이저는 평가자가 될 수도 있고, 명확하게 지시적인 스타일로 진행될 수도 있다.
2. **형성적 슈퍼비전**: 슈퍼바이저가 경험이 많은 경우 발전과 학습을 위한 슈퍼비전이 적합할 수 있지만 여기에서도 조언과 직접적인 피드백을 제공할 수 있다. 목표는 자기 인식을 높이고 코칭에서 나타날 수 있는 심리적 패턴을 더 잘 이해하며 무조건적인 지원을 제공하는 것이다.
3. **지원적 슈퍼비전**: 동료(peer) 간 슈퍼비전의 성격이 더 강하며 경험이 많은 시니어 코치에게 적합하다. 여기서 슈퍼바이저는 코치가 놓치고 있을 수 있는 패턴을 발견하고, 코치가 자신의 개인적인 문제가 훌륭한 코칭을 제공하는 데 어떻게 방해가 되는지 논의할 수 있는 자리를 제공하는 역할을 한다.

슈퍼비전은 보통 수련 중인 코치나 초보 코치에게 더 필요하다. 그러나 매우 경험이 많은 코치에게도 여전히 효과적이다. 경험이 많은 코치는 무력감이나 안주하게 되는 것을 예방하기 위해 슈퍼비전이 필요할 수 있다. 또한 자신이 좀 더 능숙한 코치가 되기를 원하는 경우 새로운 도전과 재충전이 절실히 필요할 수 있다.

번아웃과 러스트아웃(Burn out and rust out)

번아웃(극심한 스트레스)이나 러스트아웃(무력감)을 주의해야 한다. 고객은 이러한 징후를 코치보다 먼저 알아차릴 수 있다. 번아웃의 징후로는 고객의 실패로부터 그들을 구해 낼 수 있다는 구원자적인 느낌, 항상 훌륭한 통찰력을 가지고 있다는 느낌, 그리고 코치로서 자신이 최고의 전문성을 가지고 있다는 것 등이 포함될 수 있다. 러스트아웃의 징후로는 새로운 고객을 만나기 전 최소한의 불안감조차 느끼지 않거나 고객이 입을 열기도 전에 그들이 무엇을 말할지 정확히 알고 있다고 생각하는 것이 있다. 또한 고객에게 지루함과 짜증을 느끼거나 코칭을 지루하지 않게 만들기 위해 고객에게 집중하기보다는 새로운 도구, '트릭'과 '기법'을 찾는 데에만 열중하는 자신을 발견할 수도 있다. 고객은 이러한 불일치를 즉시 알아차리게 된다.

이러한 위험은 현실적이고 상식적인 방법을 사용하여 이를 슈퍼바이저와 공개적으로 논의함으로써 극복할 수 있다. 또한 경험이 풍부한 전문가와 코칭의 어려움과 성취를 논의하는 것은 매우 귀중하다. 이는 완벽한 코칭을 보장하지는 않지만, 잘못된 코칭의 가능성을 크게 줄일 수 있다. 코칭을 그만두기로 결정할 수도 있다. 만약 그렇다면 어떤 이유에서든 당신과 코칭이 헤어져야 한다는 것을 인정하는 데 부끄러워할 필요는 없다.

슈퍼바이저 스타일

Barbara Moyes(2009)는 문헌 검토와 열두 명의 슈퍼바이저 심층 인터뷰를 통해 그들이 사용하는 방법과 가정이 매우 다양하다는 것을 발견하였다. 특히 슈퍼바이저가 단순히 코치를 지원하고 안내하는 비지시적 역할을 넘어 적극적으로 교육하고 도전적인 질문을 던지면서 코치를 성장시키는 지시적 역할을 하는 슈퍼바이저들도 있다는 것을 발견하였다.

슈퍼바이저로서 사람들은 같은 역할을 맡고 있지만 각자만의 방식으로 그 역할을 수행하고 있다. 일부 사람들은 해석, 전이, 역전이(p. 89 참조) 등에 많은 비중을 두고 슈퍼비전의 심리역동적 관점을 채택한다. 이는 슈퍼바이저와 슈퍼바이지 간의 관계에도 포함된다. 어떤 사람들은 코치가 코칭에 대한 전문적인 문제뿐만 아니라 개인적인 문제까지도 자유롭게 이야기할 수 있는 공간을 만들기도 하고, 또 다른 사람들은 사례에 대한 논의와 함께 코칭 비즈니스 개발 멘토링을 함께 제공한다.

최상의 가치를 얻는 슈퍼비전 방법

슈퍼바이저를 신중하게 선택하고 슈퍼비전의 목적에 대한 그들의 신념을 살펴본 다음, 일반적으로 회기를 어떻게 운영하는지 물어보고 확인한다. 호감과 상호 존중은 중요하며, 슈퍼비전에서 필요한 것이 무엇인지 명확히 하고 슈퍼바이저의 코칭 경험에 대해 물어본다. 일상적인 코칭 상황을 다루기 위해서는 약 1,000시간의 연습이 필요하며, 거의 모든 고객과 작업할 수 있는 능력을 갖추기 위해서는 약 3,000시간이 필요하다. 실제 경험의 양과 상관없이 코치로서 합리적인 숙련도를 가지려면 최소 1년의 시간이 필요하며, 대부분의 고객과 유능하게 작업할 수 있으려면 추가로 3~4년이 더 필요하다. 3,000시간의 코칭과 수년간의 연습은 입소문을 기반으로 한 높은 수준의 반복적인 코칭 비즈니스를 통해 성공한 코치를 의미하기 때문에 다른 코치의 슈퍼바이저로 인정받을 수 있는 수준이다. 역할이 다르기 때문에 코치로서의 우수성과 경험이 자동으로 슈퍼바이저로서의 우수성을 의미하는지는 의문일 수 있지만 적어도 시작은 될 수 있다.

영국에서는 슈퍼바이저가 되기 위한 교육과 자격을 제공하고 있지만, 코칭 자체와 마찬가지로 규제나 표준화가 거의 없으며 대부분 자신들의 업무 품질에 대해 스스로 판단한다. 어떤 코치들은 슈퍼바이저 과정을 통해 치열한 시장에서 자신이 차별화될 수 있다고 생각하여 자격을 취득한다. 이런 교육을 제공하는 업체 중 일부는 기본적인 코칭 자격조차 갖추지 않은 사람들, 즉 거의 코칭 경험이 없는 사람들을 받아들이기도 한다. 이처럼 자신의 코칭 경험이 매우 적은 경우 공감적인 경청 외에 무엇을 추가할 수 있을지는 의문이다.

슈퍼비전에 대한 자신의 반응을 주의 깊게 살펴본다. 설렘, 즐거운 기대감, 흥미와 함께 불안감을 느낄 가능성이 높다. 이러한 감정은 매우 유용하다. 이는 고객이 우리와의 코칭에서 느끼는 감정과 비슷하다. 고객은 자신의 감정을 솔직하게 표현하고 자신을 드러내는 과정을 거친다. 마찬가지로, 슈퍼비전 코칭에서 진정한 배움을 얻기 위해서는 우리도 의심과 실수를 인정하고 피드백을 받을 준비가 되어 있어야 한다.

당신과 당신의 코칭 스타일에 집중한다. 여기에는 당신과 당신의 슈퍼바이저만 있다. 당신 자신에게만 집중해야 한다. 슈퍼비전 중에 슈퍼바이저가 슈퍼바이지에게 고객 코칭에서 잘못된 부분을 지적하는 경우가 있을 수 있다. 이는 슈퍼바이저가 자신이 더 우수한 코치임을 은근히 드러내어 슈퍼바이지의 자신감을 해칠 위험이 있다.

슈퍼비전에서 질문은 '이 고객과의 딜레마는 x입니다.'가 되어야지, '이 고객의 문제는 y입니다.'가 아니다. 즉, 코치의 문제를 지적하기보다는 코치와 고객 사이의 딜레마나 도전에 대해 이야기하는 것이 중요하다는 점을 강조하고 있다.

슈퍼비전 장면에서 좋은 질문은 다음과 같다.

- 어떤 고객과 함께 코칭하는 것이 가장 즐거운가요? 이것이 나에 대해 무엇을 말해 줍니까?
- 우리가 마지막으로 만난 이후 가장 좋았던/나빴던 코칭의 순간은 무엇인가요?
- 어떤 윤리적 문제가 나를 힘들게 하나요?
- 최근 고객과 어떤 부분에서 막혔나요?
- 내가 직면한 딜레마는 무엇인가요(특정 고객과 관련된 것이나 일반적인 것이나)?
- 고객들과 반복되는 문제는 무엇입니까? 이것은 내가 무엇을 주목하거나 무시하고 있음을 시사합니까? 이것이 나와 나의 실천에 대해 무엇을 말해 줍니까?
- 어떤 기술과 기법이 쉽게 느껴지나요? 내가 피하고 있는 것은 무엇인가요?
- 고객들로부터 어떤 피드백을 받았습니까? 이 피드백에서 나온 주제들을 어떻게 다루어야 합니까?
- 코치로서 나는 어떻게 발전하고 있나요?

유료 슈퍼바이저를 대체할 수 있는 대안이 있다. 다른 코치와 서로 코칭을 하거나 코치들이 돌아가면서 자신의 문제를 탐색하는 그룹 모임이 포함된다. 일부 그룹은 서로에게 실제 코칭을 실시하고 이를 통해 리뷰와 피드백을 주고받는 방식을 유용하게 활용한다. 이는 자신의 코칭 실력을 평가할 수 있고 같은 분야에 있는 사람들로부터 사려 깊은 피드백을 받을 수 있는 효과적인 방법이다.

슈퍼비전에 대한 현실적인 접근

코칭 분야에서 슈퍼비전의 중요성에 대해 많은 이야기가 오가지만 실제로 코치들이 슈퍼비전을 어떻게 받고 있는지에 대해서는 불분명하다. 일부 코칭 협회에서는 25시간의 코칭마다 한 번의 슈퍼비전을 권장하고 있다. 이는 상당히 높은 비율로 보인다. 나의 경우, 주 12시간 정도의 파트타임 코칭을 하고 있기 때문에 2주마다 슈퍼바이저를 고용해야 한다. 그러나 현실적으로 그렇게 하고 있지는 않다. 코치들이 수입에서 슈퍼비전 비용을 지불해야 할 때는 신중하게 선택하고, 가능한 한 적은 비용으로 많은 효과를 얻으려고 노력하는 것 같다. 특히 아직 많은 고객을 확보하지 못한 코치들은 슈퍼비전 비용이 부담스러워서 아예 슈퍼비전을 피하기도 한다. 하지만 오히려 이런 코치들에게 슈퍼비전이 더욱 필요할 수 있다.

코칭 슈퍼비전에 관한 연구는 많지 않다. 현재까지 활동 중인 코치들이 슈퍼비전을 실제로 받는지, 얼마나 자주 받는지, 그리고 비용은 얼마나 지불하는지에 대한 연구는 없다. 또한 슈퍼비전을 받는 코치들과 슈퍼비전을 받지 않는 코치들과의 성공과 역량을 비교한 연구도 존재하지 않는다. 슈퍼비전의 효과를 다룬 연구는 대부분 소수의 표본을 대상으로 한 사례들에 의존하고 있다.

나는 슈퍼비전에 대한 과장된 주장들이 우려된다. 대부분의 슈퍼비전은 한 방에서 두 사람(슈퍼바이저와 슈퍼바이지)이 한 사람(슈퍼바이지)이 한 일에 대해 다른 한 사람(고객)이 참석하지 않았을 때 공식적으로 책임을 공유하지 않은 상태에서 이야기하는 것임을 기억해야 한다. 나는 코치로서 일하며 일곱 명의 다른 슈퍼바이저에게 슈퍼비전을 받았다. 그들 모두가 나의 발전에 각각 다른 기여를 했지만 그들이 공통적으로 한 일은 내 자신감을 높여 준 것이다. 많은 다른 코치도 같은 경험을 했다고 말하는 것을 들었고 나의 슈퍼바이지들에게서도 직접 들은 바 있다. 그러나 이런 자신감을 가진 코치가 더 나은 코칭을 할까? 우리는 그렇게 믿지만, 이를 증명하기는 어렵다. 나의 코칭 경력에서 가장 어려웠던 고객 중 한 명에게 총 일곱 번의 코칭 중 네 번째 코칭을 앞둔 상황이었다. 그녀는 과거 비극적인 사건들로 인해 깊은 상처를 받았고, 코칭 중에 소리 치고, 울고, 문제 행동을 보였으며, 자신에게 치료가 필요하다는 것을 공개적으로 인정하였다. 그녀를 코칭하는 것에 대한 두려움으로 관계를 종결할까 고민하고 있었다. 다행히도 그 고객과의 코칭 바로 전에 당시 슈퍼바이저인 Julia Vaughan Smith와의 전화 슈퍼비전이 있었다. Julia는 조용히 나의 이야기를 듣고 나를 안정시키며 그 고객과 할 수 있는 일과 할 수 없는 일을 상기시키고 경계 설정에 대해 명확하게 하도록 격려하였다. 이렇게 해서 차분하게 집중된 상태로 코칭에 임할 수 있었다. 하지만 이것으로 내가 더 나은 코칭을 했는지는 알 수 없으며, 만약 그렇다고 해도 얼마나 더 나아졌는지는 정확히 알 수 없다. 이런 부분을 증명하기는 매우 어렵다고 생각한다.

슈퍼비전은 우리의 전문성 향상을 위해 지속적으로 이루어져야 하는 중요한 과정이다. 우리는 코칭 경력의 각 단계마다 슈퍼비전을 필요로 하며, 코칭 경력의 단계에 따라 슈퍼비전이 필요한 방식과 주기는 달라질 수 있다. 또한 우리는 기술을 업데이트하고 자격을 유지하기 위해 교육을 받고 콘퍼런스나 워크숍에 참석하며 책을 읽고 다른 코치들과 네트워킹하는 등 다양한 방법으로 발전을 도모해야 한다.

피드백과 증거 수집 방법

코칭을 완료한 고객을 대상으로 제3자에게 간단한 이메일 설문조사를 실행하도록 요청하는 것이 좋다. 제3자의 시각에서 고객에게 코칭이 얼마나 유용했는지, 코칭을 통해 어떤 변화가 있었는지, 그리고 코칭의 효과를 개선하기 위해 어떤 방법을 사용할 수 있을지에 대한 의견을 구한다. 이를 수행하는 방법에 대한 아이디어는 나의 저서 『코칭 비즈니스 개발(Developing a Coaching Business)』(2006)을 참조하기 바란다. 제3자에게 이 서비스를 요청하는 이유는 고객들의 형식적인 답변이 아닌 더 진실된 의견을 제공할 가능성이 높기 때문이다. 코칭 회사에서 일하는 경우 이러한 고객 설문조사를 정기적으로 실시하는 것이 필수적이다. 회사에 속해 있지 않은 경우 다른 코치와 서로 도움을 줄 수도 있다.

코칭 기록하기

코치로서 각 고객에 대한 코칭을 반드시 기록하고 보관해야 한다. 이 기록의 초점은 코치가 아닌 고객에게 맞춰져 있다. 전문 코치는 코칭 전에 이전 코칭에서 작성한 메모를 검토하며 고객과의 코칭을 준비한다.

코칭 중에 기록을 해야 할까? 이에 대해서는 다양한 주장이 있다.

회기 중 기록

찬성	반대
고객이 말한 내용을 정확하게 기록할 수 있는 신뢰할 수 있는 방법이다.	불필요한 정보를 기록하거나, 지나치게 많은 내용을 적어서 나중에 쉽게 읽기 어려울 수 있다.
고객의 말을 경청하고 있다는 인상을 준다.	고객은 당신이 작성 중인 내용이 무엇인지 궁금해할 수 있다.
대화를 나중에 재구성할 필요가 없다.	기록을 하는 중에는 고객과 눈을 마주치지 못하게 되고, 결국 기록이 고객과의 소통을 방해한다.

회기 후 기록

찬성	반대
고객에게 완전히 집중할 수 있다.	대화 중 일부 내용을 잊어버리거나 부정확하게 기억할 수 있다.
고객과의 소통에 방해물이 없다.	노트를 작성하지 않으면 고객은 당신이 중요한 부분을 놓칠까 봐 불안해할 수 있다.
나중에 기록을 작성할 때 핵심 내용만 정리하기가 더 쉽다.	코칭이 끝난 후 따로 시간을 내어 기록해야 한다.
나중에 기록해야 한다고 인지하면, 경청하는 데 더 신경을 쓰게 되어 경청 기술이 향상된다.	경청 기술이 발전하지 않고 제자리에 머물 수 있다.

만약 전화를 통해 코칭을 한다면 양쪽의 장점을 모두 누릴 수 있을 것이다. 하지만 고객이 말하는 모든 것을 무작정 받아 적으려는 유혹이 있을 수 있으니 주의해야 한다. 나중에 그것이 정확히 이해될지 아닐지는 명확하지 않을 수 있다.

코칭 기록은 짧고 간단하게 작성한다. 판단은 배제하고 사실적이고 묘사적인 내용만 적는 것이 좋다. 고객이 기록을 확인할 때 불편함을 느끼지 않도록 세심하게 주의하며 작성하는 것이 중요하다. 고객은 코칭 기록을 열람할 수 있는 법적 권리가 있다. 당신이 코칭을 진행할 수 없거나 사무실에 없을 때를 대비하기 위해 신뢰할 수 있는 동료에게 코칭 기록에 접근할 수 있는 방법을 공유한다. 고객의 연락처 정보는 각 코칭 기록과 분리해서 보관하는 것이 최선의 방법이다. 이렇게 하면 비서나 관리 보조원이 고객에게 연락할 때 코칭 기록이 노출되지 않아 비밀을 유지할 수 있다.

한두 페이지의 간략한 목록이면 충분하다. 여기에 고객의 이름, 청구서 세부사항, 날짜, 고객이 제시한 문제, 제공한 읽기 자료나 사용한 심리 측정 도구, 고객의 실행 계획, 코치의 실행 계획을 기록한다.

일부 코치들은 코칭 후에 고객에게 이메일을 보내 회기에서 작성한 노트를 제공하기도 한다. 나는 이 방법은 추천하지 않는다. 고객의 코칭 기록은 고객 스스로 작성해야 한다.

코치들을 위한 교육 및 개발

교육은 당신의 능력과 성과에 상당한 변화를 가져올 수 있다. 교육은 당신이 무엇을 하고 있는지 이해하고 평가하는 데 필요한 체계를 제공하며, 당신이 그것을 어떻게 하고 있는지에 대한 피드백을 주고 다른 참가자들과 아이디어를 교환할 기회를 제공한다. 기업 고객들이 코칭 자격증을 요구하고 있는 상황에서 교육의 필요성은 더욱 대두되고 있다.

점점 많은 교육 관련 업체가 코치 훈련 분야에 진입하고 있으며, 그중 상당수는 그 실제적 가치가 의심스러운 경우도 있다. 실제로 일부 교육 관련 업체는 고객과 코칭을 하지 않고 오로지 코치 훈련만을 진행한다. 이런 업체들은 최신 코칭 기법이나 트렌드, 경험을 보유하고 있다고 생각하기 어렵다.

공개/원격 학습

훈련을 제공하는 방법은 여러 가지가 있다. 공개/원격 학습, 웹 세미나 등을 통해 한 명의 강사와 수십 명의 학습자가 동시에 참여할 수 있다. 이러한 방법은 대면 교육보다 훨씬 저렴하다. 한 번 만든 공개 학습 동영상 강의를 계속 사용할 수 있기 때문에 매번 강사를 초청해서 진행하는 대면 강의보다 유지 비용이 훨씬 낮아진다. 또한 공개 학습 자료를 이용하면 자신의 시간과 속도에 맞춰 학습할 수 있다. 원격 학습에서 가장 중요한 것은 자료의 품질이다. 만족스러운 품질의 자료도 있지만 일부는 그렇지 않다. 최근에는 기술의 발전으로 실제 코칭 예시를 보고 일반적인 문제를 해결하는 올바른 방법과 잘못된 방법을 확인할 수 있어 이론적인 개념을 생동감 있게 배울 수 있다. 이론을 학습한 후 인터넷을 통해 그 내용에 대한 피드백을 받을 수도 있다. 학습자들은 대면 수업과 병행하여 채팅방, 블로그, 전문 토론 그룹을 통해 도움을 받을 수 있고, 이러한 학습은 적절한 장소와 목적에 맞게 잘 활용될 수 있다. 그러나 코칭은 매우 복잡하고 섬세한 기술이다. 동영상 시청이나 책 읽기로 이러한 기술을 습득하는 것은 어렵다. 코칭에 대한 설명을 읽고 다른 사람이 하는 것을 볼 수는 있지만, 실제로 자신이 해 보고 피드백을 받기 전까지는 자신의 실제 수준이 어느 정도인지, 필요한 기술을 습득하는 것이 쉬운지 어려운지 전혀 알 수 없다.

코치들에게 가장 효과적인 훈련은 잘못된 습관을 고치고 고착화된 스타일을 더욱 세련되게 만드는 것이다. 연습 파트너나 경험이 많은 코치로부터 즉각적인 개인 피드백을 받지 못하면 잘못된 습관은 결코 개선될 수 없기 때문에 오랜 문제로 남을 수 있다. 이러한 문제는 웹 세미나에서 30명 중 한 명으로 참여하거나 DVD를 시청하거나 웹사이트의 몇 페이지를 읽는 것만으로는 발견하기 어렵다.

교육기관을 선택할 때 다음 가이드라인을 참고하면 신뢰할 수 없는 업체를 가려내고, 품질이 좋은 업체를 선택하는 데 도움이 된다.

- 교육기관이 트레이닝 과정에 대해 그 내용이 과장되지 않고 사실에 근거한 것인지에 대한 점검이 필요하다. 며칠 만에 완벽한 코치로 만들어 준다고 약속하는 사람은 당신을 기만하고 있는 것이다. 트레이닝 과정은 코치로 성장하는 과정의 시작일 뿐, 끝이 아니다. 특히 지금 구매하면 놀라운 할인을 제공한다고 하는 과장된 광고는 주의한다.
- '무료' 워크숍은 종종 필수 교재와 숙박 비용을 지불해야 하는 경우가 많으니 예약 전에 확인해야 한다.
- 강사와 참가자의 비율이 낮은 것을 찾아본다. 1:10 비율이 넘으면 개별적인 지도를 받기 어렵다.
- 최고의 교육 제공 기관은 성공적인 실무 코치이면서 입증된 실적을 가진 사람들이어야 한다. 실제 강사진이 몇 년 동안 성공적인 코칭 실무를 해 왔는지 확인한다.
- 특정 학파나 이론에만 집중하는 코칭은 피하는 것이 좋다. 코칭은 여러 가지 접근 방법을 함께 사용하고 실질적으로 적용할 때 가장 효과적이다.
- 강의보다는 실습에 높은 비중을 두고 개인 피드백에 중점을 두어야 한다.
- 인증은 국가 또는 국제적으로 인정된 체계 내에서 이루어져야 한다. 그렇지

않은 인증은 신뢰하지 않는 것이 좋다.

인증 및 자격증

실제 코칭을 평가할 때는 고객의 설문지 등에 의존하는 것보다 실제 코칭의 관찰이나 녹음을 통해 이루어지는 평가가 핵심이 되어야 한다. 물론 설문지 등의 방법들도 보조적으로 유용할 수 있지만 중요한 질문은 '당신은 얼마나 좋은 코치인가요?'이다. 이러한 코칭은 실제 고객과의 작업을 기반으로 해야 하며, 단순히 평가에 참여한 다른 코치와의 활동이 되어서는 안 된다. 일부 교육 제공자들은 참여자들의 '논문'을 기준으로만 인증한다. 이러한 논문이 흥미롭고 매력적일 수 있지만 그것이 좋은 코치라는 것을 증명하지는 않는다. 훌륭한 코칭에 대해 뛰어난 에세이는 작성할 수 있지만 실제로는 형편없는 코치일 수도 있고, 반대로 훌륭한 코치이지만 이에 비해 에세이 능력은 부족할 수도 있다.

생명, 신체, 영혼, 그리고 재정에 대한 위험이 클수록 책임의 중요성은 더욱 커진다. 이러한 이유로 의학, 법률, 종교, 건축, 회계, 그리고 항공과 같은 분야에서는 엄격한 책임 관리가 이루어지고 있다. 이러한 분야에서는 **면허 제도**와 지속적인 추가 교육을 통해 전문성을 유지하고 있다. 이러한 경우 재등록과 지속적인 추가 교육(현재 일부 직업에서는 의무화됨)을 포함한 자격 제도로 관리한다.

실질적인 질적 관리가 이루어지려면 금융 서비스 분야에서 여러 기관이 각기 다른 역할을 맡아 금융 서비스의 품질을 관리하는 것처럼 코칭자격의 품질을 관리하기 위해서는 이러한 역할을 담당할 국가적 또는 국제적 기관이 필요하다. 효과적으로 기능하기 위해서는 이러한 기관들이 다음과 같은 조건을 갖춰야 한다. 첫째, 법적인 지원이 필요하다. 예를 들어, 정부가 법으로 코치가 되려면 반드시 이 기관의 인증을 받아야 한다고 정해야 한다. 둘째, 표준을 설정하고 이를 테스트할 수 있는 자금이 필요하다. 좋은 코치를 평가하는 시험이나 프로그램을 개발하고 운영하려면 자금이 필요하다. 셋째, 직업에 대한 진입을 통제할 수 있는 권한이 필요하다. 기관이 정한 시험에 합격하지 못한 사람은 코치로 활동할 수 없도록 해야 한다. 중요한 것은 어떤 결과가 좋은 전문적인 개입인지에 대해 모두가 합의해야 한다. 또한 불만을 처리하는 체계와 잘못된 행동을 징계하고 필요할 때는 추방할 수 있는 실제적인 책임 절차가 있어야 한다(참고로 이는 의사나 간호사와 같이 이미 엄격하게 규제된 직업에서도 매우 어렵고 시간이 많이 걸리는 일이다). 이와 함께 코칭 분야가 통제할 가치가 있을 만큼 중요하다는 것에 대해 공공의 지지와 합의가 필요하다. 예를 들어, 사람들이 심리 코칭이 정신건강에 큰 영향을 미치고, 잘못되면 큰 문제가 생길 수 있다는 것을 이해하고 동의해야 한다. 그리고 모든 심리 코치와 관련된 사람들이 규제와 절차를 지지하고 따라야 한다. 모든 코치가 일정한 자격 요건을 충족하고 정기적인 교육과 평가를 받아야 한다는 것에 동의하고 협조해야 한다. 이는 올바른 코칭이 고객의 삶의 질을 매우 좋게 만들 수 있지만 코칭이 제대로 이루어지지 않으면 고객에게 심각한 정신적 문제가 생길 수 있다는 의미이다.

현재 이 모든 것을 제공할 수 있는 국가적 또는 국제적인 기관은 없다. 지금 운영되는 코치 인증 방식으로는 사람들이 코칭 직업에 진입하는 것을 제한할 수 없고 제한할 방법도 없다. 사람들은 훈련을 받았는지 혹은 코칭 자격증을 소지하고 있는지에 상관없이 누구나 자신을 코치라고 부를 수 있다. 자격을 인증받은 코치가 코칭 중에 중대한 과실을 저질렀을 때 이를 징계할 방법도 없다. 즉, 문제가 있는 코치가 계속해서 활동하는 것을 막을 방법은 없다.

훌륭한 코치는 **지혜**와 **기술**을 갖추고 있다. 코치로서 진정한 성공을 이루기 위해서는 고객과 함께 많은 시간을 보내며 연습하고 지속적으로 자신의 전문성을 향상시키는 노력이 필요하다. 이는 회계나 법률 같은 직업에서처럼 시험을 통해 쉽게 평가할 수 있는 사실적 지식을 축적하는 것과는 다르다. 하지만 코칭 이론에 대한 지식도 중요하다. 이 지식은 코칭에 사용되는 다양한 아이디어의 출처, 장점, 그리고 한계를 더 깊이 이해하도록 도와준다.

코칭이 효과적일까

많은 코치가 속으로 불안감을 가지고 있다. 코칭이 정말 효과가 있을까? 효과가 있다면 왜, 그리고 어떻게 효과가 있을까? 하는 고민이다. 고객의 분명한 성과에 대해 어떤 공도 인정하지 않으면 그것은 코칭에 대해 존중하지 않는 것이다. 만약 반대로 그 공로를 코치가 모두 가져간다면 그것은 고객을 존중하지 않는 것이다. 코칭에서 자주 논의되지 않는 위험 중 하나는 고객의 '성공'에만 집중한다는 것이다. 예를 들어, 고객을 위해 면접에 관련한 코칭을 했을 경우, 고객이 취업에 성공한다면 코치의 공로는 얼마나 인정할 수 있을까?

코칭은 자발적인 과정이어야 하며 실제로도 그렇다. 따라서 코칭을 받으려는 고객은 그렇지 않은 고객과 다를 수 있다. 이미 자신에 대해 더 잘 알고 있고, 그래서 이미 더 성공적일 가능성이 크다. 이로 인해 코칭을 받는 그룹과 코칭을 받지 않는 비교 그룹을 비교하기 어렵다. 만약 코칭 대기자가 있다면 코칭을 받는 그룹과 대기자 그룹을 비교할 수 있겠지만 대기자가 많지 않다면 이런 비교도 어렵다. 그리고 조직 내에서 코칭을 받은 개인의 지식과 기술이 코칭을 받지 않은 개인들에게도 영향을 미칠 수 있다. 사실, 그렇게 되는 것이 이상적이다. 대부분의 조직은 코칭 프로그램을 시작하기 전에 현재 상태를 평가하지 않는다. 따라서 개인의 변화뿐만 아니라 조직 전체의 변화를 측정하기가 매우 어렵다.

일이나 삶에서 성공은 결코 한 가지 요인만으로 이루어지지 않는다. 일반적으로 성공에는 너무 많은 변수가 있어서 코칭이 성공을 이끌었다고 확실히 말하기 어렵다. 대규모 코칭 프로젝트의 경우에 많은 고객뿐만 아니라 다양한 코치가 있다. 각 코치의 강점과 약점이 성공이나 실패에 얼마나 영향을 미쳤는지를 알아내는 것은 불가능하다.

회사에서 직원들을 대상으로 코칭 프로그램을 진행했는데, 많은 직원이 코칭에 즐겁게 참여했지만 코칭이 실제로 직원들의 행동 변화를 이끌어 냈는지는 확실하지 않았다. 코치들은 각 코칭 후에 직원들에게 피드백을 요청해 긍정적인 평가를 받았지만 이 피드백이 코치에게는 유용해도 회사에는 성과로 이어지는지 확인하기가 어렵다. 더욱이 코칭에 대한 많은 연구는 코칭 프로그램에 참여한 코치들이 직접 연구를 진행했고, 그들은 코칭의 긍정적인 면만을 강조할 가능성이 크다. 따라서 이러한 연구 결과는 객관성과 신뢰성을 확보하지 못하는 경우가 많다.

코칭 효과 측정에 대한 우려는 측정할 수 있는 것만 측정하려는 시도로 이어질 수도 있다. 실망스럽게도 이러한 측정 지표는 가장 사소한 것일 때가 많다. 예를 들어, 고객이 몇 번의 회기에 참석했는지는 쉽게 측정할 수 있지만, 그 정보가 고객이 그 과정에서 실제로 가치를 얻었는지를 얼마나 알려 줄 수 있을까?

투자 수익률

코칭에 대한 투자가 실제로 재정적으로 측정될 수 있는지, 즉 투자 대비 수익률(ROI)을 계산할 수 있는지에 대한 관심이 있었다. 오하이오에 있는 Sherpa Coaching이라는 회사는 ROI를 계산하는 명료한 방법을 개발하였다. 이 방법은 여전히 어느 정도의 가정이 필요하지만 고객의 도움을 받아 시도해 볼 만한 가치가 있다.

1단계	문제 해결의 총 가치 또는 문제를 해결하지 못했을 때 발생하는 비용을 추정한다. 예시: 고객은 떠날 위기에 처했던 두 명의 가장 유능한 직원을 모두 남게 하였다. 코칭은 이들을 다시 동기부여하는 방법, 직무를 재설계하고 다른 방식으로 관리하는 방법에 중점을 두었다. 인력 채용 비용 및 비즈니스의 혼란을 피할 수 있었다. Benefit: £110,000
2단계	1단계에서 도출한 금액에 고객과 코치가 코칭에 할당한 비율만큼 곱한다. 여기서는 50%라고 가정한다. £55,000(£110,000의 절반)
3단계	1단계 및 2단계의 정확도에 대한 신뢰도를 확인한다. 예시: 이 두 단계에 대한 정확도는 80% 신뢰도가 있다고 가정한다. 조정된 총 이익: £44,000(£55,000의 80%)

4단계	코칭 비용을 공제한다: (£6,000) 순이익: £38,000(£44,000 - £6,000)
5단계	ROI(투자 대비 수익률)를 계산하려면 순이익을 코칭 비용으로 나누고 백분율로 변환한다. 이 경우: £44,000/£6,000×100 = 633% ROI = 633%

다시 말해, 이것은 상당한 투자 수익률(Return on Investment: ROI)이었다.

코치로서, 고객이 자신이 지불한 돈이 어떻게 쓰이는지에 대해 궁금해할 때 이에 대해 명확하게 답할 수 있도록 여러 가지 방법을 사용할 수 있다. 먼저, 코칭 시작 시 목표 설정 과정에 충분한 시간을 할애하고, 매 코칭마다 이 과정을 포함시킨다(제7장 참조). 가능한 한 목표를 측정 가능하게 설정하고, 필요할 경우 고객의 상사를 목표 설정에 참여시킨다. 비즈니스 성과를 관계와 기술 문제와 연관시키기 위해 노력해야 한다. 또한 고객이 목표를 달성해 가는 과정을 항상 피드백을 통해 확인한다. 코칭이 무엇에 어떻게 기여하고 있는지 질문하고, 대규모 프로젝트에 참여할 때는 처음부터 평가 체계를 마련하도록 한다.

코칭 성공의 다른 측정 방법

ROI 측정법은 여러 가지 한계가 있다. 가장 중요한 것은 팀의 노력을 과소평가할 수 있다는 점인데 이로 인해 코칭만의 효과를 평가하기 어렵게 만든다. Jackie Keddy와 Clive Johnson은 그들의 저서 『직장에서 코칭 관리하기(Managing Coaching at Work)』(2011)에서 코칭의 결과를 평가할 때 형사 사건처럼 명확한 증거를 찾기보다는 민사 사건에서처럼 **가능성에 근거한** 평가 방법이 더 적절하다고 주장한다. 이 책에서는 오로지 이 주제에 대해서 이야기하며, 증거가 불명확할 수 있음을 인정하고 코칭의 조직적 영향을 평가하기 위해 여러 가지 방법을 사용할 것을 제안한다. 이러한 방법들은 코칭이 개인에게만 영향을 미치는 것이 아니라 그 개인을 통해 팀이나 조직 전체에 미치는 연쇄적인 영향을 추적하는 '**영향 사슬**(impact chains)'을 포함한다.

이제 많은 연구를 통해 코칭이 조직에 다양한 이점을 제공한다는 것은 의심의 여지가 없다. Tim Theeboom과 그의 동료들(2013)은 그동안 발표된 모든 코칭 관련 논문을 찾아보고 이를 통해 코칭의 정의에 맞지 않는 멘토링이나 상담과 같은 연구는 모두 제외한 뒤, 남은 연구들을 종합적으로 분석하였다. 이를 통해 코칭이 조직에 미치는 영향을 체계적으로 조사하였다. 그들은 코칭이 성과, 웰빙, 그리고 기술에 영향을 미칠 수 있는 증거를 찾으려 하였다. 많은 단서가 붙긴 했지만, 그들의 결론은 다음과 같았다.

> 결과에 따르면, 코칭은 직원들이 업무 성과를 높이고 필요한 기술을 더 잘 습득하게 하며, 정신적 · 신체적 건강을 증진시키고 어려운 상황에서도 더 잘 대처할 수 있게 한다. 또한 직원들이 업무에 대해 긍정적인 태도를 갖게 하고, 목표를 설정하고 이를 달성하기 위해 스스로를 조절하는 능력을 향상시킨다. 전반적으로 우리의 메타 분석 결과는 코칭이 조직 내 개인의 기능을 향상시키는 효과적인 도구임을 보여 준다.

코칭의 효과를 요청하는 고객을 위해 코치는 이러한 객관적인 증거를 준비해야 한다. 하지만 이 중 많은 부분은 수치로 나타내기 어려운 것들이다. 최근 코칭 관련 책 출간을 축하하는 행사에 참석하였다. 누군가가 내 어깨를 가볍게 두드린 후 큰 포옹을 하였다. 그녀는 급격한 변화를 겪고 위험에 처한 조직의 최고 경영자로서 코칭을 의뢰했던 이전의 고객이었다. 그녀는 항상 열정적이고, 열심히 일하며 감사하는 고객이었지만 코칭이 고객에게 얼마나 큰 영향을 미쳤는지 몰랐다. 그날 그녀의 따뜻한 감사와 칭찬의 말을 소중히 여기고 있다. 그 말은 다음과 같다.

> 당신은 그 당시 내 삶에서 유일하게 안전하다고 느낄 수 있는 공간과 시간을 제공해 주었습니다. 코칭을 통해 저는 두려움에 직면할 수 있었고, 제가 원하는 것과 필요한 것을 스

> 스로 찾아낼 수 있었습니다. 결정적인 순간은 우리가 제 개인 생활의 복잡한 문제들과 직장에서의 모든 어려움을 함께 탐구하기 시작했을 때였습니다. 그때 저는 '최고 경영자'라는 단일한 역할에서 벗어나 온전한 나 자신이 될 수 있음을 깨달았습니다. 이는 제게 너무나 중요한 변화였습니다. 저는 저와 조직을 위해 어려운 결정을 차분하게 내릴 수 있었고, 직업적으로도 순조롭게 전환할 수 있었습니다.

코칭은 아직 전문 직업으로서 갈 길이 멀다. '코치'라는 단어는 '컨설턴트'처럼 모호한 용어가 될 가능성이 있다. 장기적으로는 시장에서 자연스럽게 누가 훌륭한 코치인지 아마추어인지를 결정하게 되겠지만, 채용을 하는 입장에서는 바로 구분하기 어려울 수 있다. 따라서 코칭의 전문성을 유지하는 데 기여해야 하는 것은 우리 모두의 의무이다.

제14장

기술을 넘어서

> 나는 지금 여기에 존재하는 당신을 진심으로 바라보고 있습니다. (I see you)
>
> 나는 여기 있습니다. (I am here)
>
> (서아프리카 인사말)

코칭이 조직에서 대중적이 되면서 나는 종종 '코칭 이혼자'와 코칭을 진행하게 된다. 이들은 이미 코칭을 경험했으나 코칭의 결과가 성공적이지 못했던 임원들이다. 그들과 무슨 일이 있었는지 이야기하는 것은 나에게 큰 교훈이 되었고, 우리 모두가 바라는 훌륭한 코치가 되는 것이 얼마나 어려운지 상기시켜 주었다. 또한 나의 이전 고객 중 얼마나 많은 사람이 나와의 코칭을 떠올리며 실망스럽다고 이야기할지 궁금해지기도 하였다. 이 코치들은 입찰에 참여하였거나 여러 코칭 회사와 계약을 맺고 필요시 코치를 선택하는 계약 방식으로 선발된 사람들이었다. 고용에 실망한 HR 담당자들과 이야기하면서 그들의 채용 점수가 인상적이었다는 것을 알게 되었다. 그들이 '선발 면접'에서 자신들의 역량을 잘 표현했다는 것이다.

실패한 이런 코칭 사례들에서 공통적으로 나타나는 패턴이 있다. 그 패턴은 모든 코치가 '기술'에 지나치게 의존했다는 것이다. 예를 들어, 코치들이 고객과의 진정한 소통보다는 특정 기술이나 방법에만 너무 집중한 경우이다. 이런 접근은 고객의 실제 문제를 이해하고 해결하는 데 실패하게 만든다.

코치 A는 붐비는 샌드위치 체인점에서 코칭을 진행하였다. 그래서 사생활이 전혀 보호되지 않았다. 그녀는 고객에게 눈을 감고 2분간 깊게 숨을 쉬는 것으로 코칭을 시작하자고 고집하였다. 이는 다른 손님들에게는 재미있는 구경거리가 되었을 것이지만, 고객에게는 극도로 당황스러운 일이었을 것이다.

코치 B는 NLP 기법에 매료되어 시각화가 모든 문제의 해결책이라고 믿었다. 첫 코칭의 첫 10분 동안, 그는 고객에게 자신이 폭포 아래 서 있는 모습을 상상하며 '모든 과거의 실수와 혼란이 씻겨 내려갈 것입니다.'라는 상상을 요청하였다. 이 코치는 아마 목회자가 되는 것이 더 적합했을 것이다. 또한 그는 고객에게 자신의 미래의 삶이 펼쳐져 있는 모습을 상상하고 그 속으로 한 발 내디디라고 요청하였다. 이에 대해 고객은 "무슨 말을 하는지 잘 이해할 수 없었고, 그 행동을 하고 있는 내가 바보처럼 느껴졌어요."라고 이야기하였다.

코치 C는 대부분 남성으로 이루어진 직장에서 근무하는 고객이 얼마나 자신감을 잃고 위축되었는지에 대한 이야기를 듣지 않고, 발표 연습을 할 때 남자라고 상상하라고 하였다. 고객은 "그 코치 앞에서 나는 약한 모습을 보일 수 없었어요."라고 말하였다.

코치 D는 고객과 진행한 두 번의 코칭에서 '경청'에 대한 짧은 강의를 하였다. 어처구니없게도 그녀는 이 강의를 하는 동안 고객을 전혀 '경청'하지 않았다.

앞의 예처럼 고객들이 전한 코칭에서의 당황스러웠던 경험들을 통해 알 수 있는 것은 코치들은 '기법'이 모든 고객의 문제를 해결할 수 있다고 믿는다는 점이다. 기법이 효과가 없을 때 이러한 코치들은 심리학적 지식이나 통찰력이 부족하여 다른 방법을 찾지 못하고 대화를 진전시키지 못하게 된다.

이것은 역설적이다. 기술을 배워야 그 기술을 넘어설 수 있다. 연기, 스포츠, 악기 연주를 배우는 것도 마찬가지이다. 연기자는 처음에는 대사 외우기, 감정 표현하기 같은 기초적인 연기 기술을 배운다. 하지만 좋은 연기자가 되기 위해서는 이 기초 기술을 완전히 익힌 후, 이 기술을 넘어서서 캐릭터의 깊은 감정과 이야기를 전달할 수 있어야 한다. 즉, 기술을 뛰어넘어 캐릭터 자체가 되어야 한다. 오케스트라가 관중들을 감동시키려면 그 지휘자는 악보에 쓰인 것 이상의 감정과 해석을 더해서 표현해야 한다. 하지만 그전에 뛰어난 음악학자가 되어야 한다. 재즈 음악가는 성공적으로 즉흥 연주를 하기 위해 먼저 기본적인 음악 연주 기술에 능숙해야 한다.

코치가 되려면 실제 학습과 변화에 이 기술들이 어떻게 적용되는지 이해하기 위해 기술을 배워야 한다. 이러한 학습은 코치와 고객 간의 깊은 상호작용 속에서만 이루어질 수 있다. 이는 코칭의 고객이 작업의 **대상**이 아니라 다른 사람과 함께 작업하는 '**존재**'이기 때문이다. 게슈탈트(Gestalt)치료에 큰 영향을 미친 비엔나의 철학자이자 작가인 Martin Buber는 다음과 같이 통찰력 있는 글을 전해 준다.

> 치료에서 중요한 것은 방법론이 아니라 치료자 자신이다. 방법론이 없으면 아마추어가 된다. 나는 방법론을 지지하지만, 그 이유는 방법론을 신봉하기 위해서가 아니라 활용하기 위해서이다. 어떤 의사도 환자를 분류하는 기준을 완전히 버릴 수는 없지만, 결국 환자와 치료자라는 두 사람의 고유한 존재가 마주하게 된다. 이 순간 치료자는 자신이 가지고 있던 분류 기준을 최대한 버리고, 치료자와 환자 사이에서 일어나는 예측할 수 없는 상호적인 관계를 받아들여야 한다.
>
> (Hycner and Jacobs, 1995: 17)

치료자 자신: 최고의 도구

일반적으로 코치로서 최고의 도구는 바로 코치 자신이다. 이 책에 설명된 모든 도구와 기법이 필요하지만 만약 진정한 자기 자신을 사용할 수 없다면 자신의 일에 만족하지 못할 것이다.

코칭에서 다른 부분들처럼 이것 또한 역설적으로 보일 것이다. 고객에게 완전히 집중해야 하지만 지나치게 개입해서는 안 된다. 자신의 성격을 최대한 발휘해야 하지만 그것이 고객을 압도해서는 안 된다. 모든 기법을 알아야 하지만 온전히 적절한 경우에만 사용해야 한다. 고객과 친밀하게 지내야 하지만 코칭이 진행될 때는 친구 사이가 되지 않도록 해야 한다. 자신과 자신의 개입에 대해 항상 주의해야 하지만 동시에 고객이 말하고 행동하는 모든 것에 대해 높은 수준의 경계를 유지해야 한다. 전체 과정을 어느 정도 통제해야 하지만 고객이 통제권을 가질 수 있도록 해야 한다. 코칭의 최종 목표는 더 자신감 있게 느끼고 행동하는 것이지만 그 과정에서는 코치와 고객 모두 무력감 속에서 함께 있어야 한다.

이것을 이해하는 방법 중 하나는 만약 자신이 **코칭을 '한다'**고 생각한다면 그것은 단지 **코치로 '존재'**하는 것보다 훨씬 더 어렵다는 것을 받아들여야 한다. 코칭을 너무 열심히 하려고 하면 본질적으로 스트레스를 유발하게 되어 긴장과 압박감을 느끼게 된다. 반면, 코치로 존재하는 것은 코칭 프로세스를 신뢰하기 때문에 코칭은 더 쉽고 유연해진다.

통찰의 본질

코치로서 심리학적 통찰력(insight)을 가지는 것은 중요하다. 자신이 다른 사람에 대해 유용한 통찰력을 가지고 있다고 느끼는 것은 코치가 되는 주요 이유 중 하나일 것이다. 통찰력은 사람에 대한 호기심과 밀접하게 연결되어 있으며 이는 코치로서 중요한 자질 중 하나이다.

반면, 통찰의 중요성을 너무 지나치게 강조하지 않는 것도 중요하다. 마음을 읽는다는 것은 완벽할 수 없다. 여기에는 두 가지 원칙이 있다. 첫째, 가장 좋고 가치 있는 통찰은 자신에 대한 통찰이다. 둘째, 고객이 자신에 대해 통찰을 가지는 것이 코치가 고객에 대해 통찰을 가지는 것보다 훨씬 더 중요하다. 이 점에 대해서는 Carl Jung의 저서 『영혼을 찾는 현대인(Modern Man in Search of a Soul)』(2001)에 나오는 한 문장이 이를 잘 설명해 준다.

> 환자에게 이해받지 못하는 것보다 더 견디기 힘든 것은 없다. 심리치료사가 이해하는지 여부는 상대적으로 중요하지 않지만, 환자가 스스로 이해하는 것에는 모든 것이 달려 있다.

또한 통찰을 찾는 동안에는 수준 2와 수준 3(p. 77 참조)의 말을 경청하는 주요 작업에 집중하지 않고 자신과 기발한 질문을 할 방법에 대해 고민하게 될 것이다. 코칭의 핵심은 **기발한** 질문이 아닌 **지혜로운** 질문을 하고 고객의 길을 방해하지 않는 것이다.

이는 고객을 위해 연결을 만들려고 애쓸 필요가 없다는 것을 의미한다. 대신에 "x와 y 사이에 어떤 연관이 있을까요?"라고 질문한다. 고객의 동기를 읽어 내려고 할 필요도 없다. 대신에 "그때 어떤 동기가 있었나요?"라고 질문한다. 고객의 모든 문제를 파악하려고 애쓸 필요도 없다. 코치가 고객의 모든 상황을 이해하려고 세부적인 질문에만 집중하면 고객은 자신의 이야기를 설명하느라 에너지를 소비하게 된다. 이렇게 되면 코치는 고객이 실제로 전달하고 싶어 하는 고객의 전체적인 **경험**이나 감정을 충분히 느끼지 못하게 된다. 고객에게 통찰을 제공할 필요도 없다. 대신에 "그 사건에 대해 어떤 통찰을 얻으셨나요?" 또는 "그 경험에서 어떤 배움을 얻으셨나요?"라고 물어볼 수 있다. 이는 같은 질문을 다른 방식으로 묻는 것이다.

이런 질문이 코치의 통찰력을 방해하지는 않는다. 때때로 코치는 고객에게 도움이 될 수 있는 통찰이 떠오르는 직관적인 순간을 경험할 수 있다. 여기서 나의 원칙은 그것을 고객에게 심오한 진리인 듯 제시하지 않는다는 것이다. 이는 고객에게 강요하는 느낌을 줄 수 있기 때문이다. 대신에 코치는 이렇게 말한다. "제가 느낀 것을 공유해도 괜찮을까요? 이것은 맞을 수도 있고 아닐 수도 있지만, 저는 ……한 생각이 들었어요." 이렇게 말하면, 코치는 자신의 생각을 겸손하게 제안하는 것이다. 그런 다음 자신의 통찰을 설명한 후 고객에게 "이것에 대해 어떻게 생각하세요?"라고 묻는다. 이는 고객이 자신의 의견을 표현할 기회를 주는 것이다. 만약 코치의 통찰이 틀렸다면 고객이 아니라고 말할 수 있다. 반면, 코치의 통찰이 맞다면 고객에게 도움이 될 것이다.

종종 코치에게 영감 있고 멋지게 보이는 통찰은 사실 코치 자신을 만족시키는 것일 뿐, 고객에게는 별 의미가 없는 경우가 많다. 코치 자신에게는 현명하다 느껴지는 것이 고객에게는 너무나 단순하게 느껴질 때가 많다. 반면에 고객이 스스로 깨닫고 연결하는 통찰이야말로 코칭의 핵심이다.

항상 옳아야 한다는 집착 내려놓기

나의 코칭 접근 방식의 핵심은 옳아야 한다거나 고객을 위한 해결책도 항상 찾아야 한다는 욕구도 함께 내려놓는 것이다. 또한 그런 믿음을 고객과의 모든 상호작용에 녹여 내는 것은 중요하다. 경험이 많은 코치들이든 초보 코치들이든, **파트너십**에 대해 이야기하고 고객에게 조언을 하지 않는다고 말하면서도 고객이 어려움을 겪거나 코치가 생각하는 '진전'을 보이지 않을 때 불안해하는 모습을 자주 본다. 그 결과, 코치는 점점 코칭에서 주도적인 역할을 하게 되고 고객의 의욕은 점점 사라진다. 더 심한 경우에는 코치가 자신의 유용함을 느끼기 위해 고객을 가르치려 들거나 심지어 질책하기까지 한다. 당신은 고객에게 무엇이 최선인지 모른다. 옳아야 할 필요도 없다. 고객이 코칭을 마칠 때마다 깔끔하게 정리된 행동 계획이나 체크리스트를 가지고 갈 필요도 없다. 때로는 고객이 혼란, 신중함, 비활동, 미루기를 선택하기도 한다. 때로는 단순히 생각하는 것만으로도 충분하다. 해결책이 있든 없든 그 상황을 살아가는 사람은 고객이며 그것은 항상 그들의 선택이다.

중심 잡기

코치로서 가능한 한 중심을 잡고 있어야 한다. 우리는 코치로서 개인적인 걱정과 불안을 이겨 내고 고객에게 온전히 집중할 수 있는 상태를 유지해야 한다. 코치로서 중심을 잡지 못하면, 즉 자신의 걱정과 불안을 떨쳐 내지 못하면 그 걱정이 행동에 영향을 미치게 된다. 코치가 코칭 중에 고객이 자신을 어떻게 생각할지에 대해 걱정하고 있다면 그 걱정 때문에 자연스럽게 대화에 집중하지 못하고 자꾸 신경 쓰게 된다. 이로 인해 고객의 말에 온전히 집중하지 못하거나 적절한 질문을 하지 못하게 되어 코칭의 효과가 떨어지게 된다. 다음은 이런 걱정과 감정의 예시이다.

- 나는 충분히 좋은(good enough) 코칭을 하고 있는가? 나는 충분히 심도 있는 질문을 하고 있는가?
- 나는 이 고객을 좋아하지 않는다.
- 나는 이 고객이 두렵다.
- 나는 이렇게 어린/경력이 적은/명료하지 않은 고객과 코칭할 수 없다.
- 나는 이 코칭에서 주도권을 가져와야 한다.

등등

코칭 중 우리의 상태는 코치와 고객이 처할 수 있는 다양한 상태나 태도를 일직선으로 나열한 스펙트럼(연속적인 범위)으로 이해할 수 있다. 한쪽 끝에는 '방어적 자아' 상태가 있다. Thomas Crane이 『코칭의 핵심(The Heart of Coaching)』(1998)에서 설명한 이 개념은 불안하고 방어적이며 자신을 보호하려는 자아를 의미한다. 이 상태에서는 비판을 두려워하고 방어적으로 변하는 특징이 있다. 반대쪽 끝에는 중심을 잡은 상태가 있다. 이 상태에 있는 사람은 차분하고 자신의 감정을 잘 관리하며, 피드백을 긍정적으로 받아들이고 비판을 열린 마음으로 받아들여 성장의 기회로 삼는다. '방어적 자아'는 자신을 객관적으로 이해하고 조절하기보다는 다른 사람들이 자신을 어떻게 볼지에 대해 지나치게 신경을 쓰고 불안해한다. 수용하고 분별하기보다는 비판적이고 판단적이며, 자신감보다는 거만함을 가지고 있고, 호기심보다는 악의적이며, 적응하기보다는 통제하려 하며 완벽해지려고 한다. 중심 잡힌 코치는 '충분히 좋은' 것을 표준으로 받아들이면서도 계속해서 배우려는 목표를 가지고 있다. 훌륭한 코칭을 목표로 삼는 것은 코칭 결과에 집착하게 되어 자신의 능력을 과시하려는 욕구가 생길 수 있지만, 훌륭한 코치가 되려는 목표를 가지는 것은 지속적인 성장과 발전을 추구하는 건강한 접근 방식이다. 이는 자기 중심적인 요소를 최소화하고 코치로서의 역량을 꾸준히 향상시킬 수 있는 방향이다.

정답은 없다. 각 코치는 자신의 길을 찾아야 한다. 경험이 많은 코치들은 명상, 마음챙김, 기도, 요가, 음악 듣기, 걷기, 춤추기, 자전거 타기, 조깅, 수영 같은 적당한 육체적 운동이 도움이 된다는 것을 발견하였다. 이러한 활동들은 마음을 잠시 내려놓을 수 있게 해 준다.

대부분의 종교는 우리의 자기 중심적인 생각과 욕구를 줄여서 더 겸손하고 다른 사람을 배려하는 태도를 가지도록 가르친다. 이들 종교 중 어느 것에도 동의할 필요는 없지만 코치로서 중요한 것은 자신의 자아와 욕구를 잠시 내려놓고 고객의 말을 깊이 듣고 이해하는 것이다.

> 우리는 인생을 살아가면서 여러 가지 상황이나 경험을 통해 다양한 우리 자신의 모습을 마주하게 됩니다.
>
> (Carl Jung)

이 장의 시작 부분에서 인용한 서아프리카 인사말의 예에는 두 사람이 만나고 서로를 진심으로 바라보며 현재에 온전히 존재하는 것의 중요성을 인정하고 있다. 최고의 코칭이란 바로 이런 것이다.

부록1

첫 회기 코칭
템플릿

다음은 코치가 유용하게 사용할 수 있는 기본 템플릿이다.

사전 준비

초기 코칭 대화 또는 관계 형성 대화: 30분

대부분의 고객은 코치를 선택하기 전에 여러 코치를 비교하길 원한다. 따라서 고객이 본인에게 적합한 코치인지 평가하기 위해 코칭 전에 대화를 나누는 경우가 있다. 이러한 과정이 자연스럽게 이루어지지 않았다면 직접 고객에게 먼저 연락하여 자신을 소개하고 대화를 요청하는 것이 좋다. 이 대화는 나중에 코칭 중에 구축될 파트너십을 모델링하는 양방향 대화로 간주한다. 이는 코칭을 미리 체험하는 자리가 아니라 얼마나 서로 잘 상호작용할 수 있을지 확인하는 자리이다. 고객에게 이 대화는 평가가 아닌 서로에게 적합한지를 경험하는 중요한 기회라는 점을 존중하는 자세로 명확하게 설명할 필요가 있다. 고객이 코치를 선택하는 과정인 동시에 코치도 고객을 선택하는 과정임을 알려야 한다.

고객이 코치를 선택하는 이유는 다양할 것이다. 코치의 역할은 이 대화를 원활하게 이끌어 나가는 것이다. 코칭하는 능력이나 코치로서의 능력을 강조하기보다는 고객이 왜 코칭을 받기로 결정했는지 그 이유부터 탐색한다. 고객이 그동안 어떤 방법들을 시도했는지, 그리고 코칭이나 멘토링, 또는 치료를 받은 경험이 있는지를 확인한다. 더불어 그러한 경험이 얼마나 효과적이었는지도 확인한다. 그 후에 고객이 코칭을 통해 얻고자 하는 것이 무엇인지, 그리고 코치에게 바라는 점이 무엇인지를 탐색한다. 고객이 특별히 당신에게 관심을 가지게 된 이유가 무엇인지 질문한다. 대화의 후반부는 고객에게 주도권을 넘겨 그들이 코치에게 질문을 하도록 조성한다. 고객의 예상되는 질문은 보통 코칭 스타일, 만날 장소, 만남 주기와 횟수, 코칭 소요 시간, 비용 등이 있다[이와 관련된 더 많은 내용은 나의 저서 『코칭 비즈니스 개발(Developing a Coaching Business)』(2006)에서 다루고 있다].

이 단계에서 고객과의 문제나 오해가 해결될 수 없다고 판단되면 코칭을 진행하지 않도록 한다. 필요하다면 다른 코치를 소개하는 것도 좋다.

기타 사전 준비

일부 코치들은 고객에게 라이프 스캔 휠(p. 223 참조)과 같이 잘 알려진 사전 활동이나 성취한 것과 앞으로 달성해야 할 목표에 대한 요약이 포함된 간단한 워크북을 사전에 보내는 것을 선호한다. 만약 이런 자료를 보낸다면, 첫 회기 코칭에 이를 설명하는 시간이 포함되어야 한다. 이 글은 고객에게 이러한 자료를 미리 제공하지 않았다는 가정하에 작성되었다. 올바른 방법이 하나로 정해진 것은 아니다. 자신에게 편안하고 효과적인 방법을 선택하면 된다.

고객에게 첫 회기 코칭은 다른 회기의 코칭과 다르다는 점을 이메일로 안내한다. 첫 회기 코칭은 이후 진행될 코칭의 기본 틀을 설정하는 데 중점을 두며, 첫 회기 코칭만 정해진 형식으로 진행될 것이라고 설명한다. 고객에게는 최근에 받은 피드백, 예를 들어 360도 피드백, 성과 평가 문서, 이력서, 그리고 이전에 실시한 심리검사 결과 등이 있다면 준비해 오도록 요청한다.

고객에게 연락처가 포함된 개인정보 양식을 작성한 후, 미리 이메일로 보내 달라고 요청한다.

기록(90분 코칭 기준)

환영 인사: 5분

대부분의 고객은 약간의 긴장감을 느끼게 된다. 얼굴이 붉어지거나 가벼운 땀을 흘리는지도 유심히 관찰한다. 고객이 코칭 장소에 도착하는 과정이 예상보다 길고 힘들었을 수 있다. 교통 체증이나 낯선 장소 찾기 등의 이유로 고객이 피로감이나 혼란을 느낄 수 있음을 염두에 두고, 고객을 따뜻하게 맞이하고 찾아오는 동안 어땠는지 관심을 기울인다. 차나 커피(디카페인 포함), 물, 허브차 등을 권하고, 화장실 위치를 안내하며, 고객의 외투를 받아 주기도 하며 코칭 장소를 안내한다.

고객이 코칭을 원하는 이유(간단한 요약): 5분

사전에 받은 자료를 통해 코치가 알고 있는 고객의 코칭 이유를 간단히 요약한 후 고객에게도 본인이 왜 코칭을 받으러 왔는지 다시 한 번 간단히 설명하도록 요청한다. 고객에게 나중에 이 주제에 대해 훨씬 더 자세히 다룰 것임을 설명하고, 만약 고객이 지나치게 복잡한 이야기나 '그가 말했다, 그녀가 말했다'는 식의 긴 이야기를 시작하려고 하면 정중하게 끊고 이 부분은 나중에 코칭에서 충분히 다룰 시간이 있을 것이라고 안심시킨다.

계약: 6~10분

첫 번째 회기는 다음 회기와는 다른 형태와 느낌을 가질 것이라고 다시 한 번 간략하게 말하고 그 이유를 설명한다.

사실상 고객을 만날 때마다 마치 새로운 계약을 체결하는 것처럼 고객과 코치 사이의 관계나 목표, 그리고 방법 등이 매번 설정되고 조정을 하게 되지만 첫 회기는 특히 중요하다. 이 대화에서는 코칭이 무엇인지에 대한 짧은 강의가 아니라 고객으로부터 자료를 이끌어 내는 양방향의 대화이다. 이와 같은 양방향 대화 방식은 보통 모든 코칭 회기에서 일관되게 유지된다. 고객에게 코칭이 어떤 것인지 알고 있는지 확인한다. 고객이 코칭은 훈련, 멘토링, 혹은 치료와는 다르다는 점을 모르고 있을 수도 있으므로 필요하다면 코칭의 접근 방식에 대한 간단한 설명을 덧붙여 의견을 제시한다.

코칭 파트너십이 다른 종류의 일대일 작업과 어떻게 다른지 논의해 보고 고객의 경험에서 성공적인 코칭 사례를 점검한다. 비공식적인 경험이라도 그 사례를 들어 보고 고객이 원하는 코칭 방식에 대해 확인할 필요가 있다.

고객에게 "저에 대해 무엇이 알고 싶으신가요?"라고 질문해 볼 수 있다. 많은 고객은 당신이 어떻게 코치가 되었는지 궁금해할 수 있으며 코치의 경력과 경험에 대해서 알고 싶어 할 수 있다. 경력이나 배경을 이야기할 때는 간결하게 설명하는 것이 좋다.

'책임'(p. 292 참조)을 설명하고, 이것이 전통적인 상사-부하 또는 교사-학생의 책임이 아님을 강조하여 명확하게 설명한 후 고객과 코치의 역할과 책임에 대해 논의한다. 고객은 주제를 준비하고, 코치는 질문을 하고 피드백을 제공하는 역할들을 예로 들 수 있다.

비밀 유지와 코치의 코칭 방식에 대해서 이야기하고 고객에게 우려되는 것이 있는지 확인한다. 자신이 고객이라는 사실을 제3자에게 언급될 수도 있는지에 대한 우려가 있을 수도 있다(보통은 언급하지 '않는' 것이 원칙이다). 코치가 코칭 중에 기록을 한다면 그러한 방식에 대해 안내하고, 기록하는 방식을 설명하고, 코칭이 끝난 후 고객이 그 기록을 볼 기회를 제공한다. 코칭이 양쪽 중 한쪽 혹은 양쪽 모두에게 효과가 없는 것 같을 때는 어떻게 할 것인지에 대해서도 논의한다.

고객이 예약된 코칭을 취소하거나 변경할 때 지켜야 하는 규칙과 절차를 설명한다. 코칭 빈도, 코칭 시간, 그리고 코칭 방법을 미리 합의한다. 코칭 사이에 전화, 문자, 이메일로 연락이 가능한지의 여부, 대면으로 만날지 혹은 전화나 스카이프로 코칭을 진행할지도 합의한다.

자전적 기법: 15~30분(p. 181 참조)

고객에게 그들의 삶에서 중요한 사건들에 대해 간단하게 이야기하도록 질문한다. 어린 시절부터 시작하며, 어떠한 이유로 이 질문을 하는지 설명하는 것도 중요하다. 어릴 적 경험은 우리가 성인이 되면서 어떤 사람으로 성장하게 되는지를 형성하며, 우리 자신과 세상을 바라보는 믿음에 큰 영향을 미친다. 그리고 그들이 코칭을 받으러 오게 된 주된 이유와 이러한 사건들 사이의 연결점을 찾는 것도 중요하다.

라이프 스캔 휠(Life Scan Wheel, p. 223 참조): 10분

작성하는 목적을 설명하고 사전에 작업이 이루어지지 않았다면 고객에게 작성하도록 요청하며, 작성한 내용을 기반으로 어떻게 작성된 것인지에 대해 코칭한다. 이를 통해 코칭 과정에서 더 많은 목표를 자연스럽게 도출해 낼 수 있다.

고객의 경험 리뷰: 10~15분

고객에게 다른 코칭이나 심리치료 등의 경험이 있는지 확인한다. 많은 고객이 이미 360도 피드백을 경험했을 수 있지만 최근에 받지 않았거나 검증된 검사지로 받은 것이 아닐 수도 있다. 고객이 어떤 심리 측정 도구를 경험했는지, 그리고 그로부터 어떤 배움을 얻었는지 질문한다. 이 시점에서 많은 고객이 모호함을 느끼기 시작하는데 이는 본질적으로 그 경험이 미미했거나 기억이 나지 않기 때문이다. 만약 고객이 피드백을 가지고 있다면 읽게 하거나 사본을 요청하여 추후 필요시 읽도록 한다. 만약 고객이 미리 피드백을 보냈다면 함께 검토해 본다.

고객이 목표를 달성하는 데 도움이 될 수 있는 도구와 기법에 대해 논의한다. 추가적인 360도 피드백, MBTI™와 FIRO-B™를 실시하거나 기존에 실시한 검사를 다시 실시할 수도 있다. 이러한 접근 방식의 비용 측면에 대해서도 합의해야 한다. 360도 피드백의 전화 버전은 설문지를 통한 피드백보다 많은 비용이 발생한다.

조직이 코칭을 통해 달성하고자 하는 바를 이해하기 위해, 고객의 직속 상사를 코칭에 포함시키는 방안을 제시할 수도 있다(p. 217 참조). 고객이 이 방안이 흥미롭고 적절하다고 느끼면 실행 계획과 비용에 대해 논의한다.

전체 목표 설정: 20분(제7장 참조)

고객의 개인적인 발전을 위한 필요성과 그들이 속한 조직이나 팀의 목표를 고려하여 코칭이 진행될 방향성과 목표를 설정하는 대화를 한다. 라이프 스캔 휠 논의에서 도출된 사항 중 전체 코칭 프로그램의 목표 목록에 추가해야 할 것이 있는지 확인한다. 만약 목표가 처음에 합의한 것에 비해 너무 광범위하거나 적절하지 않다고 느껴진다면 코치와 고객은 코칭 목표와 방향에 대해 다시 논의하고 고객의 필요와 목표에 가장 잘 맞도록 조정할 수 있다. 코칭의 방향성을 제대로 설정함으로써 고객은 더 효과적으로 목표를 달성할 수 있다.

피드백: 3~5분

이번 코칭에서의 내용을 스스로 정리하게 하고, 피드백을 요청한다.

마무리 절차: 3분

앞으로 진행할 두 회기의 코칭 시간과 날짜를 미리 정한다. 심리검사를 하기로 합의한 경우 절차를 설명하고, 다음 코칭 전에 설문지를 완료하도록 요청한다. 청구서 발송 세부 사항을 확인하고 고객을 배웅한다.

코칭 후

코칭 기록을 바로 작성하고, 안전하고 보안이 유지되는 장소에 보관한다. 고객에게 코칭 횟수, 비용 및 날짜와 함께 약속한 기타 자료에 대한 내용을 확인할 수 있도록 메일을 보낸다. 만약 비용의 전부 또는 일부를 선청구하기로 했다면 메일에 청구서를 첨부할 수 있다.

의구심

만약 코칭에서 고객이 스스로 원해서 신청한 것이 아니라 강요된 것처럼 느끼거나 자신의 상황에 대해 계속해서 다른 사람들을 탓한다면 이 시점에서 관계를 종결해야 할 수도 있다. 이러한 의구심은 첫 코칭에서 해결해야 한다.

단기 코칭

조직에서 리더십 프로그램의 후속 조치로 코칭을 진행하는 경우가 점점 많아지고 있다. 때로는 두세 번의 코칭으로 제한되기도 하며, 조직이 코칭의 세부 내용을 제안하거나 심리 측정 결과 논의 또는 개발 프로그램을 통해 정해진 행동 계획에 중점을 두는 형식 등 정해진 방식대로 진행하도록 요구하는 경우도 많다.

코칭 회기가 짧으면 짧을수록 많은 내용을 다룰 시간이 부족하기 때문에 여기에 설명된 종류의 코칭 초반에 해야 하는 모든 절차와 내용을 지키는 것은 적절하지 않다. 그러나 축약된 코칭이라도 첫 회기 코칭은 이후의 코칭과 다르게 진행하는 것이 가능하다. 전통적인 형식을 축약하여 라이프 스캔 휠을 사용하여 조직의 목표와 함께 개인적인 목표를 추가하는 등의 작업이 가능하다. 그럼에도 제한된 시간 내에서 각 고객과 각 조직의 상황에 맞게 어떤 방법이 가장 효과적일지는 현실적으로 판단해야 한다.

부록 2

전화 코칭

기술의 발전은 어디서나 코칭을 받고 코칭할 수 있는 가능성을 열었다. 코치와 고객은 더 이상 같은 물리적 공간에 있을 필요가 없다. 이런 방식으로 코칭하는 것의 장단점은 무엇이며 어떻게 하면 효과적으로 활용할 수 있을까?

전화 코칭의 장점

전화 코칭은 특히 미국에서 많이 선호되고 있다. 최근 설문조사에 따르면 미국에서 코칭의 45%가 전화로 이루어지고 있다고 한다. 지리적 제약이 있는 경우 전화 코칭은 고객이 원하는 전문 코치를 만날 수 있는 실용적인 방법일 수 있다. 고객은 지역 내에 자신에게 적합한 코치가 없다고 생각하는 경우도 있다. 전화 코칭에서는 코치와 고객이 서로 만나기 위해 이동할 필요가 없기 때문에 약속을 잡는 과정이 더 쉽고 시간을 절약할 수 있다. 코치와 고객이 각자의 집이나 장소에 있을 수 있으므로 더 짧은 간격으로 자주 코칭 회기를 가질 수 있고, 이는 더 많은 강도와 에너지를 창출할 수 있는 장점이 될 수 있다.

전화 코칭을 적극적으로 지지하는 사람들은 전화 코칭에서는 시각적인 방해 요소도 제외되고, 경우에 따라 코치나 고객이 편견에 기반한 고정관념을 만들지 않도록 도움을 줄 수 있다고 주장한다. 그 논리는 서로를 볼 수 없기 때문에 오직 말을 듣기만 하게 되어 코칭이 본질적으로 '순수함'을 가진다는 것이다. 어떤 이들은 상대방을 직접 보는 것이 방해가 될 수 있으며 그 대신 목소리에만 집중할 때 상대방의 말 속에 숨겨진 의미를 더 잘 이해할 수 있다고 주장한다.

도전 과제

사실 거의 모든 고객과 코치는 대면 코칭을 선호한다. 이는 실제로 함께 있을 때 서로를 더 온전히 경험할 수 있기 때문이다. 신체 언어의 변화, 에너지의 변화, 얼굴 표정과 색깔, 눈 맞춤의 작은 변화 등을 볼 수 있다. 라포를 형성하는 것이 더 쉽고, 라포 형성이 부족한 상황도 더 쉽게 알아차릴 수 있다. 면접 준비나 발표 기술 또는 개인적 영향력과 관련된 문제 등 특정 유형의 경우 전화 코칭은 매우 제한적이며, 화상 통화도 대면 코칭에 비해서 효과적이지 않다.

전화로 긴 코칭을 하는 것은 어렵다. 코치나 고객이 견딜 수 있는 최대 시간은 1시간 정도로 예상되며, 이 시간은 문제에 온전히 몰입하기에는 너무 짧을 수도 있다.

시간대가 차이나는 지역 간의 코칭은 피로와 불편을 야기할 수 있다. 또한 통화 시간을 약속할 때 어느 지역의 시간을 기준으로 하는지에 따라 오해가 생길 수도 있다. 특히 나라 간 시간 차이가 1~2시간밖에 나지 않거나 여름/겨울 시간의 시작이 다른 경우, 한 나라에서는 24시간제를 사용하고 다른 나라에서는 그렇지 않은 경우에 이러한 오해는 더 자주 발생한다. 각자의 근무시간에 따라 한쪽은 하루 일과를 마치고 피로할 수 있으며, 반대로 다른 한쪽은 평소보다 이른 시간에 일어나야 할 수도 있다. 기술적인 문제는 이전보다 적어졌지만 여전히 문제는 존재한다. 휴대폰에서는 에코가 생기거나 음질 등의 문제가 발생할 수 있다. 화상 시스템의 경우 화면이 끊기거나 불안정하게 움직일 수 있다. 때로 전화 코칭은 대면 만남을 위해 약속을 정할 때와 같은 진지함이 부족하여 가벼운 느낌을 줄 수 있다. 대면 만남에서는 절대 늦지 않을 고객이 전화 통화에는 늦을 수도 있다. 또한 전화 코칭에는 보안 및 프라이버시 보호의 어려움도 있다. 한 외교관 고객은 코치에게 자신들의 전화 통화가 도청될 수 있다는 우려를 표시하였다. '안전한 라인'이라고 스스로 말하면서도 보안이 완벽하지 않을 수 있다고 생각한 것이다.

전화 코칭은 간편함을 제공하지만 양쪽 모두 각자의 장소에서의 환경적인 방해 요소를 충분히 차단하지 못할 수 있다. 문을 두드리는 아이들, 반려견의 짖는 소리, 동료들의 소음 또는 기밀 유지에 대한 부주의한 태도, 기차와 같은 공공장소에서의 이야기 소리 등이 있다. 고객이 바쁜 하루 중에 시간을 내어 전화 코칭을 진행할 때 이메일 알림이나 갑작스럽게 들어오는 동료들로 인해 당황하거나 집중하지 못하는 모습을 보일 수도 있다.

고객의 얼굴 표정이나 상황을 볼 수 없기에 침묵을 유지해야 하는 상황을 감지하는 것이 어려워 긴 공백이 생긴 것처럼 느껴질 수 있다. 통신이 끊어진 것인지, 고객에게 다른 일이 생긴 건지 감지하기가 쉽지 않다. 좋은 질문을 통해 고객에게 생각하는 시간이 필요한 순간인데, 시각적인 단서가 없기에 그 공백을 채우기 위해 서둘러 말을 하게 될지도 모른다. 분위기를 이어 가기 위해 더 신중하게 판단하면서 대면할 때보다 요약을 더 자주 해야 할 수도 있고, 함께하고 있다는 것을 알리기 위해 불필요한 '네' '음' 등의 소리를 더 자주 내야 할 수도 있다.

때로는 그 어느 쪽이든 외국어를 사용하게 될 경우, 의미를 명확하게 파악할 수 있는 시각적 단서가 없기 때문에 억양 따라가기가 더 어려울 수 있고 전화 대화가 더 힘들어질 수 있다.

전화 코칭 팁

- 코칭을 시작할 때 계약서를 신중하게 작성하고, 계약에 포함된 내용이나 코칭 과정에서 발생할 수 있는 장점과 단점을 솔직하게 논의한다. 고객에게 이메일과 휴대폰을 끄고 방해받거나 엿들을 사람이 없는 조용한 공간에서 코칭을 진행하는 것이 얼마나 중요한지 설명해야 한다.

- 누가 전화를 걸 것인지 합의하고, 기술적 문제 발생 시 대비할 예비 번호가 있어야 한다. 일반적으로 고객이 코치에게 전화를 거는 것이 보통이지만, 반대의 경우라면 전 세계 어디서나 저렴하게 전화를 걸 수 있는 요금제를 고려해야 한다.
- 통화 시간을 다시 확인하여 시간대 차이로 인한 혼란을 명확히 해결한다.
- 가능하면 코칭을 시작하기 위해 최소한 한 번의 대면 미팅을 갖는다. 이는 나중에 코칭 대화를 더 원활하게 진행하는 데 큰 도움이 될 수 있다.
- Skype, Facetime 또는 화상 시스템을 사용하지 않고 전화로만 코칭하는 경우 잠옷을 입거나 아예 벗은 채로 코칭을 할 수 있지만 그렇게 하지 않기를 바란다. 업무복을 입고 평소처럼 책상에 앉아 고객이 당신 앞에 있는 것처럼 주의 깊게 대한다.
- 대면 만남을 준비하는 것처럼 대화를 철저히 준비한다. 이전 코칭의 기록을 읽고 방해 요소가 없으며 자유롭게 이야기할 수 있는 장소를 확보한다. 컴퓨터의 자판 소리, 주전자나 음료의 물소리, 반려견이나 아이들의 소리, 종이를 긁적이거나 바스락거리는 소리 등을 조심하여 코칭 중에 방해가 되지 않도록 사전에 조치를 취한다. 여러 가지 외부 소음은 고객으로 하여금 코치가 100% 집중하고 있지 않다고 오해할 수 있다. 기록은 코칭이 끝난 후에 작성한다.
- 고객과 코치 모두 핸즈프리 장비를 사용하는 것이 좋다. 계속해서 전화를 잡고 있는 것은 피로감을 주며, 개인정보 보호를 위하여 스피커폰 옵션을 사용하지 말고 고객도 사용하지 않도록 한다. 스피커폰은 주변 소음으로 인해 서로의 억양이나 분위기를 이해하기 어렵게 한다.
- 평소보다 조금 더 천천히 말할 필요가 있을 수 있으며 고객에게도 같은 것을 요청해야 할 수 있다.
- 고객이 당신의 격려하는 고개의 끄덕임 같은 것을 볼 수 없으므로 공감을 말로 표현해야 할 수도 있다. 예를 들어, "지금 제 얼굴을 볼 수 없겠지만 저는 웃고 있어요."라고 말할 수 있다.

- 반복적으로 "알겠습니다."와 같은 말을 하는 습관을 주의한다. 이러한 언어적 습관은 전화에서 더 불편하게 느껴진다.
- 침묵이 필요한 순간에 말로 방해하지 않도록 주의한다. 때로는 "생각할 시간이 필요해서 잠시 조용히 있어요."라고 말하면서 자신의 침묵을 설명해야 할 수도 있다. 고객이 앞에 없을 때는 고객의 문제에 대한 감정적 반응을 놓치기 쉽거나 반대로 과도하게 해석할 가능성이 있다.
- 고객이 후속 조치를 취할 수 있는 온라인 링크를 제안하고, 회기의 주제를 파악하고, 상호 작업에 대한 열정을 표현하는 등 대면 회기보다 전화 회기 후 고객에게 이메일을 보내는 것이 더 중요할 수 있다.

기본적 코칭 원리의 중요성

하지만 결국에는 모든 일반적인 원칙이 적용된다. 전화나 온라인 등 가상으로 코칭을 할 때 사용하는 특별한 기술이나 방법보다 기본적인 코칭 원칙들이 더 중요하다. 전화 코칭에 관련된 '신비한 기술'은 없다. 이 책의 앞에서 언급한 좋은 코칭 실천이 필수적이다. 라포 형성 및 유지, 목표 설정, 예리한 질문하기, 요약하기, 행동 포인트 촉구하기, 그리고 코칭의 흐름을 관리하는 것 등이다.

참고문헌

Anderson, M. (2003). *Bottom Line Organizational Development*. Oxford: Butterworth-Heinemann.

Ariely, D. (2008). *Predictably Irrational*. London: Harper Collins.

Atwood, M. (2000). *The Blind Assassin*. Toronto: McClelland & Stewart.

Bandler, R. and Grinder, J. (1979). *Frogs into Princes*. Moab, UT: Real People Press.

Bandler, R. and Grinder, J. (1982). *Reframing*. Moab, UT: Real People Press.

Bandura, A. (1997). *Self-efficacy: The Exercise of Control*. New York: Freeman.

Bentall, R.B. (2010). *Doctoring the Mind: Why Psychiatric Treatments Fail*. London: Penguin.

Berglas, S. (2002). *The very real dangers of executive coaching, Harvard Business Review*, June.

Berne, E. (1964). *Games People Play*. London: Penguin.

Berne, E. (1975). *What Do You Do After You Say Hello?* London: Corgi.

Bevan, J. (2002). *The Rise and Fall of Marks & Spencer*. London: Profile Books.

Block, P. (1981). *Flawless Consulting*. San Diego, CA: Pfeiffer.

Bluckert, P. (2006). *Psychological Dimensions of Executive Coaching*. Maidenhead: Open University Press.

Bridges, W. (1991). *Managing Transitions*. Reading, MA: Addison-Wesley.

Briggs Myers, I. and Myers, P. (1980). *Gifts Differing*. Palo Alto, CA: Consulting Psychologists Press.

Brockbank. A. and McGill, I. (2006). *Facilitating Reflective Learning through Mentoring and Coaching*. London: Kogan Page.

Brockbank, A. and McGill, I. (2013). *Coaching with Empathy*. Maidenhead: Open University Press.

Brown, P. and Brown, V. (2012). *Neuropsychology for Coaches: Understanding the Basics*. Maidenhead: Open University Press.

Bryce, L. (2002). *The Coach*. London: Judy Piatkus Publishers.

Carson, R. (1987). *Taming Your Gremlin: A Guide to Enjoying Yourself*. London: Harper and Row.

Casement, P. (1985). *On Learning from the Patient*. London: Tavistock Publications.

Clarkson, P. (1995). *The Therapeutic Relationship*. London: Whurr Publishers.

Cockman, P., Evans, B. and Reynolds, P. (1999). *Consulting for Real People*. Maidenhead: McGraw-Hill.

Covey, S. R. (1992). *The Seven Habits of Highly Effective People*. London: Simon and Schuster.

Crane, T. (1998). *The Heart of Coaching*. San Diego, CA: FTA Press.

Csikszentmihalyi, M. (1990). *The Psychology of Optimal Experience*. New York: Harper & Row.

Csikszentmihalyi, M. (2003). *Good Business: Flow, Leadership and the Making of Meaning*. New York: Viking.

Doidge, N. (2007). *The Brain that Changes Itself*. New York, NY: Penguin.

Egan, G. (1998). *The Skilled Helper*, 6th edn. New York: Brooks Cole.

Elkins, D. (2007). Empirically supported treatment: The deconstruction of a myth, *Journal of Humanistic Psychology, 47*(4): 474-500.

Farrelly, F. and Brandsma, J. (1974). *Provocative Therapy*. Capitola, CA: Meta Publications.

Farwagi, P. L. (1998). *The Life Balance Programme*. London: Orion Publishing Group.

Feltham, C. and Horton, I. (Eds) (2000). *Handbook of Counselling and Psychotherapy*. London: Sage Publications.

Flaherty, J. (1999). *Coaching: Evoking Excellence in Others*. Oxford: Butterworth-Heinemann.

Frankl, V. (1959). *Man's Search for Meaning*. New York: Pocket Books.

Gallwey, T. (2000). *The Inner Game of Work*. London: Orion Publishing Group.

Griffin, J. and Tyrell, I. (2004). *Human Givens*. Chalvington, Sussex: HG Publishing.

Goleman, D., Boyatzis, R. and McKee, A. (2002). *The New Leaders*. London: Little, Brown.

Harris, T. A. (1973). *I'm OK-You're OK*. London: Pan Books.

Harvey, J. (1988). *Eichmann in the Organization, in The Abilene Paradox*. Lexington, MA: Lexington Books.

Hawkins, P. (2006). *Coaching Supervision: Maximising the Potential of Coaching*.

London: CIPD.

Hawkins, P. (2012). *Creating a Coaching Culture*. Maidenhead: Open University Press.

Hay, J. (2007). *Reflective Practice and Supervision for Coaches*. Maidenhead: Open University Press.

Hayes, P. (2006). *NLP Coaching*. Maidenhead: Open University Press.

Hazler, R. J. and Barwick, N. (2001). *The Therapeutic Environment*. Buckingham: Open University Press.

Hycner, R. and Jacobs, L. (1995). *The Healing Relationship in Gestalt Therapy*. Highland, NY: The Gestalt Journal Press.

Hodgkinson, P. and Stewart, M. (1998). *Coping With Catastrophe*. London: Routledge.

Jackman, J. and Strober, M. (2003). Fear of feedback, *Harvard Business Review*, April.

Jung, C. G. (1923). *Psychological Types*. New York: Harcourt Brace.

Jung, C. G. (1963). *Memories, Dreams, Reflections*. London: Fontana.

Jung, C. G. (2001). *Modern Man in Search of a Soul* (classics edn). London: Routledge.

Kahneman, D. (2011). *Thinking, Fast and Slow*. New York: Penguin Group.

Keagan, R. and Lahey, L. (2009). *Immunity to Change*. Boston, MA: Harvard Business Press.

Keddy, J. and Johnson, C. (2011). *Managing Coaching at Work*. London: Kogan Page.

Kellaway, L. (2005). *Who Moved My Blackberry?* London: Penguin.

Kline, N. (1999). *Time to Think*. London: Ward Lock.

Kübler-Ross, E. (1997). *On Death and Dying*. New York: Touchstone.

Levitin, D. J. (2014). *The Organized Mind: Thinking Straight in the World of Information Overload*. New York: Penguin Random House.

Lewin, K. (1935). *A Dynamic Theory of Personality*. New York: McGraw-Hill.

Lewin, K. (1948). *Resolving Social Conflicts: Selected Papers on Group Dynamics, edited by Gertrude Lewin*. New York: Harper and Row.

Lewis, T., Amini, F. and Lannon, R. (2001). *A General Theory of Love*. New York: Vintage Books.

Locke, E. A. and Latham, G. P. (1990). *A Theory of Goal-setting and Task Performance*. Englewood Cliffs, NJ: Prentice Hall.

Luft, J. (1970). *Group Processes: An Introduction to Group Dynamics*. Palo Alto, CA: National Press Books.

McGilchrist, I. (2009). *The Master and His Emissary: The Divided Brain and the Making of the Western World*. New Haven, CT: Yale University Press.

McLelland, D. C. (1985). *Human Motivation*. Chicago, IL: Scott, Foresman.

Martel, Y. (2002). *Life of Pi*. Edinburgh: Canongate Books.

Masson, J. (1990). *Against Therapy*. London: Fontana.

Mearns, D. (2003). *Developing Person-centred Counselling*, 2nd edn. London: Sage Publications.

Mearns, D. and Thorne, B. (1999). *Person-centred Counselling in Action*. London: Sage Publications.

Moyes, B. (2009). Literature review of coaching supervision, *International Coaching Psychology Review, 4*(2): 160-71.

Mueller, M. (2007). *Recovering from PTSD*. Oxford: Oxford Cognitive Therapy Centre.

O'Neill, M. B. (2000). *Executive Coaching with Backbone and Heart*. San Francisco, CA: Jossey-Bass.

Orbach, S. (1999). *The Impossibility of Sex*. Harmondsworth: Allen Lane, The Penguin Press.

Paice, L. (2013). *New Coach: Reflections from a Learning Journey*. Maidenhead: Open University Press.

Palmer, H. and Brown, P. (1998). *The Enneagram Advantage: Putting the Nine Personality Types to Work in the Office*. New York: Harmony Books.

Pemberton, C. (2014). *Resilience: A Practical Guide for Coaches*. Maidenhead: Open University Press.

Persl, F. (1967). *Gestalt Therapy Verbatim*. LaFayette, CA: Real People Press.

Peters, S. (2011). *The Chimp Paradox*. London: Vermilion, Random House.

Prochaska, J. O., Norcross, J. and DiClemente, C. (2007). *Changing for Good*. New York: HarperCollins.

Rock, D. (2008). SCARF: A brain-based model for collaborating with and influencing others, *NeuroLeadership Journal, 1*: 1-9.

Rogers, C. R. (1951). *Client-centered Therapy: Its Current Practice, Implications and Theory*. Boston, MA: Houghton Mifflin.

Rogers, C. R. (1980). *A Way of Being*. Boston, MA: Houghton Mifflin.

Rogers, J. (2006). *Developing a Coaching Business*. Maidenhead: Open University

Press.

Rogers, J. (2007). *Adults Learning*, 5th edn. Maidenhead: Open University Press.

Rogers, J. (2010). *Facilitating Groups*. Maidenhead: Open University Press.

Rogers, J. (2011). *Job Interview Success: Be Your Own Coach*. Maidenhead: McGraw-Hill.

Rogers, J. (2006). *Sixteen Personality Types at Work in Organizations*. London: Management Futures; Milton Keynes: ASK Europe.

Rogers, J. with Whittleworth, K. and Gilbert, A. (2012). *Manager as Coach: The New Way to Get Results*. Maidenhead: McGraw-Hill Education.

Rosinski, P. (2011). Global coaching for organizational development, *International Journal of Coaching in Organizations, 30*(8): 49.

Samuels, A. (1985). *Jung and the Post-Jungians*. London: Routledge.

Schein, E. H. (2006). *Career Anchors: Self Assessment*, 3rd edn. New York: Pfeiffer.

Schutz, W. (1984). *The Truth Option*. Berkeley, CA: Ten Speed Press.

Schutz, W. (1989). *Profound Simplicity*. San Diego, CA: WSA Bantam.

Schwartz, J. M. (1996). *Brain Lock*. New York: Regan Books.

Scoular, A. (2011). *FT Guide to Business Coaching*. London: Prentice-Hall

Senge, P. (1994). *The Fifth Discipline Field Book*. London: Nicolas Brealy Publishing.

Siegel, D. (2010). *Mindsight*. Oxford: Oneworld.

Stacey, R. D. (1996). *Strategic Management and Organizational Dynamics*, 2nd edn. London: Pitman Publishing.

Stoltenberg, C. D. and Delworth, U. (1987). *Supervising Counselors and Therapists: A Developmental Approach*. San Francisco, CA: Jossey-Bass.

Sullivan, W. and Rees, J. (2008). *Clean Language: Revealing Metaphors and Opening Minds*. Carmarthen: Crown House Publishing.

Theeboom, T., Beersma, B. and van Vianen, A. E. M. (2013). Does coaching work? A meta-analysis on the effects of coaching on individual level outcomes in an organizational context, *Journal of Positive Psychology, 9*(1): 1-18.

Tolle, E. (2001). *The Power of Now*. London: Hodder and Stoughton.

Ward, P. (1997). *360-degree Feedback*. London: Institute of Personnel and Development.

Waterman, J. and Rogers, J. (1997). *An Introduction to the FIRO-B*. Oxford: Oxford Psychologists Press.

Whitmore, J. (1996). *Coaching for Performance*, 2nd edn. London: Nicholas Brealey Publishing.

Whitworth, L., Kimsey-House, H. and Sandahl, P. (1998). *Co-active Coaching*. Palo Alto, CA: Davies Black Publishing.

Williams, M. (2014). *Cry of Pain: Understanding Suicide and the Suicidal Mind*. London: Piatkus.

Williams, M. and Penman, D. (2011). *Mindfulness: A Practical Guide to Finding Peace in a Frantic World*. London: Piatkus.

Wildflower, L. and Brennan, D. (2011). *The Handbook of Knowledge-Based Coaching: From Theory into Practice*. San Francisco, CA: Jossey-Bass.

Wildflower, L. (2013). *The Hidden History of Coaching*. Maidenhead: Open University Press.

Yalom, I. D. (1991). *Love's Executioner and Other Tales of Psychotherapy*. Harmondsworth: Penguin Books.

Yalom, I. D. (2002). *The Gift of Therapy*. London: Judy Piatkus Publishing.

Zinsser, W. (2006). *On Writing Well: The Classic Guide to Writing*, 7th edn. New York: Harper Collins.

연락처 세부 정보

이 책에 대한 피드백이나 교육과정에 대한 정보를 원하시면, JennyRogersCoaching.com의 Jenny에게 이메일을 보내세요: Jenny@JennyRogersCoaching.com

찾아보기

인명

내용

저자 소개

Jenny Roger는 영국을 기반으로 활동하는 코칭 전문가이자 교육자로, 코칭 분야에서 깊은 영향력을 미친 인물이다.

그녀는 심리학을 전공하고 교사, 출판 분야에서 경력을 쌓은 후 BBC에서 근무하면서 코칭을 시작했고, BBC를 떠나면서 코칭 회사를 설립하였다. 이후 다양한 기업과 조직에서 코칭과 리더십 개발을 이끌며 수십 년에 걸쳐 경력을 쌓았다. 특히 코칭 이론과 기술을 체계적으로 전달하는 교육자로서의 명성이 높으며, 코칭의 이론과 실제를 결합하여 고객의 성장과 조직의 성과 향상에 중점을 둔 접근 방식을 제시하며 널리 인정받고 있다.

〈주요 저서〉

『The Coaching Manual(코칭 매뉴얼)』
『Principles of Coaching(코칭의 원칙)』
『The Art of Coaching(코칭의 예술)』
『Coaching: A Christian Perspective(코칭: 기독교적 관점)』
『Coaching Skills: A Handbook(코칭 기술: 핸드북)』 등

〈소속기관〉

International Coach Federation(ICF)
Association for Coaching(AC)
European Mentoring and Coaching Council(EMCC)

역자 소개

최혜란(CHOI HYE RAN)

부산대학교 사범대학 졸업

고신대학교, 동아대학교 대학원 졸업(교육학 박사, 상담심리전공)

한국심리학회(한국상담심리학회, 한국코칭심리학회), 한국상담학회, 한국목회상담협회 수련감독

국제공인 NLP Trainer

국제분석심리학회(IAAP) 정회원, 한국융분석가협회(KAJA) 정회원 융분석가

現 백석대학교 교육대학원 주임교수 및 코칭심리전공, 상담심리전공 지도교수

前 미국 인디애나 주립대학교(I.U.) 객원교수

백석대학교 학생생활상담센터소장

〈주요 저서 및 역서〉

마태복음의 족보에 나타난 예수의 네 여성 조상에 대한 분석심리학적 이해(저, Essay출판사, 2024)

상징과 민담, 분석심리학적 이해(저, Essay출판사, 2024)

상담사례 슈퍼비전: 3명의 슈퍼바이저와 함께하는(공저, 학지사, 2022)

분석심리학으로 보는 상담수퍼비전의 실제(저, Essay출판사, 2019)

상담자 개성화를 위한 수퍼비전의 실제(저, Essay출판사, 2019)

생생하게 듣는 수퍼비전(저, Essay출판사, 2016)

알기 쉬운 매직 NLP: 의사소통과 변화를 위한 실제적 지침(편저, Essay출판사, 2016)

모든 상실에 대한 치유, 애도(역, 학지사, 2011)

목회적 돌봄을 위한 애도 다루기: 이 땅에 하늘이 치유하지 못하는 슬픔은 없습니다(역, 학지사, 2011)

Tel: 041-550-2581

E-mail: choilee0423@naver.com

이형주(LEE HYUNG JU)
교육학 석사(코칭심리)
NLP Practitioner
㈔한국코치협회 프로 코치(KPC)
㈔한국코치협회 자격인증위원회 위원
㈜부호 팀장 코치
㈜코칭엔 파트너 코치
The Naeun 전임 코치, 수석연구원
아싸컴퍼니 전임 코치
케이코칭컴퍼니 파트너 코치

E-mail: ekfms-dkdlel@hanmail.net

염희영(YEOM HEE YOUNG)
교육학 박사(평생교육 · 인적자원개발)
교육학 석사(코칭심리)
㈔한국코치협회 슈퍼바이저 코치(KSC)
㈔한국코치협회 슈퍼바이저 심사위원
㈔한국부부가족상담협회 가족상담사
활명양한방 암전문요양병원 전임 코치
㈜소통과 치유 수석연구원
㈜코칭엔, ㈜액티브코칭 파트너 코치
㈜한커피 팀장 코치
백석문화대학교 외래교수

〈주요 논문〉
평생교육 심신통합코칭 프로그램에 참여한 암환자의 전환학습 경험 탐색(2024)
암환자의 평생학습 프로그램을 통한 인식전환에 관한 연구: 심신통합코칭 프로그램 참여자를 중심으로(2023)

E-mail: juliayeom@naver.com
Blog: http://blog.naver.com/juliayeom

코칭 기술(원서 4판)

: 코치를 위한 변화와 성장 가이드

Coaching Skills

: The Definitive Guide to Being a Coach (4th ed.)

2025년 4월 15일 1판 1쇄 인쇄
2025년 4월 25일 1판 1쇄 발행

지은이 • Jenny Rogers
옮긴이 • 최혜란 · 이형주 · 염희영
펴낸이 • 김진환
펴낸곳 • ㈜학지사
04031 서울특별시 마포구 양화로 15길 20 마인드월드빌딩
대표전화 • 02-330-5114 팩스 • 02-324-2345
등록번호 • 제313-2006-000265호

홈페이지 • http://www.hakjisa.co.kr
인스타그램 • https://www.instagram.com/hakjisabook

ISBN 978-89-997-3398-7 93180

정가 25,000원

역자와의 협약으로 인지는 생략합니다.
파본은 구입처에서 교환해 드립니다.